CHAUD BRÛLANT

BILL BUFORD

CHAUD BRÛLANT

LES AVENTURES D'UN AMATEUR GASTRONOME EN ESCLAVE DE CUISINE, CHEF DE PARTIE, FABRICANT DE PÂTES FRAÎCHES ET APPRENTI CHEZ UN BOUCHER TOSCAN, AMOUREUX DE DANTE

Traduit de l'anglais (États-Unis)
par Isabelle CHAPMAN

Ouvrage traduit avec le concours du Centre national du livre

CHRISTIAN BOURGOIS ÉDITEUR

Titre original :
Heat

La traductrice a bénéficié pour ce livre
du soutien du Centre national du livre.

ISBN 978-2-267-01919-3

Pour Jessica

... che move il sole e l'altre stelle

Un dîner avec Mario

L'être humain est avant tout un sac où l'on enfourne de la nourriture. Les autres fonctions et facultés peuvent tenir davantage du divin, mais au regard du temps, elles ne viennent qu'en second. Un homme meurt, on l'enterre, toutes ses paroles et actions glissent dans l'oubli, mais la nourriture qu'il a absorbée lui survit dans la constitution saine ou déficiente de ses enfants. On pourrait, ce me semble, soutenir que les changements survenus dans l'alimentation sont plus importants que la succession des dynasties ou même des religions. Ainsi la Grande Guerre n'aurait jamais pu avoir lieu sans l'invention de la boîte de conserve. Et l'histoire de l'Angleterre, au cours des quatre derniers siècles, aurait été radicalement différente sans l'apparition, à la fin du moyen âge, des racines comestibles et de divers autres primeurs, et un peu plus tard de boissons non alcooliques (thé, café, chocolat) ainsi que de liqueurs distillées auxquelles l'Anglais, buveur de bière, n'était pas accoutumé. Il est pourtant curieux de constater à quel point le rôle prépondérant de la nourriture est méconnu. On élève des statues aux hommes politiques, aux poètes, aux évêques, mais jamais aux cuisiniers, charcutiers ou maraîchers. On dit que l'empereur Charles V a fait ériger une statue à la mémoire de l'inventeur du hareng saur, mais c'est le seul exemple qui me vienne à l'esprit pour le moment.

George Orwell, *Le Quai de Wigan*
Traduction de Michel Pétris,
Champ Libre (1982) et 10/18 (2000).

J'eus un premier aperçu de ce que les amis de Mario Batali appelaient « le mythe Mario » un samedi soir glacial de janvier 2002, alors que je l'invitai à un dîner d'anniversaire. Batali, le chef et copropriétaire du Babbo, un restaurant italien à Manhattan, est un cuisinier si célèbre et si talentueux qu'il est, à l'en croire, rarement invité chez les autres pour un repas, et de fait il se donna beaucoup de mal pour se conduire en invité reconnaissant. Il apporta sa propre grappa aromatisée au coing (ce jus de raisin râpeux distillé en fin de vendanges et que l'ajout du fruit rend presque buvable) ; un pot de *nocino* maison (même principe, mais avec des noix) ; une brassée de bouteilles de vin ; et une épaisse tranche blanche et compacte de *lardo*, morceau d'échine d'un porc très gras, qu'il avait lui-même fait sécher avec des herbes et du sel. J'étais ce qu'une bonne âme appellerait un cuisinier enthousiaste, plus zélé que compétent (autrement dit, désireux de bien faire, mais ne sachant pas vraiment par où commencer), et je ne suis pas encore revenu d'avoir eu le culot de convier à ma table quelqu'un de la réputation de Mario Batali ainsi que six personnes se réjouissant à la perspective d'assister à ma déconfiture. (Mario était un ami de l'ami qui fêtait son anniversaire, et je m'étais dit – pourquoi ne pas l'inviter lui aussi ? –, mais quand, ô merveille des merveilles, il accepta et que j'annonçai la nouvelle à ma femme Jessica, cette dernière tomba à la renverse : « Mais qu'est-ce qui t'a pris d'inviter à *dîner* chez nous un chef aussi prestigieux ? »)

En l'occurrence, tout se passa presque sans histoire, Mario ayant pris soin d'étouffer dans l'œuf toute velléité culinaire de ma part. Quand il m'indiqua que seul un merdeux fait reposer sa viande en l'enveloppant, une fois cuite, dans du papier aluminium, je rendis allègrement les armes et le laissai dès lors me montrer la marche à suivre. De toute façon, à ce moment-là, Batali avait déjà pris la direction des opérations. Peu après son arrivée, il avait émincé le *lardo* en très fines tranches et, dans une stupéfiante démonstration d'intimité, les avait déposées une à une sur nos langues en murmurant qu'il nous fallait laisser fondre la graisse dans la bouche afin d'en goûter toute la puissance. Le *lardo* provenait d'un cochon qui, au cours des derniers mois d'une vie pesant trois cent cinquante kilos, n'avait été nourri que de pommes, de noix et de crème (« Ma plus belle chanson en clé de porc »), et Mario nous convainquit que, la graisse se liquéfiant, nous percevrions les saveurs du régime joyeux de la bête – là, à l'arrière de notre bouche. Personne ce soir-là n'avait encore consciemment mangé de la graisse pure (« Au restaurant, je dis aux serveurs de l'appeler du *prosciutto bianco* »), et lorsque Mario nous eut persuadés de nous resservir une deuxième fois, chacun de nous avait le cœur qui battait à tout rompre. Mario Batali se révéla un buveur d'une diligence impressionnante – il fit remarquer dans la conversation que, lors de voyages en Italie en compagnie de son associé, Joe Bastianich, ils avaient, à eux deux, plus d'une fois fait un sort à une caisse entière de vin au cours d'un seul dîner –, et même si aucun d'entre nous, me semble-t-il, ne jouissait d'une descente pareille, nous avions à ce stade tous très soif (à cause du *lardo*, du sel et de la chaleur humaine dégagée par ces excès de jovialité) si bien que, dans l'allégresse, nous nous surprîmes à lever le coude de plus en plus souvent. Je ne sais pas. Je ne me rappelle plus très bien. Il y avait aussi la grappa et le *nocino*, et une des dernières images que je garde de cette soirée est celle d'un Batali à trois heures du matin – un gros costaud périlleusement penché en arrière, les yeux fermés, la queue de cheval rousse se balançant en cadence dans son dos, une cigarette éteinte pendouillant au coin de la bouche, les Converse montantes rouges battant le plancher – qui gratouillait une guitare invisible sur *Southern Man* de Neil Young. Batali avait quarante et un ans, et je me souviens de m'être dit que c'était bien la première fois que je voyais un homme dans la force de l'âge jouer de l'« Air Guitar ». Il dénicha ensuite la bande-son de *Buena Vista Social Club*, se lança dans une salsa avec une des invitées (qui ne tarda pas à s'effondrer dans les bras d'un canapé), passa à son petit copain, lequel fit le mort, changea pour un CD de Tom Waits, lava la vaisselle et balaya par terre en chantant à tue-tête. Non sans m'avoir rappelé l'arrangement que nous avions conclu pour le lendemain – lorsque j'avais invité Batali à dîner, il m'avait aussitôt renvoyé l'ascenseur en me conviant à venir assister avec lui à un match des New York Giants, à titre d'invités spéciaux du commissaire de la National Football League, lequel commissaire avait récemment mangé au Babbo –, il s'en alla accompagné de trois de mes amis, à qui il jurait qu'il connaissait comme sa poche les boîtes ouvertes jusqu'à cinq heures du matin dans le bas de la ville, où ils seraient sûrs de finir la nuit en beauté. Ils échouèrent au Marylou's dans le Village – selon les propres termes de Batali, « une boîte branchée où tu peux avoir tout ce que tu veux à n'importe quelle heure de la nuit, et où tout est dégueulasse ».

Le jour s'était levé quand Batali rentra chez lui. C'est ce que m'apprit le gardien de son immeuble le lendemain matin, alors que nous tentions tous les deux de le tirer du lit – le chauffeur du commissaire de la NFL patientait dans sa voiture devant la porte. Lorsque Batali surgit enfin, au bout de quarante-cinq bonnes minutes, il avait l'air en proie à une désorientation passagère, debout en sous-vêtements sur le seuil de son appartement, et ne semblait pas non plus savoir ce que je pouvais bien faire là. (Batali arborant un gabarit remarquable, c'était tout simplement sidérant de le voir en petite tenue.) Après quoi, il s'éclipsa, pour, à peine quelques minutes plus tard, réapparaître métamorphosé, revêtu de ce que je considère comme le look Batali : bermuda long, sabots en résine ultralégère, lunettes panoramiques, queue de cheval rousse. Alors que j'avais eu devant moi un Clark Kent massif en caleçon, voilà que je me retrouvais face à l'incarnation de « *Molto* Mario » – le titre très futé de son émission de cuisine, dont l'un des nombreux sens signifie, littéralement, *Très* Mario (c'est-à-dire un Mario *amplifié*, un Mario *exagéré*) –, un personnage dont la renommée m'avait échappée, jusqu'au moment où, en qualité d'invités du commissaire de la NFL, on nous autorisa à descendre sur le terrain avant le match. Les supporters des Giants, l'équipe de foot de New York, sont des brutes épaisses notoires au point d'en devenir caricaturales (torse nu par un matin d'hiver ou coiffés de casques de chantier ; de toute façon pas le genre de gars à accomplir leur part des tâches ménagères aux fourneaux), et je fus étonné de voir combien ils étaient nombreux à reconnaître le chef à la queue de cheval qui se tenait campé devant eux, les bras croisés sur sa poitrine, radieux. « Salut, Molto ! » hurlaient-ils. « Qu'est-ce que tu nous mijotes, Mario ? » « Dis, Mario, tu me fais des spaghettis ! » À l'époque, l'émission *Molto Mario* était diffusée l'après-midi sur une chaîne du câble, et je commençai à voir émerger un portrait complexe de l'ouvrier new-yorkais se ruant chez lui dès la fin de ses heures de service, afin de ne pas arriver en retard pour la leçon de cuisine et apprendre comment braiser ses rapinis ou tâter à la fourchette le moelleux de ses *orecchiette* maison. Je me tins en retrait avec un des agents de sécurité, abasourdi par le spectacle (à présent des voix dans la foule scandaient « Molto, Molto, Molto ») – cette force de la nature dont tout dans la dégaine disait « Eh, les potes, c'est par où la fête ? »

« Ce type, je l'adore, me confia l'agent de sécurité. Rien qu'à le regarder, j'ai la dalle. »

Mario Batali est le chef le plus réputé d'une ville qui compte plus de chefs que n'importe quelle autre ville au monde. En plus de son émission à la télévision – et de ses prestations publicitaires, entre autres pour le circuit automobile NASCAR dans le Delaware – il a l'art de surgir ici ou là un peu partout. Je peux affirmer sans crainte de me tromper qu'aucun autre chef new-yorkais ne mange, ne boit, ni ne se montre en public autant que lui. Si vous habitez New York, vous tomberez sur lui tôt ou tard (plus tôt que tard si vous démarrez vos soirées à deux heures du matin). Avec son associé, Joe, Batali était aussi propriétaire de deux autres restaurants, Esca et Lupa, et d'un magasin spécialisé dans les vins italiens, et, quand nous nous sommes rencontrés, ils envisageaient d'ouvrir une pizzeria à Manhattan et d'acheter des vignes en Toscane. Cela dit, le Babbo était le noyau dur de leurs affaires, casé dans d'anciennes écuries datant du XIXe siècle, à deux pas de Washington Square, dans Greenwich Village. La bâtisse était étroite, l'espace exigu pris d'assaut par une clientèle turbulente, et la cuisine, scrupuleusement italienne plutôt qu'italo-américaine, se distinguait par une créativité extravagante qui semblait être la marque de fabrique « Mario Batali ». Les gens s'y rendaient préparés à faire l'expérience de la démesure. Il m'arrivait parfois de me demander si Batali n'était pas moins un chef cuisinier conventionnel que le promoteur d'un projet plus noir visant à stimuler d'exorbitants appétits (de tous poils) et à les satisfaire intensément (par tous les moyens). Un de mes amis, qui s'était arrêté un soir boire un verre au bar et s'était retrouvé pris en mains par Batali en personne pendant six heures d'affilée, fit ensuite une diète de trois jours à base d'eau et de fruits frais. « Ce type ne sait pas ce que c'est que le juste milieu. Je n'ai jamais vu quelqu'un cultiver à ce point l'excès... À force de manger et boire, manger et boire, manger et boire, c'était comme si je me défonçais. » Les chefs devenus des habitués du restaurant étaient soumis à des versions extrêmes de ce qui s'avérait déjà une expérience extrême. « On va le tuer », me déclara Batali avec une jubilation diabolique, tandis qu'il préparait un repas pour un rival qui, en toute innocence, avait commandé le menu dégustation en sept spécialités, auquel Batali prenait soin d'ajouter une quantité mortelle de plats. Les entrées (toutes des « variations en porc ») comprenaient la *lonza* (saucisson sec fabriqué à partir de la longe du porc au régime crème-pommes-noix), la *coppa* (à partir du cou du susdit), un pied de porc frit, un *porcini* (cèpe de Bordeaux) rôti et farci à la *pancetta* (le ventre du susdit), de la *pancetta* maison, plus (« pour la beauté de la chose ») un plat de pâtes couronné de *guanciale* (la bajoue du susdit). Cette année-là, Mario testait un nouveau slogan : « Ripaille et bombance, c'est encore trop frugal. »

Mario Batali, né en 1960, a passé sa jeunesse dans les environs de Seattle : c'est un enfant de la grande banlieue américaine doté d'une solide éducation à la *Denis la Malice*. Sa mère, Marilyn, est moitié anglaise, moitié canadienne française – d'elle il tient ses cheveux d'un roux flamboyant et ce teint si pâle et si peu latin. Son sang italien lui vient de son père, Armandino, petit-fils d'immigrants débarqués dans les années 1890. Lorsque Mario était petit, son père travaillait comme cadre chez Boeing, où il était chargé de gérer l'importation des pièces détachées fabriquées outre-Atlantique. En 1975, après avoir occupé un poste en Europe afin de superviser de près la fabrication de ces pièces d'avion, il installa sa famille en Espagne. C'est à ce moment-là, d'après

Gina, la sœur cadette de Mario, que ce dernier changea. (« Il dépassait déjà les bornes. ») Madrid, après la mort de Franco (des bars ouverts aux mineurs, du shit à tous les coins de rue, le plus vieux métier du monde subitement légalisé), était en proie à une licence débridée, et Mario semble avoir goûté à tout ce qui était proposé sur le marché. On l'attrapa à faire pousser du cannabis sur le toit de son immeuble (premier incident d'une longue série qui allait se jouer sur un thème récurrent – plus tard il fut renvoyé de sa chambrée à l'université parce qu'on le soupçonnait de dealer, et par la suite, il connut à Tijuana quelques déboires qui le conduisirent derrière les barreaux). Le cannabis est lié aussi au premier festin que Batali se rappelle avoir préparé, à savoir un *panini* de fin de soirée aux oignons bio caramélisés, fromage de vache fermier et tranches extra-fines de chorizo : « Le meilleur sandwich planant que tu puisses imaginer ; mon jeune frère Dana et moi, nous étions des petits fumeurs de shit typiques – on était heu-reux. »

Lorsque Mario Batali rentra aux États-Unis en 1978 afin de poursuivre ses études à Rutgers University, dans le New Jersey, il était en fait décidé à retourner en Europe (« Je voulais être un banquier espagnol... Rien ne me plaisait plus que l'idée de gagner des fortunes et de mener grand train à Madrid »), ce qui explique sans doute son insolite panaché de matières principales : gestion et dramaturgie espagnole. Toutefois, après son expulsion du dortoir du campus, il trouva un boulot de plongeur dans une pizzeria du nom de Stuff Yer Face (« La Goinfrerie », sans doute un signe du destin), et une nouvelle vie commença pour lui. Il fut promu commis, puis chef de partie (responsable d'un secteur précis dans la « chaîne de cuisson », chargé de préparer un seul aliment), enfin on lui proposa le poste de manager, qu'il refusa. Trop de responsabilités ; il avait trop envie de s'amuser. L'existence à Stuff Yer Face était trépidante (vingt-cinq ans après, il prétendait toujours détenir le record du nombre de pizzas fabriquées en une heure), sexy (« Des serveuses canoooooooon ! ») et euphorique (« Je ne voudrais pas passer pour un shooté, mais quand un type débarque en cuisine avec une poêle à pizza dont le dos est couvert de lignes de coke, tu refuses, toi ? »). Alors le jour où, en première année, il assista à une conférence donnée par des cadres supérieures de grosses firmes, Batali se rendit compte qu'il s'était trompé de voie ; il n'allait jamais être banquier. Il allait être chef.

« Ma mère et ma grand-mère m'avaient toujours dit que je serais cuisinier. En fait, à l'époque où je remplissais mes papiers pour la fac, ma mère m'avait conseillé une école de cuisine. Mais je lui avais dit : "Eh maman, tu me prends pour quoi ? Les écoles de cuisine... c'est pour les pédés." » Cinq ans après, Batali était de retour en Europe et suivait les cours du Cordon Bleu à Londres.

Son père, toujours responsable des opérations outre-Atlantique de Boeing, était alors basé en Angleterre. Gina Batali, qui habitait encore avec ses parents, se rappelle n'avoir vu son frère aîné que le matin, au moment où il se préparait à partir à l'école à peine rentré d'une nuit blanche, car Mario avait un job le soir dans un pub. Le Six Bells, sur King's Road à Chelsea. Mario tenait le soi-disant bar américain (« Dieu seul sait ce que j'y faisais »), lorsque s'ouvrit dans l'arrière-salle un restaurant gastronomique, où un chef fit son apparition, Marco Pierre White, un homme du Yorkshire. Batali, qui s'ennuyait ferme à l'école de cuisine dont il trouvait le rythme d'une lenteur mortelle, se fit embaucher comme esclave du nouveau chef.

Aujourd'hui, Marco Pierre White est considéré comme l'un des plus grands chefs de Grande-Bretagne (ainsi que le plus caractériel, le plus lunatique et le plus tyrannique), et c'est par un extraordinaire caprice du sort que ces deux hommes, l'un et l'autre âgés tout juste d'une vingtaine d'années, se sont retrouvés ensemble dans la minuscule cuisine de ce pub. Batali ne comprit pas sur le moment ce qui se déroulait sous ses yeux : son expérience de la restauration se résumait à la préparation de sandwiches strombolis au Nouveau Brunswick. « Je pensais que ce que je voyais, tout le monde le connaissait déjà. Je n'avais pas l'impression d'assister aux prémisses d'une révolution. Bon, d'accord, je ne me doutais pas un instant que ce type allait devenir une célébrité, mais je me rendais quand même compte qu'il n'était pas comme les autres. C'était un génie de la présentation. Moi, je ne m'étais jamais encombré d'esthétique. Je versai le tout dans l'assiette et basta. » Il se souvenait de White confectionnant un beurre blanc et une purée vert foncé aux feuilles de basilic, qu'il répandait en minces ondulations au milieu de l'assiette, d'un côté la sauce verte et de l'autre la blanche. « J'avais jamais vu personne jouer les artistes avec des sauces. » White obligeait Batali à l'accompagner faire les courses au marché (« J'étais son souffre-douleur – "Oui, chef. À vos ordres, chef." Voilà tout ce que j'avais le droit de moufter »), et ils en revenaient avec du gibier à plumes ou quelque produit insensé pour réaliser les mets les plus incongrus qu'on n'ait jamais vus sur une ardoise de pub anglais : des écrevisses à la nage dans une sauce réduite au homard, des huîtres avec du caviar, des ortolans rôtis (minuscules oiseaux très rares, servis encore quasi vivants, et que l'on avale saignants, entrailles comprises, comme des huîtres) – « Le menu était entièrement écrit en français de mes deux. »

D'après Batali, White était presque analphabète, mais, parce qu'il était doté d'une intuition et d'un physique exceptionnels – « Un type superbe, vraiment, avec un corps d'athlète, on aurait dit une statue antique, épaules bien larges, taille bien prise » –, il osait infliger à la nourriture des traitements relevant a priori de la folie furieuse. « Je l'ai vu fouetter une sauce hollandaise si vigoureusement qu'elle s'est mise à mousser et s'est transformée en... en une sorte de sabayon. » Il s'acharnait à tailler des trucs en tout petits morceaux, à les réduire en purée, et ensuite forçait Batali à les filtrer au chinois – « pas plus grand qu'une saloperie de passoire à thé, parce qu'on était dans un pub et que c'était tout ce que nous avions sous la main, et moi je me tapais la journée à écraser une pulpe de mollusque grumeleuse et visqueuse dans cette passoire de poupée, en appuyant bien, bien, bien avec une cuillère en bois ».

Le mot préféré de White était *navvy*[1]. « Tu vois,

1. Déformation d'*inland navigator*, ces « marins de l'intérieur » qui creusèrent les canaux britanniques. Le terme a été repris pour qualifier les ouvriers des voies ferrées Si vous êtes un *navvy*, vous couchez sans doute dans un dortoir, vous êtes sous-alimenté et à la merci du typhus et du choléra. (*Toutes les notes sont de la traductrice.*)

on est là, juste deux mecs en cuisine, me raconta Batali, et il m'accuse de planter les frites, ou les courgettes, ou je ne sais plus quoi, et il m'ordonne de faire plutôt sauter les petits pois, pendant que dans un coin, il est en train de soumettre six écrevisses à je ne sais quel supplice, puis, soudain, le voilà qui gueule : "Apporte les petits pois, *tout de suite* !" Et moi d'obtempérer docilement. "Voici vos petits pois, chef." Mais ils n'ont pas l'air d'être à son goût. "T'y es pas du tout, connard. Ils sont trop cuits, putain. À cause de toi, ils sont fichus, espèce d'enculé de *navvy*." Mais moi, je suis américain, je ne comprends pas ce que veut dire ce mot, *navvy*, alors je rétorque un truc dans le style "*Navvy* par-ci, *navvy* par-là, si mes petits pois ne vous plaisent pas, vous pouvez les faire vous-même", ce qui l'a mis carrément hors de lui. » Un jour, White lança un risotto à la poitrine de Batali. Un autre, il flanqua une dérouillée au jeune plongeur irlandais. « Il me terrorisait », avoua Batali. Celui-ci tint bon quatre mois – « J'avais peur pour ma vie, ce fils de pute était une vraie teigne » –, puis un beau jour il jeta deux poignées de sel dans un beurre blanc et prit la porte.

« Je ne l'oublierai jamais, me déclara White, lorsque je le rencontrai à Londres. Il a des mollets énormes, pas vrai ? À sa mort, il devrait les donner à la Restauration. Quel magnifique osso-buco ça ferait. Si aujourd'hui il entrait dans cette pièce, je poserais les yeux sur ces mollets, et je saurais que j'ai affaire à Mario. » À en croire White, Mario ne prenait pas sa vocation au sérieux. « C'est le facteur sommeil qui l'a eu. » Il aurait fait un chef compétent, selon White, si seulement il s'était levé quand son réveil sonnait. Il raconte qu'un jour il envoya Batali acheter des fruits exotiques. « Il est revenu avec quatre avocats. Il était rétamé. Il ne savait plus ce qu'il faisait. Il avait fait la bringue jusqu'à quatre heures du mat'. Indomptable. *Hardcore.* D'ailleurs Joy Division était son groupe préféré, c'est tout dire. » White porta son index à son nez et renifla : « Tu vois ce que je veux dire ? » Il hocha la tête. « Est-ce que je serais injuste si je disais qu'à l'époque, son enthousiasme pour la gastronomie était bien supérieur à son talent ? Est-ce que c'est juste de dire ça ? Son talent a-t-il fini par rattraper son enthousiasme ? »

Dans la cuisine de White, Batali s'était révélé le dernier des nuls, et de toute évidence il préférerait nier en bloc tout ce qui s'y est passé, sauf que la vérité est là : White fut la première personne à montrer à Batali ce que pouvait être un chef. En sorte qu'il est pour Batali un objet tout à la fois d'admiration et de haine. Même à présent, vingt ans après, on perçoit dans les réminiscences de Batali son exaspération de n'avoir pas réussi à le séduire, ni à collaborer avec un homme possédant une vision aussi puissante du potentiel des aliments – « un jeu où tous les coups son permis ». Auprès de White, Batali apprit les vertus de la présentation, de la rapidité, de la vitalité et celles d'une cuisine ultra-athlétique. Il devint aussi allergique à tout ce qui est français. Batali honnit toute réduction des sauces, cette opération consistant à amener par l'ébullition le jus d'une viande à un état sirupeux. (« Mettez le doigt dedans, s'il y laisse une trace, alors c'est pas de moi, on sert pas de ça, c'est trop français. ») De même, par réaction, il interdit les crises de colère. (« Trop vieux jeu, trop cinéma. ») Mais surtout, auprès de White, Batali apprit combien il avait à apprendre.

Piqué au vif par l'autorité de White, Batali s'embarqua pour le grand tour des meilleurs restaurants européens, retraçant le savoir-faire du chef depuis ses origines, tel un fin limier remontant un arbre généalogique : la Tour d'Argent à Paris ; le Moulin de Mougins, dans le Midi ; le Waterside Inn, près de Londres, alors considéré comme le meilleur restaurant d'Angleterre. « En quatre mois, tu assimiles le b.a.ba, me déclara Batali. Si tu veux tout bien maîtriser, il faut rester un an, cuisiner en toutes saisons. Mais j'étais pressé. » En général, Batali se retrouvait astreint à des tâches répétitives, comme presser des carcasses de canard, soir après soir, en se servant d'un appareil conçu pour exprimer les quelques grammes de jus supplémentaire entrant dans la composition d'un fond de canard, lequel, à son tour, serait réduit en une de ces sauces « collantes et élastiques » qu'il haïssait viscéralement. « On apprend en trimant dans une cuisine. Pas en lisant un bouquin ou en regardant une émission de télévision ou en allant à l'école. Ça passe ou ça casse, voilà tout. »

Et c'est cela que je voulais faire moi aussi : travailler dans la cuisine du Babbo, au titre d'esclave de Mario.

Esclave de cuisine

Par un heureux concours de circonstances, je me suis aperçu qu'un homme aux fourneaux ne manquait finalement pas de sex-appeal. J'avais invité une femme à dîner – appelons-la Mary Alice. Je lui passai du Erroll Garner puis du Miles Davis puis *Moonglow*, le thème de *Picnic*, la musique la plus romantique que je connaisse, composée pour la scène d'amour la plus romantique jamais filmée, et lui sortis mon premier plat, préparé à l'avance : des crevettes à la Rothschild ; ce sont des tranches de pain évidées, sautées dans du beurre clarifié et garnies de crevettes braisées au court-bouillon, deux minutes seulement, le fond se réduisant alors à un sirop, le tout surmonté de gruyère râpé et d'une rondelle de truffe. Je le lui présentai.

— Oh ! dit-elle en m'emboîtant le pas, alors que je retournais à la cuisine monter mes tournedos Rossini – tournedos sur lesquels on pose une escalope de foie gras et une rondelle de truffe, et que l'on nappe d'une sauce de déglaçage au madère.

— Ah !

Et elle se mit à me poser des questions très précises sur ce que j'étais en train de faire et sur qui j'étais.

Ce qui emporta le morceau fut une création spectaculaire appelée Le Talleyrand. Il s'agit d'une recette qui se prépare avec, oui, aussi incroyable que cela puisse paraître, des cerises en boîte, plus de la poudre d'amandes et du sucre, le tout recouvert de meringue que vous garnissez d'une demi-coquille d'œuf vide. Faites cuire au four et, au moment de servir, éteignez les lumières, faites flamber un peu de kirsch ou de rhum, versez le liquide en feu dans la coquille d'œuf dès que le plat sort du four tout doré, et vous obtiendrez un mini-volcan… Et c'est là que, attention ! ça risque de couler.

Les yeux de Mary Alice étaient limpides et implorants. « Je ne connais pas d'homme plus profond ni plus complexe que vous, et j'adore votre savoir culinaire et vos doigts de fée… Hélas j'ai un autre rendez-vous ce soir à dix heures. » Et la voilà partie terminer la nuit ailleurs. Tout ce travail pour le bénéfice d'un autre ! Et ce salaud ne m'a jamais téléphoné pour me remercier.

Jonathan Reynolds
Dinner with Demons, 2003

1

Je fus admis dans la brigade, à l'essai. « Le problème, c'est la place, déclara Mario. Y a-t-il assez de place pour un corps supplémentaire ? » La réponse était non. Il n'y en avait déjà pas assez pour ceux qui se trouvaient déjà là. Mais je m'arrangeai pour me faire un petit trou. Pour commencer, j'allais consacrer une ou deux soirées à la mise en assiette des pâtes, ensuite le vendredi je serais commis au garde-manger, autrement dit à tout ce qui concerne les préparations froides pour le soir. Mario me convia ensuite à assister à la réunion du samedi matin. On était le 26 janvier 2002.

Vingt personnes se rassemblèrent autour d'une longue table à l'étage, Mario trônant au milieu. La sortie du *Babbo Cookbook* était attendue pour avril, et cette publication, à l'entendre, promettait d'avoir un certain nombre de retombées. « Nous allons être surveillés de plus près. Il va y avoir des équipes de télévision, encore plus d'affluence et, surtout, les critiques vont revenir. » Le Babbo était un restaurant trois étoiles et, à en croire Mario, il allait être réévalué pour juger s'il les méritait toujours. Mais là où il voulait en venir, c'était que le nouveau critique gastronomique du *New York Times* n'avait encore rien écrit sur le Babbo, et qu'il se servirait peut-être du prétexte de la sortie du livre pour passer faire un tour chez nous. Mario souhaitait que tout le monde soit prêt à cette éventualité. « En plus, continua Mario, le bouquin révélant nos secrets, il va falloir changer notre carte. » Il invita ses collaborateurs à chercher de nouvelles idées et leur suggéra de consulter des recettes anciennes afin de voir si l'on ne pouvait pas s'inspirer de la tradition pour faire du neuf. Il rappela ensuite à tous les présents les trois principes fondamentaux de la cuisine : nous étions là pour « acheter des produits, les cuisiner et les vendre avec un bénéfice – c'est cela notre tâche » ; la régularité de nos prestations était un point capital (« Mettons que quelqu'un se régale avec un truc succulent un jour et qu'il revienne un autre jour et commande la même chose, si tu ne le lui sers pas exactement de la même manière, alors t'es le dernier des nuls ») ; enfin le succès du Babbo, « le meilleur restaurant italien d'Amérique », tenait à son style : « Plus féminin que masculin. Les gens doivent s'imaginer des grands-mères aux fourneaux en train de leur mitonner des petits plats. »

Une fois le topo de Mario terminé, Andy Nusser, son second, le chef qui dirigeait l'établissement au quotidien, aborda un problème relatif aux conditions de travail, qu'il appelait la « rage des cuisines ». Andy avait quarante et un ans, le même âge que Mario, mais ce n'était pas du tout le même genre d'homme ; il était aussi apollinien que son patron était dionysiaque. Avec son mètre quatre-vingt-trois et ses épaules de champion de natation, il avait une allure de bel adolescent, et seul un léger grisonnement dans sa chevelure épaisse trahissait son âge. Il travaillait au Babbo depuis son ouverture. À sa façon d'être (austère, sérieuse, pressée), on devinait chez lui un sens de la discipline et un respect quasi militaire du règlement. Il annonça à la ronde : un cuisinier vient d'être renvoyé parce qu'il n'a pas réussi à se contrôler. Il a cogné des casseroles, jeté des ustensiles, « empoisonné la cuisine avec sa colère ». Une conduite intolérable. Mario lui coupa la parole pour avancer quelques suggestions : ménagez-vous une pause avant le démarrage du service, sinon « le stress imprégnera vos aliments et donnera un goût à tout ce que vous servirez ». Selon lui, la semaine devait se dérouler suivant un programme bien défini : même si vous êtes obligés de bosser treize, quatorze, peut-être quinze heures d'affilée « le premier jour est dur, puisque le redémarrage est forcément brutal, votre deuxième jour sera plus cool et le dernier de la semaine vous serez sur un nuage. Vous pourrez vous pointer à deux heures de l'après-midi ». Un service se termine vers une heure du matin ; même si vous commencez à deux heures de l'après-midi, il vous reste encore onze heures pour vous prélasser.

« Soyez patients, ajouta Andy. Tenez bon. Si nous sommes ici, c'est parce que nous avons tous l'ambition d'avoir un jour un restaurant à nous. »

Je promenai mon regard autour de la table. L'âge moyen avoisinait les trente et quelques. En majorité des hommes. Pâles et mal rasés. Un bon nombre ne parlait pas bien anglais. Étaient-ils vraiment tous ici parce qu'ils espéraient un jour ouvrir leur propre établissement ?

Le vendredi suivant, à sept heures du matin, je me présentai au chef de partie au garde-manger, une belle femme au corps d'athlète, la quarantaine, appelée Elisa Sarno. J'étais plein de bonne volonté, gonflé d'espoir et prêt à tout. Seulement Elisa n'avait pas trop l'air contente de me voir.

Je revêtis un tablier et un sarrau de chef, et en avant pour la visite. Un coin de la cuisine était occupé par la « chambre froide », un placard réfrigéré aussi spacieux que l'intérieur d'un petit camion, aux parois tapissées d'étagères du sol au plafond. Une coupure de journal, l'article de la semaine de la rubrique gastronomique du *New York Times*, était affichée sur la porte, comme c'était la coutume – un rappel aux réalités de la concurrence et à l'importance des trois étoiles du Babbo (très peu de restaurants, s'entendait-on dire, en cumulaient même deux). Un autre coin était consacré à la plonge. Les casseroles, les poêles et un tas de récipients en plastique étaient rangés au-dessus. Elisa se lança dans la description de chacun d'eux selon sa taille, mais je n'écoutais que d'une oreille, distrait par la vue du plongeur, un jeune homme furibond (on ne nous présenta pas, mais j'appris par la suite qu'il s'appelait Alejandro) qui rudoyait une marmite grande comme une poubelle à l'aide d'un gadget style Kärcher en envoyant des jets à haute pression dans des directions improbables. « Ceux-ci font un litre, énumérait pendant ce temps-là Elisa, et ceux-là font un litre neuf, et ceux-là trois litres huit, et là cinq litres six, et là sept litres cinq, chaque série étant reconnaissable à la couleur de son couvercle. Les bacs et les demi-bacs "Gastronorme" sont ici, avec les lèchefrites et les demi-lèchefrites, et les grandes plaques qui vont au four. » Les récipients, ne tardai-je pas à comprendre, sont le nerf de la guerre des préparations froides – tout ce qu'on confectionne termine là-dedans et en ressort plus tard, selon les besoins, au cours de la soirée –, et il ne faut pas sous-estimer la gravité de questions du style : « Est-ce que je mets ça (des pattes de poulet, mettons, ou une certaine quantité de joues de bœuf) dans un gastro un-deux ou bien tiendront-ils dans un un-quatre ? » Je méditais sur cette langue codée, digne d'un univers d'autistes, qu'ils avaient tous l'air de parler couramment autour de moi – c'est donc ça qu'on vous apprend à l'école de cuisine, qu'est-ce qu'un bac « Gastro » ? –, quand Elisa s'interrompit brusquement. « Où as-tu mis tes couteaux ? me demanda-t-elle.

— Mes couteaux ?

— Tu n'as pas de couteaux ?

— Pourquoi, je devrais ?

— Aïe, aïe, aïe. Bon, bon, ça va pour cette fois. Apporte-les la semaine prochaine. »

Et à part elle, elle marmonna : « Bon Dieu que je déteste prêter mes couteaux. »

Elle me précéda dans la chambre froide, ayant subitement accéléré son débit, comme si elle avait hâte de se débarrasser de cette corvée. « C'est ici qu'on stocke tout ce qui part ensuite sur le gril » – elle m'indiqua du doigt une étagère bourrée de récipients à couvercle vert, impossible à distinguer des autres étagères, elles aussi bourrées de récipients en plastique à couvercle vert. « Ça, c'est l'étagère des pâtes. Là, c'est l'épicerie. Ici, l'étagère à sautés. Et, ah, oui, voilà le ruban adhésif. Tout est étiqueté et daté. Où est ton crayon ? Tu n'as pas apporté de crayon ? »

Les primeurs étaient dans le fond – des cageots de

carottes, céleri, oignons blancs. Un poisson avait été rangé par terre, livré avant mon arrivée, quelque monstre argenté de la Méditerranée.

« C'est l'heure de désosser les canards. Viens. »

Il y avait quatre cageots de canards, à six par cageot.

« Essuie le plan de travail, mouille un torchon – tu te rappelles où sont les torchons ? – prends une planche à découper... ("Où sont-ils déjà ?" m'enquis-je, soudain pris de panique)... un gastro un-six et deux un-huit, une grande plaque... (Lesquels étaient les bacs gastro ?)... et du papier sulfurisé. Tu en prends quelques feuilles dans la section pâtisserie. Les un-huit serviront aux gésiers. Tiens, prends un de mes couteaux. Tu apporteras tes couteaux la semaine prochaine ?

Mais oui, mais oui, bien sûr.

— Sors les canards par le haut, sinon tu vas te mettre du sang partout. Enlève les gésiers. Le foie va dans une boîte, les rognons dans l'autre. Enlève les pattes pour le confit, mais d'abord n'oublie pas d'en sectionner le bout noueux dans le bas avec un trancheur... Tiens, sers-toi de ça, me dit-elle en me tendant un tomahawk géant. Ensuite, tu prélèveras les magrets. Tu sais désosser un canard, bien sûr ?

— Oui, je crois. Je veux dire, je l'ai déjà fait.

Mais quand ? Je gardais le vague souvenir d'un dîner. Était-ce en 1993 ?

— Et tu sais ce que c'est que l'*huître*[1] ?

— L'huître ? dis-je en procédant à un petit exercice de logique élémentaire. Le canard, animal possédant des ailes : volaille. Huître, machin molé-

1. C'est ainsi que l'on appelle en anglais le sot-l'y-laisse.

culaire ne possédant pas d'ailes : mollusque. Les canards n'ont pas d'huître ; les huîtres n'ont pas de canard. *L'huître* ? répétai-je.

— Oui, c'est le morceau au-dessus du croupion que l'on n'a pas envie de laisser. Là », dit-elle, en tranchant net la poitrine du canard et en remuant son couteau dans la cuisse. Elle était apparemment un as du couteau, il suffisait de la voir le manier sans effort, et la chair s'ouvrir en deux comme par magie. J'eus à peine le temps de me dire, il faut que j'apprenne à faire aussi bien, alors que je ne parvenais même pas à repérer l'emplacement du morceau tant convoité – se plaçait-il à l'avant de la cuisse ou à l'arrière ? – qu'elle avait déjà embrayé sur autre chose. Un livreur venait de surgir comme de nulle part, les bras chargés de cageots de viande.

J'inspectai la cuisine. À deux pas, deux commis pâtissiers taillaient des ananas. Devant moi, un mur de fourneaux, surmonté de grandes bassines où bouillonnait quelque chose. Derrière moi, deux autres types qui fabriquaient des pâtes. Par terre, un mixeur géant qui pétrissait en cadence une vaste boule de pâte. Il était sept heures quinze du matin.

Je ramassai un canard, le dépouillai de ses ailes et partis en quête de la fameuse « huître ». Je me sentais dans l'obligation de rendre hommage à cet oiseau entre mes mains en m'assurant que le morceau le plus délicat de sa personne trouverait le chemin de l'assiette. Mais où était donc ce petit con ?

J'arrivai tout doucement au bout de mes premiers canards et empilai les morceaux sur ma planche à découper. Le but étant de jouer du couteau sur chacun d'eux, coupe, coupe, coupe, exactement comme Elisa tout à l'heure – le couteau animé d'une vie propre, tout en fil, nul besoin d'appuyer, la viande s'ouvrant comme par magie – et de déposer chaque morceau dans le récipient auquel il était destiné. Seulement je n'étais pas sûr d'avoir bon. J'entassai mes cuisses au coin de ma planche, en prenant soin d'enfouir les pièces mutilées sous mes œuvres les plus présentables, au cas où Elisa viendrait inspecter mon travail.

Pendant ce temps, elle ouvrait les cageots de viande. (« Des joues de porc *surgelées*, disait-elle au livreur, le surgelé, ça vaut rien pour moi. ») Le livreur ne pipait pas. Il me regardait fixement. (« Vous avez compté les souris d'agneau ? lui demandait Elisa. Vous ne m'en donnez jamais le nombre exact... Je ne peux pas diriger une cuisine sans connaître mes ressources en souris d'agneau. ») Mais qu'est-ce qu'il avait donc, ce livreur ? La fixité de son regard commençait à me mettre mal à l'aise. Vous n'avez rien de mieux à faire ? Vous trouvez ça drôle, vous, de regarder un mec en train de massacrer vingt-quatre plats parce qu'il ne trouve pas le sot-l'y-laisse ?

Je me tournai vers un des cuistots, lequel semblait désosser des cailles, une entreprise si difficile qu'elle ressemblait à une gageure. D'autant qu'il opérait à une vitesse stupéfiante. Le livreur, lui, n'avait pas bougé d'un pouce. L'avais-je vu hocher la tête ? Toujours est-il que, je ne sais comment, je fis glisser la lame du couteau d'Elisa, avec douceur et délicatesse, sur le dos de mon index – depuis la première phalange jusqu'à l'ongle. Le temps resta un instant suspendu : avais-je vraiment fait ce que je pensais avoir fait ? Oui. Du sommet de mon doigt jaillit un flot de sang rouge.

« Tu t'es coupé ? s'enquit Elisa en interrompant son recensement des souris d'agneau d'un air de dire, Tu es ici depuis seulement une demi-heure, et c'est tout ce que tu as réussi à faire ?

— Oh, pas de souci, répondis-je en m'entortillant la main dans un torchon souillé de bouts de viande. Ça m'arrive tout le temps. T'as pas vu mes doigts. Couvertes de cicatrices et de coupures, on dirait de la géographie. Je crois que j'ai besoin de lunettes. Je vois pas de près. Ou de loin. Ou les deux à la fois, en fait. Oui, des lunettes, c'est ça.

— Tu veux aller à l'hôpital ?

Sa question sonnait comme une accusation. Je fis signe que non, inquiet de la voir inquiète. Il faut avouer que mon doigt pissait le sang.

— Les pansements sont dans le réfrigérateur, m'indiqua-t-elle. Tu porteras un gant en caoutchouc pour pas les mouiller. »

Je battis en retraite dans la salle à manger, où je colmatai ma blessure au moyen de deux pansements adhésifs collés en croix l'un sur l'autre, enfonçai le tout dans un gant de chirurgien et retournai à la cuisine. Il était près de neuf heures, et ma planche à découper présentait un modeste douze centimètres carrés d'espace de travail. Le reste était envahi par des monceaux de canard.

Je m'y remis. Sectionner, découper, retourner et pop et paf. Je dégageai ma planche. Et ce faisant, mon pansement peu à peu se relâcha, et le gant en matière synthétique translucide se mit à gonfler et à pendouiller, se gorgeant de mon sang comme un ballon se remplit d'eau. À la vérité, c'est une habitude chez moi de trancher des petits bouts de ma personne, mais je voyais bien que si jamais j'incisais un millimètre de ce gant, ce serait la débandade. Je prenais du retard, et Elisa m'avait à l'œil.

Elle cueillit une cuisse. A priori, tout semblait indiquer que j'avais trouvé le sot-l'y-laisse. Devant et derrière, où que se localisât l'engin, il y avait abondance de chair. Cela n'était pas le problème.

« Il y a trop de gras, décréta-t-elle en jouant du couteau, et elle ajouta, comme si elle avait omis de mentionner une instruction capitale : Tu te rends compte qu'on va les servir à des *gens* ! »

J'en vins à considérer l'atelier des préparations froides, le Froid, comme une sorte de camp d'entraînement culinaire, surtout durant mes premières semaines où me furent inculquées les techniques de base de la cuisine, en particulier le maniement du couteau. J'avais l'impression de m'en être servi pendant des années n'importe comment. À un moment donné, toujours au cours de ce premier matin, je marquai une pause pour aiguiser mon couteau, ou plutôt le couteau d'Elisa, quand cette dernière laissa en suspens sa propre tâche pour me regarder avec de grands yeux : je l'aiguisais dans le mauvais sens (comprenez : je m'y étais toujours pris à l'envers). Vint ensuite la question du jeu de bascule. Le principe consiste, lorsque vous voulez hacher quelque chose, à appuyer la pointe de la lame sur la planche en la maintenant bien en place : vous finissez ainsi par imprimer un mouvement de balancier au couteau, dès lors le talon de votre lame tranche sans effort et vous la contrôlez beaucoup mieux, quoi que vous soyez en train de couper. Tous les gens qui font la cuisine connaissent sans doute cela par cœur, ce n'était pas mon cas.

Certaines techniques paraissent de prime abord inutilement fastidieuses. Les carottes me donnèrent par exemple beaucoup de fil à retordre. Tous les bouillons de viande qui mijotent longtemps sont cuits avec des carottes, ainsi qu'avec du céleri, des oignons et des herbes aromatiques, lesquels adoucissent l'âpre saveur carnée. Ça, au moins, je le savais, ou croyais le savoir. Je préparais des bouillons à la maison – soupes, fonds de volaille – et je me contentais de jeter mes carottes dans la cocotte, coupées ou pas coupées : qu'importe, de toute façon, vu qu'elles cuisent pendant des heures ? Faux.

Il y a deux manières et deux seulement de couper une carotte : grossièrement émincée ou en dés minuscules. Grossièrement émincée, cela signifie que l'on incise la carotte sur toute sa longueur, et – coupe, coupe, coupe – on débite des demi-lunes parfaitement identiques (soit dit en passant, je ne vois pas ce qu'il y a de grossier dans ce procédé).

Mon cauchemar, c'étaient les dés, car il fallait tailler finement chaque morceau de la carotte en cubes identiques d'un millimètre carré chacun.

Une carotte ne se présentant pas sous la forme d'un quadrilatère, vous devez commencer par la tailler en un long rectangle, puis vous la coupez dans le sens de la longueur en planchettes d'un millimètre d'épaisseur, qu'à leur tour vous tranchez en longs bâtonnets d'un millimètre, que, coupe, coupe, coupe, vous débitez en cubes d'un millimètre carré. Je paraissais m'en être tiré pas trop mal avec le premier lot – ou alors il était trop tard et tout le monde était tellement pressé que personne n'avait regardé de près le méli-mélo de quadrilatères miniatures dont j'avais rempli un bac. Mon deuxième lot comportait trente-six carottes. Il me fallut un temps fou pour tailler trente-six carottes en cubes. Elisa, qui, en général, venait se pencher de temps en temps sur mon épaule pour vérifier si je n'étais pas en train de lui cochonner le travail, dut me faire confiance pour les carottes – après tout, que peut-il arriver de vraiment grave à une carotte ? – car elle n'apparut que vers la fin, au moment où j'étais sur le point de terminer. Elle poussa un cri : « J'avais dit en petits dés ! C'est pas des petits dés, ça ! Je sais pas ce que c'est, mais ça va pas du tout. » Deux heures à couper des carottes, et tout passait à la poubelle ; c'est dire si elles étaient ratées. J'avais envie de pleurer. Il me fallut trois jours avant de trouver le courage de raconter ma mésaventure (« Elle a jeté mes carottes... toutes mes carottes ! »), et j'avais encore la voix qui tremblait d'indignation. Encore un mois et je réussis enfin à obtenir des dés corrects, même si ce succès – « Ben dis donc ! s'exclama Elisa en ramassant mon bac et en versant son contenu dans un liquide brûlant, ceux-ci sont géniaux » – était secrètement gâché par le souvenir d'avoir avalé en douce plusieurs centaines de petits cubes difformes.

Je taillai des cubes de porc pour le *ragù* (mais seulement après que mon premier lot m'avait été retourné – « Ça, c'est des morceaux, j'ai demandé des cubes ») et appris à « éplucher » une pièce de bœuf. Chargé de brider les lapins, j'appris à attacher leur arrière-train par un nœud de boucher (un nœud simple, suivi d'un double nœud), révélation qui m'excita à tel point que dès mon retour à la maison, je me ruai sur la ficelle pour m'entraîner. Je racontai à Elisa mes exploits. « J'ai bridé tout ce qui me tombait sous la main. Une souris d'agneau, des ustensiles, une chaise. Et quand ma femme est rentrée, je l'ai ficelée elle aussi. » Avec un hochement de tête, Elisa commenta : « Faut sortir le dimanche », avant de retourner à ses moutons.

Les odeurs de la cuisine me captivaient. Vers le milieu de la matinée, de nombreuses préparations étaient déjà achevées, qui étaient cuites en succession rapide, si bien que les odeurs me parvenaient, les unes après les autres, par vagues rapprochées, comme les sons d'un morceau de musique. D'abord le fumet de la viande, la cuisine baignant tout d'un coup dans les effluves sirupeux d'un agneau en daube. Ensuite, à peine quelques minutes plus tard, du chocolat fondant dans un bol en métal. Suivi par des tripes, comme un troublant contrepoint (curieuse disjonction en effet, alors que vous avez du chocolat plein les narines, de humer presque simultanément des émanations de boyaux de ruminants). Puis se répandait une âcre odeur de marée basse – de la pieuvre mijotant dans une bassine d'eau frémissante – talonnée de près par ce qui ressemblait à de l'ananas un peu trop mûr. Et ainsi de suite, les unes après les autres – fruits rouges, bouillon de poule, et la chimie réconfortante du mélange veau, porc et lait, tandis que quelqu'un préparait un *ragù alla bolognese.*

Jusqu'à ce jour, je m'étais basé sur des connaissances glanées dans des livres. J'étais en quelque sorte un cuisinier en chambre, mourant d'envie d'utiliser mes capacités à autre chose qu'à la préparation d'un simple dîner, quoique mes repas, surtout quand je recevais des amis, avaient tendance à se révéler des vecteurs de stress, se distinguant par deux traits dominants incompatibles : l'ambition et l'inexpérience. Mes amis se livraient à de savants calculs pour évaluer avec quel retard il seyait de se présenter chez moi, se doutant d'avance du spectacle qui les attendait s'ils commettaient l'erreur d'arriver trop tôt : leur hôte maculé de sauce, affolé, pas lavé et les envoyant, in petto, au diable. Un soir, quelques malheureux débarquèrent ainsi au milieu d'une modeste déflagration, accueillis par un nuage noir sortant de la cuisine, alors que, pétrifié sur le seuil de mon appartement, je n'arrivais plus à me rappeler comment s'éteignait un feu de graisse.

Je n'avais jamais travaillé dans une cuisine professionnelle et j'avais toujours eu beaucoup de respect pour ceux qui y officiaient. Ils savaient quelque chose que pour ma part j'ignorais. Désormais, j'étais un des leurs. Une fois acquis quelques tours de main basiques, je m'aperçus que je ne me sentais plus du tout complexé. J'appartenais à une brigade, repliée dans une arrière-salle avec le bruit des couteaux qui s'entrechoquaient, le mien compris, basculant en cadence sur les planches à découper : pas de fenêtre, pas la moindre lumière naturelle ; aucun contact avec le monde extérieur ; personne ne sachant même quel temps il faisait dehors ; un seul et unique téléphone, dont le numéro était sur liste rouge ; injoignable – ah, que c'était donc agréable pour un gourmet comme moi de se sentir si proche de festins royaux.

2

La Californie. Au printemps 1985, Mario revint d'Europe pour filer tout droit à San Francisco. Il avait eu vent d'une révolution culinaire dans la Bay Area et souhaitait être de la fête. (« Ce que nous cuisinent nos cuisiniers... » commençait ainsi un article de *Life* intitulé « La Nouvelle Cuisine américaine », publié le mois précédant l'envol de Mario pour la côte ouest, « ... n'est rien moins que la redécouverte de l'Amérique. ») Cette « révolution » se distinguait par un usage « libertaire » des produits locaux, quoique, à l'occasion de son premier job pour un traiteur à grande échelle, Batali ne vît pas très bien ce que la cuisine avait de libertaire ou de locale. Lors d'une soirée donnée par la firme Apple, rassemblant sept mille personnes dans un stade de base-ball, il se retrouva chargé des crevettes ; il poussa une brouette au milieu des convives qu'il servit à l'aide d'une pelle (« Tu trouverais ça marrant, toi ? »). Son frère Dana descendit de Seattle, et tous deux louèrent une maison victorienne dans le quartier de Haight Ashbury, un arrangement non dépourvu de certaines tensions prévisibles. Pour se rendre à son travail (il travaillait dans l'animation numérique), Dana traversait chaque jour la baie, jusqu'à Oakland, un trajet de quarante-cinq minutes et, quand il se réveillait, il assistait souvent aux dernières minutes déliquescentes d'une soirée à tout casser : son frère en compagnie d'un nombre plus ou moins élevé de chefs patibulaires et malodorants, étalés par terre à différents stades d'anéantissement – la maison puant le tabac à plein nez, des cadavres de bouteilles à droite et à gauche, la stéréo à fond.

Six mois plus tard, Mario se fit embaucher par un hôtel Four Seasons, le Clift, où, six mois plus tard encore, il fut nommé sous-chef, son premier poste à responsabilité depuis l'époque de Stuff Yer Face. Sauf que cette fois, c'était la Californie et que dans les cuisines, comme un peu partout en ce temps-là, on s'essayait à toutes sortes de mariages déroutants (piment, citronnelle et haricot noir, où le néo-latino rencontrait la fusion asiatique et la petite-dame-d'à-côté-qui-vend-des-pommes). La révolution californienne a fait couler beaucoup d'encre ; et on ne s'est pas privé de rire à ses dépens : une ère culinaire postmoderne, orchestrée par la Bay Area, au service d'une improvisation à tout-va, et aux inventions les plus farfelues. Étudiant, j'ai habité Berkeley jusqu'en 1979 et, en y repensant aujourd'hui, je m'émerveille que la révolution ait éclaté si près de chez moi, à deux pas d'où j'habitais, Chez Panisse, le célèbre restaurant dirigé par Alice Waters. J'y ai consommé deux repas qui m'ont laissé deux souvenirs : le premier, plutôt vague, d'un mets recherché très bizarre (des escargots issus d'un élevage maison, servis dans une gelée au kiwi surmontée de fleurs comestibles – une de ces créations proclamant : « Regardez-moi comme je suis belle ») ; et un deuxième, très précis celui-là, du romancier et professeur de littérature anglaise Leonard Michaels, qui se trouvait assis à la table voisine. Michaels, un natif du Lower East Side new-yorkais, aux allures de citadin à qui on ne la fait pas, témoignait en général d'une méfiance charmante à l'égard de toutes les tocades et dingueries californiennes. Mais cette fois-là, Michaels, au milieu de trois disciples en transe, discourait avec une fougue inhabituelle à propos d'un aliment – une pointe d'asperge. Il la tenait entre ses doigts et l'apostrophait, comme s'il s'agissait non d'un simple légume mais d'une question brûlante – un manuscrit de Milton, par exemple, ou de Susan Sontag. De la cuisine comme sujet de thèse. Alors que les intellectuels américains ne s'y étaient jusqu'ici jamais intéressés. Cette asperge abritait le germe d'une révolution.

Un des révolutionnaires s'appelait Jeremiah Tower, alors sous-chef de Chez Panisse. Mais quand Batali arriva, il n'y était plus, ayant ouvert son propre restaurant, le Stars. Il figurait parmi les chefs cités dans un article de *Life*. (« Ces petites chèvres nubiennes, j'adore leur look », disait Tower, dans la légende d'une photo de lui en train d'en couver du regard quelques spécimens.) Tower qualifie sa cuisine de franco-californienne : les techniques françaises mises au service d'ingrédients américains dans l'esprit ludique du Nouveau Monde, ou « d'anciens nouveaux produits dans des habits neufs ». Au détour de son autobiographie, *California Dish – What I Saw (and Cooked) at the American Culinary Revolution*, vous trouverez la recette d'un consommé au cannabis (les tiges et les graines sont grillées avant d'être plongées dans du bouillon de poulet), une version très personnelle du rouleau de printemps (enroulé dans de la peau de poisson gras au lieu d'une crêpe de riz) et un soufflé aux oursins servi avec des anguilles cuites dans leur propre sang. Ce chef possédait, petit un, une vitalité sexuelle hors du commun (« Ça te dit de te pignoler dans ma Mercedes derrière le restau ? » lui aurait, raconte Batali, proposé Tower lors de leur première rencontre), petit deux, le chic pour se saborder (en servant sans réfléchir du cochon de lait à une réception juive), et petit trois, un amour effréné de la mise en scène (« J'avais ordonné à chacun de mes cuisiniers d'avaler une coupe de champagne et de prendre deux énormes poêles, écrit-il, en évoquant le déjeuner de presse de 1983 qui fit la renommée de la cuisine californienne. À mon signal, ils ont rempli les poêles d'une salade de fruits tropicaux, de framboises et de sirop de fruit de la passion ; puis, à l'unisson, ils ont lancé en l'air leur salade de fruits et l'ont retournée comme une omelette. Tout le monde s'est levé pour nous applaudir. ») Selon Batali, le Stars, situé dans le quartier Mission de San Francisco, était « *le* resto de l'époque ». Steve Crane, un de ses amis qui était alors serveur, se rappelle que Mario et lui (« un clown sur une Suzuki 1100 peinte en zèbre ») y passaient leurs fins de soirée après le boulot parce que « c'était l'endroit branché » – tous les chefs, une fois leur service terminé, se pointaient au Stars. « Tower faisait une cuisine vivante, minimaliste, tout en finesse et énergie, rapporte Batali. Il a été mon inspiration pour tout ou presque tout ce que j'ai entrepris depuis. »

Ces réminiscences signées Batali me font songer à un lieu d'un autre temps, une librairie ou un café littéraire plutôt qu'un restaurant : City Lights, vingt ans plus tôt. « C'est au Stars, pendant l'explosion californienne, que j'ai rencontré pour la première fois des chefs disposés à parler de leur art, et où j'ai appris que le goût varie selon les palais. » Saveurs relevées, contrastes violents, voilà les qualités (des qualités poussées à l'*extrême*) qui caractérisaient sa cuisine : des vinaigrettes acidulées et des salsas aux couleurs vives, du poisson cru et des fruits de mer marinés. C'est là, à entendre Batali, qu'il aurait acquis son goût des vinaigres et du citron. « Depuis, ce que je cuisine se situe toujours dans la gamme supérieure des notes acides ; elles correspondent chez moi à un penchant naturel. Je relève la saveur d'un mets grâce à leur piquant. Je rattrape les choses avec de l'acidité. Bon nombre des plats défectueux que nous servent les Français mériteraient d'être égayés par une petite touche acide – rien que pour nous faire venir l'eau à la bouche. »

Au bout de deux ans au Clift, Mario se vit proposer un poste au Biltmore, à Santa Barbara, un honorable et ancien hôtel de style colonial espagnol que venait de racheter et tenait à relancer la chaîne Four Seasons. Mario fut embauché pour des raisons évidentes (« énergie, audace, passion, jeunesse », d'après Brian Young, le manager). Mis à la tête d'un établissement dont il était le seul maître à bord, La Marina, il devint, à l'âge de vingt-sept ans, le jeune chef le mieux payé de l'entreprise. Andy Nusser, qui à l'époque travaillait dans le design d'ordinateur, tomba une nuit sur Mario lors d'une soirée allumée (Batali buvant de la tequila à la régalade dans une outre en peau de chèvre et s'en versant la moitié sur la figure). Quelqu'un avait apporté du foie gras mais ne savait pas comment le servir, et, partant du principe qu'un bon cuisinier est capable de préparer un festin avec ce qu'il a sous la main, Mario confectionna une réduction sucrée style vinaigre de soda à l'orange et de gommes acidulées aux fruits. (« Commencez par retirer chaque bonbon de son papier et déposez-les dans une casserole où, à feu très doux, vous les faites fondre doucement jusqu'à obtenir un sirop au coloris vif. Par ailleurs, faites bouillir le soda jusqu'à ce qu'il soit réduit de moitié. ») Nusser jure que le résultat était savoureux, en tout cas il fut assez impressionné pour se dire qu'il avait sous les yeux un futur grand chef.

À la fin de l'année, la direction des Four Seasons proposa à Mario de prendre en main un restaurant plus sélect, à Hawaii, à un salaire encore plus élevé (« Ils m'ont supplié, ils étaient aux abois »), mais Batali refusa ; puis il donna sa démission. Santa Barbara, les Four Seasons et les « mecs des ressources humaines en costard », il trouvait tout ça barbant. Encore tout à l'euphorie de sa vie à San Francisco, il n'apprenait plus rien, mais n'était guère disposé à quitter cet état de grâce ludique. Aujourd'hui, il parvient à peine à se rappeler un seul menu de son propre restaurant – « des pâtes insignifiantes, des côtes de veau fumées, du homard grillé aux petits artichauts frits » – et se montre très vague. « En fait, je n'ai pas beaucoup de souvenirs de cette époque. Bon, c'est vrai, je me couchais tard. Je me couchais même très très tard. » Il ne sait pas où passait l'argent de son salaire. « Je ne m'achetais pas de fringues. Je n'achetais rien. Où a filé tout ce pognon ? Tu vois ce que je veux dire... Où il allait ? »

Bref, il était temps qu'il aille voir ailleurs. Il songea à l'Italie. L'envie le tenaillait de savoir cuisiner comme sa grand-mère, Leonetta Merlino Batali.

Leonetta Merlino avait dans sa prime jeunesse travaillé dans le premier magasin d'importation de produits italiens de l'État du Washington : Merlino's, ouvert par ses parents à Seattle en 1903. Ce commerce fut vendu à la fin des années 1960, et Mario a toujours regretté que son père n'ait pas souhaité le reprendre (« Ils l'ont perdu. Ils ont foiré »). Tous les membres de la famille gardent un souvenir ému des déjeuners chez Leonetta, qui leur servait des raviolis maison. (Son mari, Armando, mort quand Mario avait six ans, était chargé de la viande, il élevait ses propres cochons, produisant *prosciutto*, boudin noir, fromage de tête et saucisses, et marchandait avec les Indiens de la réserve voisine pour obtenir du chevreuil et de l'élan.) Même si Leonetta fabriquait de vastes quantités de raviolis, soit, dans la même journée, mille à mille deux cents petits carrés de pâte, selon une recette familiale des Abruzzes (cervelle de veau, saucisse, poulet, blettes, parmesan et fromage Romano), en se servant, pour abaisser la pâte, d'un long rouleau qui lui donnait une texture particulière (« rugueuse comme la langue d'un chat »), elle n'accordait aux enfants que six raviolis chacun. Ils en parlent encore. « On savait qu'il y en avait encore plein ! se souvient Gina Batali. Ils étaient là sous nos yeux ! » Mais Leonetta était résolue à leur apprendre à consommer un repas à l'italienne, les pâtes se présentant après l'*antipasto* – une assiette de *salume* (charcuterie) et de légumes marinés – et avant le *secondo plato*, une viande rôtie, souvent de l'agneau, toujours cuite avec du romarin, toujours à point. La recette des raviolis est restée dans la famille – le frère de Mario en prépare à Noël. Leonetta, qui en avait confectionné si souvent qu'elle ne savait plus comment expliquer sa façon de s'y prendre, fut un jour filmée par un cousin, qui n'oublia pas de l'interroger en cours de tournage. D'autres recettes sont conservées sur deux mille fiches bristol : une sauce à *pasta* obtenue à partir de travers de porc (laquelle, d'après les souvenirs de Mario, avait « une saveur rose rouge, rose porc ») ; des tripes ; et un plat du nouvel an, du *baccalà* (morue dessalée au lait) servi avec de la polenta chaude renversée sur une planche en bois.

Armandino Batali m'envoya des copies de ces recettes. Je fus étrangement ému devant cette petite liasse de fiches, comme si je me trouvais soudain branché sur une conversation de cuisine entre les vivants et les morts. S'il m'est souvent arrivé de songer que l'alimentation est le messager encapsulé d'une culture, du fait de la nécessité vitale de manger, cette impression se révéla encore plus vive à la lecture de ces mémentos d'une génération passée, tout comme lorsque j'écoutais les enfants d'Armandino discuter des recettes soi-disant excentriques de leur grand-mère, laquelle les avait, dans l'arrière-salle d'un magasin d'alimentation de Seattle, apprises de sa mère, qui, elle-même, les avait apprises de sa mère dans une maison d'un village des Abruzzes.

Mario téléphona à son père. Connaîtrait-il quelque part en Italie un endroit où il pourrait travailler, en échange du gîte et du couvert, au service d'une cuisinière italienne de grande expérience ? Son père lui répondit que, personnellement, non, mais qu'il se renseignerait auprès de ses amis. Il envoya cinq lettres. Il reçut une seule réponse, d'une trattoria non loin d'une petite ville qui abritait une fabrique de pièces détachées pour Boeing. Le gîte et le couvert pour le fils d'Armandino ? Sous-chef dans un restaurant Four Seasons ? Quand était-il prêt à commencer ?

3

À l'instar de nombreux restaurants new-yorkais, le Babbo accepte d'engager des stagiaires, des étudiants des écoles de cuisine qui triment sans salaire puis rédigent un mémoire à propos de ce qu'ils ont vécu – souvent obligatoire en fin d'étude pour décrocher son certificat de cuisinier. Aux États-Unis, on compte deux cent vingt-neuf écoles de cuisine reconnues officiellement, qui déversent par an sur le marché 25 000 diplômés, dont certains plus tout jeunes (un peu dans mon style) et qui ont toujours rêvé d'être chef, mais ne savaient pas comment s'y prendre. Le nec plus ultra est le Culinary Institute of America, le CIA, à deux heures au nord de New York sur la rive de l'Hudson, qui propose un cursus en quatre ans et dont les frais de scolarité se montent à 20 000 dollars par an, couteaux et tabliers compris. Ce n'est pas donné, mais la plupart des cuistots du Babbo sortent de cette école. Quand Mario m'a engagé, je pris une place laissée vacante par le départ du dernier stagiaire en date, et je pouvais m'estimer heureux. Je lus un matin son mémoire où il décrivait entre autres comment préparer des intestins de mouton pour soixante-quinze personnes et précisait les mesures de farine, œufs et fromage de chèvre nécessaires à la confection de *tortelloni* en 1 500 exemplaires – ce qui pourrait s'avérer utile, songeai-je, si jamais je me retrouvais un jour, mettons, au milieu de l'Atlantique à bord du *Queen Mary*, alors qu'en cuisine la mort avait fauché la brigade au complet et que les passagers se disaient, de bouche à oreille, que l'un d'eux connaissait deux recettes tirées de la bible du Babbo (un cahier bleu consignant des indications détaillées sur la façon de préparer chaque mets de l'histoire du restaurant, rangé sur une étagère entre un extracteur de jus et un appareil qui transforme les joues de bœuf en une matière visqueuse comme de la boue), et que des centaines de personnes, affolées par la perspective de souffrir de la faim, s'agglutinaient autour de moi et me poussaient vers les cuisines où, après avoir fouillé dans les placards et la modeste chambre froide, je dégotais des intestins de mouton en assez vaste quantité pour mettre mes connaissances en pratique.

La routine voulait qu'Elisa accueille les apprentis chefs à sept heures du matin et leur explique le fonctionnement de son secteur de la cuisine. Tous les trois mois et quelques, c'était la même chanson. Ils avaient besoin d'elle pour achever leurs études, et de son côté, soupçonnais-je, elle avait besoin d'eux pour achever la masse des tâches qu'elle entreprenait dans la journée. La différence entre eux et moi sautait aux yeux et motivait le prolongement indéfini de ma mise à l'épreuve. Elle continuait à croire que je savais ce que je faisais. Un matin, elle m'ordonna de descendre vite à la cave et de lui rapporter vingt-cinq oranges et cinquante citrons. « Sers-toi de ton tablier », me lança-t-elle, puis, devant ma mine égarée, soupira et, pour illustrer son propos, souleva son tablier par les coins, en forme de hamac. À mon retour, elle brandit sous mon nez un zesteur. L'appareil dont on se sert pour prélever l'écorce des agrumes. « Tu sais comment ça marche ? » me demanda-t-elle en contenant si peu son irritation que j'entendis : « Ne me dis pas que tu es d'une ignorance crasse au point de ne pas savoir ce que c'est. » Après quoi, je n'osai pas lui avouer que le zesteur qu'elle m'avait confié ne zestait pas – il coupait si mal que je ne réussissais qu'à réduire les fruits en bouillie –, jusqu'au moment où ma planche à découper étant devenue un champ de bataille poisseux jonché d'oranges et de citrons estropiés, j'avançai timidement que mon zesteur ne figurait peut-être pas parmi les meilleurs zesteurs de la cuisine.

L'ambiguïté de ma position me fut confirmée un vendredi, lequel est toujours un jour long et stressant pour la bonne raison que vous préparez les mets non seulement du soir même mais aussi du weekend entier. Je me trouvais dans la chambre froide, où je tentais de caser une plaque de morilles. Pas de place. Elisa, assise par terre, s'employait à transférer un fond de poulet d'un bac de dix-huit litres dans un bac de onze litres, parce qu'elle avait besoin d'un dix-huit litres et qu'il n'y en avait nulle part sous la main. (Le fond de poulet était le seul fond de viande admis – tout autre eût été trop français – et chaque matin des pattes de poulet étaient mises à bouillir pendant des heures dans un faitout plein d'eau. Ces pattes offraient un spectacle saisissant – des mains humaines sans pouce, recroquevillées et noueuses – et la première fois que je les vis remuer dans leur bassine géante, elles me semblèrent rattachées à une multitude de bras cherchant désespérément à se raccrocher à l'eau bouillonnante, comme si une foule essayait de s'évader de cette porte de l'enfer en ébullition, là, dans le coin le plus reculé de la cuisine, contre le mur, à l'endroit où il faisait le plus chaud.)

Andy se trouvait lui aussi dans la chambre froide, concentré sur la conception d'une « spécialité », le plat du jour du week-end, dans le but avoué de liquider, avant qu'il ne se gâte, un produit se vendant peu ou pas du tout. Le « Croustillant de *branzino* » faisait un bon plat du jour, dans la mesure où « on a acheté assez de *branzini* (loup de mer) pour en écouler vingt par soirée mais on n'en a servi que neuf, et dimanche approchant, il faut que ça parte d'une façon ou d'une autre, pareil pour ces *porcini*, on dirait que personne n'en veut, je sais pas pourquoi, et puis il y toujours de la *pancetta*, alors réinventons notre plat de poisson en le couronnant de *porcini* et de *pancetta* bien croquante ; il faut que tout parte ».

Gina DePalma était également dans la chambre froide, ce qui compliquait tout. Gina était la pâtissière – un poste de chef de partie, au même titre que celui d'Elisa –, et le matin les deux femmes se partageaient la direction de la cuisine. Elisa, arrivée à six heures, attaquait par une longue liste de préparations à effectuer pour le soir. Gina débarquait deux heures plus tard et confectionnait les desserts. Même si elles avaient des tas de choses en commun – toutes deux, par exemple, avaient connu dans leur enfance de copieux repas dominicaux chez leurs grands-parents italiens respectifs –, elles n'auraient guère pu être plus différentes.

Elisa était mince et athlétique. Elle occupait ses loisirs à s'entraîner au marathon et il lui arrivait de venir travailler à l'aube au pas de course, un trajet totalisant près de dix kilomètres. (« Quel intérêt de se pointer propre et fraîche comme un sou neuf, tu peux me le dire ? ») Ses cheveux grisonnaient au-dessus d'un visage étroit aux pommettes saillantes. En revanche, Gina ne pratiquait aucune activité physique. Elle avait une abondante chevelure noire et des formes nettement plus enrobées, ce qui n'avait rien de surprenant, à force de goûter toute la journée sirops, chocolats et crèmes variées. Elle était la seule à venir avec un téléphone portable – en cuisine, les appels personnels étaient interdits –, d'une part parce qu'elle était chargée de commander ses propres produits et d'autre part parce qu'elle n'avait pas envie de se servir du combiné accroché au mur, dans le coin d'Elisa à l'opposé du sien. (Non pas à cause de la distance à franchir mais de la compagnie.) En outre, Gina était bavarde et ne pouvait pas se passer de son téléphone.

Elisa n'était guère causante. Une matinée entière se passait parfois sans qu'elle desserre les dents. Tout chez elle – son attitude, la précision de ses gestes, son air résolu de femme qui ne badine pas – respirait une volonté d'acier. Il lui arrivait curieusement de bouder (« Quand elle est mal lunée, toute la cuisine le sait », se plaignait Gina), et on ne comprenait jamais pourquoi : personne ne savait grand-chose de la vie privée d'Elisa. Alors que l'on en savait trop sur Gina. On était informé par exemple du jour où, l'année précédente, elle était sortie avec un homme et de ce qui s'était passé entre eux, de son nom même, à la suite de quoi elle se demandait tout haut si elle allait jamais rencontrer d'autres hommes dans sa vie.

« Tu n'as pas un avion à prendre ? me lança Gina, ayant retenu ce détail de notre papotage matinal. Tu devrais y aller. C'est une honte, vraiment, de traiter nos stagiaires de cette façon : c'est pas comme si on te payait. »

J'acquiesçai aimablement, cherchant à me rendre agréable, mais ne sachant trop sur quel pied danser, car je n'avais pas encore vraiment compris en quoi consistait la position de stagiaire. (Les stagiaires étaient sous les ordres d'Elisa, maintenant je le savais, et Gina se comportait comme si Elisa était une abominable esclavagiste. Elle était peut-être envieuse, après tout elle n'avait pas droit, elle, à un esclave personnel.)

Gina continua à me faire les gros yeux, tandis que je restais bêtement planté là avec ma plaque de morilles.

« Vas-y, je te dis. Tout de suite ! »

Avec un haussement d'épaules, elle sortit. Andy, qui avait fini de compter ses *branzini*, lui emboîta le pas. Nous restions seuls, Elisa et moi.

« Tu n'as pas à écouter cette femme, me dit Elisa, d'une voix basse et sifflante.

Elle était toujours assise par terre ; je n'avais pas lâché ma plaque de morilles.

— Tu entends ce que je te dis ? continua-t-elle. Tu pars quand je te dis que tu peux y aller. C'est moi le patron. C'est moi qui dis quand c'est l'heure. Est-ce que je me suis bien fait comprendre ? »

Je bredouillai lamentablement. Il était quatre

heures de l'après-midi – heure à laquelle en général la prépa était terminée –, mais je voyais bien qu'il y avait encore beaucoup à faire.

Je retournai à la cuisine, toujours avec ma plaque de morilles et encore sonné par cet affrontement dont j'étais l'enjeu. J'avais été surpris par cette brusque flambée, quoique, à la réflexion, cela n'eût pas dû m'étonner, familiarisé que j'étais déjà avec l'irritabilité engendrée par le coude à coude de la cuisine. J'avais assisté à une prise de bec entre Elisa et Memo Trevino. Memo était un des deux sous-chefs – un homme à la forte corpulence, à la tête trop volumineuse pour son corps et aux cheveux noirs et épais, qui à vingt-huit ans faisait montre d'une autorité propre en général à quelqu'un de beaucoup plus âgé. Si d'aventure Memo vous heurtait par mégarde, le coup était toujours porté par son abdomen, non pas tant à cause du volume de sa bedaine, mais parce qu'il se déplaçait en poussant les hanches en avant. Plus d'une fois me vint à l'esprit – surgie de Dieu sait où – une image de Memo affublé d'une lance et d'une coiffe. Car il avait la démarche d'un chef de tribu.

J'étais au Froid depuis trois semaines, quand Memo me prit à part, désireux de savoir ce que je pensais de la cuisine d'Elisa. Je m'attendais si peu à ce que quiconque sollicitât mon opinion que je ne compris pas tout de suite de quoi il parlait.

« Ce n'est pas la perfection, hein ?

— Qu'est-ce qui n'est pas la perfection ? m'enquis-je.

— Les préparations.

Je ne pigeais toujours pas.

— Tu n'as pas remarqué qu'elle brûle beaucoup de choses ? murmura-t-il.

Je n'avais rien remarqué de tel, quoique, en y repensant, j'aie vu en effet passer une plaque de joues de bœuf carbonisées.

— Exactement. C'est inacceptable. Tu as remarqué que son couteau n'a pas de fil ?

Je réfléchis. Comme j'avais pu moi-même le constater, son couteau coupait au contraire fort bien.

— Je vais te poser la question autrement. L'as-tu jamais vue en train de l'affûter ?

— Bien sûr que si, dis-je. Plusieurs fois. »

À ce stade, j'avais été mis au parfum du rituel touchant les couteaux. Frank Langello était particulièrement fier du sien. Frankie était l'autre sous-chef. Il avait le même âge que Memo, italo-américain, aux cheveux noirs ondulés, des cils d'une longueur surnaturelle, et le physique svelte et mince d'un crooner des années quarante ou cinquante, le jeune Sinatra à l'époque d'Hoboken. Frankie et Memo avaient bossé ensemble au restaurant Le Cirque, un quatre étoiles dirigé alors par un célèbre fou furieux du nom de Sottha Khunn, et ils avaient l'un et l'autre l'impression d'être les seuls au Babbo à mesurer l'importance de la discipline en matière de cuisine, ce qui, manifestement, comprenait les soins prodigués aux instruments tranchants. Frankie ne se servait que d'outils bon marché, pour la bonne raison qu'il passait avec une telle ferveur leur lame sur le fusil à affûter que celle-ci s'émoussait rapidement. De temps à autre, il utilisait une meule à eau afin d'obtenir un tranchant rasoir qu'il testait d'ailleurs en se rasant les poils des avant-bras. (« Quand les poils repoussent, je ressors ma pierre. »)

Memo hocha la tête :

« C'est bien ce que je dis : *plusieurs* fois. Tu as vu Elisa aiguiser son couteau *plusieurs* fois. Crois-moi. Il n'a plus de fil, son couteau. L'ennui avec elle, tu vois, c'est qu'elle n'a pas le feu sacré, elle n'est pas sérieuse. On naît grand chef, on ne le devient pas. T'as ça dans le sang ou tu ne l'as pas : c'est ça la *passion.* »

Je restai sans voix. L'espace était un peu trop exigu, me semblait-il, pour manifester des opinions aussi tranchées. Memo n'aimait pas Elisa, parce qu'il ne la trouvait pas assez sérieuse. Gina ne l'aimait pas, parce qu'elle la trouvait trop sérieuse. Et Elisa n'aimait pas Gina, parce qu'elle ne la trouvait pas assez sérieuse. (« En général dans un restaurant le chef pâtissier travaille ! » se plaisait à marmonner Elisa presque chaque matin, en voyant Gina babiller gaiement sur son portable.)

L'épisode de la chambre froide avait aussi été une révélation d'un autre point de vue.

À mes débuts, je m'étais plu à répéter sur le ton de la plaisanterie que j'étais un « esclave de cuisine ». À présent, je comprenais que j'en étais vraiment un. Oui, un esclave. C'était mon rôle : l'esclave du Froid. À croire que j'avais signé un contrat de captivité. Le matin, je me remettais entre les mains d'Elisa, laquelle me communiquait ses instructions, autant dire des ordres qui la rendaient maîtresse de mon temps et faisaient de ma personne sa propriété exclusive, et gare aux Ginas qui oseraient avoir à mon égard un mot de travers.

Les autres me guidaient à l'occasion. (« Je suis un

super prof, se félicita un jour Memo, après m'avoir montré comment désosser une épaule de sanglier. D'ailleurs tout le monde me dit que c'est ce que je devrais faire, enseigner, mais il y a un hic, tu vois : l'impatience. ») Mais dans l'ensemble tout ce que j'apprenais, c'était d'Elisa que je le tenais. À ma stupéfaction, elle me prenait au sérieux. J'étais pour elle une mission, un cuisinier à former.

Dans un sens, cette prise de bec dans la chambre froide entre Gina et Elisa me rassurait : cela prouvait qu'il y avait tant à faire que l'on avait même besoin de quelqu'un comme *moi*. J'avais envie de me sentir utile. J'avais hâte de voir le jour où ma présence ferait une différence. Depuis ma toute première réunion de brigade, j'imaginais que tôt ou tard viendrait un moment où, reconnaissant le temps que j'avais passé comme tâcheron, on me confierait un poste sur le circuit, même si ce n'était que pour jouer les bouche-trous lors d'une défection de dernière minute ou à l'occasion d'un coup de feu inattendu. Je n'avouai ces pensées ni à Mario, ni à Elisa, ni à Memo, n'étant encore que le type qui ne pouvait pas émincer un oignon sans se charcuter la paume de la main. Et malgré tout, on me prenait au sérieux : on ne m'autorisait pas à partir.

Mais la vérité s'énonçait peut-être beaucoup plus simplement : Elisa avait besoin d'aide, et au lieu d'aide, elle m'avait moi.

Elisa avait le chic pour me faire sursauter. J'étais là à foncer à toute vitesse, sur le qui-vive au cas où elle rappliquerait pour me demander si j'avais terminé les cinq tâches qu'elle m'avait confiées et si elle pouvait me donner autre chose (et invariablement – je dis bien « invariablement » –, je n'en étais encore qu'à la première), lorsque, comme surgie de nulle part, elle me tendait une tasse de chocolat chaud ou un bout de viande. « Super ! Merci beaucoup ! » Quand elle préparait de la bavette pour le soir – un morceau bon marché pris dans le ventre du bœuf qu'il fallait détailler en tranches minces et saisir à feu très vif –, elle en gardait parfois quelques fines lamelles, les assaisonnait agressivement, les jetait sur la table de cuisson puis les déposait sur un plat. (La table de cuisson est une plaque en acier posée à même les brûleurs à gaz du piano, ou plutôt soudée, de façon à ce que très peu de chaleur s'échappe : on peut y disposer les aliments en beaucoup plus grand nombre que dans un four conventionnel, et cette plaque atteint des températures très élevées – une bavette y cuit en quelques secondes.) Un jour, elle désossa une dinde et en fit un roulé farci aux pissenlits et au fromage de chèvre. Ses plats étaient très salés et riches en protéines. Quand elle les préparait, elle prenait un air absent, comme si elle écoutait une mélodie dans sa tête. C'étaient des moments privilégiés, les seuls où Elisa se détendait. Elle ne souriait pas – elle n'en arrivait jamais à ce point de bien-être –, mais on devinait sur son visage comme une velléité de sourire.

Les uns comme les autres semblaient cuisiner comme ils respiraient : non pas pour le restaurant, mais pour la brigade. Car, bien entendu, il y avait le « repas du personnel » – un festin servi vers les quatre heures de l'après-midi –, mais tout au long du jour se mitonnaient ici ou là des petits plats. Cette habitude illustrait apparemment un principe auquel mes compagnons se référaient sous l'expression « cuisiner avec amour ». Un plat était raté parce qu'on n'y avait pas déversé assez d'amour. Si vous cuisinez avec amour, chaque mets devient un événement en soi – vous n'oubliez jamais que quelqu'un va la manger, votre cuisine, faite par vos propres mains, arrangée par vos doigts, goûtée par vos papilles.

Un samedi, alors que ni Andy ni Elisa n'étaient dans les parages, Memo me prit à part. « Je vais te montrer comment on cuisine avec amour. » Il avait décidé sur un coup de tête de préparer un repas impromptu pour la brigade. Il dégota des langues de bœuf dans la chambre froide, pièces sans doute réservées pour une spécialité de la maison : peu importait, il se les appropria. Il les pocha, les passa sur le gril, les détailla puis mélangea la viande dans un bol avec une sauce fortement pimentée dont il avait le secret. « Et voilà comment on fait les tacos », me dit-il, en disposant sa mixture sur un plat : des tortillas empilées sur des tortillas, farcies de plusieurs livres de langue et de vastes quantités de tomates et de zestes de citron. Ce fut mon premier taco à cinq étages. Il ne ressemblait à aucun taco que j'avais vu jusque-là – en fait, cette espèce de pièce montée, au milieu d'un cercle de grumeaux de *cream cheese*, ressemblait à un gâteau de mariage. Ce fut le meilleur taco que j'aie jamais mangé.

Impossible de pratiquer ce style de cuisine quand tout le monde s'affaire au piano, mais d'une façon ou d'une autre, chacun se débrouillait pour voler quelques minutes et se concocter un petit plat bien à lui. Autant de menus plaisirs qui font le sel du métier. Elisa me déclara un jour que dans un monde idéal, elle ne « cuisinerait qu'à la maison, pour ses amis ». Gina se montrait encore plus catégorique : « Je t'invite chez moi, je passe ma journée à te préparer ton dîner, je te quitte pas des yeux pendant que tu manges, bouchée après bouchée, et tu me dis que je suis merveilleuse ? Youpi ! Je rêve ! »

Un matin, Gina inventa un nouveau dessert. « Est-ce que tu trouves qu'il y a trop d'amandes ? me demanda-t-elle en me donnant la becquée à la petite cuillère.

En mon for intérieur, je me disais qu'en réalité elle se fichait bien de mon opinion.

— Non, Gina, c'est parfait. »

« Est-ce que tu trouves qu'il y a trop d'amandes ? s'enquit-elle auprès du livreur d'artichauts, en lui glissant une tranche dans la bouche, tandis que le pauvre type restait tétanisé et qu'elle lui essuyait une miette sur la lèvre inférieure.

— Mmm... dit-il la bouche pleine. Succulent. »

« Est-ce que tu trouves qu'il y a trop d'amandes ? demanda-t-elle à Andy, à peine celui-ci avait-il franchi le seuil de la cuisine.

Andy attendit que Gina glisse la tranche dans sa bouche, puis il se pencha en avant, les lèvres pincées comme pour un baiser.

— Gina, tu es un génie. »

Et ainsi de suite, avec dix personnes différentes.

Cela me rappelle la scène de séduction de Tom Jones par Mrs Waters, dans le roman d'Henry Fielding. À vrai dire, j'en revois dans ma tête l'adaptation cinématographique, avec le jeune Albert Finney, où la frontière entre « passions et appétits » devient floue, et où les doux soupirs de Mrs Waters se mêlent aux bruits gloutons de Tom dévorant une épaisse tranche de rôti de bœuf. Il y a toujours eu une érotique de la nourriture, et je soupçonne que cuisiner avec amour est l'inverse d'un autre principe : cuisiner pour mériter l'amour. Tout dîner aux chandelles est animé par l'idée qu'en stimulant et en satisfaisant une forme d'appétit, par analogie on en stimule et on en satisfait une deuxième d'une tout autre nature. Comment, chez Tom Jones, le désir de manger un morceau de viande rosée a-t-il pu éveiller son désir de posséder Mrs Waters ? Les pâtes fraîches cuites au beurre, m'a dit un jour Mario, pour mieux éclairer les liens qui se tissent entre les choses, « gonflent comme une femme en chaleur ». L'origan, me dit-il à une autre occasion, a le parfum huileux d'un corps de femme : « C'est le plus sexy de tous les aromates. » Lidia, la mère de Joe Bastianich, se montra encore plus explicite. « Qu'est-ce que tu mets d'autre dans le corps de quelqu'un... tu vois ce que je veux dire ? » me demanda-t-elle lors d'un de nos déjeuners, en guise de figure de rhétorique.

4

Porretta Terme, 1989. Le petit restaurant La Volta était perché sur les hauteurs de la ville de Porretta Terme, sur une colline surplombant une vallée, au cœur d'une région montagneuse entre Bologne et Florence. Mario arriva par le train un lundi après-midi de novembre, chargé de clubs de golf, indifférent au fait qu'il n'y avait pas l'ombre d'un parcours à des centaines de kilomètres à la ronde, armé d'une guitare électrique et de sa grosse radiocassette (« une boom-box qui grésillait quand on montait le volume »), avec l'intention, au cas où il serait à court d'argent, de se renflouer en grattant sur cet instrument. Il était vêtu d'un long bermuda flottant et de sabots rouges. Mais il n'y avait personne pour l'accueillir (« J'ai débarqué seul du train à la gare de Trifouillis-les-Oies »). Il ne savait pas se servir du téléphone public et ne parlait pas italien. Lorsque Roberto et Gianni Valdiserri réussirent à le localiser, quelle ne fut pas leur stupéfaction. Ce garçon ne ressemblait en rien au plus grassement payé de tous les sous-chefs des Four Seasons ; il avait plutôt l'air d'un paysan albanais, me confia Roberto, quand je visitai les lieux pendant mes vacances loin du Babbo.

Le mot *terme* dans Porretta Terme signifie « thermes » et se rapporte aux eaux sulfureuses de la localité. Le premier jour, je fus réveillé de bonne heure par une voix amplifiée par un haut-parleur, celle d'un moniteur dirigeant un cours d'aquagym pour seniors en surpoids, dans une des piscines du centre. Les Italiens ont droit à deux cures par an, aux frais de la princesse, et à une panoplie d'irrigations (nasale, rectale, vaginale) destinées à lutter contre les troubles intestinaux, l'infertilité, les bouffées de chaleur, et les genoux rouillés. Dans le quartier ancien, les maisons datent du XVIIIe siècle, une époque où les riches Bolonais venaient se réfugier en altitude pendant l'été afin d'échapper à la chaleur torride de la plaine : salons somptueux, hauts plafonds, grandes fenêtres à volets en bois peints dans une teinte jaune orangée qui rappelle la Vienne des Habsbourg. Ces bâtisses sont souvent abandonnées ; au même titre que l'ancienne gare de chemin de fer, édifiée dans le style impérial, sculptée dans la paroi de la montagne. Pendant près de deux siècles, le train, qui est le meilleur moyen de traverser les Apennins, s'est arrêté à Porretta (un « casse-croûte Porretta » était vendu sur le quai, comportant un *panino* au *prosciutto*, un fruit, un morceau de parmesan et une demi-bouteille de lambrusco). Aujourd'hui, les touristes débarquent par cars entiers, déjà coiffés de leur bonnet de bain. Je ne parvins à trouver Porretta dans aucun guide de voyage, même pas dans la première édition de l'ouvrage de Faith Willinger, *Eating in Italy*, publié l'année de la visite de Mario. Pas un mot sur la ville, en revanche le restaurant La Volta, dans le village voisin de Borgo Capanne, y était cité comme « l'étoile montante de la Porrettana » (l'ancienne grande route au fond de la vallée). « Giovanni Valdiserri préside dans la salle à manger rustique, pendant que son épouse et sa belle-sœur officient à la cuisine, écrit Willinger. La charcuterie est régionale, les pâtes faites à la main et fraîches du jour ; à ne pas manquer. »

Borgo Capanne se trouve à une dizaine de kilomètres au-dessus de Porretta. On y accède par une route en lacets des plus vertigineuses. Les deux premiers kilomètres ne sont qu'une suite de virages en épingle à cheveux, jusqu'à l'église à l'entrée d'un village du nom de Pieve. En vieil italien, *pieve* signifie « église de campagne ». Au bout d'un kilomètre et quelques, on atteint une sorte de petit plateau occupé par un village entouré de potagers. C'est Orti. Un *orto* est une petite ferme vouée à la culture maraîchère. Ensuite, dominant le sommet d'une colline, voici Poggio. *Poggio* veut dire « sommet de colline ». Et enfin on atteint Borgo Capanne. Une *capanna* est une cabane ; un *borgo*, un bourg : bourg de cabanes. Si vous grimpez jusqu'en haut de cette colline, vous découvrirez, vous vous en doutez, les ruines de ces logis primitifs, nichés dans les bois. Depuis le village lui-même, vous disposez d'une vue sur la vallée et les montagnes (des pics volcaniques de bande dessinée, en forme de pyramides, tapissés d'une forêt dense). Borgo Capanne est une agglomération de maisons reliées les unes aux autres, le tout organisé à la manière d'une ruche, comme pour mieux se protéger contre une menace extérieure – la nature, les loups, l'ennemi inconnu susceptible de surgir au détour de la route. Pour pénétrer dans la ruche, il faut passer sous une arche de pierre. En Italien, une arche se dit *volta*. C'est là que se trouve le restaurant. Et au-dessus du restaurant, il y a un logement : ce fut le gîte de Mario.

Le restaurant était fermé le jour de l'arrivée de Mario, mais un repas de saison l'attendait (« À la table familiale, tu te rends compte, on a mangé des truffes blanches ! »), et chacun se présenta. Roberto était le second en cuisine, mais seulement après ses heures de travail de jour (il était ingénieur dans une usine qui fabriquait des pièces détachées d'avion depuis la Seconde Guerre mondiale, depuis le temps où Mussolini avait eu l'idée de dissimuler l'industrie aéronautique militaire dans les montagnes de la région). Le frère de Roberto, Gianni, faisait office de manager. Sa femme, Betta, était au piano. Son père, Quintiglio (« Quintiglio Canario, le cinquième fils du canari, un nom magnifique pour un type magnifique »), était l'homme des bois, le ramasseur de truffes, le jardinier mystique, et Mario et lui établirent d'emblée des relations d'amitié : « Il était enchanté d'avoir un Américain au village. »

Le lendemain matin, Mario se présenta à l'heure convenue. Betta ne fit son apparition que deux heures plus tard, puis étala à la main une énorme pâte à *pasta*. « Ce fut mon premier contact avec la nourriture, entièrement visuel », se souvient Mario, à qui l'on ne permit cependant pas de toucher à la pâte avant deux longues semaines. Il prit des notes et s'embarqua dans une formation d'apprenti, qui devait durer six mois, afin d'acquérir ce qu'il appelle « le tour de main de ces dames ». Betta enchaîna avec la préparation de *stricchetti*, de minuscules nœuds papillons, accompagnés de cèpes *porcini* et de petits oignons rouges revenus dans de l'huile d'olive. Le lendemain, elle fabriqua un autre type de *pasta*, cette fois *al ragù*, une recette qui employait des pilons de pintade rôtis jusqu'à ce que les os se détachent d'eux-mêmes et que la viande fonde dans le jus. Il lui fallut attendre un mois pour que quelqu'un se lance dans la confection d'une bolognaise, la sauce traditionnelle de l'Émilie-Romagne. « Ils en avaient par-dessus la tête, dit Mario, mais quand ils m'ont appris à la préparer, c'est devenu ma tâche hebdomadaire : veau, porc, bœuf et *pancetta*, mijotés dans de l'huile d'olive et du beurre. Le but était de la brunir, sauf qu'elle ne brunissait jamais à cause de la graisse qui s'en échappait – et qu'il ne faut surtout pas jeter, car elle fait partie du plat –, tout en ajoutant du vin blanc et du lait, et, à la fin, un peu de concentré de tomate, afin de lui donner une belle couleur marron rose. »

Il accompagna Quintiglio (« une crème d'homme avec de grands pieds, des mains énormes, une voix de basse, de longues oreilles italienne et la veste et la chemise boutonnées jusqu'au col ») cueillir des baies et des champignons. Il respectait une règle concernant les *porcini*, ne ramassant que ceux qui poussaient près des chênes et des châtaigniers – ceux au pied des pins et des peupliers étant d'après lui de qualité inférieure. Mais son vrai talent consistait à trouver des truffes. L'année suivante, Armandino rendit visite à Mario, et voici ce qu'il rapporte : « C'était comme si Dieu était passé juste avant moi... Il y avait des truffes dans tous les plats. »

Peu à peu, Mario et Quintiglio prirent l'habitude de petit-déjeuner ensemble : un verre de vin blanc et un œuf cocotte à l'huile d'olive avec une petite tranche de fromage de fontina. Pour le déjeuner de Noël, Quintiglio montra à Mario comment préparer un grand classique, le *brodo*, un bouillon dans lequel on sert les *tortellini*. On a besoin d'une vieille poule (qui ne pond plus), d'os de bœuf, d'un os de *prosciutto*, d'un oignon et d'une carotte – et on laisse les légumes entiers pour que le bouillon reste clair. Au printemps, ils consommèrent les produits du potager de Quintiglio, plantés selon le calendrier lunaire (la laitue à la lune montante ; les betteraves et les panais à la lune descendante). Quintiglio emmena Mario au bord de la Reno cueillir « une curieuse espèce de petit cresson », des oignons sauvages et un pissenlit très amer, qu'il faisait bouillir pendant quarante-cinq minutes et servait avec de l'huile d'olive et du vinaigre balsamique. Aujourd'hui, Mario cuit encore ses légumes comme le lui a enseigné Quintiglio. (« C'est beaucoup mieux de les bouillir à mort puis de les faire sauter dans de l'huile d'olive et de l'ail – comme ça au moins tu peux les mâcher, ces salopards. ») Pour Mario, Quintiglio a été le premier à défendre l'opinion selon laquelle il faut trouver ce que la terre produit et s'en régaler, tout en reconnaissant que l'on ne mange que ce dont on peut se délecter ici et maintenant, en ce jour précis de la saison, et qui a poussé dans ce sol-ci.

Cela dit, les premiers mois ne furent guère faciles. Dana Batali garde de cette époque le souvenir d'un Mario contraint et forcé d'apprendre l'humilité, et « les plats qu'il avait envie de préparer étaient la risée de la famille » même si, d'après ce que j'ai compris, les mets qu'il cuisinait (scampi crus, soufflé aux poireaux, saumon mariné à la grappa) visaient à l'accréditer et à rappeler à ses hôtes qu'il avait été, jusqu'il y a peu, un chef hautement respecté. Mais le père de Mario détecta lui aussi dans les lettres de son fils un certain malaise. « Cette expérience l'a ébranlé. » Pour sa part, Mario en parle comme du dernier épisode solitaire de sa vie, une période plutôt plaisante imprégnée de mélancolie, « une tristesse heureuse ». Après le dîner, il montait dans sa chambre, allumait une bougie, se coiffait de ses écouteurs pour se brancher sur Tom Waits dans sa phase ménestrel, je-suis-un-pauvre-hère, dis-tu-peux-pas-m'offrir-un-autre-verre, lisait (très doucement les romans de Faulkner), levait les yeux de son bouquin pour contempler la vue – les montagnes, la Reno – et regrettait ses amis tout en sachant qu'il était mieux sans eux. « Tout est allé très vite. Dès la première semaine, j'ai su que j'avais joué la bonne carte. Ce n'était pas la cuisine que je connaissais. C'était traditionnel. Simple. Pas de sauce, pas de table de cuisson à la vapeur, ni de casseroles de fond de veau, rien de toutes ces choses qu'on m'avait inculquées. »

L'Italie a fait de Mario un autre homme, dit son père. « À son arrivée, c'était encore une tête brûlée. Il buvait, fumait, draguait comme un malade. Il n'avait pas la moindre idée de ce qu'il allait faire de sa vie. L'Italie lui a mis du plomb dans la cervelle. C'est à elle qu'il doit sa culture. »

Jim Clenenden, le propriétaire du vignoble Au Bon Climat, à Santa Barbara, et un des vieux potes de Mario, a des mots plus crus pour décrire le changement qui s'était produit chez son ami. Il rendit visite à Mario à La Volta, cinq mois après son installation. « Ce qui s'est passé ? Quand je l'avais vu la dernière fois, c'était un gars de la côte ouest avec un accent du New Jersey. Regardez-le : un rouquin au teint blanc. Vous trouvez qu'il a l'air italien ? Il aurait aussi bien pu s'appeler Mark Battle. Et tout à coup, le voilà devenu Mario Batali ! La transformation était stupéfiante. » La visite de Clenenden fut en réalité stupéfiante à plus d'un titre : onze mets, onze bouteilles de vin, un repas qui se termina à quatre heures du matin, une gueule de bois mémorable, et sans discontinuer « Mario parlant en italien – quoique encore assez américain, tout juste assez, pour tolérer un visiteur de Californie ». Batali ne maîtrisait pas encore le menu, se souvient Clenenden, mais il subissait une métamorphose. « Il n'était pas près de toucher terre. À tout instant il était sur le point de découvrir un nouveau truc extraordinaire... C'était flagrant. » On était en avril. L'été venu, la métamorphose fut achevée.

Le dernier soir de ma visite, je dégustai en compagnie de Gianni et Roberto un dîner préparé par Betta – une femme jolie comme un cœur, la quarantaine, des cheveux d'un noir de jais et une peau très blanche – et servi par ses deux enfants, Emiliano, vingt-huit ans, et Mila, seize ans, que Mario se souvenait d'avoir connue tout bébé, dans un couffin sur le sol de la cuisine. Se joignit à moi Joe Bastianich, qui était dans le pays pour affaires. Le séjour de Mario à Porretta occupe une telle place dans l'histoire qu'il raconte lui-même de sa vie que Joe, lui aussi, souhaitait voir les lieux de ses propres yeux. Je ne connaissais pas bien Joe. Au Babbo, il travaillait en salle – service, sommellerie – et on l'apercevait rarement en cuisine. Il était tout aussi invisible pendant la journée, pour la bonne raison qu'il trouvait la cuisine du Babbo insupportable. Comparé à Mario, Joe était un homme tranquille, avec un côté réservé passant à tort pour de la timidité. Car il n'était pas timide, simplement moins extraverti que son extravagant associé, avec qui il avait la sagesse de ne jamais entrer en compétition pour attirer l'attention ou la reconnaissance d'autrui. (« Joe a besoin de moi, m'avoua un soir Mario. Il ne pourrait rien faire sans moi. » « Mario est le cuisinier, m'expliqua Joe un soir. Moi, je suis le serveur. »)

Gianni et Roberto étaient intrigués par Joe. Gianni est un homme doux. Il a des poignets épais, des battoirs en guise de mains, et un abdomen caoutchouteux qui trahit une vie peu portée sur l'activité physique. Mais il mange avec plaisir, et comme il mange beaucoup et sans arrière-pensée, il a presque toujours l'air de bonne humeur. Il a un beau visage, aux gros sourcils expressifs qui se rejoignent à tout propos, ce qui lui donne une mine perplexe, l'air désorienté d'un animal émergeant des profondeurs de la forêt.

Roberto, son frère, semble avoir davantage les deux pieds sur terre. Plutôt râblé, le visage carré, le corps carré, des manières tout aussi carrées. Contrairement à Gianni, qui est chauve, Robert a beaucoup de cheveux, raides et secs comme de la paille, qu'il coiffe en brosse. J'imagine volontiers Roberto en costume-cravate, mais ce dernier soir (au diapason avec l'interminable hiver des Apennins) il portait un pull en laine foncé sur une chemise en coton.

Les deux frères demeurent d'incurables romantiques de la gastronomie. Mario m'a raconté les longs voyages qu'ils entreprenaient tous les trois pour déguster tel ou tel plat réputé pour son indiscutable authenticité régionale – quatre heures de route jusqu'à Mantova, mettons, en quête du parfait ravioli à la courge d'automne –, pour constater parfois, dès la première bouchée, que les pâtes étaient fabriquées avec une machine et non à la main, et à peine le repas commencé se lever de table en guise de protestation, la faim les poussant ensuite à avaler le premier *panini* venu dans un café sur le chemin du retour. Encore aujourd'hui, Roberto est indigné à la pensée que des *spaghetti alla carbonara*, préparés par Mario, aient été servis avec des œufs à cheval plutôt que mélangés aux pâtes. « Je l'ai vu de mes propres yeux ! Ils étaient sur le dessus ! Un scandale ! »

Joe Bastianich n'a pas l'âme romantique. Ayant grandi dans des restaurants d'immigrants dans le Queens, pour lui, un sou est un sou. Gianni et Roberto l'impatientaient. Il avait l'air de dire : « Faut pas déconner, un restaurant est et sera toujours un commerce : Pourquoi faut-il que vous cherchiez midi à quatorze heures ? » Joe est le fils de Felice et Lidia Bastianich, deux immigrants qui, en 1968, l'année de la naissance de Joe, se trouvaient à la tête de leur propre restaurant, un établissement de trente couverts appelé La Buonavia. (Lidia à présent a un show télévisé, signe des livres de cuisine et possède un restaurant à New York.) Son enfance lui a laissé l'impression que « la cuisine n'est pas un moyen bien glorieux de gagner sa vie » – nettoyer la boîte à graisse, balayer les insectes sur les traces de l'exterminateur, respirer l'odeur du cirage à chaussures et la puanteur du vestiaire où se serraient de « gros Italiens et des Croates suants qui lisaient les feuilles des courses hippiques » et où Joe faisait ses devoirs et amorçait ses nuits en s'assoupissant sur les cageots de tomates, avant que ses parents ne le portent jusqu'à son lit. À ce jour, il n'est pas réconcilié avec les feuilles de laurier. « Trois fois j'ai tiré une feuille de laurier du fond d'un gosier pour sauver la vie d'une personne en train de s'étouffer, dont ma grand-mère quand j'avais neuf ans, et tout ça pour quoi ? Tu trouves que la saveur en vaut la chandelle ? » Le poulet le fait frissonner d'horreur depuis le jour où il a accompagné son père en voiture pour prendre livraison d'un lot de volailles au rabais – « plus au rabais, tu meurs » –, entassées dans de la glace pour retarder la décomposition ; mais quand la glace a fondu, de l'« eau de poulet » rose s'est mise à dégouliner dans le dos de Joe. Joe n'avait jamais souhaité devenir propriétaire d'un restaurant ; ce qu'il voulait, c'était gagner beaucoup d'argent, et il avait commencé à travailler à Wall Street, pour très vite s'apercevoir qu'il détestait le monde de la finance. Il attendit avec impatience de toucher sa première prime, encaissa le chèque et retourna dare-dare au bureau donner sa démission. Après quoi, il fila droit à Kennedy Airport acheter un billet pour Trieste. Il y demeura un an, avec pour tout gîte une camionnette Volkswagen et pour tout gagne-pain des jobs divers et variés auprès de chefs et de vignerons, poussé par la passion d'apprendre un métier qui, il en avait désormais conscience, allait être toute sa vie.

Joe a huit ans de moins que Mario, mais il possède la gravité d'un homme de douze ans son aîné. Il porte le crâne rasé. Grand et fort, corpulent sans être gros, il en impose par sa stature. Il se tient comme un boxeur – jambes écartées, mains sur les côtés, tout en force de frappe –, une dégaine qu'imite déjà son fils de quatre ans, comme j'ai eu l'occasion de le noter lors d'un baptême chez les Bastianich. Au cours du dîner préparé par Betta – une pizza blanche, suivie de *pappardelle* vertes enrobées d'un ragoût de cailles, puis de *tortellini* dans une crème épaisse – Gianni et Roberto se livrèrent à des spéculations sur les relations professionnelles de Joe et Mario.

« Tu dois être le sel, et Mario le poivre, avança Roberto.

— C'est toi qui tiens la caisse, traduisit Gianni (sous-entendu Joe réussit à maintenir Mario dans le droit chemin).

Joe haussa les épaules et se tourna vers moi :

— Comment on dit "n'importe quoi" en italien ? »

Roberto et Gianni ne lâchèrent toutefois pas le morceau. Il leur paraissait en effet inconcevable que l'homme en pyjama qu'ils avaient accueilli à la gare en 1989 les aient quittés pour devenir un chef célèbre, sans recourir à l'aide de quelqu'un d'infiniment plus avisé. Mario avait été à l'époque le clown de la ville – ou du moins un personnage de sybarite. Il s'était présenté au concours annuel de la chanson de Porretta (« Les autres candidats étaient des filles de quatorze ans », précisa Roberto) au sein d'un groupe de trois musiciens, le coiffeur à la batterie, le marbrier au saxo et Mario à la guitare électrique, jouant une imitation allongée et très sonore de *Hey, Joe* de Jimi Hendrix. Il allait en discothèque et dansait comme un sauvage, puis rentrait en compagnie de Bruno, le postier, et braillait des chants paysans jusqu'à l'aube. Personne n'avait jamais vu quelqu'un boire autant que Mario.

« Quinze whiskies d'affilée, dit Roberto. Tu imagines ?

— Vingt, corrigea Gianni. J'ai compté. »

Comme il avait compté la douzaine de petites amies de Mario, qui semblaient toutes se prénommer Jennifer...

« Même les Italiennes s'appelaient Jennifer, fit remarquer Roberto.

— Pourquoi les gros plaisent-ils tant aux femmes ? s'enquit Gianni.

— Il est plus gros maintenant qu'avant ? enchérit Roberto.

— Tu sais, me chuchota Joe de l'autre côté de la table, je ne crois pas que je puisse supporter ces conneries plus longtemps. »

Et il se mit à fredonner un air d'opéra.

Au bout de trois ans, Mario quitta l'Italie, et tout à coup la vie devint dure pour Gianni et Roberto. À croire que le départ de Mario et les revers de fortune des Valdiserri étaient liés. Mario retourna en Amérique pour gagner un pactole, au moment même où Gianni et Roberto commençaient à tout perdre.

Aller au restaurant n'avait jamais été bon marché, me dirent-ils. Mais, en l'espace de quelques mois, la clientèle se fit rare. Cette année-là, 1992, marqua en effet le début d'une récession profonde en Europe, mais ni Gianni ni Roberto n'avaient la moindre idée de ce qui passait ailleurs que dans leur entourage immédiat ; tout ce qu'ils savaient, c'est qu'en un mois, leur activité avait chuté de façon spectaculaire. Le carnet de commandes de l'usine où travaillait

Roberto s'était dégonflé, et ils recevaient moins de visites de cadres étrangers. Les familles de Bologne ne venaient plus ou presque plus, leurs maisons secondaires n'étaient pas louées : qui avait envie d'aller à la montagne manger des spaghettis qu'on pouvait manger aussi bien chez soi, alors que, pour le même prix, on se bronzait sur une plage du Pacifique sud ? Et puis il y eut les morts : la mère de Gianni, le père de Betta. Et les dettes de jeu, le casino étant le vice caché de Gianni. La Volta fut vendue. Aujourd'hui, il existe toujours un restaurant à cet endroit, mais il porte un nom français, ne sert que du poisson et chaque fois que je suis passé par là, il était fermé. Il fallut neuf ans à Gianni pour se refaire et remonter un établissement, La Capannina, une pizzeria située dans un parc au bord d'une rivière, où il fait bon dîner dehors par les nuits chaudes. Lors de ma visite, l'été et les affaires avaient été mauvais. À la pizzeria, il faisait trop froid pour dîner en terrasse. Une poignée de convives – cinq, tous des ouvriers – mangeaient de la pizza et buvaient de la bière. De petites rides de tristesse cernaient les yeux de Gianni. Borgo Capanne, le bourg sur la colline, est un village mort, m'expliqua sa fille Mila, le lendemain, en me le faisant visiter. *Più bestie che persone.* Il y a plus de bêtes que d'êtres humains.

Mario partit avant la débâcle, avec l'aide de son meilleur ami de Rutgers University, Arturo Sighinolfi. Arturo était venu rendre visite à Mario à Porretta. Ils étaient aussi férus l'un que l'autre de cuisine italienne. Le père d'Arturo était sur le point de prendre sa retraite ; pendant vingt-cinq ans, il avait dirigé le Rocco, un restaurant italo-américain dans une rue donnant sur Bleeker Street, dans la

« red sauce zone[1] ». Arturo proposa à Mario de prendre avec lui la tête du restaurant, dans un partenariat à cinquante-cinquante – Arturo en salle, Mario en cuisine. Un appartement au-dessus du restaurant attendait que Mario s'y installât. Le nouveau Rocco, inspiré par La Volta, présenterait un menu italien décoiffant.

1. Les restaurants dits « red sauce », ouverts dans les années 1950 et 1960, ne servaient que de la cuisine du sud de l'Italie, généreuse en sauce tomate.

5

La cuisine du Babbo comprenait en réalité plusieurs cuisines. Le matin, cet espace exigu – on travaillait dans une pièce de sept mètres sur trois environ – était occupé par le Froid, les préparations que dirigeaient Elisa. Le soir, ce même espace était occupé par le Chaud, géré par Andy. Mais entre treize et seize heures trente, les deux cuisines (métaphoriques plutôt que réelles) se chevauchaient.

Andy était le premier arrivé, volontairement une minute ou deux après midi, afin de ne pas manquer de respect à la hiérarchie de la cuisine du matin. Memo, le premier sous-chef, pointait une heure plus tard. Frankie, le plus jeune sous-chef, était le suivant. Puis venait le reste de la brigade, les uns après les autres, tous levés tard, dopés par leur premier café, sentant le savon, les cheveux encore mouillés de la douche. Le dernier à se montrer était Nick Anderer, le gars des pâtes. Nick était grand, mince, un physique de tennisman, le front barré d'un bandana bleu, les cheveux châtain foncé, des traits et des yeux marron d'Eurasien. Le père de Nick était d'origine allemande, sa mère nippo-américaine, aussi le surnommait-on « Chino » (quoique dans un monde meilleur, il n'eût été ni Chino ni Jappo, mais tout simplement Nick). Son poste était le plus facile à mettre en place, mais le plus dur à faire tourner. En salle tout le monde ou presque commande des pâtes. Au moment où Nick débarquait, entre quatorze et quinze heures, c'était le branle-bas de combat.

À cette heure, dix-huit à vingt personnes s'affairaient dans la cuisine. Pendant que ceux de la préparation terminaient fébrilement leurs tâches, ceux de la chaîne de cuisson organisaient leur mise en place, tenaillés par la peur de ne pas être fin prêts avant le déluge des premières commandes. De bien des manières, le stress de ces après-midi semblait représentatif à la fois de la vie new-yorkaise (vu le nombre pléthorique de gens entassés sur la petite île de Manhattan, l'espace est un bien précieux dont la valeur marchande se hisse jusqu'à des sommets extravagants) et du monde de la restauration (où les tailles respectives d'une cuisine et d'une salle de restaurant sont soumises à des calculs financiers, une petite cuisine laissant bien entendu la place à un plus grand nombre de tables). L'espace posait un problème brûlant. Le Babbo n'était pas ouvert à l'heure du déjeuner, pour la simple raison que la cuisine métaphorique de prépa battait encore son plein à ce moment de la journée. Mais aussi parce que le matériel – nappes, couverts, vaisselle, verres – était rangé sous les banquettes, donc sous les fesses des clients qui auraient été assis là si on avait servi à la mi-journée : chaque matin, on démontait le restaurant ; et chaque après-midi, on le remontait. Ce qui tenait lieu de bureau au Babbo consistait en deux chaises et un ordinateur logés dans le recoin de la cave laissé libre à ce moment-là. On aurait dit une extension de la plomberie, bricolée à la va-comme-je-te-pousse. Quand le chauffe-eau explosa – pendant quelques jours on fit bouillir l'eau de la plonge –, il fallut pour avoir accès à la citerne ôter le « bureau » de sa niche. Il échoua sous le broyeur de déchets alimentaires, et les gargouillis des rogatons qui s'y déversaient. Je vous dis pas l'odeur.

Dans une cuisine, l'après-midi, l'espace est hiérarchisé. Mario me l'avait expliqué quand je lui avais avoué ma maladresse en lui disant que je me faisais tout le temps bousculer. « Ils te bousculent parce qu'ils peuvent se le permettre : ils te remettent à ta place. » Le lendemain, je comptais : on me bouscula quarante fois. L'espace était la préoccupation numéro un d'Andy ; dès qu'il arrivait, il fonçait tout droit dans la chambre froide pour voir s'il y avait moyen de transvaser le contenu des grands bacs dans des récipients plus petits. S'il n'y parvenait pas, impossible de stocker le fruit du travail de la cuisine du Froid. Un jour, je l'aidai à préparer un mesclun d'herbes aromatiques, auxquelles nous enlevions les tiges afin de concentrer les saveurs. Pas de place à la cuisine, va pour la salle. Mais lorsqu'ils se mirent à dresser les tables, il nous fallut déménager notre attirail dans le coin café, près de la porte de l'office, avant de terminer acculés à la porte des toilettes des filles.

L'après-midi, si vous réussissez à vous tailler une place à la cuisine, vous ne la quittez plus. Vous ne répondez pas au téléphone, vous ne sortez pas faire une petite course, vous ne vous préparez pas de tasse de café, vous n'allez pas pisser, parce que sinon, vous la perdez. Vers quatorze heures, des plaques de viande braisée sortaient du four, mais comme on ne trouvait nulle surface plane où les poser, elles restaient campées sur les couvercles des poubelles. Et sur ces plaques couvertes par un film plastique, on empilait d'autres plaques. Et parfois d'autres encore, plaque sur plaque.

Mario ménage des apparitions entre deux services, toujours à l'improviste. Il ne dirige plus la cuisine – il la visite en catimini pour vérifier si ça roule ou alors il y fait un saut quand ça lui chante –, mais dans l'esprit des clients, il est toujours là tous les soirs, à leur accommoder lui-même tous leurs mets, une illusion qu'il prend soin d'entretenir, en jaillissant de temps à autre de l'office avec panache et, au bout du bras, une assiette destinée à une personnalité en vue. L'année où le Babbo ouvrit ses portes, il fut victime d'une rupture d'anévrisme, au grand dam de ses proches. « Je me suis dit, mon Dieu, ça y est, se souvient son frère Dana, Mario a brûlé la chandelle par les deux bouts et maintenant il va nous la jouer à la Marilyn Monroe. » L'inquiétude gagna les clients du Babbo, qui annulèrent leurs réservations. « Ce fut la seule période où on pouvait entrer dans le restaurant au petit bonheur la chance et trouver une table », se rappelle Elisa.

Un après-midi, Mario débarqua pour préparer le plat du jour, un *cioppino*. Il avait préparé le plat le soir d'avant, mais n'avait eu que quatre commandes. « Cette fois, les serveurs vont le pousser, et si ça ne part pas et qu'il nous en reste encore sur les bras, je les vire illico », annonça-t-il gaiement. *Cioppino* est une contraction de *C'è un po'?* – y a-t-il un petit quelque chose ? À l'origine, une soupe d'immigrants italiens concoctée à partir des reliefs et de toutes ces « petites choses » que les membres de la famille avaient pu glaner auprès des pêcheurs à la fin de la journée. En l'occurrence, la « petite chose » était de la chair de crabe, et, fidèle à l'esprit de la recette, Mario tournicota dans la cuisine en cueillant ce qui lui tombait sous la main – de la pulpe et de l'eau de tomate, des restes de tomates cuites au four, des têtes de carottes, un bol de pelures d'oignon, bref un peu n'importe quoi. Il en coûta au convive vingt-neuf dollars à la carte.

Mario s'empara du poste attitré de Dominic Cipollone, le chef saucier. Dominic travaillait au Babbo depuis deux ans ; c'était son premier emploi dans la restauration. (« Je sais pas ce qu'il a dans le ventre, disait Mario, mais ce qui est sûr, c'est qu'il nous doit tout. ») Un physique épais, taciturne, un côté homme des cavernes ; bref, à un moment donné, ce Fred Pierrafeu mal rasé se retourna d'un air lugubre et se cogna contre Mario.

« Tu m'as poussé ! » accusa Mario.

Dominic s'excusa. Mais son ton était ironique ; sous-entendu, Bien sûr que je t'ai poussé. T'es gros et t'es dans mes jambes.

Mais Mario n'était pas satisfait.

« Dom, ne recommence jamais ça. »

Dominic resta un moment indécis. Devait-il le prendre à la rigolade ?

« Tu n'as pas à me pousser, continua Mario. Tu vois ce plan de travail ? Il est à moi. Tu vois ce carrelage ? Il est à moi. Tout ce qui est ici est à moi. Je n'ai pas envie de me faire bousculer par toi. »

Je retrouvai Dominic réfugié dans la chambre froide. « Mario m'a piqué mon poste. Je nettoie derrière lui et lui, il ne trouve rien de mieux que de me rentrer dedans. C'est plus tranquille ici. »

(Toujours est-il que ce soir-là trente-quatre *cioppini* furent écoulés. « Les serveurs s'en sont sortis, je suis ravi », me lança Mario, lorsque j'arrivai le lendemain matin et le trouvai renversé sur une banquette, en train de boire du whisky.)

Une fois que Mario avait quitté la cuisine, personne ne pouvait dire quand il reviendrait. Elisa se souvenait de la panique de ces départs dans les premiers temps du restaurant, surtout à l'époque où il s'était toqué de Chinatown et rentrait chargé de produits qu'il tenait absolument à accommoder en plat du jour. Des pattes de canard, mettons, ou des langues de ce même volatile. « Toutes, toutes petites avec un minuscule os presque impossible à extraire. » Ou bien des méduses que, dans la tradition de la cuisine italienne, on éminçait en fines tranches et faisait mariner dans de l'huile d'olive, du citron et du basilic, afin de les servir crues en salade. « C'était dégoûtant », commentait Elisa. Mais ce n'était pas mieux quand Mario rentrait bredouille, parce que, privé de distraction, il faisait les poubelles. La première fois que je fus témoin d'une scène pareille – et quel spectacle, cet homme volumineux, courbé en deux, les bras enfouis jusqu'aux coudes dans un sac en plastique noir rempli d'ordures – je ne me suis pas rendu compte tout de suite que j'étais en fait à l'origine de ses investigations. Je venais en effet de tailler en petits dés très fins du céleri en branches dont je jetais à mesure les feuilles (comment voulez-vous couper des feuilles en dés ?). Les têtes feuillues concentrant toute la saveur de ce légume, au fond de moi, je savais que j'avais tort, mais je m'en débarrassai quand même : j'avais une montagne de céleri à couper en petits morceaux.

« Qu'est-ce que c'est que ça ? » s'enquit Mario, en se redressant et en brandissant un poing d'où s'échappait un bouquet de feuilles de céleri, avant de replonger dans le sac-poubelle à la chasse au gaspi – qui avait pour nom, bien entendu, feuilles de céleri, des centaines de feuilles de céleri. Il les sortit toutes les unes après les autres, en les secouant pour en décrocher les bouts gras qui s'y étaient collés (elles furent servies le soir en accompagnement du steak). « Qu'est-ce qui t'a pris ? me demanda-t-il d'un air ébahi. Tu fous en l'air la meilleure partie du céleri ! Ah, ces scribouillards... tous des déjantés ! Il y a une règle dans ce métier que tu ne dois jamais perdre de vue : on achète de la bouffe, on la prépare et on gagne du fric en faisant payer les autres. Personne n'a jamais gagné un sou en achetant de la bouffe pour la jeter. » Je fus le témoin à plusieurs reprises de la comédie des poubelles, à propos, successivement, de rognons (« Elisa, les rognons d'agneau, ça se jette pas »), de tiges d'ail bien vertes (« Frankie, qu'est-ce que tu fiches ? C'est parfait pour la soupe ») et de bouts charnus d'ail des bois (« Que quelqu'un sonne les cloches du commis aux légumes... Il veut ma mort ou quoi ? »). Bref, tout ce qui paraissait vaguement mangeable ne prenait le chemin de la poubelle qu'une fois dûment vérifié que Mario ne se trouvait pas dans les parages.

Le soir, je me vis confier le dépôt des pâtes dans les assiettes.

« Comme ça », me dit Mario. Il me prit les pinces des mains, sans me donner le temps de disposer mes spaghettis, qu'il laissa doucement tomber de haut en pluie dans l'assiette. « Il faut faire une montagne de *pasta* et l'aérer le plus possible. » Un peu plus tard, ce fut le tour des *tortelloni* : « Rien qu'une giclée de sauce. C'est les pâtes qu'on aime, pas la sauce » – une maxime que j'entendrais je ne sais combien de fois, et qui nous démarquait des autres restos italo-américains. (Dans les gargotes « red sauce », les plats sont moins axés sur les pâtes que sur la sauce et le steak haché dans la sauce, ou bien que sur les boulettes ou les saucisses, ou que sur les deux, boulettes et saucisses, sans oublier les poivrons, les petits oignons au vinaigre, le chili en flocons.) Mario me prit ma cuillère – les *tortelloni* se cassent si on les soulève avec les pinces – et me montra comment la tenir. « T'es pas une ménagère. Tu te sers pas du manche. Tu prends ta cuillère, là, à la base de la tige. Comme ça tu contrôles mieux ce que tu fais. C'est chaud, c'est tout. » (Je suis con, me dis-je, assailli aussitôt par une vision, née de mon embarras, de couverts futuristes, dont une cuillère postmoderne, tout en cuilleron et dépourvue de manche, hormis quelques millimètres sur le côté pour les fiottes dans mon genre.) Un peu plus tard, Mario m'expliqua de quoi étaient composés les *tortelloni*. Les *tortelloni* sont des pâtes moelleuses et joufflues comme des coussinets miniatures, farcies au fromage de chèvre et servies saupoudrées de zestes d'orange séchés et de pollen de fenouil (parfum de fenouil à la puissance dix). Cette poudre aromatique a été découverte par Faith Willinger, écrivain gastronome américain habitant Florence et se fournissant à quelque source secrète : elle était rentrée aux États-Unis, telle une trafiquante de drogue, avec, dissimulés dans sa valise, cent grammes de pollen serrés dans un sac en plastique. Et la pelure d'orange ? L'alliance gustative de l'orange et du fenouil est un classique. Et l'agrume ajoute aussi un peu de piquant à ce mets tout en douceur, dénué d'acidité.

J'esquissai un pas en arrière pour contempler la cuisine, laquelle, le soir venu, était presque méconnaissable. Des nappes blanches drapaient certains plans de travail, là où Andy vérifiait si les plats étaient prêts à être enlevés et emportés en salle. Le long plan de travail central avait lui aussi une tout autre allure. Pendant la journée, c'est ici que je posais ma planche à découper, à l'instar des deux commis mexicains, Cesar Gonzalez et Abelardo Arredondo. Désormais c'était devenu le « passe ». Andy, notre chef d'orchestre culinaire, se tenait d'un côté, aboyait les commandes et recevait les plats que les cuisiniers de la chaîne lui « passaient ». Derrière eux se dressait la « chaîne de production », une véritable muraille de matériel de cuisson. Dans un coin, derrière un nuage de vapeur, gargouillait l'acariâtre et monstrueux bouilleur de *pasta.* Dans l'autre coin, le gril ressemblait à un carré d'acier léché par des flammes jaune-bleu. Entre les deux, s'égrenaient trois fourneaux l'un à la suite de l'autre, chacun équipé d'un four réglé en permanence à deux cent soixante degrés. Chaud brûlant. Debout auprès d'Andy, je côtoyais cette immense chaleur. Et quand je me rapprochais encore en me penchant par-dessus son épaule pour regarder comment on confectionnait une assiette, la chaleur s'intensifiait encore – une haleine brûlante et immobile, comme un coup de poing, tout à la fois sensation physique (je la sentais à la racine des cheveux dans ma nuque) et abstraction. Mais néanmoins tangible : un mur de feu appartenant à un monde invisible, dont il valait mieux se tenir à l'écart.

Nick s'affairait autour du cuiseur à pâtes – la figure penchée dans la vapeur et ruisselante de sueur – et réchauffait les sauces dans des casseroles sur la table de cuisson. Voilà pour le poste *pasta.* Dominic, au piano, réchauffait des trucs dans son four. Voilà pour le poste « sauce ». Entre le saucier et le grilladin, il y avait le *swinger,* le commis chargé de jouer les intermédiaires entre les postes, l'un à sa droite, l'autre à sa gauche, d'aider chaque chef de partie à dresser les plats, et qui était mobilisable instantanément en cas de débâcle. Mark Barrett officiait à la rôtisserie. Il venait tout juste de démarrer. Un grand type, l'œil aux aguets derrière ses lunettes, pas rasé, cheveux ondulés en bataille, bref l'air de tomber du lit.

Il n'était pas comme les autres ; Nick non plus d'ailleurs. Tous deux issus de milieux privilégiés, de familles bourgeoises aux professions respectables, ils n'avaient pas besoin de « faire les cuisiniers ». Je me surprenais parfois à les voir comme des usurpateurs, toujours obligés de justifier leur choix professionnel à des parents inquiets qui ne voyaient pas la différence entre travailler dans une cuisine et travailler dans un cirque. Nick avait étudié l'histoire de l'art à l'université de Columbia, où son père enseignait la littérature japonaise. Il avait appris l'italien, qui dans son cursus constituait une option obligatoire, et passé une année en Europe, surtout à Rome. À son retour, il ne s'intéressait plus à l'origine de l'architecture classique en Italie, ni à la peinture de la Renaissance, ni à rien de ce qu'il était supposé avoir étudié pendant son onéreux séjour d'un an payé par papa-maman. Il avait découvert la *pasta ;* il rêvait de devenir chef. Mark avait, lui aussi, un père éminent (dermatologue), une licence (de littérature anglaise) et un chemin de Damas culinaire qui l'avait fait décrocher de la carrière universitaire – en l'occurrence, un voyage à Dublin, où au lieu d'arpenter comme prévu les rues hantées par les spectres de Joyce, Yeats et Beckett, il avait, dans la cuisine d'un café qui lui procurait un job, été ensorcelé par les saveurs puissantes du lait de ferme, de la crème fraîche, du beurre au lait cru et des œufs du poulailler. À son retour aux États-Unis, Mark laissa tomber les lettres irlandaises pour intégrer une école de cuisine. De sa jeunesse provinciale dans une petite ville de l'Ohio, il avait gardé l'habitude de prendre les choses de la vie à bras-le-corps. Ce jour-là, son visage était bardé de pansements. Il n'avait en effet rien trouvé de mieux, pour son jour de congé, que d'aller à un concert de rock et de se jeter dans la fosse. Cela aussi, c'était conforme au personnage ; on n'en attend pas moins d'un fils de dermatologue ayant frotté ses fonds de culotte sur les bancs de l'université.

Jusqu'ici, j'avais eu l'impression de connaître le menu du Babbo ; j'étais capable de recommander certains mets : les *pappardelle* – à se damner ; ou le fameux *Two Minute Calamari, Sicilian Lifeguard Style*[1] – pimenté, à ne pas manquer. En réalité, j'étais ignare. Dans la bible bleue du Babbo, je comptai cinquante plats de pâtes. Je n'imaginais même pas qu'il y en avait autant. Et soixante plats principaux.

1. Calamar deux minutes, à la maître nageur sauveteur sicilien.

Quarante entrées. Je contemplai pensivement le menu. Il était accroché pile devant Andy, au-dessus du passe et au-dessous d'une étagère où se serrait tout un bric-à-brac italien – un double magnum de *vino rosso da tavola*, une bouteille d'huile d'olive, plusieurs sortes de vinaigres balsamiques : une nature morte tout droit sortie d'une cuisine italienne, telle qu'elle aurait pu figurer sur le papier glacé d'un magazine de voyages, et seule vision que les clients pouvaient dérober si, en chemin vers les toilettes, ils s'aventuraient à regarder en catimini par les hublots des portes battantes. (Ah, quel charme elle a, cette Italie, semblait dire la composition à tout gourmand curieux, jetant un coup d'œil dans l'antre du restaurant, et cela même si le vin avait tourné depuis longtemps dans la chaleur d'étuve, si l'huile d'olive était rance, et si la véritable cuisine, qui n'avait rien ni d'italien ni de romantique, restait hors de vue.) Le menu remplissait quatre feuillets – « excessif », concédait Andy. Les cuisiniers de la chaîne procédaient avec des gestes si rapides que je n'arrivais pas à suivre. Les commandes s'annonçaient, les unes après les autres, sur un long ruban de papier que crachait un téléscripteur, et Andy se chargeait de faire marcher ; quant à moi, sans savoir ni comment ni à quel moment, je m'aperçus que tout le monde était, de conserve, passé à une vitesse encore supérieure. Une formidable urgence s'empara subitement de leurs mouvements. À la fin de la soirée, je n'aurais su préciser ce que j'avais vu : un tourbillon d'activité fébrile, des aliments lancés en l'air, des revirements d'attitude spectaculaires – une détermination farouche chez les cuistots aux prises avec la chaleur et le feu, de longues flammes qui s'échappaient de leurs casseroles ; et par ailleurs une délicatesse quasi artistique quand ils confectionnaient une assiette à la main, disposant du bout des doigts herbes et légumes avant de dessiner sur la porcelaine des lignes colorées à l'aide d'un liquide qu'ils faisaient gicler d'une bouteille en plastique, à croire qu'ils signaient une œuvre d'art. Et tout cela rimait à quoi ? Je n'y comprenais goutte. J'aurais aussi bien pu me trouver sur la planète Mars.

J'étais arrivé au point où je ne pouvais plus ni avancer ni reculer. Un pas en arrière, et je disais, Merci de votre accueil, tout ça est fort intéressant, mais très peu pour moi. Un pas en avant... Mais où ça ? Il n'y avait pas de place pour moi. Ces gens me semblaient planer à des années-lumière au-dessus de moi. Ils n'avaient même plus à penser. Un savoir-faire à ce point assimilé, cela ressemblait à de l'instinct. Je ne possédais aucune compétence de cette nature, et il me paraissait inconcevable que je pusse un jour l'acquérir. J'étais néanmoins vaguement conscient de me trouver au bord de quelque chose : une longue route ardue, semée de vexations et d'humiliations.

Mario, entre-temps, examinait les plats prêts à être enlevés du passe. C'était une de ses visites-surprises.

Il inspecta une bavette d'aloyau et apostropha Mark. « Dis donc, le grilladin, ta *salsa verde* bave. Tu as mis trop d'huile, et l'assiette est trop chaude. Redresse-moi ça. » Mark recommença le dressage, ses gestes redoublant de rapidité comme par miracle, telle une vidéo en accéléré. « Je compte. Dix. Neuf. Huit. Sept... Si j'entends quelqu'un parler, c'est qu'il parle trop fort. » La cuisine était aussi silencieuse qu'une salle de bibliothèque. Mario inspecta un plat en provenance de « la sauce », un magret de canard, planta son doigt dedans et goûta. « Dom, attendris-moi cette sauce. » Trop salée, il fallait la détendre. « Et le canard, ajouta-t-il en cueillant une fine section de poitrine, tu devrais lui laisser rendre son gras une minute de plus. La chair est parfaite... (Elle était presque bleue)... mais il faut faire fondre un peu plus le gras. » Depuis quinze minutes, je regardais Dominic cuire le magret à feu doux, côté peau dessous. C'était cette cuisson que Mario demandait à Dominic de poursuivre un peu plus longtemps, de manière à ce que la peau devînt croquante.

Troublé de se trouver ainsi subitement au centre de l'attention générale, Dominic lâcha maladroitement une assiette, qui tomba dans ses sauces puis rebondit par terre où elle se brisa. Il y avait à présent des ris de veau dans la sauce tomate, et de la sauce tomate dans le fond de poulet, et des éclats de verre brisé sur le sol. Dominic voulut ramasser les ris de veau, mais dans sa hâte, il les laissa échapper et ils terminèrent dans une autre casserole de sauce. Mario, sans rien dire, se campa devant Dominic, écarta les jambes, croisa les bras et le regarda fixement. « Dom prend la critique très à cœur », commenta Mario en s'adressant à moi. Dominic transpirait à grosses gouttes. Cette façon de vous fixer intensément, devais-je apprendre, était la façon dont Mario exprimait son angoisse – dans d'autres cuisines, celle-ci s'extériorisait par des hurlements. (Memo, qui était passé par un restaurant français, se rappelait une pratique quasi rituelle où le chef vous prenait l'assiette des mains et la fracassait par terre, en général pendant un coup de feu, et vous étiez censé éponger les dégâts et confectionner une nouvelle assiette. Selon Memo, cela avait été « l'expérience la plus humiliante de sa vie, et cela ne s'était jamais plus reproduit ».)

Une *orecchiette* fut retournée de la salle, à moitié mangée, portée par le maître d'hôtel, John Mainieri, qui expliqua : « Il n'y a pas assez de bouquets sur le brocoli. » Cinq cuistots se réunirent autour de l'assiette et goûtèrent. « Il dit que la dernière fois qu'il a mangé ici, les brocolis avaient plus de bouquets. » Chacun prit un bouquet pour l'inspecter de près.

« C'est vrai, constata Mario. On a eu des bouquets plus gros, mais en ce moment la nature ne produit pas de gros bouquets. » Un nouveau plat de pâtes fut préparé, et Mario le tendit à un serveur. « Donne-lui ça de ma part, avec un bon coup de bite. »

Une demi-heure plus tard, il y eut un autre retour, de la même table – cette fois, d'une femme. Un steak. Il était caoutchouteux. « Elle ne veut rien à la place. Elle veut du steak, cuit correctement. » Les chefs se jetèrent sur la viande, en arrachèrent des morceaux d'un air indigné, tout en se tournant les uns vers les autres en répétant : « Caoutchouteux ? »

Le steak fut de nouveau retourné. Maintenant, évidemment, il était trop cuit. Ensuite ce fut le tour d'une côtelette. Elle ne donnait pas non plus satisfaction.

« Bordel de merde ! Qu'on prenne leurs noms. Ils ne remettront plus jamais les pieds ici.

Mario marqua une pause avant d'ajouter :

— Qu'est-ce qu'ils boivent ?

— Un solaia 1997.

475 dollars la bouteille.

— On passe », soupira Mario en lançant une nouvelle tournée de plats de résistance.

6

New York, 1992. Les plats préparés par Mario au nouveau Rocco s'égrenaient à la manière d'épisodes autobiographiques ; chacun était associé si intimement à un moment spécifique de sa vie que le menu était presque plus littéraire que gourmand – la cuisine en guise de mémoires. Les raviolis farcis à la cervelle et aux blettes, une des recettes de sa grand-mère. Le magazine *New York* se dit impressionné par « des *tagliatelle* à l'ancienne garnies d'un *ragù alla bolognese* » – ce même *ragù* que Mario cuisinait à La Volta. Des *stricchetti* aux champignons *porcini* et *cremini* étaient une variante de ce que Betta avait enseigné à Mario le premier jour qu'il avait passé dans sa cuisine. Le soufflé aux poireaux (avec du saumon mariné dans de la grappa) était le plat qu'il avait concocté pour son premier repas de Noël en Italie. Mario avait finalement posé ses valises à New York, et il avait une vie culinaire entière à déballer dans nos assiettes.

Au cours de son deuxième mois au Rocco, Mario rencontra Susi Cahn, sa future femme ; elle vendait des légumes bio et du fromage de chèvre aux restaurants du bas de la ville. (Le fromage était fabriqué par ses parents ; les légumes, c'était elle qui les faisait pousser sur leur terrain dans le nord de l'État de New York.) Deux semaines plus tard, elle amena ses parents dîner au Rocco : c'était son anniversaire, et le restaurant lui semblait un bon endroit où le fêter. Il se trouva que la famille de Mario était de passage, elle aussi, pour fêter un anniversaire, celui de sa mère. Le dîner ne se termina pas avant trois heures du matin. Pour Susi, ce fut un méli-mélo de festivités, un malstrom d'ivresse et d'énergie, Mario allait et venait à cent à l'heure de la cuisine à la salle, revenant à chaque fois avec une surprise – un autre mets, une autre bouteille de vin, une autre grappa, et, au final, un accordéon, dont son père s'empara, et dont la musique incita la compagnie à entonner des chansons à boire italiennes. Susi Cahn, qui est tant de choses que Mario n'est pas – menue, brune, originaire de la côte est, juive, alors qu'il est catholique non pratiquant, couche-tôt, alors qu'il est un noctambule invétéré, réservée et réfléchie, alors qu'il est extraverti et impulsif –, incarne le type même de la personne avec qui Mario s'entend sans doute le mieux. « Je suis *très, très* différente de lui », me dit Susi lors de mon entretien avec elle, comme pour dire « Sérieusement, Mario ne pourrait pas vivre avec une autre version de lui-même. » Arturo, son précédent associé n'était pas, semble-t-il, tellement différent de lui, et ils se séparèrent au bout de neuf mois.

Leur établissement n'attirait pas la clientèle. Même Dana Batali s'avouait perplexe. « La cuisine était pourtant bonne. Je ne sais pas pourquoi personne ne venait. » Quoi qu'il en soit, les habitués étaient déconcertés. « J'ai demandé à Mario de démarrer doucement, m'expliqua Arturo au téléphone, quand je l'eus localisé à Miami, où il exerce à présent la profession de barman. Je suis allé en Italie. Je sais ce qui est bon. Moi non plus, je n'aime pas la cuisine d'avant. Mais Mario avait des idées bien arrêtées. C'était le restaurant de mon père pourtant. Je connaissais les clients depuis vingt-cinq ans. Un œil au menu, et ils se sont écriés : "Qu'est-ce que c'est que cette merde ?" Ils ne sont jamais revenus. » Il y a eu des engueulades pour des histoires de pognon. Mario n'arrêtait pas de donner aux gens des plats en supplément, des repas entiers même, gratis. « Mais la grappa, c'est lui qui la buvait. »

La séparation généra un flot de rancœurs. « Je ne peux pas regarder la Food Network, parce que je ne sais jamais quand il va passer à l'antenne, me dit Arturo. Hier soir, j'avais des gens à dîner, et ils ont parlé de *Molto Mario.* Comment ont-ils pu me faire une chose pareille ? Et vous, ajouta-t-il d'une voix furieuse, comment osez-vous me téléphoner chez moi sans crier gare et prononcer le nom de ce mec ? À cause de vous, ma soirée est foutue ! »

Mario était désormais au chômage et à la rue. Armandino lui proposa qu'ils ouvrent tous les deux un restaurant à Seattle – un projet né de son regret lancinant d'avoir perdu le magasin familial. Mario ne saisit pas cette offre, ayant finalement trouvé un nouveau lieu, un restaurant indien abandonné, dont le loyer était spécialement bas, les locataires ayant déménagé à la cloche de bois en laissant le propriétaire aux cents coups. Batali, qui n'avait pas un sou, emprunta à Susi Cahn (« Je n'ai pas douté une seconde qu'il allait réussir », me dit-elle) et proposa à Steve Crane, son ami de San Francisco, de devenir son nouvel associé. Le Pó ouvrit six semaines plus tard, à la fin mai 1993, sans bruit, car ils étaient à court d'argent (et donc d'un bon nombre d'ingrédients), n'avaient pas de licence pour vendre de l'alcool et pas les moyens d'installer la climatisation pendant ce qui se révéla le deuxième été le plus caniculaire de l'histoire de la ville. Mais ils avaient le pied à l'étrier. Vers la fin août, un critique gastronomique du *New York Times*, Eric Asimov, entrant un peu par hasard dans le restaurant, fut subjugué par l'italianité sans fard de la cuisine. Quel réconfort, se souvient Mario, de voir qu'enfin « ce que je voulais cuisiner à New York était aussi ce que New York voulait manger ». (À la suite de cela, Armandino, inspiré par l'exemple de son fils, donna sa démission à Boeing et, à l'âge de soixante et un ans – tel père, tel fils – s'envola pour l'Italie afin de servir d'apprenti bénévole à Dario Cecchini, un des bouchers les plus célèbres de la péninsule.)

Le Pó est en quelque sorte un Babbo encore pubère – treize tables, plus deux autres sur le trottoir, et un menu sous influence de La Volta. D'après Steve Crane, les deux premières années furent les meilleures. Il officiait en salle, Mario en cuisine (« comme un athlète »), et en un rien de temps, il y eut affluence de chefs en goguette après leurs heures de service, conséquence, toujours selon Steve Crane, de l'empressement de Mario à fourrer sa carte dans les mains de tous ceux qu'il rencontrait, en comptant sur le bouche à oreille pour bâtir une réputation à leur restaurant, qu'il consolidait en traitant les convives invités comme des VIP. (Cette pratique a été raffinée au Babbo ; en effet les seules fois où j'ai vu Batali cramoisi de colère, c'était lorsqu'il s'apercevait que l'on n'avait pas assez bien reçu un VIP. Lui qui crie rarement, constatant que le maître d'hôtel n'avait pas reconnu un producteur de musique installé au bar, explosa littéralement – « Espèce de connard, je vais te tuer, t'es mort, tu m'entends, t'es mort, espèce de connard ! » –, et il le chassa de la cuisine avec une telle violence que je le vis sur le point de lui lancer un objet à la tête. « Si c'est une table VIP, vous faites marcher *et que ça saute !* » dit-il d'une voix sifflante à l'ensemble de la brigade, renforçant dès lors la règle selon laquelle les VIP sont servis les premiers, et vite. « On n'attend pas d'avoir l'inspiration pour préparer les plats. On ne fait pas attendre un VIP sous prétexte qu'on a un talent d'enfer et qu'on est supérieur à tout le monde. Vous n'êtes pas des artistes, bordel de merde. Je compte. Dix secondes. Il faut qu'ils aient leur entrée dans les dix secondes. Neuf. Huit. Sept. » Et, à une vitesse frisant l'hystérie, les entrées apparurent, portées par des commis du Froid aux visages blêmes de peur.)

D'après Steve Crane, les choses commencèrent à mal tourner au Pó le jour où quelqu'un de la chaîne Food Network encore balbutiante vint au restaurant et, en voyant Mario, lui proposa de passer un casting. La célébrité toquée de Mario (« Comment voulais-tu que je tienne les rangs, tandis qu'une bande de ploucs du New Jersey faisait la queue pour avoir l'autographe de ce mec ? ») n'allait pas mettre de l'huile dans les engrenages entre les deux associés. « En arrivant un jour, me confia Steve Crane, je me suis retrouvé au beau milieu d'une prise de vue, alors que personne ne m'avait prévenu, et le photographe n'a rien trouvé de mieux que de m'engueuler : “Hep, vous, là-bas, débarrassez-moi le plancher !” » (Et

Mario de hausser les épaules : « Qu'est-ce que j'y pouvais, moi ? Personne n'en avait rien à battre, du maître d'hôtel. ») En 1999, Mario procéda à l'évaluation du restaurant et mit Steve Crane au pied du mur : Tu payes, il est à toi ; sinon, il est à moi. Steve Crane paya. Une fois les papiers signés, les yeux de Mario se remplirent de larmes. « Mario est le mec le plus dur à cuire que je connaisse – “Vas-y, cogne, qu'on voie qui est le plus fort”, voilà le genre d'attitude qu'il a. Lorsque je l'ai vu pleurer, je n'en croyais pas mes yeux. » Ça m'a fait mal, commenta Mario. « Imagine que quelqu'un donne son propre nom à ton premier enfant. » Il ne pensait pas que Steve Crane voudrait du restaurant, et encore moins qu'il serait disposé à l'acheter. « Il était comme foudroyé quand je lui ai dit que j'étais intéressé – il se figurait que je serais incapable de le faire tourner sans lui. » Et c'est un fait que Steve Crane n'est pas tout à fait seul, Mario continue *in absentia* à influer sur le Pó – sur la carte, où figurent toujours des plats de La Volta, et aussi sur l'esprit de la brigade.

« Mario est là ? m'enquis-je auprès d'une serveuse, quand j'y dînais un week-end.

— Pas ce soir », me dit-elle, contrariée d'avoir à fournir une fois de plus une réponse à une question qu'on lui posait trop souvent.

7

C'était la deuxième semaine du mois de mars et le jour le plus chaud depuis l'été de l'année précédente ; les gens avaient envie de découvrir de nouveaux plats sur la carte. Le lapin ne serait désormais plus servi accompagné de choux de Bruxelles, mais de petits pois frais, de germes de petits pois et d'une sauce vinaigrette d'un orange resplendissant à base de bébés carottes. « Nous ne vous servons pas seulement le lapin, mais aussi ce qu'il a dans la tête, expliquait Mario. Vous le mangez, et, en prime, vous mangez ce qu'il a envie de manger ! »

On livra des fèves. Elles devaient remplacer les pois chiches dans un plat de canard intitulé « Pyramide *in brodo* » : un échafaudage de pâtes au sommet pointu comme le monument égyptien et farci des restes de volailles désossées – rognons, cœur, petits bouts de viande coriace *al ragù*, avec un risotto cuit dans un fond de canard. « Personne ne peut se douter de ce qu'il y a à l'intérieur ! déclara Mario. Ça pourrait aussi bien être la bite de Jeffrey Dahmer[1], ça coûte zéro dollars, et les gens en rede-

1. Tueur en série cannibale.

mandent. » Cela dit, le bouillon était préparé à partir de carcasses de dindes en sus du canard : celui-ci tout seul aurait été trop poisseux, « trop pédé chichiteux à la française ».

Une commande d'orties sauvages avait été passée, mais la livraison se faisait attendre. « C'est typique, observa Gina. Dès qu'il fait chaud, tout le monde ne rêve qu'au printemps. Fèves, fruits rouges et petits pois, et je n'ose pas penser à ce qui va nous arriver. Ce ne sera pas de la région, ça c'est certain. » De fait, les étals du marché fermier d'Union Square étaient encore vides, hormis les premiers bouquets d'ail des bois, indubitablement régionaux, eux au moins, puisque récoltés dans le nord de l'État de New York. Ces feuilles d'ail des bois, on en parfumait les spaghettis, on en enrobait les filets mignons, on les conservait au vinaigre pour l'été ou bien on les servait en salade avec des miettes d'un fromage au lait de vache du Piémont. « Oh ! Quand elles sont préparées comme ça, ça me donne une de ces pêches ! » s'exclama gaiement Mario. Tout le monde à la cuisine en consommait – jetées sur la table de cuisson, arrosées d'huile, retournées une seule fois et ramassées à l'aide des pinces. Les feuilles d'ail des bois avaient une tendresse évanescente et une fraîcheur boisée vert printemps : elles étaient le signal que le temps allait se réchauffer.

Des changements s'annonçaient en cuisine. Nick s'en allait bientôt. Se languissant de Rome et inspiré par les récits autobiographiques de Mario sur Porretta, il avait décidé de retourner en Italie. Mario était flatté – la décision de Nick revenait à lui dire : « Je mets mes pas dans les vôtres, Maître » – et traitait ouvertement Nick en disciple. (« Le voyage en

Italie, voilà le seul apprentissage valable. ») Mario ne tarissait plus de bons conseils : sur ce que Nick devait rechercher (« Si tu as l'ambition d'ouvrir ton propre restaurant, choisis avec circonspection – il te faut un resto où ils font la cuisine comme tu voudras la faire dans le tien »), sur la question d'argent (« Tu as besoin de cinq mille dollars et d'une carte de crédit acceptée partout ») et la destination la plus engageante (« Dans le sud, la cuisine est super, mais la vie n'est pas marrante... les filles, c'est bas les pattes »). Bref, la grande question était : où ? À ce propos, Mario délibérait tout seul à voix très haute pendant que Nick l'observait en silence, une fesse posée sur un tabouret du bar. Mario jeta finalement son dévolu sur une trattoria romaine du nom de Checchino (« Il s'y passe tout le temps quelque chose »). Mario promit de leur téléphoner dès le lundi suivant. En cuisine, le départ prochain de Nick provoquait des commentaires : abandonner son emploi, son pays ! Tous admettaient cependant qu'il était impossible d'aller très loin dans l'apprentissage de la cuisine italienne dans un pays qui n'était pas l'Italie.

Stacie Cassarino, une des aides de Gina, revint au Froid. Prise à l'essai pour la cuisine du soir, c'est-à-dire au Chaud, elle s'était avérée trop lente. « Qu'est-ce que tu veux foutre d'une poétesse dont les poèmes sont publiés, par-dessus le marché ? m'expliqua Andy. Elle réfléchit trop. » La cuisine présentait quatre postes vacants – pas tous à la fois, mais presque –, et Mario et Andy ne devaient pas traîner pour combler les vides.

Un poste fut immédiatement pourvu, pour la simple raison que le candidat idéal s'était présenté de lui-même. Tony Liu serait le nouveau commis à la pâtisserie de Gina, une aubaine ; Tony était surqualifié, mais voulait à tout prix travailler au Babbo. Plutôt petit, les cheveux noirs presque ras, les épaules très musclées, il était aussi très sérieux. Originaire d'Hawaii – surfeur l'été, snowbordeur l'hiver, il avait une superbe démarche souple d'athlète –, il avait souvent l'air de ne pas se trouver à sa place dans une cuisine citadine encombrée de cuistots pâles et défaits, n'ayant pas vu la lumière du jour depuis des mois. Mais il était déterminé à apprendre tout ce que le Babbo pouvait lui apprendre – une mission qu'il s'était fixée, en quelque sorte – et il semblait ne jamais perdre de vue son objectif. Il ne souriait jamais, par exemple, en tout cas je ne le vis jamais sourire, mais il s'arrangeait quand même pour avoir l'air amical. Lorsqu'il arrivait à midi, il saluait les commis latinos, l'un après l'autre, et en espagnol – ce que personne d'autre que lui ne faisait. Tony avait été cuisinier dans le restaurant français quatre étoiles de Daniel Boulud. Il avait aussi vécu en Espagne et travaillé chez Martín Berasategui, un trois étoiles du Michelin à Saint-Sébastian. Dans son esprit, il maîtrisait déjà deux cuisines européennes. L'italienne était la suivante sur sa liste. Il avait un côté beau parleur, mais comme il savait prouver sa sincérité par des actes, les cuistots du Babbo l'avaient accepté comme l'un des leurs.

Ce qui n'était pas le cas d'Abby Bodiker. Elle avait été commis de la cuisine du Froid de Food Network, une position qui était estimée hautement critiquable : un studio de télévision n'était pas un restaurant, et, aux yeux de Memo et Frankie, Abby était sous-qualifiée, inexpérimentée et tout à la fois femme *et* féminine – pour tout dire, elle ne méritait pas un poste sur la chaîne. Memo et Frankie pouvaient former un duo redoutable, tels des jumeaux maléfiques se comprenant dans une langue secrète. Ils s'adressaient rarement la parole entre eux, mais n'en communiquaient pas moins tout le temps – un sourcil, un hochement de tête imperceptible –, et tout ce qu'ils faisaient, ils le faisaient à l'unisson : préparer un plat, confectionner une spécialité de la maison, bizuter le nouveau. Frankie se montrait particulièrement critique vis-à-vis des idées d'Abby – Lesquelles ? Je n'en ai jamais rien su –, et ces deux-là étaient comme chien et chat. Abby était une fille de chez les filles. Des cheveux blonds, qu'elle coiffait parfois en queue-de-cheval, et puis elle était menue, avec un nez en trompette et des traits fins. Au bout de quelques jours seulement en cuisine – tous les nouveaux commis commencent au garde-manger –, elle avait l'air beaucoup plus dur, le visage comme lavé de toute expression, pareil à un masque.

« Toutes les femmes en passent par là, dit Elisa. C'était pire autrefois quand le Neandertal était le chef de partie au garde-manger. » (Elisa avait pris la place du Neandertal quand celui-ci était parti pour Pittsburgh afin de diriger le restaurant que Joe et Lidia Bastianich venaient d'ouvrir là-bas.) Elisa avait alors coutume de se plaindre à Mario du Neandertal – « Il est grossier, misogyne et harceleur » –, et entre autres récriminations, de ses jeux de mots sexistes, ses histoires de putes. Mais Mario avait répliqué qu'il n'y pouvait rien : « Elisa, voyons. Tu es à New York. Il faut que tu t'habitues. » Toujours est-il que le Neandertal ne fit pas long feu à Pittsburgh, où il fut assez vite mis à la porte du restaurant. « Il pinçait les fesses des serveuses et leur demandait de lui faire des pipes », m'informa la mère de Joe, Lidia.

J'assistai un jour à une discussion révélatrice : à propos de ris de veau. Elisa et Memo tentaient d'établir la quantité de nourriture censée représenter une portion. Elisa avançait le chiffre de 170 grammes et se déclarait pour l'utilisation d'une balance, Memo n'était pas d'accord.

« Disons un bonnet B. Crois-moi, Elisa, les gars, ils savent tous ce que contient un bonnet B. » Et Memo d'appuyer ses paroles en palpant sa propre poitrine. « On n'a qu'à dire un B de ris de veau. »

Elisa devint rouge pivoine – « Je-e-e pense vraiment qu'on devrait se servir d'une balance » – et se tourna vers moi pour me prendre à témoin. « Qu'est-ce qu'ils ont, ces mecs ? Tu crois que c'est parce qu'ils sont obligés de porter des tabliers ? »

Il y avait deux autres postes à pourvoir, et Mario se faisait du mauvais sang, parce que le hasard voulait qu'Andy et lui s'absentent tous les deux justement à ce moment-là. Andy partait pour son tour d'Espagne, un voyage prévu de longue date, qu'il n'était pas question de repousser. Andy, le second de Mario depuis huit ans, avait vu nombre de chefs du Babbo aller et venir, et, grâce au soutien de Mario et Joe, ouvrir leur propre établissement. Maintenant, c'était à son tour. « Au bout du compte, me confia-t-il, je n'ai voulu devenir chef que pour avoir un endroit à moi. Je fais semblant que le Babbo m'appartient, mais je sais bien que c'est faux, et tu trouves ça drôle de te démener quand l'argent n'atterrit pas dans ta poche ? » Comme Mario, Andy avait vécu en Espagne, et son restaurant, quand il aurait trouvé un local, serait ibérique. Ce voyage était censé lui donner de l'inspiration ; il irait manger en trois jours dans quarante-huit restaurants...

Un poste fut décroché par Holly Burling, un grand garçon manqué de vingt-huit ans, dégingandée, rouquine, le teint très clair. Je vis Mario feindre de lui imposer un entretien, mais je savais que sa décision était déjà prise : Holly avait travaillé en Italie. Avait-il besoin d'en savoir plus ? Non qu'elle fût restée longtemps là-bas (quelques semaines dans un *agriturismo*, une ferme proposant des chambres d'hôte, où on lui avait enseigné à cuisiner des gnocchis et à fabriquer des pâtes fraîches), mais elle avait appris la langue et s'était débrouillée pour travailler dans une cuisine. « Elle l'a fait. Elle l'a. » Entrait aussi en ligne de compte, me disais-je en les regardant parler tous les deux (et en lisant sur le visage de Mario une volonté farouche de reconnaître en Holly une âme sœur), sa profonde conviction que les femmes ont sur les hommes une supériorité au piano. Mario était persuadé qu'Elisa était le chef le plus compétent du Babbo, « pas seulement parce qu'elle a plus d'expérience que les autres, mais surtout parce qu'elle est une femme. Je sais que ça n'a aucun sens, et je ne comprends pas pourquoi. Mais cela se vérifie toujours : les femmes sont meilleures cuisinières que les hommes. Elles n'ont pas le même point de vue sur la cuisine ». Une hypothèse qui aurait du mal à résister à une étude scientifique, même si Joe tombait d'accord avec Mario. Le lendemain du jour où Elisa avait commencé à diriger le garde-manger, Joe goûta à sa sauce bolognaise et hocha la tête d'un air plein de sagesse, ayant trouvé la confirmation de ce qu'il avait subodoré. « C'est vrai, dit-il, qu'une femme ne cuisine pas de la même manière. Sa "bolo" est plus longue en bouche que celle que nous concoctait le mec d'avant. » Le dernier mec ayant été le Neandertal, lequel, en réalité, n'était pas celui qui préparait cette sauce. À l'époque, le sorcier de la bolognaise, c'était le talentueux commis Miguel Gonzalez.

Holly se vit donc proposer un emploi. Cinq cents dollars par semaine, avec cinq jours de vacances à partir de sa deuxième année de travail. Personne n'évoqua la question des congés de maladie, étant entendu que l'on ne tombait pas malade, un point c'est tout ; ce que j'avais pour ma part déjà compris en entendant le silence glacial à l'autre bout du fil, lorsque, au lit avec la grippe, j'avais téléphoné à Elisa pour lui dire que je ne venais pas ce jour-là... Elle n'avait quand même pas envie d'avoir un commis contagieux dans la cuisine, c'était évident, non ? Eh bien, non, pas pour elle, apparemment. Memo me livra un peu plus tard l'explication de cet acte de cruauté, le jour où il refusa de rentrer chez lui, alors qu'il tremblait de fièvre, éternuait et s'essuyait le nez sur sa manche. « Le jour où j'ai décidé d'être chef, j'ai accepté le fait que je ne pourrais jamais m'accorder un seul jour de congé pour maladie jusqu'à mon dernier souffle. C'est un des sacrifices de la vocation. »

Les problèmes surgirent au moment de pourvoir le dernier poste. Le budget du Babbo ne permettait pas d'engager le cuisinier expérimenté que réclamait Andy. Si bien qu'il finit par se demander s'il ne pourrait pas se servir de Marcello, « un des latinos » qui était là le matin et confectionnait la *pasta.* Le seul hic, c'était qu'Andy n'était pas trop sûr de vouloir employer un latino au Chaud.

« Je ne sais pas si c'est une bonne idée. Au Pó, ça allait. Mais le Babbo n'est pas le Pó. »

Les gens disaient couramment « les latinos » (entre guillemets, parce que, après tout, l'Amérique centrale représente un vaste territoire). N'empêche, la phrase d'Andy était curieuse. Déplairait-il aux restaurants trois étoiles que des Mexicains préparent leur nourriture ?

« Non, non, non. C'est juste que la cuisine ici est plus grande et que je n'ai pas envie d'être obligé de m'arrêter tout le temps pour traduire. » Il est vrai que Marcello s'exprimait dans un anglais rudimentaire, et que lors de son entretien avec lui, Mario lui avait d'ailleurs parlé en espagnol.

Tu es prêt à travailler le soir ? lui demanda Mario. Tu sais que tu seras le seul latino ? Tu pourras supporter le stress ?

Marcello – l'avant-bras emmailloté dans une épaisse couche de pansements (il avait frôlé d'un peu trop près la lame d'un couteau qu'un chef avait mal posé) – écouta attentivement et répondit, Oui, je m'en sens capable. Marcello ressemblait à une version miniature de son patron : un physique de petit râblé, une queue-de-cheval rousse, un cou large (pour emprunter une image au football américain, je le voyais très bien en centre d'une équipe junior universitaire), et un visage rond et amical. Il se montrait toujours respectueux, courtois, attentif. Il m'avoua par la suite combien l'entretien l'avait rempli d'appréhension. Son angoisse n'avait en outre pas échappé à Mario, qui avait un talent digne d'un représentant de commerce pour repérer chez autrui les signes physiologiques d'un malaise : « J'adore ça, quand ils flippent. C'est si bon...on...on ! »

Mario demanda à Marcello s'il travaillait aussi ailleurs. Nombreux étaient les « latinos » à cumuler deux emplois.

« Oui, dit Marcello.

Il lui indiqua le nombre d'heures, la paye.

— Combien est-ce que nous te payons ? s'enquit Mario en se tournant vers Andy.

Andy l'ignorait.

— Trois cent soixante-quinze par semaine, précisa Marcello.

— À partir d'aujourd'hui, tu ne travailles plus ailleurs. Ton salaire se montera à cinq cent cinquante dollars par semaine. »

Cela représentait une nette amélioration. Et avec cela, implicitement, il acquérait un autre statut : désormais, venait-il de s'entendre dire, Marcello, tu es l'un des nôtres. Il retourna à la cuisine. Il avait l'air grave, mais se déplaçait d'un pas beaucoup plus léger ; on aurait dit qu'il marchait sur des ballons d'eau.

Je venais d'être le témoin d'un moment rare, lequel, pour la petite histoire d'un petit restaurant, constituait une étape d'apparence modeste mais lourde de sens. Les « latinos » sont présents dans tous les restaurants de New York. Ils vous apportent vos assiettes à votre table et les lavent une fois que vous avez terminé. Par une espèce de convention tacite, ils sont considérés comme les *Gästarbeiter* de l'Amérique, les immigrés venus se taper le sale boulot des autres : la plonge. Ils préparent aussi la plus grande partie des mets, alors que les postes prestigieux, sur la chaîne de production, sont réservés aux Blancs. Les deux commis les plus efficaces au garde-manger d'Elisa étaient Cesar, vingt ans, et Abelardo, qui en avait vingt et un : tous les deux des « latinos ». Chaque matin, Elisa leur donnait une liste – totalisant parfois trente tâches différentes – et à la fin de l'après-midi, ils avaient préparé la majorité de ce que le restaurant servirait le soir. Pour la plupart des gens, ces hommes sont semblables à des hommes invisibles – même pour leurs employeurs (ce sont des « latinos », comme si ce terme qualifiait une race, plutôt que des Mexicains, des Uruguayens ou des Péruviens) –, ils constituent un vivier de travailleurs interchangeables, dont seul un tout petit nombre parle anglais, et habitent tous à la périphérie des grandes banlieues de New York, où ils s'entassent dans des cités dont personne n'a envie d'entendre parler. Bien sûr que Mario et Andy n'étaient pas au courant du montant du salaire de Marcello ; ils n'avaient jusqu'ici pas été tout à fait conscients de son existence.

« On va avoir besoin d'un plongeur, dit Mario à Marcello à la fin de cet entretien. Tu connaîtrais pas quelqu'un ? » Mario n'aurait même pas su où commencer à chercher. Il existait une chaîne d'entraide latino : le plongeur actuel, Alejandro, se chargerait désormais de la fabrication des pâtes, tâche dévolue jusqu'ici à Marcello. « Un cousin ? Quelqu'un de la famille ? »

Je passai un vendredi après-midi, jour de paye, en compagnie de Jesus Salgado. Jesus, qui travaillait au Babbo depuis le surlendemain de l'ouverture, était le cousin de Miguel, l'auteur de la féminine bolognaise. Miguel était mort. Le 19 mai serait le premier anniversaire de sa disparition, et tout le monde voyait approcher cette date avec une anxiété non dissimulée. Je n'avais pas connu Miguel, mais Elisa m'en avait parlé – un as du couteau, grand connaisseur de tout ce qui se mange, doublé d'un dandy au charme irrésistible : qualités que je retrouvais chez Cesar, le successeur de Miguel (et son cousin), même si Elisa affirmait que Miguel était « beaucoup plus sexy ». C'était Jesus qui avait proposé que le restaurant embauche Cesar à la mort de Miguel. Jesus leur avait aussi présenté Miguel. (Jesus et Miguel étaient « comme des frères » et avaient même une carte de visite commune, avec leurs deux noms dessus, une carte que Jesus continuait à distribuer, ce qui faisait un drôle d'effet.) Jesus avait en outre intronisé son propre frère, Umberto, préposé au nettoyage du restaurant pendant la journée, et un de ses cousins, Marco, commis au Froid. Comme il les avait tous recommandés, Jesus se sentait responsable de leurs faits et gestes : s'ils étaient en retard ou osaient se porter pâles, Jesus devait pouvoir leur fournir une excuse. Pour un employeur, ce système informel était assez pratique, l'inconvénient étant qu'il renforçait la séparation entre les « latinos » et les autres. Tout ce qu'on exigeait comme papier était un numéro de sécurité sociale (pas de carte, pas de boulot), et même après le 11 Septembre, il était encore possible de s'en procurer un pour quelques dollars.

Jesus avait un tempérament de patriarche. Ce vendredi, il réunit autour de lui les membres de sa famille élargie – Umberto en veste et chaussures en cuir ; les cadets Cesar et Marco en baggy et baskets rouge vif, coiffés d'écouteurs, se balançant au rythme d'une musique rap assourdie. Après être descendu dans la cave du Babbo pour ramasser les chèques de la semaine, Jesus mena tout son petit monde vers une officine de 8th Street pour qu'ils puissent les toucher (aucun d'eux ne possédait de compte en banque), Cesar et Marco, la démarche dansante, traînant nonchalamment quelques pas en arrière. Ensuite, destination Washington Square Park, où nous trouvâmes un banc pour nous asseoir. Je voulais que Jesus me raconte l'histoire de Miguel.

Jesus était originaire de Puebla, une ville à environ deux heures de route de Mexico. Ses cousins de même. Il y avait une maxime au Babbo qui disait que les meilleurs fabricants de *pasta* venaient de Puebla. Le premier à l'énoncer avait été Joe, le jour où il s'était aperçu que le restaurant avait employé trois commis au Froid de qualité exceptionnelle, tous les trois originaires de la même ville du Mexique. Je demandai à Jesus : Est-ce que les meilleurs fabricants de pâtes viennent de Puebla ?

« Bon, c'est un peu plus compliqué que ça, me répondit-il. C'est que *tout le monde* vient de Puebla. » *La migra*, disait Jesus. La migration. À Puebla les gens sont pauvres et les uns sur les autres. Et si New York se trouve pour eux au bout du chemin de l'immigration clandestine, c'est tout simplement parce que quelqu'un de Puebla a un jour réussi à faire le voyage ; les autres ont suivi. « À Puebla, on sait pas ce que c'est que le fast-food. On mange seulement ce qu'on prépare nous-mêmes. Il y a un McDo, mais j'y ai jamais mangé. J'ai pas les moyens. Pour nous, c'est un restaurant trois étoiles. Le prix d'un hamburger correspond à une semaine de salaire. Nous, on prépare notre propre nourriture. »

Jesus dit que lorsqu'il retournera au Mexique – ce qui n'est pas arrivé depuis huit ans – sa grand-mère tuera une chèvre. Elle frictionnera la viande avec des feuilles d'avocat – « l'huile des feuilles masque l'odeur forte de la viande de chèvre » – et la couvrira d'une pâte obtenue à partir de graines de citrouille, de cacahouètes, de chocolat et de clous de girofle, et elle l'enfouira dans un trou sous les braises. « On cuit la tête de chèvre de la même manière. Les préparations du Babbo, qui sont plutôt rustiques, n'ont pas beaucoup de secrets pour nous. La bavette d'aloyau – voilà une recette mexicaine par exemple. Ou la façon de se servir du gril – *la barbacoa*, c'est comme ça que nous disons –, c'est ainsi que nous grillons notre viande. Ou bien nous la braisons : ça, c'est pour les gros morceaux. On connaît aussi le bain-marie, on dit chez nous *baño marìa*, c'est le procédé pour cuire les *tamales*. On a beaucoup à apprendre quand on travaille dans une cuisine comme celle du Babbo, mais on sait déjà beaucoup de choses en arrivant. » Il me décrivit un mariage auquel il allait se rendre ce week-end dans le Queens. « Tout le monde apporte de la nourriture – un cochon, une dinde, un poulet. » Comme à Noël. « On passe la journée à faire la cuisine tous ensemble. » Elisa se souvenait de conversations qu'elle avait eues avec Miguel. « Il parlait souvent de la cuisine qu'il faisait chez lui. Cesar est pareil. Ils ont le chic pour comprendre, rien qu'à regarder une cuisine, comment ça fonctionne. Tous les deux ont toujours en tête ce que la chambre froide contient comme ressources et ce qu'il faut recommander. Ils en savent plus long que la plupart des gamins qui sortent d'une école de cuisine. »

C'était Jesus qui s'était occupé de Miguel lorsque ce dernier avait débarqué à New York. Ils vivaient tous ensemble, toute une tribu de cousins, frères et sœurs, amis, dans un quatre pièces du Bronx : trois mecs par chambre, neuf mecs en tout. Une fois que Miguel a été embauché au Babbo, il voulut apprendre l'anglais et s'inscrivit à un cours dirigé par une Portoricaine du nom de Mirabella, avec qui il ne tarda pas à sortir.

Elisa se souvenait d'elle. « Ils avaient des problèmes, elle lui téléphonait tout le temps. Elle était plus vieille que lui, ça s'entendait à sa voix, mais je n'ai pas su de combien elle était plus vieille, jusqu'au jour de l'enterrement. Miguel avait vingt-deux ans. Elle, quarante-deux. Qu'est-ce qu'une femme de quarante-deux ans pouvait bien faire avec un gamin de vingt-deux ans ? »

Vers Noël de l'année précédente, Miguel était venu trouver Jesus pour lui demander un conseil. Sa liaison avec Mirabella avait beau être ostensiblement orageuse, d'après Miguel, les choses étaient en voie de s'arranger. Mirabella souhaitait que Miguel s'installe chez elle. Elle avait un appartement à Brooklyn. Ils projetaient de se marier en juin.

« Je ne l'avais jamais rencontrée, me dit Jesus. Miguel ne l'avait jamais ramenée à la maison. Je trouvais ça bizarre. Et puis il y avait d'autres choses. Elle avait toujours besoin d'argent. Elle avait une maladie cardiaque et devait consulter un spécialiste. Miguel n'était pas très riche. En tout cas, pas assez pour subvenir aux besoins d'une femme plus âgée qui en plus était cardiaque. Miguel m'a demandé mon avis. Je lui ai déconseillé d'emménager chez elle. » Miguel consulta ensuite les autres dans l'appartement. Tous le mirent en garde.

À la nouvelle année, Miguel déménagea.

Les disputes continuèrent de plus belle. Mirabella téléphonait à présent à la cuisine tous les jours. Il y avait dans sa voix une insistance, jugeait Elisa, qui frisait l'autoritarisme. « Les autres à la cuisine me disaient qu'elle trempait dans une histoire louche de trafic de papiers d'identité – elle en aurait achetés et revendus. » À l'époque, le tarif d'un numéro de sécurité social était de soixante-cinq dollars. Une carte verte un peu plus. Un passeport, c'était selon : un bon pouvait coûter plusieurs centaines de dollars. « Aucun de ces gamins n'a de papiers, faisait observer Elisa. Parfois je me demande si ce n'était pas comme ça qu'elle le tenait. En lui faisant croire que s'il se mettait en tort, il pourrait entraîner toute sa famille dans sa chute. »

Ça ne marchait pas entre eux, selon Jesus. « Mais comme Miguel nous avait consultés et que nous lui avions déconseillé d'épouser cette femme, il avait l'impression de ne plus pouvoir revenir chez nous. Il était gêné. Il n'avait nulle part où aller. »

Le 18 mai, le dernier jour de Miguel à la cuisine, il abattit une énorme quantité de boulot, se rappelait Elisa. Il avait effectué les préparations pour la semaine entière. « Puis il a rangé les couteaux à lever les filets dans une boîte en plastique et me les a donnés en cadeau. Je n'ai pas compris. « Merci, lui ai-je dit. Ils sont très beaux. » Cette nuit-là, il se pendit dans la douche de son appartement de Brooklyn. Jesus se précipita dès qu'il reçut la nouvelle. C'était la première fois qu'il mettait les pieds là-bas. La police refusa de lui laisser voir le corps.

Jesus avait trente-trois ans, mais il avait l'air plus vieux. Une épaisse chevelure noire, raide et épaisse comme de la paille trempée dans du goudron, un nez fort, busqué, et un visage lourd, balafré. Il avait une expression sérieuse et un côté dur à cuire qui ne manquait pas de charme. Il téléphona à son oncle, le père de Miguel. « Son chagrin était inimaginable. Rien de ce que je lui disais n'avait de sens pour lui. »

Jesus marqua une pause. Nous étions tous les deux assis sur un banc du square, entourés par ses cousins et son frère, qui ne paraissaient pas pressés et nous observaient avec des yeux patients. Jesus gardait son regard fixé droit devant lui pour éviter de croiser le mien. Il n'avait apparemment pas envie que je voie les larmes perler au coin de ses paupières, telles des gouttes d'huile. Il respira un grand coup. Après le service à l'église, Jesus ajouta, il avait organisé le rapatriement du corps au Mexique. Andy écrivit une lettre, disant que « Miguel était un héros, parce que ses proches parents ne comprenaient pas ce qui s'était passé. On ne comprenait pas. On ne comprend toujours pas. »

Jesus se leva. Sa tribu l'imita. « On est encore plus proches qu'avant, dit-il en indiquant sa suite. On ne veut pas que cela recommence. On parle beaucoup. On s'assure que personne ne se retrouve jamais tout seul. » Sa petite bande sur les talons, il prit la direction de la bouche de métro, l'air abattu, les épaules basses, triste.

Je téléphonai à la police. Jesus tenait le nom et le numéro de poste d'un enquêteur qui s'était occupé de l'affaire, l'inspecteur Lamposone. Je réussis à m'entretenir avec un de ses collègues.

« Oui, je me rappelle maintenant, cette nuit. Un jeune Mexicain. C'était vraiment moche. Il buvait avec ses potes et il a joué à un jeu de pistolet. Il a perdu. Il y en avait partout.

J'étais horrifié : était-ce pour cette raison que Jesus n'avait pas été autorisé à voir le corps ?

— Oh, non ! m'exclamai-je, stupéfait. Personne n'a parlé de roulette russe.

Le policier parut ébranlé.

— Je crois qu'il vaudrait mieux que vous parliez à Lamposone. Je confonds peut-être avec une autre affaire. »

L'inspecteur Lamposone avait été muté dans un autre commissariat, à Bay Ridge. Il n'avait aucun souvenir de l'événement. Je lui donnai les détails, le nom, la date. Rien ne lui revenait. « Désolé. Celui-ci s'est effacé. »

Un matin, une dizaine de mois plus tard, je travaillais au garde-manger. Je fabriquais des pâtes avec Alejandro, celui qui avait pris la place de Marcello. (Alejandro, lors de mon premier jour au Babbo, était à la plonge.) Il avait grandi dans une ferme, à la périphérie de Puebla, ferme qu'il avait quittée à l'âge de seize ans. Cela faisait quatre ans qu'il était à New York. C'était encore un gamin. (Un après-midi, alors que tous les tâcherons du garde-manger se trouvaient à la cave, occupés à se rhabiller – on se changeait dans un vestiaire qui devait avoir la taille d'un tout petit placard –, Alejandro remarqua qu'Elisa avait les yeux fixés sur son ventre. Pour un jeune homme aussi jeune, il avait un abdomen extraordinairement mou et rond. « Nous autres, Mexicains, déclara-t-il gaiement en se frappant la panse avec vigueur, on a la bedaine macho. »)

Je baragouinais l'espagnol. Je voulais savoir comment marchait la ferme des parents d'Alejandro – quelles bêtes ils élevaient, quels légumes ils faisaient pousser, ce qu'il y avait sur la table familiale. Alejandro, quoique entièrement disposé à répondre à toutes mes questions, n'avait pas « le chic pour comprendre, rien qu'à la regarder, comment fonctionne une cuisine ». C'était son boulot. Il n'avait aucune envie de parler de nourriture, tout en étant un très bon cuisinier. Ce qu'il voulait, c'était rencontrer des filles, des Américaines. Il me proposa de m'aider à apprendre l'espagnol, et, entendu, si j'y tenais, il me parlerait des légumes de la ferme à condition que je le parraine pour entrer dans certains bars. Au moment où il prononçait ces mots, Marcello entra. Sa femme attendait dehors, dans la voiture. Marcello souhaitait montrer à la brigade leur petite fille, un minuscule paquet rose et doux niché dans ses bras, elle avait quelques semaines, ayant été conçue, calculai-je, peu après son entretien d'embauche avec Mario : fort de l'assurance d'avoir décroché un vrai poste au Babbo, il avait fondé une famille.

Les gens qui ne vivent pas à New York ne se rendent pas compte à quel point cette ville est de nouveau modelée par les immigrants : c'est le lieu où l'on vient pour devenir cette autre personne que l'on n'est pas encore. En 1892, quatre New-Yorkais sur dix étaient nés ailleurs qu'en Amérique. Depuis 1998, c'est encore une fois le cas, à cause de l'arrivée, licite ou illicite, d'immigrants d'Amérique latine, de Russie, du Sud-Est asiatique, d'Albanie et des pays baltes. Les parents de Joe sont tous les deux des immigrants, des Italiens qui ont survécu en Istrie jusqu'au jour où la péninsule fut intégrée à la Yougoslavie par Tito : la minorité italienne, objet d'une rancune tenace après-guerre (elle avait été en grande majorité fasciste), fut conviée à choisir entre l'assimilation ou l'exil. Le père de Joe sauta à bord d'un bateau et débarqua clandestinement à New York. Il avait quinze ans. Lidia avait pour sa part effectué une traversée plus conventionnelle et obtenu l'asile politique. « La restauration, observa Joe, c'est la ligne de vie des immigrants de cette ville. » Son premier emploi, le père de Joe le trouva dans un restaurant ; son premier logement, au-dessus d'une boulangerie (tenue par un immigrant). Trente-cinq ans après, leur fils, à présent copropriétaire de sa propre entreprise, tenait entre ses mains une ligne de vie pour une autre génération d'immigrants. Il employait Marcello, un émigré d'Argentine (et non, malgré ses talents de fabricant de pâtes, de Puebla). Et désormais Marcello se sentait assez en sécurité dans son nouveau pays pour procréer. Quelqu'un était mort ; quelqu'un était né.

J'ai demandé un jour à Mario ce que je pouvais m'attendre à apprendre dans sa cuisine.

« Ce qui sépare le cuisinier amateur du professionnel, énonça-t-il. Tu vas apprendre les réalités d'une cuisine de restaurant. Quand tu es chez toi, tu peux préparer ce que tu veux quand tu le veux. Peu importe si tu sers ton gigot saignant à tes amis un samedi et rosé quand ils reviennent l'année suivante. Ici, les gens veulent manger exactement ce qu'ils avaient dans leur assiette la dernière fois. La régularité sous pression. C'est ça notre réalité : une pression très forte...

Il marqua une pause pour réfléchir, puis :

— Tu développeras aussi une perception élargie de la cuisine. Un sixième sens qui se sert de tous tes sens à la fois. Et tu constateras que tu ne peux plus te fier à ta montre. C'est ton oreille qui percevra quand c'est cuit. Tu sentiras avec ton nez les degrés de cuisson. »

Une fois, dans la cuisine, j'entendis Frankie employer l'expression « la sensibilité culinaire », comme s'il s'agissait d'un savoir-faire susceptible de s'acquérir à l'école. Je pensais en avoir eu un aperçu en voyant comment les cuistots de la chaîne étaient alertés par une odeur et pivotaient sur eux-mêmes pour s'occuper de ce qui était en train de cuire dans leur dos, ou bien en constatant comment un bruit presque inaudible dans une poêle les incitait à retourner son contenu. Malgré tout, il semblait improbable que je puisse jamais acquérir ce sixième sens ; la cuisine demeurait pour moi une énigme. Du matin jusqu'au soir, elle était en proie à la frénésie. En fait, je ne m'en rendis pas compte sur le moment, mais il y avait un enseignement à tirer de cette frénésie, pour la simple raison qu'elle générait de la répétition. Bouffée après bouffée, je respirais une odeur, à l'instant précis où une tâche était terminée, tant et si bien que je finissais par identifier non seulement de quel plat cette odeur émanait mais aussi à quel stade de sa préparation ledit plat en était. Le lendemain, rebelote. (J'avais réussi, en dépit de l'emploi que j'occupais par ailleurs, à comptabiliser des heures, ou plutôt des jours supplémentaires au garde-manger.) Tout cela me rappelait une remarque d'Andy. « Tu n'apprends pas à te servir d'un couteau dans une école de cuisine, parce qu'ils ne te donnent jamais plus de six oignons, et quels que soient les efforts que tu déploies, ils ne seront jamais que six, et tu n'apprendras jamais aussi bien que lorsque tu en as cent à émincer. » Un jour, on me confia cent cinquante langues d'agneau. C'était la première fois que j'en tenais une dans ma main, et je la trouvai grasse et désagréablement humaine. Mais après avoir cuit, nettoyé, épluché et coupé cent cinquante langues d'agneau, j'étais devenu un expert.

Un matin, tandis qu'Elisa était sortie s'occuper d'une livraison, je notai un changement dans l'odeur que dégageaient les souris d'agneau. Elles avaient été mises à dorer dans un grand faitout à quelques trois mètres d'où j'étais, et moi, comme un somnambule, je me dirigeai vers la casserole et les retournai, avant de reprendre mes activités. Mon odorat m'avait indiqué qu'elles étaient bien dorées et qu'une minute de plus leur aurait été fatale. Quand Elisa revint, j'avais sorti toutes les souris d'agneau et mis le lot suivant à dorer dans le faitout. Elle se tourna vers moi, et je lus dans son regard un léger étonnement.

J'avais accompli un modeste pas en avant, et on m'autorisa à cuisiner. Mon premier aliment, faut-il s'en étonner, fut la souris d'agneau. S'ensuivirent des joues de bœuf, souris et joues se cuisant plus ou moins de la même façon : dorées et braisées dans un fond de vin jusqu'à ce que la chair se détache facilement. Puis des cuisses de canard, du *ragù* de lapin, de la langue de bœuf et des pilons de pintade. À un moment donné, alors que mes joues de bœuf étaient au four, je sentis à l'odeur qu'elles étaient cuites, quand en principe il leur restait encore une heure à cuire. Je ne les sortis pas tout de suite, ce qui fut une erreur, car elles étaient presque brûlées, mais je m'étais rendu compte que je pouvais faire confiance à mes sens.

8

Je me pris à chercher à en savoir plus sur les plats de côtes, sans doute parce que j'en savais si peu à leur sujet, même si j'aidais désormais Elisa à les préparer chaque semaine et que j'étais conscient de leur fantastique ubiquité : pratiquement tous les restaurants qui prétendaient à un certain standing à New York semblent en proposer à leur menu – à vrai dire, ils y figurent depuis quinze ans. C'est un fait rarement reconnu, mais les villes ont des plats qui leur sont propres, quelque produit ou préparation qui se perpétue mystérieusement (et pourtant qui émigre rarement – jusqu'à très récemment, on ne trouvait pas de plats de côtes à Boston ou Chicago) en raison de la promiscuité professionnelle des chefs au quotidien et de leur incessante mobilité d'un restaurant à l'autre – ils ne s'attardent jamais longtemps nulle part, surtout à Manhattan, ce qui explique entre autres pourquoi Mario refusait de donner une lettre de recommandation à toute personne n'ayant pas accompli une année entière chez lui. (« Pourquoi faire ? Pour qu'ils me volent les idées que j'ai mis une vie entière à pondre ? ») Les plats de côtes sont très faciles à adapter à tel ou tel style de cuisine, car, dans n'importe quel contexte, ils peuvent être réinterprétés sans effort, selon un thème ou un autre. Ils deviennent français quand ils mijotent dans les casseroles d'un quatre étoiles français (où, cuits dans un fond de veau, ils sont servis accompagnés de céleri braisé) ; vaguement fusion dans un quatre étoiles branché euro-asiatique (sur du riz blanc, avec une garniture de bok choy et de châtaignes d'eau) ; un aliment-doudou dans un restaurant américain rustique mais néanmoins doté de deux étoiles (accompagnés de purée de pommes de terre et de jus de viande) ; un mets exotique au boui-boui vietnamien qui n'accepte ni les chèques ni les cartes (collés à un bâton de citronnelle et servis avec une sauce aux prunes) ; et garnis d'un signifiant italien – de la polenta, invariablement – dans les restaurants italiens. Au Babbo, ils étaient aussi couronnés d'une noix de persil, zeste de citron et raifort (parce que le raifort et le bœuf se marient toujours bien, et que le raifort apporte la note épicée chaude et le zeste de citron la touche d'acidité, requises par tout mets signé Batali). Ce plat portait un nom italien, *Brasato al Barolo*, qui signifie « braisé au barolo », le barolo étant un généreux vin rouge du Piémont.

Une viande braisée, qui s'apparente au ragoût, est une viande cuite longuement dans une braisière au couvercle fermé, mouillée avec un liquide – du vin ou un fond, ou les deux – jusqu'à ce que la chair se détache facilement. Ce mode de cuisson convient en général aux morceaux très fermes comme le jarret ou l'épaule, à ces pièces de découpe fibreuses et persillées qui ne se laissent pas mastiquer avant d'avoir été aplaties pendant plusieurs heures. En Italie, le braisage a longtemps été réservé aux préparations hivernales, où il est associé aux poêles à bois et à la saveur un peu fade des racines comestibles. (La viande braisée, par exemple, figure dans le plus vieux traité de cuisine de la péninsule, *De re coquinaria*, écrit en latin vers l'époque de Jésus-Christ par Marcus Gavius Apicius, qui recommande le même procédé destructeur pour le canard sauvage ainsi que pour tous les gibiers à plumes à la chair desséchée, dure, autrement immangeable.) Ce qui est intéressant à propos de la version piémontaise du Babbo, c'est que l'on aurait du mal à trouver un *brasato* cuisiné avec des plats de côtes, avec ou sans barolo, où que ce soit dans le Piémont, et d'ailleurs Mario, mis au pied du mur, vous accorde qu'un certain degré d'invention a présidé au baptême de ce plat. Tout comme moi, il n'avait aucune idée de ce qu'était un plat de côtes, jusqu'à cette nuit frisquette de l'an 1993, où il y goûta dans un restaurant de Dominick Street du nom d'Alison, qui l'avait préparé à la maghrébine, accompagné de couscous. C'est un signe des temps – marqué par une attitude blasée du style comment-veux-tu-que-je-t'offre-mon-cœur-s'il-est-brisé ? – qu'un établissement comme Alison de Dominick Street – qui, à la Saint-Valentin 2002 était encore classé comme le restaurant le plus romantique de New York – ait fermé ses portes, mais j'ai tout de même réussi à localiser un de ses anciens chefs, Tom Valenti. À la fin des années 1980, Valenti cartonna en cuisinant des souris d'agneau selon le même principe : un petit muscle de la jambe pas cher et ayant beaucoup servi, mijoté dans du vin et du bouillon jusqu'à ce que la viande se détache d'elle-même au seul contact de votre langue ; son succès fut tel, et il fut si imité, que l'heureux chef se surprit à chercher un autre morceau auquel faire subir le même sort. « J'avais envie de cuisiner du bœuf, seulement je n'ai jamais aimé les ragoûts. Je trouve ça trop sec et caoutchouteux. Je me suis attelé à la tâche et j'ai fini par tomber sur des vieilles recettes de *short ribs*. Figurez-vous que je préfère de loin le plat de côtes aux autres pièces du bœuf : il est goûteux, persillé et si riche en saveurs grasses qu'il ne se dessèche jamais. » Quand il mit ce plat au menu, en 1990, il était accompagné d'un petit filet – « Ainsi, en leur proposant du bœuf sous deux aspects techniquement différents, je laissais aux gens le choix, au cas où ils auraient détesté le plat de côtes. » Valenti est aujourd'hui à la tête de ses propres restaurants, et les *short ribs*, ou plats de côtes, figurent en permanence au menu – sauf pendant une brève période de six mois où il les en avait ôtés et « dut entendre les conneries des clients ». En 1990, le plat de côtes coûtait quarante-cinq cents la livre ; à présent, grâce au chef Valenti, elle est à plus de cinq dollars.

Mais qu'est-ce que c'est que ces plats de côtes, et où les trouve-t-on sur la bête ? Elisa ne savait pas plus que moi, et elle en préparait depuis quatre ans. Même Valenti n'était pas sûr ; ses plats de côtes, comme ceux du Babbo, étaient préparés par le boucher et arrivaient emballés sous vide par colis de trois ou quatre. Je me rendis donc chez mon boucher, Benny, au Florence Meat Market du West Village, qui voulut bien m'expliquer. Une cage thoracique comprend treize côtes. Six d'entre elles – les plus longues et les plus charnues – reçoivent l'appellation de côtes de bœuf. (C'est sans doute le fameux « rôti » qu'est en train de dévorer Tom Jones au moment où Mrs Waters le séduit – un énorme morceau de viande attaché à un os que l'on peut tenir des deux mains.) Mais trois ou quatre côtes en bas de la cage thoracique et trois ou quatre côtes en haut, près de l'épaule, sont plus courtes. Ce sont les bouts des côtes, en anglais *short ribs*, littéralement côtes courtes. C'est pourquoi elles sont proposées par le boucher en panneaux de trois ou quatre : trois ou quatre du bas ou trois ou quatre du haut, quoique les côtes les plus hautes soient souvent trop grasses pour être de quelque utilité que ce soit.

Cela dit, ces côtes dites courtes ne sont pas si courtes que cela – elles mesurent une trentaine de centimètres de long. Elles sont aussi couvertes d'une surprenante quantité de maigre, un peu comme les côtes de porc, mais elles offrent encore de plus belles bouchées.

Il faut commencer par les saisir. Vous les sortez de leur emballage « par le haut, me rappela Elisa, alors que je les avais déjà sorties par le côté, sinon tu vas te coller du sang partout » – mais, bien entendu, j'en avais déjà partout –, et ensuite vous les séparez, une par une, en tranchant la viande entre elles. « Attention, me dit Elisa, *s'il te plaît.* » Vous disposez vos côtes sur une grande plaque qui va au four et vous les salez et les poivrez généreusement des deux côtés : elles doivent avoir l'air toutes tachetées.

Au Babbo, on cuisinait à la fois l'équivalent de trois bœufs de plats de côtes, soit quarante-huit pièces, sauf qu'un quart d'entre elles se révélaient trop riches en graisse et inutilisables, ou bien tordues, ayant subi une mutation et très moches – donc pas présentables. (Bon sang, mais qu'est-ce qui lui est arrivé ? me surpris-je à m'exclamer, en levant un spécimen rabougri et tout cabossé et en me demandant si les bœufs aux champs ne se distrayaient pas en pratiquant une forme de boxe bovine.) C'est dans la nature de cette pièce – de muter –, aussi si vous comptez préparer des plats de côtes chez vous, veillez à en acheter le double de la quantité nécessaire : mettons huit pour quatre personnes. Vous trouverez toutes sortes d'autres utilisations à ces bannis de la table – au Babbo, on hache la viande à la main et on la mélange à du parmesan pour farcir les raviolis, à moins que Cesar ne s'en empare d'abord, et dans ce cas on la relève de chili en flocons et de piment de Cayenne pour farcir les tacos du « repas du personnel », les tortillas à la farine blanche ordinaire cuites sur un gril à feu ouvert.

Tout le monde ou presque sait aujourd'hui qu'on ne saisit pas une viande pour sceller les jus à l'intérieur ; on le fait pour la saveur. L'erreur courante qui consiste à croire qu'une surface croustillante est semblable à un film plastique alimentaire a pris racine au XIXe siècle à la suite des spéculations empiriques d'un chimiste allemand, Justus von Liebig. Cette théorie, selon laquelle une croûte se forme lorsque les protéines se coagulent à haute température, comme quand on cautérise une plaie, gagna en popularité parce qu'elle apportait une justification scientifique à ce qui était alors considéré comme le nouveau mode de cuisson : saisi et rapide, au lieu du traditionnel lent et mouillé. Fait remarquable, elle ne fut pas ou peu contestée pendant plus d'un siècle, jusqu'à ce qu'en 1984, le chimiste et écrivain gastronome Harold McGee confirme que la croûte ne peut pas empêcher l'eau de s'évaporer de la viande et que si nous la faisons griller, c'est que nous trouvons que ce procédé lui donne bon goût.

La couleur brune d'une viande saisie ou grillée tient à la coagulation des molécules de protéines associée à la dégradation des glucides sous l'effet de la chaleur – la surface est caramélisée (elle devient vraiment plus sucrée et dégage des arômes puissants) et peu à peu sa consistance elle-même change –, à la condition cependant que la température atteigne au moins les 170 degrés Celsius. Il est utile de savoir que l'huile d'olive vierge extraite par première pression à froid commence à fumer à 180 degrés, de sorte que si vous y êtes attentif, vous devriez trouver votre bonheur dans cet intervalle de dix degrés et réussir à dorer votre viande dans de l'huile d'olive sans polluer la cuisine et les poumons de vos collègues. Hélas, ce n'était pas ainsi que l'on s'y prenait au Babbo, où on vous disait de sortir une grande casserole à fond épais d'un mètre de diamètre, que nous appelons un *rondo*, de la poser sur la table de cuisson et d'y verser de l'huile d'olive dès que le fond se mettait à fumer. La première fois, j'hésitai. Je me penchai prudemment au-dessus des bords élevés d'un *rondo* très, très chaud, un plat de côtes dans chaque main, tels des pistolets que l'on brandit quand on joue aux cow-boys et aux Indiens. L'huile d'olive avait l'air d'une nappe liquide brûlante où se propageaient des phénomènes moléculaires, remuant en son sein de lents tourbillons. C'était la première fois que je voyais de l'huile tourbillonner, et cela ne me disait rien qui vaille. J'entendis alors une voix, minuscule, celle du petit locataire des arrière-salles de mon cerveau que j'appelle à part moi M. Bonsens. M. Bonsens, donc, qui n'avait pas plus que moi fréquenté l'école de cuisine, me soufflait que ce n'était pas une bonne idée de coller ma main au fond d'une casserole géante brûlante, brûlante à cracher de l'huile ; si ? bien sûr que non. J'abaissai mes plats de côtes, et les lâchai juste avant qu'ils ne touchent le fond. Ils atterrirent. Rebondirent, faisant gicler l'huile bouillante, qui, me sembla-t-il (car avais-je toute ma tête ?), escalada en *rugissant* toute la hauteur du manche de l'os, bondit, et arrivée au sommet, explosa en enveloppant mes doigts. La douleur fut fulgurante, et ma peau réagit illico en formant des ampoules globuleuses sur la chair tendre entre la cuticule de l'ongle et la première jointure. Quatre, une sur chaque doigt. Ces globules étaient assez beaux, ils me faisaient penser à de petites pierres précieuses toutes brillantes.

Bon, d'accord, j'avais compris ce que n'importe qui au monde sait déjà : il ne faut pas rigoler avec l'huile bouillante, et encore moins y laisser tomber brutalement un objet. J'avais encore quarante-six plats de côtes à cuire, et, ceux-là, je comptais les déposer avec délicatesse au fond de la casserole. Mais il y avait un hic. Les joyaux que j'avais aux dernières phalanges étaient devenus hypersensibles à la chaleur (un peu comme quand on a des engelures, mais dans l'autre sens), et plus je les rapprochais de la partie inférieure de la casserole, plus ils protestaient. C'est alors que se produisit quelque chose d'extraordinaire : à l'instant où je m'apprêtais à poser mon deuxième morceau, les bouts de mes doigts, pareils à des petites bêtes qui se seraient détachées de leur laisse, se ruèrent en avant et le laissèrent tomber sans que j'aie eu le temps de dire ouf. Et de nouveau, la viande rebondit. Et de nouveau, m'éclaboussa. Et de nouveau, l'huile bouillante monta le long du manche à toute vitesse, bondit et explosa, enveloppant cette fois non pas le bout de mes doigts, mais les ravissantes ampoules qui les ornaient. J'avais désormais des ampoules aux ampoules. C'était un peu ce à quoi je m'employais avec mes plats de côtes – activer la coagulation des protéines en surface au moyen d'une température élevée. Cela dit, cette pensée ne me vint que plus tard. Sur le moment, je n'en eus qu'une : me soustraire à la source de la douleur. Il me poussa des ailes. Je sautai en l'air, enfouis mes jointures blessées entre mes jambes (je ne sais pas pourquoi les hommes ont ce réflexe – croyons-nous au pouvoir lénifiant de nos parties génitales ?) et beuglai. J'avais à peine touché terre que je me retrouvai entouré de plusieurs commis mexicains, lesquels me contemplaient d'un air compatissant, mais qui disait néanmoins très clairement : Vous êtes vraiment très bête, señor. Cesar me tendit ses pinces.

« Tu n'as qu'à te servir de ça », me dit-il.

Mais, oui, bien sûr. Une leçon de plus : sers-toi de pinces.

Une fois le brunissement achevé, la suite est simple. Et en fait, avec des pinces, le brunissement n'est guère plus compliqué. Restent cinq étapes à franchir.

Un. Sortez vos plats de côtes, à présent d'une belle couleur brune toute luisante (avec des pinces, *por favor*) de la grande casserole et préparez un liquide de cuisson pour le braisage, un bouillon qui recouvrira la viande pendant qu'elle mijote. Pour cette recette, l'élément liquide est l'ingrédient essentiel, peu importe de quoi il est constitué du moment que c'est bien mouillé et abondant (dans un ragoût irlandais, c'est de l'eau), quoique le bouillon idéal soit à la fois aromatique et savoureux et contienne une part de vin (au Babbo, environ trois magnums de vin, qui, soit dit en passant, n'est pas le barolo de l'intitulé du plat, mais un cru tout à fait correct, très bon marché de merlot de Californie) et une part de fond de viande (mettons un fond de poulet), plus des tonnes de légumes : des carottes, un oignon, deux branches de céleri et cinq gousses d'ail pelées, le tout taillé grossièrement, que vous jetez dans le *rondo* encore chaud et touillez. Ajoutez le vin, le fond de viande, une boîte de conserve de tomates et laissez frémir quelques minutes.

Deux. Déposez les plats de côtes bien dorés dans une marmite, recouvrez de bouillon, ajoutez du thym et du romarin, couvrez, enfournez (à 170 degrés) et oubliez-les.

Trois. (Trois heures plus tard, les plats de côtes sont cuits.) Vous faites une sauce avec le bouillon, bien que cette instruction elle-même suscite une question : qu'est-ce qu'une sauce ? Dans cette recette, par exemple, voici la marche à suivre : vous commencez par sortir vos plats de côtes et vous les mettez à reposer à température ambiante ; puis vous filtrez le bouillon de cuisson à l'aide d'une passoire dans une autre marmite. Ce liquide, avant même d'y avoir immergé vos plats de côtes, était déjà riche en saveurs, puisqu'il était composé d'un fond confectionné à partir de pattes de poulet, d'un assortiment de légumes et d'herbes, plus d'une quantité de vin. Sans oublier les plats de côtes qui y ont cuit ensuite. (Les os de n'importe quel animal, quand on les laisse mijoter longtemps, délivrent toute la saveur de la viande ; ici, on obtient une saveur doublement puissante puisque l'opération se déroule en deux temps, comme un bouillon de bouillon.) Après quoi, vous prenez ce liquide dense, chargé d'arômes, déjà hyperconcentré et vous mettez toute la gomme : remettez-le sur le feu et faites bouillir à mort. Un feu d'enfer. De répugnants grumeaux de graisse fondue remonteront à la surface. Vous écumez et continuez à faire bouillir jusqu'à ce que plus de la moitié se soit évaporée ; et, ô miracle, vous n'avez plus ni liquide de cuisson ni bouillon, mais une sauce. Le résultat est très, très, très concentré. (Pour tout vous avouer, c'en serait presque français.)

Quatre. Une fois les plats de côtes refroidis, vous vous apercevez que les os se détachent presque d'eux-mêmes de la viande. Vous découvrez aussi que ce qui reste est plutôt laid. Cela consiste en deux parties : un tendon musculeux (dont la consistance rappelle un gant de base-ball) fixé à la viande par des nerfs gras. Vous les séparez à la main. Le morceau qui ressemble à un gant de base-ball, non seulement est extrêmement moche, mais aussi immangeable. C'est avec plaisir que vous le fichez à la poubelle. L'autre morceau est miam, même s'il faut commencer par le couper en rectangle, en éliminant le gras, beurk. Hélas, bizarrement, se trouvent mêlés à vos beaux plats de côtes, des mutants. Pour une raison inconnue, chez ceux-ci, le mauvais ne se distingue pas du bon (comprenez le gant de base-ball et votre dîner). Ils forment une espèce de pelote, et si on essaye de les séparer, le tout part en lambeaux, et c'est d'ailleurs exactement ce que vous faites : vous déchiquetez votre pelote afin de trouver quelque chose, n'importe quoi, dont Cesar puisse se servir pour le « repas du personnel ».

Cinq. Assemblez. Votre viande est à présent bien organisée, aussi bien rangée que votre collection de soldats de plomb. La sauce a été dégraissée et réduite à un état qu'il me plaît de qualifier de pendant culinaire de la star de cinéma de sexe masculin : ténébreux, riche et viril. Tout est fin prêt. Maintenant il vaut mieux laisser reposer dans un endroit accessible en un clin d'œil, pour que vous puissiez jeter le tout dans un four brûlant et servir sans attendre : mettons que vous disposez six plats de côtes sur une plaque qui va au four, celle où vous cuisez vos biscuits, vous les nappez de sauce pour que la viande reste bien mouillée et emballez le tout dans un film plastique, puis dans du papier d'aluminium, très serré, de façon à ce que, une fois stockés sur le sol de la chambre froide, vous puissiez marcher dessus (au moment d'un coup de feu, ce sont des choses qui arrivent... souvent), sans que du jus de plat de côtes vienne suinter et s'attacher à vos semelles, ce qui vous évitera de laisser derrière vous une trace lorsque vous réussirez enfin à aller aux toilettes. Vous venez de mettre un point final à une préparation typique de restaurant, le travail étant quasi achevé longtemps avant même que la commande ne soit passée (et si un restaurant peut le faire, pourquoi pas vous ?). Cela se gardera une semaine.

Ces étapes – brunir la viande, préparer un liquide, cuire la viande dedans, l'en sortir et réduire le liquide jusqu'à ce qu'il constitue une sauce – sont les mêmes pour toutes les viandes braisées, n'importe où dans le monde. Les souris d'agneau sont cuites ainsi ; et l'épaule d'agneau, le jarret de veau, le cuissot de sanglier, l'épaule de chevreuil : c'est toujours du pareil au même.

Puis, le 2 décembre 2003, une timide proposition, aux conséquences historiques insoupçonnées, fut avancée par le fournisseur de viandes, Pat La Frieda. Il demanda à Elisa si elle voulait essayer le paleron.

« Qu'est-ce que c'est que ça ? répliqua-t-elle.

— C'est comme un plat de côtes, sans les côtes.

— Un plat de côtes sans les côtes ? Vous voulez dire que vous ne nous refilez plus des mochetés que nous sommes obligés de flanquer à la poubelle ?

— Exactement, c'est le plat de côtes idéal – le plat de côtes de rêve, le plat de côtes céleste, l'idéal platonicien en matière de plat de côtes –, mais sans côtes.

De sorte que le jeudi suivant, pour la première fois depuis cinq ans, le Babbo n'eut pas de plat de côtes à son menu. Il servit du paleron. Le plat était toujours intitulé *Brasato al Barolo* (pourquoi changer après tout ce temps ?) et, du moins à mon palais, ne présentait pas énormément de différence de goût, quoique je me demande si la sauce, privée de l'apport si riche de l'os des côtes, n'avait pas perdu en puissance. Bien entendu, personne ne sait ce que c'est que le paleron, ni où il peut bien se trouver sur la bête. N'empêche, Tom Valenti a aimé. Peu après le changement introduit au menu par Elisa, il vint dîner au Babbo, un soir de fermeture de son propre restaurant, et parut séduit. Alors, qui sait ?

Le plat de côtes est mort, vive le plat de côtes. C'est ce que je me suis dit en tout cas à l'époque. Mais voilà que tout récemment, je suis tombé par hasard sur une description, publiée en 1979 par l'écrivain gastronome Jane Grigson, une Anglaise, des tentatives de recréation des mets cités par Marcel Proust dans *À la recherche du temps perdu.* Le deuxième tome commence par un dîner où figure le *bœuf froid aux carottes*, que Jane Grigson définit comme un morceau de bœuf de deuxième qualité soigneusement braisé et servi dans sa propre gelée. Tout ce qui n'est pas un bon morceau fait l'affaire. Celui qu'elle préfère, elle le commande à Édimbourg, chez Charles MacSween & Son, qui le lui livre. Voici les mots qu'elle emploie : « Le morceau en question est le long muscle maigre à l'intérieur de l'omoplate, qui porte des noms variés. Je l'ai d'abord vu à l'étalage d'une boucherie en France, et je ne comprends pas pourquoi les bouchers anglais ne nous le proposent pas. » Un long muscle maigre à l'intérieur de l'omoplate ? Je m'en fus trouver Benny, mon boucher, et lui demandai s'il connaissait ce morceau. Il me répondit que « ce pouvait être le jumeau, ou le tendron ou même la macreuse. Et, bon, ça pourrait aussi être le paleron ». Le paleron ? Les implications de cet énoncé me parurent du plus haut intérêt : le *Brasato al Barolo* du Babbo n'était pas seulement mijoté dans un autre vin que du barolo et inconnu au bataillon dans le Piémont ; il était aussi français.

Un soir, alors que je travaillais au coude à coude avec Mario, j'eus le culot de lui poser de but en blanc une question qui devait me faire basculer dans une autre vie. J'avais en mémoire qu'un jour, il avait émis l'hypothèse qu'à un moment ou à un autre, je pourrais essayer de devenir chef de partie. « Quand est-ce que je commence ? lui demandai-je.

— Que dirais-tu de tout de suite ? me dit-il, et,

se tournant vers le grilladin, il ajouta : Mark, pousse-toi un peu. À partir d'aujourd'hui, tu as un nouvel aide. »

Le coup de feu

Que l'on se figure être dans une grande cuisine comme celle des Relations extérieures, lors des grands dîners, et y voir une vingtaine de cuisiniers dans leurs occupations pressantes, allant, venant, agissant avec célérité dans ce gouffre de chaleur. Regardez une voie de charbon [un mètre cube] embrasée sur les paillasses pour la cuisson des entrées, puis encore une voie sur les fourneaux pour les potages, les sauces, les ragoûts, les fritures et le bain-marie. Ajoutez à cela un quart de voie de bois embrasé devant lequel tournent quatre broches, dont l'une tournant une pièce d'aloyau de 45 à 60 livres, l'autre un quartier de veau du poids de 35 à 45 livres, les deux autres pour la volaille et le gibier. Dans ce brasier, tout le monde agit avec promptitude ; un souffle n'est pas entendu ; le chef seul a le droit de se faire entendre, et, à sa voix, tout obéit. Enfin, pour mettre le comble à nos souffrances, pendant à peu près une demi-heure, les portes et croisées sont fermées afin que l'air ne refroidisse pas le service. Et c'est ainsi que nous passons les plus beaux jours de notre existence. L'honneur commande. Il faut obéir, lors même que les forces physiques manquent. Mais c'est le charbon qui nous tue.

Antonin Carême, 1833

Un coup de feu, c'est la ruée la plus phénoménale qui soit. Telle une stupéfiante érection, saupoudrée de Viagra, au point que douze heures après, vous avez encore la trique.

Gordon Ramsey, 2003

9

À la rôtisserie, c'est l'enfer. Cinq minutes à ce poste, et vous vous dites : c'est donc ça que Dante avait en tête. Un coin noir et chaud – plus chaud que tous les autres coins de la cuisine ; plus chaud que tout autre endroit de votre vie. La climatisation a été récemment installée dans la cuisine, mais elle ne marche pas au-dessus du gril pendant le service : sinon comment y conserverait-on ces températures brûlantes ? Il n'y a pas assez de lumière, pour aucune raison valable hormis que c'est comme ça, ce qui accentue encore l'impression de se trouver quelque part où personne n'a envie de se trouver – un lieu huileux, antipathique. Le peu d'éclairage qu'il y a semble provenir des flammes elles-mêmes : le feu est allumé une heure avant le démarrage du service et le reste ensuite pendant huit heures d'affilée. Je n'avais jamais réfléchi à ce qu'impliquait cet apprentissage. Je ne m'étais jamais projeté à ce poste, ni attelé en pensée à cette tâche. Mario me donna l'ordre d'y aller ; j'obtempérai et traversai le mur de chaleur que j'avais à une époque érigé dans mon esprit, la hausse subite de température provoquant comme des crépitations sur ma peau. Vu de près, Mark Barrett, qui avait été chargé de mon instruction, me rappelait un homme d'un autre temps. Ses mains présentaient une saleté digne du XIXe siècle. Ses ongles ressemblaient à des demi-lunes de pâte noire. Ses avant-bras étaient glabres et enrubannés de brûlures violettes. Ses yeux étaient plus grands que nature – il cillait bizarrement derrière les verres de ses grosses lunettes – et son nez, encore bandé après qu'il se l'eut fait casser, était sillonné de traînées de suie graisseuse. On aurait dit un ramoneur myope. Il sentait la sueur.

Mark me décrivit le poste. Il y avait deux appareils outre le gril. Un four à main droite pour achever la cuisson des pièces de grande taille, tel un steak de huit centimètres d'épaisseur (d'abord le gril, puis le four), et une table de cuisson à main gauche afin de préparer les *contorni* – les accompagnements, tout ce qu'on met en plus sur l'assiette. Mark me montra du doigt, dans son dos, près de cent petites plaques accueillant tout un assortiment d'aliments : herbes, haricots verts, cœurs d'artichaut, betterave, et Dieu sait quoi d'autre encore – beaucoup de rouge, de vert et de jaune. En regardant cet étalage, je pensai : jamais de ma vie. Je me retournai vers le gril. Je me trouvai encerclé par la chaleur. « Gare à ton sarrau, m'avertit Mark. Si tu tournes le dos à la rôtisserie, les fils vont fondre et te coller à l'épiderme. » Il me proposa de partager les tâches : il s'occuperait de garnir les assiettes, et je me chargerais du gril. Il ajouta que, de toute façon, l'on procédait ainsi dans presque tous les restaurants.

Je ne me tenais plus de joie. Cela signifiait-il que j'allais préparer *toutes* les viandes du Babbo ? (Cela ne signifiait-il pas aussi que je n'aurais pas à apprendre les *contorni* ?)

Mark m'expliqua la marche à suivre. La viande ayant besoin de reposer, on la cuisait dès que la commande d'une table arrivait, même si le plat ne serait pas dressé avant une heure. (Par la suite, au moment où il était « réclamé », on réchauffait rapidement la viande et on la dressait sur une assiette.) Celui qui « faisait marcher », autrement dit l'aboyeur, soit cinq soirs par semaine Andy et le reste du temps un des sous-chefs, Memo ou Frankie, attendait que les chefs de partie confirment par des hurlements. « Deux *Chinos* », criait Andy, et tout le monde savait qu'il parlait du menu découverte des pâtes, à quoi Nick répliquait à tue-tête : « Deux *Chinos.* » Ou bien Andy annonçait : « Ensuite Amour, Gnons, Flan », ce qui signifiait qu'il demandait qu'on lance ensuite un plat de pâtes appelé lettres d'amour, des rognons et un flétan, ce à quoi le chef des pâtes répondait, « Amour » et Dom, le saucier, « Gnons, Flan » – une série de mots qui, écoutée avec un certain détachement, paraissait raconter en soi une tout autre histoire. Ou bien encore « bar, loser, mignon », ce qui voulait dire qu'un client au bar tout seul (le loser) avait commandé du filet mignon.

Je répondis en hurlant et sortis le filet de porc d'un réfrigérateur encastré sous le comptoir où reposaient les *contorni.* Tout était prévu pour économiser les gestes, de sorte que, comme un joueur de basket, on pouvait pivoter sur un seul pied fixe. La viande crue disposée sur une plaque, je la salais et poivrais des deux côtés. Une fois cuite, elle était transférée sur une deuxième plaque où on la laissait reposer. Le principe voulait qu'à tout moment je puisse voir ce qui avait été commandé, cru ou cuit. Par terre était posée une grande bassine en plastique d'eau chaude savonneuse. « Quand tes mains sont couvertes d'huile et de graisse, tu les trempes dans l'eau pour empêcher les aliments de te glisser entre les doigts, me spécifia Mark. Hélas, on est en général trop débordé pour changer l'eau. » Au bout d'une heure et quelques, l'eau n'était plus ni chaude ni mousseuse. En fait, au bout d'une heure et quelques, il valait mieux ne pas trop la regarder, d'ailleurs je fermais les yeux chaque fois que j'y plongeais les mains. À la fin de la soirée, j'arrêtais carrément d'essayer de les laver : mes mains étaient encore plus grasses après l'avoir fait.

Le *branzino*, considéré comme le plat le plus élémentaire de la carte, fut mon premier cauchemar. Ce poisson (un loup de mer pêché à la ligne) avait pourtant déjà été non seulement vidé et écaillé par un commis du Froid, mais aussi farci au fenouil et à l'ail rôti. La difficulté tenait dans la cuisson.

Le gril avait la taille d'un fourneau, et les flammes jaillissaient de puissants brûleurs à gaz, au-dessus desquels le poisson était allongé à l'oblique. La mesure de l'angle comptait énormément : au début, le poisson était orienté vers le coin de droite. Tout comme la viande d'ailleurs – cuite en diagonale, toujours tournée vers le nord-est. Une fois l'aliment cuit, vous lui imprimiez une rotation à quatre-vingt-dix degrés, ce qui rendait sa peau croustillante et la décorait des rainures entrecroisées de la grille. Cela permettait aussi de juger à tout moment où en était la cuisson. Étape numéro un : la viande est dirigée vers la droite. Étape numéro deux : dirigée vers la gauche. Étape numéro trois : retournée, toujours pointée à gauche. Lors de la dernière étape, elle pointe de nouveau vers la droite. Cela semble a priori évident, mais quand c'est le coup de feu à la rôtisserie, l'évidence devient nécessité. Pour le *branzino*, vous opériez sa rotation pour le rainurage à l'aide de deux pinces, en glissant l'une d'elles dans sa cavité viscérale et en le prenant avec l'autre par le haut du corps (un peu comme on tirerait une chaussure du feu, quoique j'aie eu horreur de ce geste au début, ayant l'impression absurde de faire souffrir le poisson). Une fois un côté cuit, vous retourniez délicatement le poisson pour qu'il cuise de l'autre. La partie la plus coton était réservée à la dernière étape, quand vous le preniez par la tête avec un torchon, en lui glissant une pince sous la queue, afin de parfaire le dessin grillagé. Trois catastrophes étaient à éviter. Un geste maladroit, et votre poisson se cassait en deux. Si vous le bougiez trop tôt, la peau restait collée au gril. Et si vous alliez trop lentement, vos bras prenaient feu.

Le soir de mon intronisation, les commandes de *branzino* affluèrent. À sept heures du soir, je n'avais plus un seul poil sur les bras, sauf une touffe broussailleuse au coude, qui ressemblait à de la glue noire. Je cassai un grand nombre de poissons. D'après les calculs de Mark, vingt et un poissons avaient été commandés, et trente-neuf grillés. Pour une raison ou une autre, je ne parvenais pas à trouver le truc qui me permettrait de plonger la main dans un feu vif pour attraper le poisson par la tête. Je paniquais. Je m'y prenais trop lentement. Puis trop vite. Des morceaux de chair giclaient ici ou là, un peu partout. Avant de me laisser rentrer chez moi ce soir-là, on m'ordonna d'arpenter la cuisine en tenant un *branzino* avec mes pinces. Je n'étais pas très fier. Tous les autres étaient très occupés, et moi je tournais en rond comme un idiot avec mon poisson cru. Mais le deuxième soir, j'avais fait des progrès – grâce à la magie pédagogique de l'impitoyable répétition des choses. Au bout d'une cinquantaine de *branzini*, même moi, j'étais capable d'en griller un.

Pour apprendre à bien cuire la viande, il faut savoir se fier à son sens de l'improvisation et accepter la variété, parce qu'on a affaire à la chair d'un être qui a été vivant, et que chaque pièce est différente. Je commençais d'ailleurs à prendre conscience qu'il existe deux sortes de cuisiniers bien distincts : les chefs et les chefs pâtissiers. Le pâtissier est un scientifique qui travaille en se servant de mesures exactes et d'ingrédients stables dont il peut prévoir la réaction. Vous mélangez telle quantité de lait, d'œufs, de sucre et de farine, et vous obtenez un gâteau. Si vous ajoutez du beurre, votre gâteau est floconneux ; un œuf supplémentaire, il est spongieux. La viande est cuite quand vous sentez qu'elle est cuite. Vous faites cuire un volatile, mettons une caille ou un pigeonneau, jusqu'à ce que votre petit doigt, qui porte le nom d'expérience, vous dise qu'il est prêt (ou bien, si vous êtes novice comme moi, vous l'entaillez un peu et vous jetez un coup d'œil à l'intérieur). Votre steak reste sur le feu jusqu'au moment où, au toucher, vous jugez qu'il est à point. Cela, aucun livre de cuisine ne vous l'enseignera – cette sensation, cette connaissance que vous êtes censé acquérir et stocker dans votre mémoire, telle une odeur – et j'avais justement du mal à prendre le pli. En règle générale, on dit qu'une pièce – une côtelette d'agneau, par exemple – est rosée quand elle présente une certaine douceur au toucher. Pour illustrer son propos, Mario appuyait sur la partie la plus charnue de sa paume dodue en disant que la viande devait avoir « cette élasticité-là », un coussin moelleux et rebondi, ce qui ne m'avança guère, car ses mains étaient sans pareilles, d'extravagantes paluches, aussi larges qu'épaisses. Pour ma part j'avais la main lourde, je me brûlais facilement et je ne savais jamais quand c'était cuit comme il faut.

Je me mis dès lors à tâter la viande, non pas pour juger de son degré de cuisson mais de son degré de non-cuisson. Je posai mes côtelettes d'agneau sur le gril – cinq, chacune présentant une forme différente – et en tâtai une, tout en sachant d'avance qu'elle serait douce et tendre. Je la retournai et tâtai. Encore douce, comme de la laine mouillée. Et je tâtai, tâtai encore et encore, jusqu'à ce qu'une des côtelettes me parût plus ferme – mais tout juste. Tâtai. Encore un peu plus ferme. Tâtai. Pas de changement. Tâtai. À point. Le principe de non-cuisson s'appliquait aussi à l'entrecôte : une fois la viande grillée, on la poussait au four et on programmait le minuteur à cinq. Au bout de ce laps de temps, on sortait la viande et, pour vérifier si elle était cuite, on y enfonçait un pic à brochette, que l'on ressortait et appliquait tout de suite sur les lèvres. Le métal était froid. On remettait l'entrecôte au four et on reprogrammait le minuteur. Ensuite rebelote : le métal du pic était froid. Retour au four, cette fois pour deux minutes, jusqu'à ce que, enfin, la température monte, pas de beaucoup, mais de façon appréciable : le métal était à peine plus tiède contre vos lèvres – à une température un tout petit peu plus élevée que celle du corps. Encore trop bleue. De nouveau au four, pour une minute cette fois, et ensuite le coup du pic à brochette. C'était un peu plus chaud, donc la viande devait être saignante. Un peu plus chaud, à point ou rosée. Vraiment chaud, bien cuite, et vos lèvres, hélas, cramées. (Malgré tout, je recommande cette technique – plus efficace que le thermomètre – parce qu'elle vous permet de voir, si l'on peut dire, la pièce entière.)

J'étais à la rôtisserie depuis deux mois quand je connus mon premier véritable « coup de feu ». On était au mois de juin, dans la chaleur montante d'un été qui promettait d'être très chaud. Le menu avait encore changé. Finis les souris d'agneau et les plats de côtes. Le canard n'était plus accompagné d'orge, mais d'une compote de cerises et d'une vinaigrette aux cerises. En garniture du *branzino*, on servait une salade aux neuf fines herbes, celle-là même que je préparais avec Andy, coupant les tiges pendant que les autres me poussaient ici et là dans la cuisine : fleurs de ciboulette et de camomille, persil, cerfeuil, origan, livèche, feuilles de céleri, le doux plumage du fenouil et quelque chose appelé « petite pimprenelle », bref une explosion de saveurs estivales.

Il faisait trente-deux degrés à l'ombre, dehors. Et dedans ? Qui sait ? Plus chaud. Une fois le service démarré, la climatisation au-dessus du gril était coupée. On me dit d'aligner les brocs d'eau. « Prépare-toi », ajouta Frankie : quand il fait chaud, tout le monde commande du grillé. (Pourquoi ? Parce qu'un cliché voudrait enchâsser les termes « rustique, plein air, italien » ? Ou parce que les clients savent que ces mets proviennent du coin le plus chaud de la cuisine – et si on torturait le grilladin ?)

À cinq heures trente, le téléscripteur se mit à crépiter. « C'est parti », déclara Memo. Un diagramme dessiné par le maître d'hôtel, John Mainieri, prévoyait deux cent cinquante couverts pour la soirée. Ses prévisions s'avérèrent un peu courtes, et la plus forte affluence se produisit au cours des premières quatre-vingt-dix minutes.

Un des mystères de la restauration veut que tout le monde commande le même plat au cours d'une même soirée, et que vous ne sachiez jamais sur lequel cela va tomber. Un soir, ils furent deux, le canard et le *branzino*, ce qui faisait de Dom et moi les cuistots les plus frénétiques de la cuisine – vingt-cinq *branzini* et vingt-trois canards. La nuit était chaude ; je comprenais qu'on puisse avoir envie de poisson grillé. Mais de canard ? Un autre soir, ce fut au tour du lapin. Puis : plus de lapin. Ce soir-là, ce furent les côtelettes d'agneau, rosées (la cuisson saignante est plus facile à juger au toucher, et une viande bien cuite, c'est du gâteau – il suffit de la carboniser).

« Un *branzino*, deux agneaux à point, un agneau bien cuit, un agneau saignant », fit marcher Andy.

Et moi de répondre : « *Branzino*, deux agneaux à point, un bien cuit, un saignant. » En même temps, je me demandais pourquoi aller dans un restaurant italien, si c'était pour manger des côtelettes d'agneau ? On les servait sur une garniture de pâtisson blanc (émincé en très fines lamelles et sauté) et surmontées d'oignons rouges (cuits dans du jus de betterave pour rendre leur couleur éclatante), de feuilles de menthe et de zeste de citron, avec en dessous un soupçon de yaourt épicé : bref, tous les ingrédients auxquels on s'attend quand on mange un mets signé Mario. Mais au fond, ce n'étaient que des côtelettes d'agneau.

La côtelette ayant une couche de gras à l'extérieur, une fois que vous l'aviez grillée des deux côtés, vous la dressiez un instant debout sur l'os afin de vous débarrasser du surplus de graisse. À un moment donné, toute cette graisse forma une flaque sous le gril. Puis cette flaque prit feu : de grandes flammes, réfractaires à mes tentatives d'extinction. Même si vous grillez de la viande au-dessus d'un feu ouvert, vous n'avez pas envie de travailler dans un brasier – ça donne un goût de plastique cramé – et il faut vous dépêcher de l'éteindre. Mais là il y avait tellement de graisse que Memo me conseilla de la laisser brûler jusqu'au bout – c'était la seule façon de s'en débarrasser : il suffisait d'éviter les flammes pour la cuisson. Le bas du gril, cette partie sur laquelle je me tenais toujours penché, était à présent en feu. Puis les commandes affluèrent, les unes après les autres.

« On fait marcher ! entonna Andy. Deux agneaux à point, pigeonneaux, filets, entrecôtes, deux. » Je pivotai sur mes talons, plongeai dans le frigo sous le plan, fis le plein, pivotai dans l'autre sens, laissai tomber la viande sur la plaque du cru, l'assaisonnai. J'alignai mes côtelettes sur le gril en deux rangées de cinq, toutes pointant vers la droite, plaquai les filets dans un autre coin, installai les entrecôtes, mais n'en étais pas encore aux pigeonneaux quand j'entendis le téléscripteur : « Trois *branzini* et deux agneaux saignants, ça marche. » Même routine : deux autres rangées de côtelettes pointant vers la droite, mais dans un autre coin que le premier lot (que j'avais déjà tournées et qui pointaient à présent vers la gauche), puisque celles-ci devaient être saignantes.

Mais que devais-je faire pour le *branzino ?* Il n'y avait pas de place.

Le téléscripteur crépita de nouveau. « Trois agneaux à point, *branzino*, lapin. » Encore ? Je laissai mon geste en suspens – il fallait que j'installe les dernières commandes sur la plaque du cru et que je les assaisonne, au moins que je fasse cela, sinon j'allais les oublier quand arriverait le prochain lot de commandes, et si je prenais du retard, le chaos allait s'emparer de la cuisine. De la viande crue s'accumulait parce qu'il n'y avait plus de place sur le gril. Je remarquai que Memo avait pris position à côté de moi, prêt à bondir à ma rescousse si d'aventure je m'effondrais : ce qu'en cuisine on appelle la débâcle ou bien le crash, une catastrophe qui se produit lorsque votre mémoire ne peut plus rien enregistrer.

De nouveau le téléscripteur. Ça commençait à ressembler à un match de foot. De la sueur me dégoulinait du nez, et je me démenais comme un beau diable, bougeant aussi vite que ma concentration me le permettait, retourner, pivoter, palper, me brûler, une rangée pointée vers la droite, une autre vers la gauche, encore palper, entasser la viande ici, me ruer sur les *branzini* qui attendaient d'avoir une place, pivoter, les flammes dans le coin du gril toujours trop hautes, alimentées par les gouttes de graisse de mes dernières commandes. Et le téléscripteur de repartir. Mon cerveau était saturé, rempli d'une seule pensée, une question, que je me répétais sans fin : Qu'arrivera-t-il si j'accumule du retard ? Et ça continuait : agneau à point, agneau saignant. Qu'est-ce qu'ils ont donc tous ? J'étais cerné par la viande. Viande sur le gril. Viande sur la plaque à assaisonnement. Viande sur la plaque d'attente, en gros tas. Tellement de viande qu'elle ne ressemblait même plus à de la viande. Ou bien, si, c'était ça, la viande. De la chair, du muscle, des tendons. Et les commandes qui affluaient encore. « C'est le coup de feu », me murmura Memo, encore planté dans mon dos. « C'est ça qui fait le sel du métier, dit Andy, en enlevant les assiettes du passe, et il ajouta ces paroles énigmatiques : C'est le pied. » Cette remarque me colla aux neurones toute la soirée, tandis que je réfléchissais à ce que je ressentais : euphorie, peur, malaise, un truc physique où je carburais à l'endorphine. Mais le pied ? C'était, conclus-je, mon premier aperçu de ce que Mario qualifiait de « réalités de la cuisine » – un antre plein de drogués à l'adrénaline.

Puis, tout aussi brusquement, le premier cycle du service se termina.

La frénésie reprendrait trois fois d'ici la fin de la soirée – lors de trois « coups de feu », le dernier à onze heures et demie –, mais pour le moment, on marquait une pause. Pendant un de ces interludes, quelqu'un prépara à manger : du poisson, parce que dans cette étuve, avec toute cette graisse, la chair du poisson semblait dotée d'une saveur propre, aérienne, saine. Un soir, tout le monde à la cuisine eut envie de goûter à la préparation du calamar aux épices, et dès lors on ne mangea plus que ça durant une semaine : de la pieuvre dans un bouillon pimenté au chili. Ce furent là des moments surprenants, de joyeux repas en commun, les cuistots adossés au plan de travail, piquant dans la même assiette tout en devisant dans un mélange d'anglais et d'espagnol. Mark en profitait pour m'instruire sur la bonne conduite en cuisine – comment ne pas se faire remarquer, comment respecter la hiérarchie – et pour ma part, je l'interrogeais sur l'étrange vie nocturne qui semblait démarrer chaque soir après le service. (« Du thon embroché sur des bâtons de citronnelle, me dit-il un jour, pour me décrire un dîner qu'il avait préparé pour une de ses conquêtes un jour de congé. Ça ne loupe jamais : c'est dans la poche. Mais quand elle se rend compte que tous les autres jours de la semaine, mes soirées démarrent à deux heures du matin, les choses s'arrêtent là. »)

Un soir, ayant été averti que des amis à moi étaient attablés dans la salle, je voulus aller les saluer. Il fallait d'abord que je me rafraîchisse un peu. Je m'aspergeai d'eau glacée, m'enveloppai la tête d'une serviette mouillée et me plantai au milieu de la chambre froide. De la vapeur s'élevait de mon sarrau de chef. J'arrachai mon bandeau et l'essorai à la main. À cet instant, Dom entra et poussa un cri devant le spectacle d'un homme, moi, immobile et figé au milieu d'un épais brouillard. Je changeai de sarrau et sortis un tablier propre. Je songeais pendant ce temps à la chimie de la cuisine, aux processus de transfert de chaleur, et à la manière dont, à la rôtisserie, la nourriture était placée au-dessus d'une flamme jusqu'à ce qu'elle ait absorbé assez de chaleur pour altérer sa constitution moléculaire. Et à présent, je n'arrivais pas à m'ôter de l'esprit que la source de chaleur – l'agent agitateur des molécules – n'était pas une flamme mais la cuisine tout entière. Notre lieu de travail était un four. Je me lavai la figure et filai en salle, où, voyant tous ces couples élégants et civilisés, je ne pus m'empêcher de me demander, Mais qu'est-ce qu'ils ont tous à ne manger que des côtelettes d'agneau ?

La transition était brutale. Les cuisiniers sortent rarement. À l'exception de Mario, qui passe certaines de ses soirées au bar, bien en vue, de manière à ce que personne ne puisse l'ignorer (beaucoup de clients viennent entre autres pour le voir), un chef ne quitte pas sa cuisine. La mentalité de la salle est tout autre, comme une culture différente. Les cuisiniers pratiquent des horaires de sauvage. Ils travaillent pendant que les autres s'amusent ; ils travaillent pour permettre aux autres de se détendre et préparent des repas qu'ils n'ont pas les moyens de s'offrir. Il est plus facile de rester derrière ses fourneaux – les contradictions ne risquent pas de faire surface. Je n'ai vu qu'une seule fois les cuisiniers pénétrer dans la salle. John Mainieri, le maître d'hôtel, avait lancé la nouvelle. « Pute à la table trente-deux », annonça-t-il, après quoi, les uns après les autres, tous les hommes défilèrent dans la salle avant de revenir en cuisine débattre le prix des faveurs de la belle en question. Holly, la nouvelle et seule femme en cuisine ce soir-là, affichait un air de vague confusion morale. « Faut moi aussi que j'aille voir ? »

Le service en soirée portait les gens à leur paroxysme ; ce n'était pas du tout comme la cuisine du Froid. Le soir, ils se conduisaient différemment. C'était plus sexiste, plus cru, plus dur. Ça me plaisait. Je crois que ça plaisait à tout le monde ; la cuisine relevait d'une réalité brutale, sans concession. Mais qu'est-ce que j'en savais ? J'avais réchappé à une soirée catastrophe. Et à vrai dire, je n'avais fait que la moitié du boulot. L'autre moitié, c'était Mark qui s'en était chargé, en préparant les *contorni* et en disposant les assiettes. J'avais été tellement occupé, si fébrile, si paniqué, que je n'avais même pas jeté un regard de son côté.

Je devins grilladin. Pendant cette période, Mario avait brillé par son absence. Parti en voyage, pour une tournée de promotion de quelque chose, et quand il rentra, j'étais à la rôtisserie depuis près d'un mois. J'avais peut-être les chevilles qui gonflaient. J'avais peut-être besoin qu'on me remette à ma place, mais toujours est-il que dès le premier soir de son retour, il me vira de la chaîne. J'avais raté deux cuissons. Les assiettes attendaient sur le passe.

« Ton porc n'est pas assez cuit, déclara Mario, en dépiautant un médaillon de porc et en le jugeant encore trop cru. Redresse-moi ça. » Il me tendit l'assiette. « Et ton lapin est trop cuit », ajouta-t-il en pressant la chair blanche du râble entre le pouce et l'index. Je pouvais à la rigueur rattraper le médaillon en le glissant sous la salamandre, le gril en hauteur dont on se sert pour réchauffer ou pour les cuissons éclairs, quoique le résultat ne fût pas formidable : la viande n'était plus rose, mais d'un gris peu appétissant. Quant au lapin, le cas était désespéré, il fut passé à un serveur qui le servit en l'état. Mario appela Memo et Frankie et leur parla en me tournant le dos, un marmonnement inaudible sauf pour un mot : « inacceptable ». Puis il sortit en coup de vent et disparut dans la salle du restaurant. Memo, qu'il avait tiré de la chambre froide, s'approcha de moi et m'ordonna de me pousser de là.

« C'est pas moi qui le dis. C'est le patron. » Il s'attela aux tâches qui ne m'étaient désormais plus dévolues.

Il n'y avait pas d'autre place pour moi. J'étais coincé. Devais-je rentrer chez moi ? Je caressais cette idée pendant l'heure qui suivit. Une heure qui me parut très longue. Je me tenais le plus droit possible. Écrasé contre un four brûlant, celui-là même où j'avais terminé la cuisson des entrecôtes. Je me faisais tout petit. À vrai dire, j'aurais voulu ne plus occuper le moindre espace. Les gens se ruaient à droite et à gauche devant moi d'un air résolu. Lorsque le commis au garde-manger se servit du gril pour réchauffer son poulpe, je dus me serrer encore plus contre le four pour lui laisser la place de manœuvrer. Et au bout du compte, afin de me rendre quand même utile, je me mis à assaisonner la viande que Memo cuisait : mon nouveau job – commis au sel et au poivre. Une petite pincée de sel, une petite pincée de poivre, suivies d'un temps d'attente prolongé, jusqu'à ce que la prochaine cuisson soit lancée. Je me dis : si je m'en vais, ce sera la preuve que je ne tiens pas le coup. Un départ sans retour. J'assaisonnai encore quelques pièces. La cuisine était silencieuse. Personne ne croisait mon regard, je le sais, puisque n'ayant rien à faire, c'est à cela que je m'employais : je regardais autour de moi les gens qui ne me regardaient pas. La cuisine favorise un esprit de camaraderie digne de frères d'armes – les horaires, la pression, la nécessité de travailler à l'unisson – et ce déculottage en public, ce spectacle de regardez-le-il-a-foiré, mettait tout le monde mal à l'aise : cela allait droit au cœur de notre sens d'appartenance à ce lieu. Fallait-il y voir une volonté délibérée de Mario – provoquer une dissonance, rappeler à la compagnie que l'amitié ne compte pas, seulement les résultats ? Me trouvait-il trop copain-copain ? Ou alors Mario était-il de mauvais poil ? Le médaillon de porc était-il vraiment aussi peu cuit que cela ? Je me rappelai alors une parole de Mark Barrett : Mario ne crie jamais, mais en cuisine il n'est plus le même et il lui arrive d'écraser les autres. C'est alors que Mario reparut. (Merde. Qu'est-ce qu'il veut encore ?) Il piqua droit sur une table de cuisson et entreprit de faire des pizzas, « des pizzas à la poêle », ainsi qu'il avait l'intention de les servir dans sa nouvelle pizzeria. Les pizzas étaient son obsession à l'époque, et il voulait que l'un de nous en goûte une. Il en confectionna plusieurs, les fleurissant de noix de saindoux et de sauce pimentée au chili, une concoction spongieuse et coulante. Mario mordit dedans et la pizza dégoulina sur sa joue, en un filet de graisse brillante, brûlante. Si je remarquais ce détail, c'était que je l'observais, n'ayant de fait rien de mieux à faire que de l'observer. Après quoi, il se dirigea droit vers moi et me fourra le reste de la pizza dans la bouche – vite et énergiquement.

« Voilà le goût qu'attend toute l'Amérique. » Son visage frôlait presque le mien. « Tu ne crois pas que c'est le goût qu'attend toute l'Amérique ? » La tête renversée en arrière, comme un boxeur, il me présentait son menton, mais protégeait son nez. Les pieds légèrement écartés, l'air belliqueux. Il me fixait d'un regard dur, presque méprisant. Il attendait que j'acquiesce.

« C'est le goût qu'attend l'Amérique », dis-je.

Satisfait, Mario emporta ses pizzas à ses invités et rentra chez lui, sur quoi Memo m'ordonna de reprendre ma place à la rôtisserie. « Mario est parti, me dit-il, et il ne faut pas que tu perdes la main. » C'était un geste merveilleusement amical – généreux, rebelle, correct –, et c'est ainsi que je retournai au sein de la brigade.

Frankie m'expliqua : « Ça nous est arrivé à tous. C'est comme ça qu'on apprend. C'est ça la réalité de la cuisine. Bienvenue au Babbo. »

Le lendemain, je m'excusai auprès de Mario.

« Tu ne le referas jamais », m'affirma-t-il. Et il avait raison : on ne m'y reprit jamais plus.

10

Qu'est-ce que Batali a appris de Marco Pierre White ? Et, s'il a appris quelque chose, devais-je aussi l'apprendre ? Je demeurais intrigué par le temps qu'ils avaient passé ensemble tous les deux. Je découvris alors une extraordinaire coïncidence (que Batali ignorait, n'ayant jamais plus parlé avec White) : quelques jours après la démission de Batali, White rendit lui aussi son tablier. Il sortit, verrouilla la porte de la cuisine et n'y remit jamais plus les pieds. Ensuite, comme Batali, il s'embarqua dans un voyage d'apprentissage culinaire marqué au coin de la servitude volontaire. Maintenant qu'il était devenu chef, il en reprenait pour cinq ans de mise à niveau.

Pour Batali, le pub avait été une bouffonnerie, une aventure qui avait mal tourné mais qui lui avait démontré combien il avait encore à apprendre. Pour White, l'enjeu était tout autre – le pub avait été son premier atelier expérimental, un rêve, et dès lors un rêve qui avait fait naufrage –, mais ce naufrage recelait une leçon, puisque lui aussi s'était rendu compte qu'il avait encore beaucoup de choses à apprendre. « On était tout seuls tous les deux, Mario et moi, des petits garçons, à servir chaque soir une centaine de couverts, en nous félicitant comme des cons de faire un super boulot. Alors que pas du tout. » Du point de vue de White, tant d'à-peu-près confirmait l'insuffisance de leurs connaissances, à l'un comme à l'autre, en sorte que, vingt-quatre heures après sa démission, il entra dans le plus proche restaurant étoilé par Michelin, La Tante Claire, à l'époque situé dans Royal Hospital Road, à cinq cents mètres à peine du pub, et se présenta au patron, Pierre Koffmann : le chef serait-il disposé à l'engager sans salaire ? White passa six mois dans cette cuisine. (« Je savais qu'il ne resterait que le temps de me voler mes recettes », déclara Koffmann.) Insatisfait, White alla frapper à la porte du deux étoiles le plus proche, Le Manoir aux Quatr'Saisons dans l'Oxfordshire, dirigé par Raymond Blanc, où de nouveau White se présenta au chef, et où il devait demeurer deux ans. White était sur le point de partir pour Paris pour travailler dans un trois étoiles, quand le sort en décida autrement : il se retrouva alors à la tête d'une cuisine – celle de Harvey's, dans South London.

Mais c'est la coïncidence que je trouvais si convaincante, et, fort de cette découverte, je ne pus m'empêcher de méditer sur l'horreur qui avait dû régner dans cette minable cuisine de pub : il aurait mieux valu travailler à l'œil – tout plutôt que ça : deux mâles dominants enfermés ensemble dans ce chaudron de l'enfer. Cette coïncidence était en soi instructive. Elle m'indiquait le chemin à suivre pour apprendre ce métier : ne jamais cesser d'être un esclave – non pas d'un maître mais de plusieurs, l'un après l'autre, jusqu'à ce que vous arriviez à une certaine maîtrise (quelle que soit la signification donnée à ce terme) ou à un style qui vous soit propre (quel que soit le temps qu'il vous aura fallu) ou bien à la conclusion que, tout bien considéré, vous en saviez plus long que n'importe qui d'autre. Il fallait que je me rende à Londres. Il fallait que j'apprenne comme avait appris Mario. (Pourquoi ce processus ne portait-il pas un nom ? – autodidacte par servitude volontaire ou, en ce qui me concerne, en tirant les leçons de circonstances où je me couvrais toujours de ridicule ?)

J'effectuai cinq voyages. Et à chacune de ces occasions, White m'apprit quelque chose, quoique pas toujours ce à quoi je m'attendais. Les voies impénétrables du destin – où l'alimentation, la mort et les traditions culinaires allaient main dans la main – amenèrent Marco à cesser de cuisiner le 23 décembre 1999, jour de son trente-huitième anniversaire, l'âge auquel sa mère était morte. Désormais, il enseigne la cuisine à des cuisiniers, ou invente les plats qu'ils proposent, ou corrige leurs compositions, ou bien conçoit des restaurants que des tiers financent. Lors d'une de mes visites, par exemple, White et ses « gens » achetèrent un petit local dans East London, le jour même de mon arrivée et, en l'espace d'un week-end, le transformèrent en une brasserie de jour. Une autre fois, ils venaient tout juste d'acheter un grand restaurant dans Mayfair appelé Madame Prunier. Deux mois plus tard, lorsque je revins, ils avaient acheté un casino sur St Jame's Street. À la tête d'une affaire de cette étendue – treize restaurants, plus un établissement de jeu de quatre étages –, on imagine volontiers un magnat de la restauration, entouré d'un personnel compétent s'affairant dans un bureau à la pointe de la technologie ; ou au moins assisté d'un fax et d'une secrétaire. En réalité, la vie de White est soumise au chaos de ses impulsions et offre un spectacle saisissant. Il n'a pas de secrétaire, et de toute façon ne saurait pas où la mettre, puisqu'il n'a pas de bureau. Il ne sait pas taper à la machine, il n'a pas d'ordinateur et ne pense pas toujours à prendre son téléphone portable. Il a un chauffeur – Takanori Ishii, que l'on appelle M. Ishii, dont le service consiste pour l'essentiel à conduire White à la chasse et à la pêche. Au retour d'une de ces expéditions, j'eus la chance de feuilleter son agenda – tenu par M. Ishii – où ne figurent qu'une sorte de rendez-vous, ceux avec tel ou tel gibier à poil ou à plumes. Quant à ses affaires, il les traite au cours des repas qu'il prend dans ses restaurants.

Je me trouvai un jour aux premières loges, alors qu'un architecte avait été convié à dessiner les plans de l'aménagement intérieur de Prunier. White était donc attendu au bureau de l'architecte, mais il avait deux heures de retard, ce qui était normal parce qu'il avait mal compris le lieu du rendez-vous et patientait dans un de ses restaurants, le Mirabelle. L'architecte, dûment convoqué, se présenta avec une maquette gigantesque du nouveau Prunier, qui eut le plus grand mal à franchir la porte d'entrée, l'air de dire « Je n'arrive pas à croire que vous m'obligiez à en passer par là. » En outre, une fois dans la place, il fut obligé de se battre pour obtenir l'attention de White. Sans s'en apercevoir, ce dernier avait arrangé d'autres déjeuners à la même heure.

« Ah, bonjour, Will, je suis content de vous voir, dit-il à William Sitwell, le rédacteur de *Food Illustrated.* On va vous trouver une bonne table.

Avec qui déjeunez-vous ? – Une question qui étonna M. Sitwell.

— Euh, vous, Marco. Je pensais que nous déjeunions ensemble. »

Sur ces entrefaites arriva un journaliste de l'*Evening Standard*, que White accueillit avec cordialité et pour qui il réunit plusieurs tables, tout en commandant un autre risotto et une autre bouteille de vin.

Un avocat se présenta. White ne savait plus où donner de la tête. Il ne se rappelait pas que tous ces gens avaient rendez-vous avec lui pour déjeuner.

Ce fut ensuite le tour d'un journaliste de l'*International Herald Tribune* (encore une bouteille, un autre risotto), suivi de l'épouse de White, Mati (« Oups ! »), et puis de son conseiller en stratégie de relations publiques, le critique gastronomique Alan Crompton-Batt, à qui, au bout de la quatorzième bouteille de vin, White se mit à s'adresser à la troisième personne du féminin singulier, disant par exemple, « Elle n'est jamais très en forme après le déjeuner. »

J'observai White. Il portait des bottes en caoutchouc couvertes de boue jaune, un gros pull semé de brins de paille sur une chemise à grands carreaux prévue pour être portée avec des boutons de manchette, seulement il n'en portait pas et rien ne retenait ses manches qui bâillaient comme des ailes de pingouin. Devant son allure bouillonnante et débraillée – les cheveux en bataille pointant dans toutes les directions comme un nid d'oiseau – je songeais aux portraits démoniaques du jeune Beethoven. Il sentait la terre. Il avait passé la nuit sur le canapé d'un garde-chasse, expliqua-t-il à chaque nouveau visiteur. Cet homme au type méditerranéen (cheveux foncés, teint mat), qui avait l'accent de la classe ouvrière, était vêtu à la façon d'un gentleman farmer ivrogne.

En dépit du Pierre qu'il y a dans son nom, Marco Pierre White n'est pas français et n'a passé qu'une seule journée à Paris, sur un champ de course. Il est à moitié anglais (né à Leeds, dans le Yorkshire) et, comme Batali, à moitié italien : sa mère était originaire de Bagolino, non loin de Gênes. Elle rencontra le père de White, Frank – un chef qui aimait bien la bouteille, et capable de « chercher la bagarre dans une salle vide » –, à l'âge de vingt-deux ans, lors d'un séjour linguistique en Angleterre. Le père donna aux frères de White les noms de Clive, Craig et Graham. Marco fut baptisé Marco par sa mère. « j'aurais tout autant pu m'appeler Sue. Moi, j'aurais préféré m'appeler Tom ou John. Gary – J'aurais adoré m'appeler Gary. Ou Jerry. N'importe quoi plutôt que Marco Pierre. Je refilais à mes potes mon argent de poche pour qu'ils ne se servent pas de mon prénom. Au bout du compte, les gens finissent par correspondre à leur prénom, non ? Tu connais des Nigel ? Ils ressemblent tous à des Nigel, tu trouves pas ? »

La mère de White mourut après la naissance de son quatrième enfant. White, alors âgé de six ans, fut le témoin de son collapsus. Vingt-six ans plus tard, lors d'une intense crise existentielle, il s'employa à se remémorer les moindres souvenirs qu'il gardait d'elle. La plupart avaient trait aux étés passés en famille en Italie et possédaient, d'après White, la qualité d'un vieux film en noir et blanc. Le ciel est blanc, et non pas bleu, les figues sont grises, la rivière en crue est délavée de toute couleur, les lattes du parquet sur lequel dort l'enfant sont froides, il n'y a pas de couleurs jusqu'au retour à Leeds : le tapis vert sur lequel sa mère s'effondre, le canapé bleu sur lequel son père l'allonge, la couverture rouge des secouristes, le hayon d'un blanc étincelant de l'ambulance qui disparaît derrière une colline verte. Le seul plat vraiment inventé par White est dédié à sa mère, des *tagliatelle* aux huîtres et au caviar (« In Memoriam Maria Gallina White »), lequel plat est, fait significatif, moins d'inspiration italienne que française : ses modèles sont des préparations des maîtres de White, les « huîtres Francine » des frères Roux et les « *tagliatelle* aux langoustines » de Raymond Blanc. En Grande-Bretagne, la cuisine italienne n'a rien de glorieux ; il n'existe pas de tradition anglo-italienne comparable à l'italo-américaine d'outre-Atlantique. Pour citer un mot de White, elle n'est pas « rock'n'roll », surtout en 1978, quand, à l'âge de seize ans, à la suite d'un échec scolaire (« Je ne savais pas lire – je me tenais devant toute la classe avec un livre et n'avais pas la moindre idée de ce qu'il racontait »), il fut envoyé par son père à Harrogate, une ville thermale non loin de Leeds, avec pour ordre de frapper aux portes de toutes les cuisines jusqu'à ce que quelqu'un accepte de l'embaucher. Ce quelqu'un fut un boucher de l'hôtel St George, qui fit de lui son esclave. Élève attentif aux « leçons de maniement du couteau du vieux », il ramassait les rogatons, les passait à la moulinette et en farcissait des tourtes destinées à la table familiale, et de fil en aiguille se découvrit un talent pour imiter tous ceux qui se trouvaient autour de lui, lesquels pratiquaient tous une cuisine de type française classique, parce que c'était ce qui marchait à l'époque, la cuisine gauloise. À partir de là, White commença à s'acclimater à son prénom Marco Pierre, si bien qu'il finit par devenir le meilleur chef français hors des frontières de la France. « Ma mère n'aurait pas pu me donner un plus beau nom. »

Harvey's, le premier restaurant de White, remporta sa première étoile au Michelin en 1988, l'année suivant son ouverture. Il gagna la deuxième en 1990. Cinq ans après, White, au piano dans son nouvel établissement, en gagna encore une troisième. Entre-temps, il s'était aussi taillé une sacrée réputation d'énergumène : exalté, imprévisible, il se mettait parfois dans tous ses états (en 1990, il fut hospitalisé après une attaque de panique qui lui avait paralysé le côté droit), et il arrivait que les gens viennent dans son restaurant rien que pour voir ce qui allait bien pouvoir se passer. Lorsqu'il évoque cette époque de sa vie, il se dresse tout droit sur sa chaise, les yeux exorbités, et hausse le ton, montant sur ses grands chevaux rien qu'en y repensant. Les clients (« ces gros porcs ») qui commandaient leur viande bien cuite, c'était une honte, une insulte à sa cuisine, et à deux reprises, Marco chassa cette engeance de son restaurant avant l'addition. (« J'ai attendu dix mois pour foutre mon premier client dehors », aurait-il déclaré à l'époque, ajoutant, avec sa propension à l'exagération, qu'il y avait pris goût et que c'était vite devenu plus fort que lui.) Quand quelqu'un avait le malheur de commander des pommes de terre sautées, il se sentait tellement vexé qu'il les préparait lui-même et comptait un supplément de cinq cents dollars. « Je devenais fou furieux. » Il jetait des choses ; il en cassait ; mécontent d'un plateau de fromages, il le fracassa contre un mur, où le plateau se colla, glissant doucement vers le sol à mesure que la soirée avançait, laissant derrière lui de la bave de camembert. Le jour où son second fit une chute et se fractura la jambe, White lui tomba dessus : « Comment oses-tu ? Si t'étais un cheval, je t'abattrai. » Une autre fois, exaspéré par la lenteur de la cuisine, il envoya sa brigade au complet dans un coin de la cuisine, au moment où le service battait son plein. « Vous avez envie de faire des bêtises ? leur dit-il. Bon, d'accord. Vous allez tous au coin et vous me regardez faire votre boulot. Vous écouterez la voix de votre conscience. »

J'ai entendu plusieurs versions de ces anecdotes et, il y a quinze ans, j'ai moi-même été témoin d'une scène du genre alors que je déjeunais au Criterion, près de Piccadilly Circus : c'était peu après sa reprise par White, la porte de la cuisine s'ouvrit et laissa le passage aux célèbres cris de fureur en même temps qu'à des serveurs au visage blême, terrorisés, les épaules voûtées sous le poids des invectives. Je tirai de ce spectacle une satisfaction perverse (était-ce pour cette raison que j'étais venu manger là ?). À l'époque, devenir un chef, m'expliqua White, avec plus qu'une pointe de nostalgie, revenait à décrocher un permis de hurler. Les gens lui criaient dans les oreilles ; il criait dans celles des autres. Ça lui plaisait de jouer les chefs gueulards et d'encourager les autres à hurler, sauf, forcément, le malheureux à qui il criait dans les oreilles.

Comme il n'est plus jamais en cuisine, White a cessé d'être un gueulard, mais il est toujours aussi survolté. À un moment donné, tandis qu'il me racontait une autre de ses atteintes à la tranquillité publique – il s'était senti provoqué par une remarque entendue par hasard dans la bouche d'un convive américain (« Il paraît que le chef est fou, tu sais ») – White se monta si bien la tête qu'il oublia pour quelle raison il me contait cette histoire, hormis qu'elle illustrait le fait qu'il possédait un cerveau totalement imprévisible, même pour lui. « Je suis allé voir ce connard et je lui ai dit : "Vous croyez que je suis fou ? Vous croyez que je suis raide dingue ?" Il m'en venait des tics. Et je me dis à part moi, je vais lui régler son compte, à cet abruti. "Vous me permettez quand même de dire quelque chose pour ma défense ?" Ce con était estomaqué. "Oui, me répondit-il d'une voix tremblante. – Je suis peut-être des tas de choses, lui dis-je, mais je ne suis pas fou, bordel, vous m'entendez ? Je suis pas fou !" Bien entendu, tout en prononçant ces mots, je savais que maintenant ils allaient être sûrs que j'étais complètement déjanté. »

Même dans les petites choses de la vie, Marco donne l'impression d'aller au-delà des limites. Au mois de juin, nous déjeunions tous les deux sur la terrasse du Belvedere, un restaurant dont il est le copropriétaire dans Holland Park (à l'origine un salon de thé appartenant aux marchands de thé Lyons – un des tours favoris de Marco étant d'investir de vieux établissements traditionnels anglais pour les réinventer). Il faisait chaud cet après-midi-là, et il y avait du monde dans le parc. Marco tira une dernière bouffée de sa cigarette et la jeta par-dessus la balustrade. Et moi de me dire : Aurait-il dû faire ça ?

On entendit une femme hurler. Puis, d'un ton rageur, la même voix s'écria : « Marco ! »

Nous nous levâmes comme un seul homme pour regarder en contrebas. « Ça alors, dit Marco, ma femme ! Mati ! ? Qu'est-ce que tu fais ici ? » Debout derrière une poussette, elle avait l'air furibond : le mégot allumé avait atterri sur les genoux de leur enfant. La mère et la fille levaient toutes les deux vers nous des regards outrés, la mère les mains sur les hanches, la fillette les bras croisés.

Un autre jour encore, White m'avait invité à me joindre à lui pour une de ses parties de chasse vespérales. Nous rentrions à Londres. White, affalé dans le siège à l'avant, ses bottes en caoutchouc posées sur le tableau de bord, aperçut soudain, dans une brèche de la haie qui bordait la route, un champ tapissé de fleurs bleues sur fond de lever de soleil, énorme, rouge et noyé de brumes. White demanda à M. Ishii de reculer afin de lui permettre de revoir cette échappée de paysage.

« C'est d'une beauté pas croyable, tu trouves pas, Bill, regarde-moi ça ! Ce sont des fleurs de lin. Elles se sont ouvertes au lever du soleil. Elles étaient encore fermées quand on est passé tout à l'heure. » Là-dessus, dans son excitation, il passa sa botte à travers le pare-brise. (« Désolé, M. Ishii, il va falloir en racheter un. »)

J'accompagnai de nouveau White à la chasse vers la fin de l'été, dans le domaine de lord Rank, une propriété immense dans le Hampshire, au sud de Londres. Le cerf abondait (« Regarde cette lumière – tu vois comme elle vire au gris-brun, elle prend la teinte des collines, et tu vois comme les robes des bêtes se confondent avec les arbres, le ciel, le paysage ? »). Marco repéra quatre hommes accompagnés de lévriers Greyhound. (« Ouille, ça me dit rien qui vaille. ») Il s'agissait de travailleurs immigrés irlandais, passablement patibulaires – l'un d'eux présentait une joue balafrée – et n'ayant guère envie de converser (« On est sorti prendre le frais »). Leurs chiens, sur leur arrière-train, un œil sur deux biches, tiraient sur leur laisse, manifestement dressés pour la chasse, pourtant interdite à cause de sa cruauté : le lévrier rattrape sa proie en la faisant courir jusqu'à l'épuisement, après quoi la meute se jette sur elle et la déchire. « Dans cette main, j'ai un téléphone portable, dit Marco à ces types, dans l'autre, j'ai un fusil. Avec cette main, je téléphone au garde-chasse, et si vous n'êtes pas sortis de cette propriété quand il décroche, j'abats vos chiens. » Il leva son fusil, le posa sur le rebord de la fenêtre ouverte et, coinçant son combiné au creux de son épaule, il mit un lévrier en joue. Quand il termina de composer le numéro, il débloqua le cran de sécurité.

C'est alors que je me pris à murmurer : « S'il vous plaît. Partez. Je vous jure qu'il va les descendre. Et ensuite il est capable de vous descendre, vous aussi. » Les hommes partirent séance tenante. Ils avaient eu, à juste titre, très peur. N'importe qui pouvait se rendre compte que White était à deux doigts de joindre l'acte à la parole. Par la suite, je me dis : Pourquoi est-ce que je continue à accompagner cet olibrius quand il est armé ?

Mais ce qui est fait est fait. Et avant que la lumière ne s'éteigne sur ce qui devait s'avérer comme notre dernière chasse, vers la fin septembre, nous avons tué un jeune cerf mâle. « Il n'y a rien de mieux qu'un cerf que t'as abattu toi-même, hein, Bill ? Tu as vécu une longue histoire d'amour avec la bête, et comme c'est toi qui l'as tuée, tu la dégustes encore mieux. » Je persistai pour la simple raison que c'était désormais ce à quoi White consacrait son temps – il traquait le gibier – et que j'étais intéressé d'avoir son point de vue sur cette viande, la moins trafiquée de toutes les viandes et la plus malcommode à préparer en cuisine. C'était là pour moi, avais-je décidé, un sujet instructif sur lequel White avait beaucoup à dire, surtout en ce qui concernait le gibier à plumes ; ce que je compris le lendemain, quand nous mangeâmes une grouse dans la salle à manger du 50 St James, sa dernière acquisition.

Les Britanniques sont fiers de leur grouse. La saison s'ouvre le 12 août, le *Glorious Twelfth*, et il existe une recette rituelle à base de *bread sauce*, de miettes de pain frites, parfois de gelée de baies de sorbier, de croûtons, de cresson et d'une sauce au vin, le tout encerclant une volaille rôtie, rosée à point. Notre serveur était terrorisé par White et, à croire qu'il était atteint d'une maladie de dégénérescence, il paraissait avoir de plus en plus de mal à coordonner ses mouvements à chaque fois qu'il venait à notre table (il laissait tomber les couverts et les serviettes, il se cognait à nos chaises), jusqu'au moment où, la grouse arrivant enfin, White le relevât de ses fonctions pour découper lui-même la bête. Le serveur battit en retraite et nous regarda de loin d'un air impuissant.

White prit une bouchée de grouse (avec un peu de *bread sauce*). Je pris une bouchée de grouse (avec un peu de *bread sauce*) puis posai sur lui un regard interrogateur pour voir ce qu'il en pensait. Je le regardais sans doute pour voir ce que moi, j'en pensais, quand je fus agréablement surpris par ce que j'avais dans la bouche. Ce genre de goût est inconnu au bataillon des restaurants américains, où la loi interdit de servir du gibier, sauf d'élevage.

« Cinq jours, dit-il.

— Cinq jours ? m'étonnai-je.

— Cinq jours. Il a faisandé cinq jours.

— Ah, oui, acquiesçai-je. Cinq jours. »

Toutes les viandes sont soumises à une maturation – l'attente stimule l'apparition d'une enzyme qui, en décomposant les tissus, attendrit la chair et au fur et à mesure que l'eau s'évapore, celle-ci acquiert sa pleine saveur. Un animal sauvage prend alors tout son fumet. En Angleterre, le faisandage est encore pratique courante : vous pendez l'oiseau par le cou jusqu'à ce que la chair se décompose au point de se déchirer. On le décroche juste avant que les asticots ne s'en mêlent (à moins que, coup de malchance, vous n'arriviez trop tard). La viande pourrie est ensuite servie crue avec un rare goût de l'esbroufe : Alors il paraît que t'aimes le gibier ? (Rires bêtes.) J'ai longtemps soupçonné l'existence d'un complot. Contrairement aux États-Unis, où la chasse est en général pratiquée par la population la moins favorisée, au Royaume-Uni, c'est le passe-temps de ceux à qui appartient la terre. Quelle meilleure façon de repousser les importuns que de leur donner une idée de ce qu'ils ratent, une chose si répugnante qu'ils ne seront pas tentés d'aller se servir tout seuls quand le propriétaire aura le dos tourné ?

White prit une autre bouchée. Je pris une autre bouchée.

« Je l'aurais laissée se faisander un peu plus longtemps, fit remarquer Marco, mais pas beaucoup plus. » Il m'expliqua qu'il avait effectué des expériences de faisandage. Voici ce qu'il me dit de facto :

« J'ai faisandé des oiseaux un jour, deux jours, trois jours, quatre jours, cinq jours, six jours, sept jours, huit jours, neuf jours, dix jours, onze jours, douze jours, treize jours, quatorze jours, quinze jours, seize jours, dix-sept jours, dix-huit jours, dix-neuf jours, vingt jours et vingt et un jours.

— Et quelle a été ta conclusion ?

— Vingt et un jours, c'est trop long.

— Pas terrible ? demandai-je.

— Immangeable, tu veux dire. »

Et ainsi de suite. Il prit une bouchée. Je pris une bouchée.

« Les croûtons ne sont pas bons », commenta Marco.

Je mangeai un croûton. Marco examinait le sien, comme s'il venait de découvrir un insecte piqué sur sa fourchette.

« Il devrait être noirci par le cœur et le foie, poursuivit-il. Tu prépares le cœur et le foie dans une espèce de pâte.

Il goûta la sauce.

— C'est pas bon, hein, Bill ? »

Je goûtai la sauce. À mon palais, elle avait un goût... de sauce. Mais est-ce que c'était bien ? Je n'en savais strictement rien.

« Tu peux la servir avec de la sauce, mais la sauce doit être légère, m'expliqua Marco. Pour ma part, je préfère le jus. C'est ma sauce : le jus de la viande, un point c'est tout. Cette sauce-ci est trop compliquée... (il goûta de nouveau)... elle est faite avec un fond de veau, tu es d'accord, Bill ? »

Je goûtai à mon tour. Ce n'était peut-être pas mon fort. Pour moi, c'était une sauce, sans plus.

« Il y a une goutte de porto et de madère, tu es

d'accord, Bill ? Et du beurre. Qu'est-ce que c'est que cette sauce ? Elle est trop goûteuse. On ne sent plus la viande. »

Il prit encore une bouchée. Je pris encore une bouchée.

« Les miettes de pain... elles sont décevantes, tu es d'accord, Bill ?

— Tu crois ? » m'étonnai-je.

Je goûtai consciencieusement mes miettes. Qu'est-ce que j'en savais ? Rien, hormis que, jusque-là, je trouvais ce repas succulent : à tort, commençais-je à comprendre.

« Elles n'ont pas été cuites comme il faut, tu es d'accord, Bill ? dit-il en enfonçant sa fourchette dans ses miettes de pain, avec une moue qui exprimait à présent un franc dégoût. Elles devraient être dorées, tu ne penses pas, Bill ?

Il prit une bouchée. Je pris une bouchée.

— Et regarde ce beurre blanc. Vraiment ! Il devrait mousser. Et la *bread sauce* – ils ont abusé du clou de girofle. Une sauce au pain, avec la grouse, c'est essentiel, énonça-t-il du ton d'un instituteur exaspéré. Tu prends un oignon, d'accord ? – une moitié, piquée d'un clou de girofle. Tu verses ton lait, tu le portes à ébullition et tu y laisses tomber ton pain. Mais il ne faut pas en faire trop. Un seul clou de girofle suffit, tu m'entends, Bill ? Un seul clou à la con. T'es pas en train de préparer un dessert, bordel. »

Il commençait à s'exciter. Je remarquai – par-dessus l'épaule de Marco – que notre serveur n'était plus seul, rejoint par d'autres membres de la brigade de salle : leurs yeux disaient qu'ils voyaient ce qui se préparait et qu'il n'y avait pas lieu de s'en réjouir.

Marco continua : « Et il y a trop d'herbes. L'abus d'herbes, c'est très mauvais pour le gibier. Il faut agir avec précaution. Nous sommes ici pour manger du gibier, tu es d'accord, Bill ? C'est pas pour ça qu'on est là, pour manger du gibier ? »

Les serveurs avaient été rejoints par un chef en toque. Quant à Marco, assis tout au bord de sa chaise, il avait les yeux qui lui sortaient de la tête.

« Nous ne sommes pas ici pour manger un potager. Est-ce que j'aurais commandé une grouse si j'avais voulu une salade ? Et le persil. Mais regarde donc. À quoi ça sert, hein, Bill ? »

Il darda de-ci de-là des regards de forcené dans la salle. Il avait l'air de penser qu'il y avait un responsable à cette connerie et qu'il allait le trouver.

« Je sais pas ce que ça fout là. Et toi, Bill ? Est-ce que quelqu'un peut m'expliquer pourquoi ma grouse est servie saupoudrée de persil ? hurla Marco. Si quelqu'un peut me dire à quoi sert ce persil, très bien. Personnellement, je n'en ai pas la plus petite idée.

Il respira un grand coup, puis dit tout doucement :

— C'est ça, la bonne cuisine. De bonnes odeurs, un bon goût. Sans façons, à l'anglaise. Rien d'élaboré, sauf que c'est très dur de réussir quelque chose de simple. Tu cherches quoi ? Le goût de la grouse tout bêtement. Pas trop fort. J'aime bien le fumet du gibier, mais il ne faut pas qu'il vous arrache la gueule : je veux le savourer, là, au fond de mon palais, comme un arrière-goût qui me transporte dans les *moors*. Tout le reste se trouve sur l'assiette

– l'oiseau, la *bread sauce*, les miettes de pain, le jus et la viande découpée, là, sous tes yeux. C'est très visuel. La nature est une artiste. »

Dans la vie de tous les jours, « simple » est synonyme de « facile », mais quand un chef se sert de ce terme, il signifie « le résultat de toute une vie de travail ». Je me fis désormais un devoir d'interroger Marco à propos des mets vraiment simples. Un jour, je lui demandai comment il cuisait un œuf.

« Aïe aïe aïe, me dit-il, l'œuf, c'est ce qu'il y a de plus difficile. Donne à un chef un œuf, et tu sauras quel genre de cuisinier il est. Il faut être très savant pour cuire un œuf. D'abord, il faut comprendre ce que c'est qu'un œuf, surtout celui que tu as envie de manger. »

Pendant deux jours, les œufs furent notre seul sujet de conversation. Comment les faisait-il frire, par exemple ?

« Il faut *toujours* que tu connaisses la température de ta poêle – tu y déposes du beurre que tu laisses fondre, pas trop chaud, sans lui permettre de mousser – puis tu ajoutes ton œuf et tu le tâtes. Et tu n'arrêtes pas de le tâter : il faut surveiller sa température, *toujours*, et attendre que les protéines commencent à s'agglutiner, et quand c'est presque cuit, mais pas tout à fait, tu verses une cuillerée de beurre brûlant dessus. »

Et les œufs brouillés ?

« Dans la poêle, jamais avant – c'est seulement à ce moment-là que tu les brouilles et ensuite tu les fais cuire *très* doucement. »

Je l'interrogeai sur d'autres produits. Un pavé de saumon sauvage ?

« Assaisonne ta poêle, pas ton poisson, et retournele une fois pour libérer son jus, et tu le laisses cuire dedans – n'ajoute jamais d'huile. Ensuite, essuie la poêle avant de faire ta sauce. »

Le foie gras ?

« Le secret, c'est d'empêcher le fond d'épaissir – il faut glisser un papier en dessous, sinon il cuit trop vite. »

Des pommes de terre frites ?

« Commence par connaître ton fournisseur. Les pommes de terre poussent sur des terrains en pente. Le haut du champ, c'est ce qui fait les meilleures frites. La partie la plus basse, de la merde. Laisse-les tremper deux jours pour te débarrasser de l'amidon. Émince-les et blanchis-les dans de la graisse bouillante jusqu'à mi-cuisson – les Français se servent d'huile d'arachide, je préfère la graisse de rôti de bœuf – et dispose-les sur une plaque. Elles vont continuer à cuire sans se colorer. Si tu les cuis jusqu'à ce qu'elles se colorent, elles durciront au centre. Ensuite, tu les remets dans ton gras une deuxième fois, ce qui va leur donner leur croquant : maintenant elles sont moelleuses au centre. »

La graisse ?

« La graisse cuite, c'est succulent. Pas cuite, infect. Pourquoi est-ce qu'on farcit une oie ou un canard ? Les chefs de nos jours n'en savent rien, parce qu'ils n'apprennent plus les rudiments. Tu farcis ta volaille pour qu'elle cuise plus lentement. Quand la cavité est vide, la chaleur pénètre tout de suite, et la viande cuit à l'envers comme à l'endroit, sans avoir eu le temps de rendre sa graisse. Farcis ta volaille de pommes et de sauge, et elle rendra tout de suite sa graisse. »

Un jour, je retrouvai Marco pour le déjeuner au Drones club – un club expérimental dont les membres étaient sélectionnés suivant le principe : les amis de mes amis sont mes amis –, une salle étroite, aux murs lambrissés et ornés de grands tableaux de femmes aux poitrines opulentes. Marco se sentait dans ce lieu comme chez lui (le manteau de la cheminée accueillait des photos de ses enfants et une de ses paires de chaussures), même s'il y régnait quand même une atmosphère feutrée de gentlemen's club : à l'heure du déjeuner, la clientèle était exclusivement masculine, vêtue de chemises blanches soigneusement repassées, les cheveux grisonnants un peu trop longs, coiffés derrière les oreilles (à la table voisine, un de ces messieurs était en négociation d'affaires avec quelqu'un de Téhéran). Le Drones club ressemblait aussi à un cabaret de Las Vegas d'il y a quarante ans, décoré pour le nouvel an : des ballons roses et deux boules à facettes étaient suspendus au plafond. Et, la nuit, « les costards-cravates cèdent la place aux tenues d'oiseaux de nuit des noctambules ». C'était la première fois que Marco permettait que l'on diffuse de la musique dans un de ses restaurants – du Dean Martin. « Tu ne trouves pas que c'est comme un club new-yorkais ? » me demanda-t-il, me remettant en mémoire la question qu'il m'avait posée lors de notre repas Chez Max, un autre de ses établissements (« Tu ne trouves pas que c'est comme un bistrot parisien ? »). Marco a la phobie de l'avion, il n'est jamais allé ni dans un bistrot parisien ni dans un club new-yorkais. En vérité, le Drones club ne ressemble à rien de ce que l'on voit à New York. Il correspond à l'image que Marco se fait d'une soirée sympa.

Quelqu'un tendit à Marco son courrier, qui comprenait une lettre de Malcolm Reid, un des propriétaires du Box Tree, dans le Yorkshire, le restaurant où Marco avait été lancé après ses débuts dans un hôtel à Harrogate. (« Au Box Tree ma vie est passée du noir et blanc à la couleur. ») Marco posa la lettre sur la table, lettre que je lus à l'envers, tout en notant avec surprise combien il avait l'air d'avoir du mal à la lire à l'endroit. « Je suis dyslexique, m'avoua-t-il. Gravement dyslexique. Je ne l'ai découvert que le jour où l'institutrice de mes enfants m'a parlé de leurs problèmes – la dyslexie est souvent héréditaire –, alors je me suis dit : Eh bien, voilà ! C'est ce que j'ai ! » Il évoqua une récente partie de pêche avec ses fils. « Nous avons voulu prendre un bateau, mais je suis tombé en arrêt sur la pancarte. Je lisais : "Pêche au maquereau, *no nemesis.*" Qu'est-ce que c'est que ce bordel ? Je relis. *No nemesis ?* Je relis encore. Je dis à mon fils, le petit Marco : "Marco, qu'est-ce que c'est que cette connerie de *no nemesis*... Nemesis, c'est du latin, non ?" » En fait, le mot inscrit était « omnibus ». Marco avait inversé très bizarrement les lettres, commençant par le n et le o, et ensuite il n'avait pas pu revenir en arrière sur cette première lecture erronée.

La dyslexie – mot d'origine grecque décrivant une difficulté avec les mots – est un trouble neurologique qui entrave les facultés cognitives dans l'apprentissage de la langue écrite. Comme la majorité des dyslexiques, Marco se distingue par de bien meilleures performances à l'oral. Il peut passer une heure à lire un article du *Times* et il ne se souviendra de rien. « Mais si tu me le lis à haute voix, je peux te le réciter mot pour mot. » Les déformations visuelles auxquelles se livre le cerveau d'un dyslexique favorisent parfois le développement de talents hors du commun. Marco possédait, par exemple, un sens des proportions exceptionnel. « Ces boules à facettes – personne ne pensait qu'elles passeraient la porte, ils avaient même commencé à les démonter, mais moi je savais qu'elles avaient tout juste la place, à un millimètre près. » Il se révélait tout aussi fort en calcul mental (« Ça se fait dans l'autre hémisphère du cerveau ») et doté d'une mémoire visuelle inouïe. White se rappelait la présentation de tous les mets qui défilaient sous ses yeux, et, d'après son ami le critique gastronomique Alan Crompton-Batt, de tous les plats qu'on lui avait servis au cours des vingt dernières années.

Je me pris à songer à l'insistance avec laquelle Marco revenait sur le visuel dans les préparations culinaires – c'est un fait notoire que certains dîneurs ont deviné sa présence en cuisine rien qu'en voyant la composition extraordinairement expressive de leur assiette – et à son habitude bizarroïde de tomber en arrêt devant ce qui s'offrait à ses yeux : lever et coucher de soleil, variations de la lumière. Une boucherie pendant la saison de la chasse devenait « une œuvre d'art conceptuel – lièvres, lapins, faisans, chacun avec son marquage, sa couleur de pelage, suspendus à une tringle dans la vitrine ». Quand il parlait de son premier emploi, garçon boucher, il décrivait l'habileté du vieux au maniement du couteau, avec un luxe de détails d'une précision maniaque. « C'était génial, sa façon de lever une pièce de viande à mains nues, en se servant de sa paume et de ses doigts, comme si c'était la chose la plus facile du monde, et ensuite il y enfonçait son couteau, on aurait dit un bout de sa main. Fais comme si le couteau n'existait pas. Regarde. Voilà tes doigts, d'accord ? Ils glissent dedans. Le couteau est un prolongement de tes doigts. C'est ça la voie du couteau. C'est ça toute l'histoire. Je suis resté longtemps à côté de ce vieux bonhomme – j'avais seize ans, et lui la cinquantaine – et je regardais comment il faisait, et finalement un jour il m'a donné le droit de couper des cuisses de dinde, de les désosser, d'extirper les tendons. Mon premier vrai boulot, et j'avais appris à le faire rien qu'à le regarder des heures et des heures. Ensuite j'ai bridé les cuisses – pour m'habituer à travailler avec la ficelle – en massant d'abord bien la viande pour la lisser. C'est tellement dur au début, quand tu n'arrives pas à coordonner tous tes gestes, et puis à force ça devient naturel, on dirait que quelqu'un a programmé tes doigts. »

Quand Marco me tenait ce genre de propos, je me disais, Ce mec n'est pas normal. Il ne voit pas le monde comme je le vois. Comme à l'école, le « grand » qui, par la grâce de sa haute taille, est imbattable au basket. Marco possède, il faut bien le reconnaître, une propension exagérée à la survie dans une cuisine. À un moment donné, il comprit qu'il avait reçu ce don, mais il se garda bien de le divulguer. « Tout jeune, je m'étais déjà aperçu que j'avais une mémoire photographique pour la nourriture, mais je ne le disais surtout pas au chef. Mettons que j'aie été commis aux entrées, eh bien, je n'en loupais pas une de ce qui se passait aux autres postes, je mémorisais si bien tous les gestes que lorsqu'on me changeait de poste, ils me venaient sans effort. Ils me prenaient pour un petit génie. »

Le génie de Marco n'était peut-être pas autre chose qu'une version superlative de la fameuse « sensibilité culinaire » dont parle Mario. Toujours est-il que je me suis rendu compte que pour ma part, si je possédais ce talent, je ne l'avais pas développé, sans doute parce que pour moi, tout passe par le langage – ce qui est le cas de la majorité d'entre nous – et que presque tout ce que j'ai appris dans ma vie, je l'ai appris à travers les mots. Les métiers de citadins sont en général axés sur le verbe – affables, déductifs, et dominés par la pensée, la lecture, l'abstraction dès le saut du lit, quand, pour savoir comment vous habiller aujourd'hui, vous regardez dans le journal à la rubrique météo. Jusque-là, la totalité de mes connaissances en cuisine, je les tirais des livres. Un processus différent s'enclencha lorsque je passai douze heures d'affilée dans une cuisine. Je ne lisais pas ; dans un sens, je ne pensais pas. J'observais et procédais par imitation. Ce processus semble a priori plus adapté au fonctionnement du cerveau d'un enfant qu'à celui d'un adulte. Un peu comme quand on apprend à lancer une balle. Par exemple, comment désosser une jambe d'agneau. À présent, j'ai dans ma tête le film de Memo faisant glisser son couteau le long de l'os. Ou bien comment brider un morceau de viande : l'image est comme incrustée dans mes neurones. Comment se servir d'une bouteille en plastique pour décorer votre assiette de ronds verts (avec de l'huile d'olive) ou d'un grand cercle noir (avec du *vin cotto*) ou encore d'un beau et goûteux rond marron (avec une réduction de *porcini*). Comment savoir si vos légumes sont caramélisés, si votre fenouil est braisé, si vos pissenlits, quoique flasques comme une serpillière, sont cuits.

Comment juger si votre *branzino* est cuit rien qu'à l'odeur de sa peau qui devient croustillante. Comment soulever une poêle de manière à retourner d'un seul coup la totalité de son contenu. Comment la soulever de façon à ce que seuls les aliments en bordure se retournent – les raviolis, par exemple, doivent être enrobés de beurre, mais avec la plus grande délicatesse pour éviter de les briser. Comment présenter une assiette, comment se servir de mets asymétriques en respectant les règles de la symétrie. Comment, au bout du compte, apprendre à être un enfant.

Le masochiste qui sommeille en moi regrette de ne jamais avoir travaillé dans les cuisines de Marco. Mais Marco a franchi une autre étape. Il a vendu le 50 St James et le Drones. Peut-être s'est-il aperçu que l'immobilier est plus rémunérateur que la cuisine. Toutefois j'ai appris une chose (en dehors du fait, évident, que les chefs sont les plus grands cinglés de la terre). J'ai appris combien j'avais à apprendre.

11

Je suis allé en Italie, où, au cours de mon premier déjeuner, j'ai mangé des pâtes fraîches maison dont la dégustation, de façon subtile mais durable, a changé le cours de ma vie.

Alors que je procédais, suivant un itinéraire suggéré par Mario, à un bref tour gastronomique de la vallée du Pô, j'effectuai, sur le conseil d'un ami, un détour par Zibello, dans la province de Parme, au cœur de la première région d'élevage d'Italie. (Toute la sainte journée, partout, je fus poursuivi par l'odeur tenace du cochon, tandis que d'invisibles particules de quelque chose auquel je préférais ne pas penser s'accrochaient à mes cheveux et à mes vêtements.) La *pasta* était confectionnée par Miriam Leonardi, l'héritière de cinq générations de femmes à tenir la Trattoria La Buca. Miriam, car elle insistait pour qu'on l'appelle par son prénom, dirigeait la trattoria à l'italienne dans le style vous-ne-coupez-pas-vos-oignons-avant-la-commande et, après chaque plat, elle sortait de sa cuisine pour se dandiner jusqu'à ma table et me demander ce que je voulais ensuite. Miriam venait de fêter ses soixante-deux ans. Elle était coiffée d'une toque de chef blanche

– laquelle ressemblait plutôt à un foulard – qui faisait ressortir la noirceur de ses sourcils et son grand nez aquilin. Du haut de son mètre cinquante, elle arborait une belle corpulence, et marchait les jambes écartées, avec une aisance et une assurance formidables : après tout, elle effectuait cet aller-retour entre sa cuisine et la salle depuis quarante-cinq ans.

Mon ami avait énuméré plusieurs plats outre la *pasta :* anguille, cuisses de grenouille, tripes et *culatello*, une spécialité du village. *Culo* veut dire « cul ». *Culatello* peut se traduire à la rigueur par « avoir du cul » et se fabrique à partir de l'arrière-train du porc – désossé, fourré dans une vessie, fumé et suspendu pendant deux ans dans une cave humide. La méthode ayant été décrétée vétuste par le ministère de l'Agriculture américain, le *culatello* est interdit aux États-Unis. L'ami qui m'avait si chaudement recommandé la table de Miriam avait de fait acquis un goût si prononcé pour ce produit qu'il l'importait clandestinement.

J'en commandai, il arriva couronné de noisettes de beurre. Un mets marron foncé, gonflé comme de la pâte légère – dépourvu de gras apparent, quoique manifestement gras –, à la saveur porcine d'une puissance que je n'avais encore jamais eue en bouche. À la suite de quoi, Miriam m'invita à visiter sa réserve, une *cantina* à l'arrière de la cuisine où je pus compter les *culatelli*, cent rangées de dix, pendouillant des poutres apparentes, réfrigérés par la seule brise soufflant du Pô. Je remplis mes poumons à fond pour mieux m'imprégner du lyrisme de ce que Miriam appelait le *profumo profondo della mia carne*, le parfum de sa viande, et, après avoir respiré l'odeur de linge sale humide de la putréfaction animale et celle d'ammoniaque des moisissures recouvrant mille vessies de porc, je conclus qu'il s'agissait sans doute d'un goût acquis. Je lui avouais que j'essayais de faire sécher moi-même de la viande, sous la direction de Mario Batali (le hasard voulut que la fille de Miriam, qui allait devenir la sixième femme à prendre la tête de la trattoria, avait mangé au Babbo lors d'un récent voyage à New York, sa seule critique étant que les tripes ne « puaient pas assez »). Pendant tout le reste de l'après-midi, Miriam n'arrêta pas de citer le nom de Mario, « le célèbre chef de New York », et d'émettre des gloussements moqueurs. « Il se sert sûrement d'un réfrigérateur, lui qui est si malin », déclara-t-elle en riant à gorge déployée. « Ce que je prépare dans ma cuisine, ajouta-t-elle en guise d'explication, c'est ce que m'a appris ma grand-mère. Elle préparait ce que sa propre grand-mère lui avait appris. Et sa grand-mère préparait ce que sa grand-mère à elle lui avait appris. Tu crois qu'un célèbre chef de New York peut m'impressionner ? » Elle prononçait « New York » comme si ce mot lui laissait un mauvais goût dans la bouche.

Je dégustai ensuite deux plats de *pasta*. D'abord des *tortellini*, petits nœuds de pâte compliqués, fourrés d'une viande mystérieuse. Puis des raviolis géants et joufflus, fins, légers, aériens. Je n'en avais jamais goûté de pareils. Enrobés de beurre et de miel, ils étaient farcis avec de la citrouille, de sorte que lorsque vous mordiez dedans, une explosion de saveurs vous transportait ailleurs. Cette citrouille, rôtie et mélangée à du parmesan, était comme une bouchée d'automne : comme si vous vous réveilliez un beau matin pour constater que les arbres sous vos fenêtres avaient changé de couleur. Ce plat s'appelait *tortelli di zucca* (*zucca* signifiant « courge ») et me parut si extraordinaire que j'eus envie d'enquêter sur son origine.

En dehors de la péninsule italienne, vous voyez plus souvent écrit « ravioli » que « tortelli », pourtant les deux termes semblent avoir été employés indifféremment depuis des siècles. D'un point de vue technique, le ravioli est la farce (on peut encore trouver des *ravioli nudi*, des raviolis nus, qui ont l'aspect de petites boulettes et donnent l'impression que le chef avait épuisé ses réserves de farine) et les *tortelli* sont l'enveloppe. *Tortelli* est le diminutif de *torte* – tourte ou tarte – et la tourte est le plus vieil aliment d'Italie. Au Moyen Âge, ce n'est encore guère qu'un pain rond au cœur duquel est enfouie une petite gâterie. Des recettes sont publiées dans le *Liber de coquina*, le premier livre de cuisine connu en Italie, écrit vers la fin du XIIIe siècle. (Les autres pâtes de Miriam, les *tortellini*, sont de beaucoup plus petite taille – le diminutif de *tortelli* – et datent d'une période moins lointaine, sans doute du début de la Renaissance, en qualité de spécialité de Bologne. D'après la légende, ils auraient été inventés par un boulanger imaginatif, en hommage au nombril de la femme mariée avec qui il avait une liaison – œuvre si fidèle à l'original que la ressemblance sauta aux yeux du cocu.)

À l'époque, je lisais un peu au petit bonheur ce que je pouvais, car bien qu'apprenant l'italien (je prenais deux heures de cours le samedi matin à la Scuola Italiana de Greenwich Village, et révisais mes conjugaisons dans le métro à l'aide de fiches), j'étais incapable de le lire, et la majorité des traités de cuisine italiens anciens n'avaient pas été traduits en anglais, avec une exception notable, sans doute la plus importante, en tout cas la plus éclairante. (À l'instar des pâtes de Miriam, cette lecture devait aussi changer le cours de ma vie de façon subtile mais durable.) Ce texte, écrit en latin, était inspiré par la cuisine d'un chef du Quattrocento, Maestro Martino, et intitulé *De honesta voluptate et valitudine*, « Des plaisirs honnêtes et de la bonne santé ». On s'étonnera à moitié d'apprendre qu'il n'a été traduit en anglais que récemment, quand, depuis sa publication au XVe siècle, il a connu des versions dans toutes les langues européennes, et figuré parmi les premiers best-sellers sur ce continent. Son influence sur la cuisine a été considérable pendant deux siècles.

L'auteur n'était pas un cuisinier mais un bibliothécaire du Vatican, un Lombard passé dans l'histoire sous le nom de Platine de Crémone, érudit, humaniste (il a aussi écrit une biographie des papes, un traité sur la guerre et un autre sur la paix, un sur l'amour et un contre l'amour) et gourmand. En 1463, un an après son arrivée à Rome, à l'âge de quarante et un ans, il fut invité par le cardinal Ludovico Trevisan, un gastronome légendaire, à fuir la fournaise estivale de Rome pour se réfugier dans sa retraite des collines d'Albano, au sud-est de la Ville éternelle. Maestro Martino était le cuisinier du cardinal.

Le Maestro, né non loin du lac de Côme, était donc lombard comme Platine, et comme lui, venait tout juste d'arriver à Rome (de Milan, où il avait cuisiné pour les seigneurs de cette ville). Les deux hommes, sans doute d'âge concordant, se lièrent aussitôt d'amitié. Pour Martino, Platine semble avoir été un des premiers néophytes à apprécier à leur juste valeur ses talents de chef. Pour Platine, les préparations du Maestro furent une révélation – pour la première fois, la cuisine lui apparut sous la forme d'un « art » – et il passa l'été aux côtés du Maestro, à apprendre tout ce qu'il était capable d'ingurgiter sur cette nouvelle discipline. Il fut le premier à s'attacher à un « maître d'apprentissage ».

« Le Platine » comprend en réalité deux livres. Le premier est un traité humaniste sur l'alimentation et l'art de vivre, écrit dans le style de l'*Histoire naturelle* de Pline, et qui se présente comme une série de paragraphes numérotés (sur le sommeil ou sur le sel ou sur les figues, chacun se concluant sur un conseil salutaire : manger cinq amandes avant de boire vous protège de l'ivresse ; la viande de hérisson, consommée régulièrement, réduit les risques d'énurésie ; ou bien « les testicules de jeunes animaux sont considérés comme meilleurs pour la santé que celles des vieux animaux », sauf les testicules de coq qui sont excellents pour vous, quel que soit l'âge du volatile, surtout servis en accompagnement de pieds de veau et d'épices, à la romaine. Puis, à mi-parcours, le style de Platine change du tout au tout. « Ô dieux immortels, déclare-t-il au beau milieu d'une description de sauce blanche. Quels dons de cuisinier vous avez accordés à mon ami Martino da Como ! » S'ensuivent des louanges dithyrambiques sur l'éloquence du Maestro, et l'affirmation qu'à travers sa cuisine, on découvre ce que l'avenir nous réserve : une « école de cuisine moderne » qui prend les ingrédients au sérieux et les soumet à des « discussions de la plus profonde gravité ». La suite de l'ouvrage consacrée aux recettes du Maestro est écrite avec un grain de voix tout autre – celui du Maestro, sans doute. En suivant un chef comme une ombre, juste le temps de lui voler ses recettes, Platine se révéla aussi un précurseur des temps modernes où le vol de recettes est devenu monnaie courante, et, lorsque, quatre cent soixante-quatre ans plus tard, un manuscrit de la main même du Maestro, rédigé bien entendu au Quattrocento, fut découvert chez un bouquiniste par un écrivain gastronome américain, preuve fut faite que Platine avait plagié à cœur joie son maître, ne s'écartant de l'original que pour commettre des erreurs (en omettant par exemple de mentionner l'ingrédient principal du plat) ou ajouter une observation médicale à la Pline, comme lorsqu'il commente la recette des boulettes de viande bouillie au cannabis (*offa cannabina*) du Maestro, un plat « qu'il faut éviter à tout prix, car il nourrit mal, donne la nausée, provoque des douleurs dans l'estomac et l'intestin et fait baisser la vue ». (Il propose plusieurs recettes au cannabis, un détail dissonant aux yeux d'un lecteur moderne, puisqu'il évoque une image a priori anachronique : une bande de défoncés du Quattrocento errant dans la bibliothèque du Vatican.)

Le Maestro, de toute évidence un chef talentueux, était aussi un frimeur. Lorsqu'il prépare son blanc-manger (une gelée sucrée à partir de blanc de chapon haché et de lait d'amandes), il conseille de le diviser en deux parties et d'ajouter à l'une d'elles du jaune d'œuf et du safran, de manière à les présenter sous la forme d'un panaché : une spirale resplendissante blanche et jaune vif. (En lisant cette description, je me dis : ainsi l'extravagant mariage des deux sauces basilic et beurre blanc de Marco Pierre White provenaient finalement bel et bien d'Italie.) Platine trouve parfois excessif le goût de l'esbroufe du Maestro. Il n'aime pas ses œufs rôtis, par exemple, qu'il qualifie de « stupides concoctions, une de ces coquetteries absurdes de cuisinier ». (Le Maestro perce délicatement un œuf cru avec une aiguille et le suspend au-dessus du feu, en le tournant tout doucement, comme si l'aiguille était une broche, jusqu'à ce que l'œuf soit à point.) De même il considère l'usage que le Maestro fait de la viande pour farcir sa tourte, tout à la fois critiquable, français et d'une prétention inexcusable : typique, d'après Platine, « de la gloutonnerie de nos contemporains » – il se référait aux fastueux banquets de la Renaissance –, comme les convives « sont tous victimes de leur bouche et de leur estomac » ils veulent leur tourte à la viande et « à la volaille ou au gibier à plumes, plutôt qu'aux légumes. Ils font la moue devant les blettes, les courges, les navets, les panais et la bourrache – leur bouillon coutumier. »

Le ton persifleur de cet aparté m'intrigua. Pour Platine, il existait déjà une tradition en matière culinaire. Votre tourte et vos *tortelli* étaient fourrés aux légumes. C'était ainsi que les choses se faisaient. Pour être juste avec le Maestro, ses recettes sont conventionnelles – pour 1465. Sa *torta di zucca*, par exemple, se prépare avec de la citrouille râpée, cuite dans du lait et mélangée à du parmesan, avec une pincée de gingembre, cannelle et safran – les épices de la Renaissance. Plat traditionnel à l'époque, comme de nos jours : c'est ce que (moins les aromates de la Renaissance) me servit Miriam dans ses *tortelli di zucca*. En fait, l'impression que je retirai des recettes du Maestro – et le plaisir teinté d'effroi que je ressentis à les lire – n'était pas seulement que nous étions différents (les épices exotiques, la fascination du sucre, le chaudron suspendu au-dessus d'un feu ardent, parce qu'il n'y avait pas de four), mais qu'il existait une sorte de ligne continue du savoir depuis la Renaissance jusqu'à nos jours. Et à présent, quand je repense à ma visite à La Buca, je suis sidéré par le constat suivant : tout ce que j'y ai mangé, vous le trouvez dans « le Platine ».

Les tripes : du Maestro, j'ai appris que le truc, c'est de les cuire deux fois (c'est aussi le truc de Miriam), de ne pas saler pendant la première cuisson (car cela les durcit) et d'ajouter un os de porc (« cela rehausse le goût »).

Je mangeai de l'anguille. (Je retournai à La Buca le soir ; les clients faisaient des kilomètres pour son anguille.) Pour le Maestro, une anguille doit être cuite à la broche ou braisée, et servie avec du persil et du vinaigre – ce qui correspondait à la préparation de Miriam.

Les cuisses de grenouille étaient accommodées de la même façon par Miriam et le Maestro – il enrobe les siennes de graines, elle de chapelure, et tous deux les font frire dans de l'huile d'olive. Mais le Maestro prône une présentation plus colorée, avec de la *salsa verde* (*salsa viridi*) et du pollen de fenouil (*ac feniculi floribus*) – le pollen jaune-vert et la sauce d'un vert resplendissant – qu'il avait repérée grâce à un sens visuel supérieur.

« Je ne suis pas inventive, me déclara Miriam. Ce n'est pas mon rayon. Je me contente de reproduire ce qu'on m'a transmis. Depuis dix générations – peut-être plus, qui sait, il n'y a pas de trace écrite –, nous faisons la cuisine pour des gens qui n'ont pas faim. » Ses ancêtres ont appris, dans les cuisines médiévales des seigneurs locaux, à préparer les plats qu'elle continue à servir à ses convives. Les premiers ateliers culinaires du Maestro – les cuisines médiévales des ducs de Milan – ne sont pas si éloignés que cela sur la carte gastronomique. Simple coïncidence ?

12

Je brûlais d'apprendre à fabriquer la *pasta*. J'aspirais à me positionner dans le droit fil d'une tradition déjà établie et codifiée à l'époque où un maître cuisinier avait fait le chemin de Milan à Rome dans les années 1460. En outre, je ne parvenais pas à comprendre comment quelque chose d'aussi simple (un peu de farine, de l'eau, en général un œuf, et une casserole d'eau bouillante) pouvait donner des résultats aussi différents selon les personnes. Et quand je cite le mot de *pasta*, je veux dire sa version soyeuse, faite main, comme celle de Miriam, ce que les Italiens appellent la *pasta fresca*. En revanche, la *pastasciutta*, les pâtes sèches, me paraît désormais un produit industriel, confectionné à la machine – pas du tout la chose authentique.

Je retournai au Babbo. Je l'avais quitté trois mois. « Mario, je veux travailler au poste des pâtes, déclarai-je.

— Impossible, répliqua-t-il. Regarde-toi. Tu ne tiendras jamais le coup physiquement. Tu as quarante ans plus que bien sonnés. T'es trop vieux. Il faut avoir la vingtaine. Ça va trop vite – ça ne correspond plus à ton état d'esprit. »

En attendant, mon état d'esprit sombrait dans une mélancolie shakespearienne, où je reconnaissais les limites imposées par la mortalité humaine et dressais le catalogue des nombreux domaines désormais, à cause de mon âge, hors d'atteinte de mes facultés de compréhension, tels le calcul intégral ou les subtilités de la biologie moléculaire, jusqu'à ce que j'y mette le holà. Le problème consistait à faire bouillir un aliment dans de l'eau. Était-ce vraiment si compliqué que cela ? Si bien que Mario finit par céder. Ce qui ne revient pas à dire qu'il accepta : ses derniers mots furent « O.K. Je t'aurais prévenu » – pas exactement un encouragement.

Pendant mon absence, Nick Anderer, l'ex-gars des pâtes, avait effectué un aller-retour en Italie. Je me trouvais dans la salle à manger quand Mario et Gina parlèrent de lui. Nick avait eu le mal du pays, sa copine lui manquait. « Il a foiré, décréta Mario. Il a laissé passer sa chance. Il a jeté son avenir aux orties.

— Mais il l'a fait pour l'amour, argua Gina.

— L'amour ? Qu'est-ce que tu me chantes là ? »

Je localisai Nick, à présent chef de partie, de service de jour dans un autre restaurant de Manhattan. (« Incroyable, commenta Mario quand je l'en informai. Tant de talent gâché à faire des déjeuners ! ») Nick rêvait jadis de travailler à Rome suivant les principes de fraîcheur à tous crins de l'Italie du sud, mais il n'avait pas économisé assez pour travailler à l'œil et fut incapable de trouver un restaurant à Rome disposé à le payer. Il échoua à Milan, dans un boui-boui à risotto de San Giorgio e il Drago. Au cours des six mois qu'il passa dans cet établissement, il apprit à réussir un risotto. (« Il faut qu'une matière granuleuse se forme dans le fond de la casserole, que les grains de riz soient presque brûlés et éclatent pour libérer leur amidon. Le but consiste à faire sortir l'amidon. ») Mais Milan est une ville moderne, pluvieuse et froide, où l'on est très solitaire.

Memo avait quitté le Babbo. Restaurant Associates, l'une des plus grandes chaînes de traiteurs aux États-Unis lui avait offert un emploi de chef au Naples 45, un restaurant où l'on servait des pizzas et des pâtes près de la gare de Grand Central, surtout fréquenté le midi par des employés de bureau. Au Babbo, le caractère de Memo s'aigrissait. Il avait pris l'habitude de critiquer ouvertement les mets, ce qui, dans la hiérarchie quasi militaire d'une brigade, équivalait à un crime de lèse-majesté. « Ces cuisses de pintade farcies, me dit-il un jour, en en retirant une du four avec ses pinces, comme s'il s'agissait d'une carcasse de sauterelle géante, et en la jetant sur le plan de travail, c'est pas de la cuisine trois étoiles. C'est une honte... » (Ce plat était-il si mauvais que cela ? me demandai-je en mon for intérieur. Les cuisses avaient été désossées et farcies avec de la chapelure, des zestes d'orange et du persil ; je le savais, c'était moi qui les avais préparées.) « Ou cette chose qui veut se faire passer pour une pizza. Regarde-moi ça », poursuivit Memo, en montrant du doigt une pizza qui cuisait sur la table de cuisson sous la supervision d'un commis au garde-manger. Mario testait la carte de sa future pizzeria, pour laquelle il avait trouvé un local, au One Fifth Avenue. Cette adresse avait porté malheur à tant d'établissements obligés de déposer leur bilan que Mario et Joe décidèrent de faire la nique à la malchance et de baptiser leur nouveau restaurant du nom de la rue transversale, qui était la huitième.

Otto, huit en italien. L'ouverture de la pizzeria, prévue originellement pour septembre, fut repoussée à octobre, puis novembre. Et à présent, personne ne savait plus quand elle allait ouvrir. Un mauvais sort n'était pas si facile à détourner.

« Je sais pas ce que c'est, mais en tout cas, c'est pas une pizza. » La cuisine s'était tue. « C'est de votre faute, ajouta à mon adresse Memo soudain furibond, à vous les écrivains et les journalistes, tous les gens des médias, qui faites du foin autour de *Molto Mario*. Il gobe toutes vos conneries. Il croit que tout ce qu'il touche se change en or. T'as pas remarqué qu'il sait plus faire la cuisine. »

Toutefois, lors d'un déjeuner avec Memo dans son nouveau restaurant, celui-ci m'affirma que j'avais mal compris. Si certains plats s'avéraient en effet décevants, me confia-t-il, Mario n'en était pas moins un chef de première classe. « Je retravaillerai pour lui sans hésiter. Ce que je supportais pas, c'était Andy. C'est lui qui sait pas cuisiner. D'accord, il sait diriger une brigade, mais un chef qui sait pas cuisiner ne peut pas vous instruire sur la manière de préparer un plat. Ça, c'est inacceptable. » Il ajouta, au sujet de l'éternelle question de l'ouverture par Andy d'un restaurant espagnol, que Mario lui avait promis : « Tu prendras la place d'Andy quand il partira. » Mais Andy avait beau être toujours sur le départ, il ne partait jamais, et puis, un beau jour, il ne fut plus question que d'Otto.

Avec le poste de chef venait un gros salaire (« Cent vingt mille dollars par an – plus que ce que gagne Andy, et que Mario acceptera jamais de payer, parce que c'est un salaud doublé d'un radin. ») Mais le Babbo manquait à Memo. « Ses défauts sont ses qualités – si exigu que tout se trouve à votre portée, si riquiqui que tu connais l'odeur des pets de tout un chacun. » Il pleura en partant. À présent, il comprenait que « le sérieux avec lequel le Babbo envisage la restauration » était en réalité assez peu courant.

« Ici, je ne peux pas accommoder certains plats, ceux que Mario appelle les plats conceptuels. Une fois, j'ai composé un plat du jour : de minces tranches de steak sur une *caponata*. Il ne s'est pas vendu. Pourquoi ? Personne ne sait ce qu'est une *caponata*. Pour la Saint-Valentin, j'ai préparé un homard rôti au four sur un risotto au citron. J'avais trente-cinq homards. Je n'en ai pas vendu un seul. Le jour de la Saint-Valentin, la salle était vide. Le soir de l'année où les restos sont pris d'assaut à New York, eh bien, tout le monde a trouvé mieux ailleurs. J'ai nettoyé moi-même les homards. J'ai cassé les pinces à mains nues. Les pinces des trente-cinq homards. Je cherchais à me faire mal aux mains. J'aurais voulu les voir en sang. Ensuite j'ai surgelé la chair. Je trouverais bien à l'utiliser plus tard. »

Après le départ de Memo, Frankie devint le chef des sous-chefs. Tony Liu, le deuxième cuistot expérimenté, prit la place de deuxième sous-chef.

Dominic n'était plus là non plus. Il avait été engagé pour prendre la tête d'un restaurant italo-américain dans le Bronx. (« Va savoir, commenta Mario, qui n'en était pas encore revenu. Qui eût cru qu'il était capable de diriger un resto ? »)

Mark Barrett, mon moniteur à la rôtisserie, occupait à présent le poste des pâtes. Il avait perdu du poids, à force de piétiner dans la vapeur huit heures d'affilée. Il avait aussi subi une opération de la myopie, ne portait plus de lunettes, s'était fait pousser les cheveux, qui bouclaient joliment dans l'humidité ambiante de son coin de cuisine. Il avait désormais accompli le tour de la chaîne de production et n'en était pas peu fier. Dès qu'une femme entrait dans la cuisine – une nouvelle serveuse, ou un livreur en jupon –, il allait lui demander son numéro de téléphone. « Salut, je m'appelle Mark, tu es mariée, sinon tu veux dîner avec moi jeudi ? » Les longues heures de travail ne le dérangeaient plus. Il s'était acclimaté à la vie nocturne new-yorkaise, se résignant à ne plus voir la lumière du jour pour mieux jouir d'une ville débarrassée de ses foules et de sa circulation automobile, une communauté organisée dans le Lower East Side autour d'une matrice de bars et de boîtes de nuit ne fermant qu'à l'aube.

Pour commencer, Mario me conseilla de me faire la main avec la fabrication des pâtes le matin et me mit en équipe avec Alejandro. (Au Babbo, les pâtes fraîches sont confectionnées pendant la journée, congelées dans des sacs en plastique et cuites à la commande le soir. Dans ma tête, j'entendis la voix de Miriam : « Mario Batali est tellement malin qu'il possède un réfrigérateur ! »)

Notre premiere tâche s'intitula *orechiette.* Le diminutif d'*orecchio,* qui signifie « oreille » et passe pour être la *pasta* la plus facile à réussir. Rien qu'un peu d'eau et de farine (ou plutôt de la semoule, plus granuleuse que la farine de ménage), et vous la roulez à la main jusqu'à obtenir un tube blanc. Ensuite vous débitez le tube en tronçons qui correspondent chacun à une bouchée et, avec votre pouce, vous les écrasez sur un morceau de bois à rebord. Comme dans un de ces tours de magie pour mômes, la pâte change de forme et lorsqu'on la soulève, elle est comme ourlée et ressemble à une oreille (sauf celle que j'ai détachée de mon pouce ce premier jour, dont les rebords évoquaient plutôt un jeu de morpion en trois dimensions, parce que j'avais dû m'y reprendre à deux fois ; je me révélai tout aussi inapte la deuxième fois à aligner mes formes, et mon oreille était énorme et difforme, telle une plaque flasque, plus proche d'une oreille d'éléphant de cartoon que de notre appendice auditif, pour la bonne raison que mes mains étaient si moites d'excitation à la pensée que je faisais enfin des pâtes que cette satanée matière refusait de se décoller de mon pouce). À la fin de la séance, Alejandro montra à Mario quelques exemplaires de mes œuvres – plus grosses que des *orecchiette* normales, pas assez écrabouillées, au bord d'un processus de mutation – pour savoir si on pouvait les conduire en salle. Mario les inspecta. « Oh, ça ira », dit-il en ricanant, comme pour dire, « Bill, y'a pas plus facile à faire, et pourtant... »

Je finis par maîtriser la technique de l'écrabouillage. Je découvris aussi qu'après avoir exécuté deux mille et quelques de ces petites oreilles, vos pensées avaient tendance à vagabonder. Vous pensez à tout et n'importe quoi, vous pensez à rien. Ce sont ces moments qui font comparer l'art de faire des pâtes à la voie du zen, ce qui est aussi une façon de dire que faire des pâtes peut être extrêmement ennuyeux. Comme j'étais très sérieux à l'époque, je m'aperçus qu'en réalité mes pensées ne planaient jamais très loin de ce qui était en cours. Pourquoi, se demandaient mes circuits neuronaux, aurait-on envie de manger quelque chose qui a tout l'air d'une oreille écrasée ? J'examinai chacune d'elles en réfléchissant à sa forme. L'explication qui finit par se dessiner dans mon esprit était apparentée au nombril. Comme les nombrils, conclus-je, il y a deux sortes de pâtes : des « rentrées » et des « sorties ». Les « rentrées », comme les raviolis et les *tortelli*, sont conçues pour vous réserver des surprises cachées bien au chaud à l'intérieur : vous mordez et votre bouche est inondée par une saveur dont vous ne pouviez pas vous douter à regarder l'objet. Les « sorties » sont conçues pour retenir les bonnes choses à l'extérieur. On aime manger des *orecchiette* parce qu'elles contiennent une minuscule larme de sauce dans leur pavillon, déduisis-je, tout en gardant un peu de rab dans le repli du lobe.

Ayant abouti à cette brillante distinction philosophique, je sentis que la prochaine étape me conduirait à me lancer dans la confection des « rentrées ». Mes préférées, celles que je voulais vraiment réussir. (Les *tortelli di zucca* de Miriam étaient des « rentrées ».) J'avais jadis effectué un premier essai infructueux – lors d'un dîner à présent lointain, encore un raté –, ce qui expliquait peut-être pourquoi ils éveillaient en moi un tel enthousiasme. Je ne sais pas pourquoi je m'étais fourré dans la tête de préparer des pâtes fraîches – sans doute à cause d'une recette glanée quelque part et qui en vantait la facilité d'exécution. Mes amis en débarquant chez moi me trouvèrent dans la cuisine – un faitout d'eau bouillante embuait les vitres, les murs ruisselaient de vapeur d'eau –, suppliant mes douze raviolis aux *porcini* de bien vouloir garder leur forme. Peine perdue, mes premières tentatives, une fois disposées sur un tamis, se liquéfièrent, à vrai dire semblèrent se volatiliser, ne laissant derrière elles que de minuscules mottes champignoneuses coincées dans les trous du tamis.

Les « rentrées » du Babbo portaient un éventail de noms fantaisistes, mais je n'étais pas dupe, il s'agissait en fait tout simplement de différentes sortes de raviolis. Les *tortelli di zucca* de Miriam à la Mario (qu'il remplissait de potimarron au lieu de citrouille) étaient découpés en rondelles et s'appelaient des *lune*. Un autre type de pâtes, farcies de morue, s'appelaient des *mezzelune ;* les rondelles étaient pliées comme des demi-lunes. Il y avait aussi les « lettres d'amour » fourrées aux petits pois et à la menthe, coupées en rectangle de manière à avoir la taille et l'apparence des étiquettes Par-Avion avec leurs côtés dentelés. (Une poétisation des *francobolli*, ou timbres-poste.) Je ressens, à citer tous ces noms et à décrire ces formes, la nécessité de marquer une pause et de me livrer à quelques considérations d'ordre culturel. Des timbres-poste, des demi-lunes, des lunes, des petites oreilles, des nombrils : qu'est-ce que c'est que tout cela ? Ou si vous préférez : quel autre pays au monde met en scène son art culinaire sous des noms de joujoux ? Qu'est-ce que cela nous révèle ? Que les Italiens jouent avec leur nourriture ? Lorsque vous faites des *tortelli*, nous dit le *Liber de coquina* du XIIIe siècle – avec un tel plaisir que vous pouvez seulement en conclure que cet aspect ludique de la cuisine italienne est ancré depuis pas mal d'années – vous pouvez donner à la pâte la forme « de fers à cheval, de broches, de bagues, de lettres de l'alphabet et de tout autre animal qui vous vient à l'imagination ». Alors, le succès universel de la *pasta*, cet aliment-doudou par excellence, tient-il au fait qu'elle nous évoque notre enfance ? Un dîner italien doit-il forcément comprendre un volet « pâtes-lettres » ? Les pâtes m'intimidaient. J'y percevais un mystère insondable – les secrets d'alcôve d'une nation, les histoires intimes de madones intrigantes. Et, franchement, si j'étais incapable de les identifier toutes à l'œil (Vraiment, des nombrils ! des timbres-poste !) comment pouvais-je apprendre à les préparer ?

Aujourd'hui, je me sens plus sûr de mon coup, pour la bonne raison que je soupçonne les Italiens de ne pas connaître non plus toute la gamme des formes de leurs pâtes. Même si vous avez grandi en mangeant des nœuds pap, des cordes de guitare, des crayons, vous ne les aurez jamais toutes goûtées, parce qu'il y en a trop – des centaines, d'après Amelia Giarmoleo, la conservatrice en chef du musée international de la *pasta* à Rome, le Museo Nazionale delle Paste Alimentari, où vous pouvez passer des heures à vous émerveiller sur la production séculaire d'aliments jouets, exposés comme des papillons au sein d'une collection de lépidoptères. Cela dit, il existe un vocabulaire de base de l'amateur de pâtes – que les Italiens maîtrisent en général – qui lui permet d'interpréter toutes les variations qui peuvent se présenter à lui au cours de sa vie. (« Ah, d'accord, je vois, c'est comme des *penne*, mais énormes avec des stries. ») J'étais donc décidé coûte que coûte à apprendre au moins les rudiments de ce vocabulaire.

La sauce que retient dans ses replis une pâte de la catégorie « sorties » relève d'une tout autre branche de la philosophie. En général, c'est un *ragù*, et pour être honnête, jusqu'à ce que je mette les pieds dans la cuisine du Babbo, je ne savais pas vraiment ce qu'était un *ragù*, sinon que ça avait une allure peu ragoûtante, c'est le cas de le dire, dans les bocaux des rayonnages du supermarché. Je ne me serais pas douté qu'il s'agissait d'une affaire aussi sérieuse.

Un *ragù* italien ressemble peu ou prou au ragoût français. Cela consiste grosso modo, dans la nomenclature des cuisines, à prendre une viande et à la « tuer » ou à l'« achever ». Le choix de l'intitulé comme celui de la méthode de préparation, ai-je découvert depuis, sont au cœur d'un débat séculaire entre les défenseurs de la cuisine française et les adeptes de l'italienne à propos de la question suivante : qui est arrivé le premier ? La rivalité, ressentie surtout du côté des Italiens, qui ont l'impression d'être considérés par les Français comme appartenant à une tribu primitive vaguement comique, peut se formuler de la manière suivante : dans l'histoire de la cuisine européenne, la péninsule italienne fut le lieu de l'avènement de l'art culinaire, grâce à des gens comme Maestro Martin au XVᵉ siècle. Puis, selon les dires italiens, les secrets de la bonne chère furent emballés et transportés au-delà des Alpes par Catherine de Médicis, quand, en 1533, celle-ci épousa le futur roi de France Henri II.

À la suite de quoi la France connut sa propre Renaissance culinaire, culminant avec les fastueux banquets post-Ancien Régime d'Antonin Carême – aspics sophistiqués, fonds de viande, desserts architecturaux –, alors que les Italiens, ayant conclu que le fruit en provenance du Nouveau Monde, que nous connaissons sous le nom de tomate, n'était après tout pas venimeux mais plein de promesses en matière de sauce, sombrèrent dans une dépression culinaire de cent cinquante ans et, en contradiction flagrante avec leur chauvinisme, se mirent à imiter les Français. Tous ces plats intitulés *alla* – *risotto alla Milanese, pollo alla cacciatora, bucatini all'amatriciana* – sont l'équivalent de *à la* et issus d'une tentative maladroite de raffinement culinaire. D'autres mots de bouche changèrent, dont *sugo* qui se transforma en *ragù*. En 1903, la désormais très grande cuisine française fut codifiée au sein du travail encyclopédique d'Auguste Escoffier dans son *Guide culinaire*, qui demeure le texte de référence de la cuisine dite classique. En Italie, l'ouvrage faisant autorité, *La scienza in cucina e l'arte di mangiar bene* (« La science de la cuisine et l'art du bien manger »), rédigé à peu près à la même époque, n'est qu'un ramassis de recettes familiales recueillies par un marchand de drap appelé Pelligrino Artusi. Escoffier, fort de son expérience de chef de grands hôtels, vous propose deux cents façons d'accommoder une sauce. Artusi, en se basant sur des correspondances de ménagères provinciales, vous explique tout sur les nombrils et les *tortellini*. Les Français sont devenus professionnels, scientifiques, hommes du monde. Les Italiens sont restés des amateurs cuisinant au petit bonheur, suivant des méthodes traditionnelles transmises de génération en génération. Les Italiens, pourrait-on dire, jouent encore avec la nourriture.

À la base, un *ragù* est une mise en équation d'une part d'un solide (la viande) et d'un liquide (le bouillon ou le vin), et d'autre part d'un feu doux, dont le résultat n'est ni solide ni liquide. Le *ragù* le plus célèbre est la bolognaise, même si celle-ci revêt bien des formes. Gianni Valdiserri m'avoua, lors de mon séjour à Porretta, que lorsque Betta et lui s'étaient mariés – Betta enceinte, âgée de seize ans, et encore au lycée –, il avait été horrifié de s'apercevoir que, dans la précipitation, il avait omis de goûter à son *ragù*. Celui-ci, qu'elle avait appris auprès de sa tante, avait été transmis par des générations de femmes de sa famille et serait donc forcément différent du *ragù* que Gianni avait mangé à la table de ses parents, à savoir celui de sa propre mère, dont la saveur profonde et complexe le touchait tout au fond de l'âme. Il était par ailleurs conscient qu'il serait incapable d'enseigner à Betta l'art de le préparer d'une autre manière. Un *ragù*, affirmait-il, était une chose très personnelle. Aussi imaginez son bonheur quand, goûtant pour la première fois au *ragù* de Betta, il s'aperçut que, en effet, il était différent de celui de sa mère... et meilleur.

Pour confectionner une bolognaise, le cuisinier doit avoir un goût de l'ostentation et de l'assaisonnement un peu bizarre, presque médiéval. Cette sauce comprend au moins deux viandes (bœuf et porc, même si des variations régionales insistent sur le veau plutôt que sur le bœuf, recommandent du *prosciutto* au lieu de la viande de porc, et parfois du *prosciutto*, de la *pancetta*, de la saucisse et du porc, sans oublier le chapon, la dinde ou les foies de poulet) et trois liquides (lait, vin et bouillon), parfois de la tomate (si la recette de votre famille est moderne), parfois pas de tomate (si la recette date d'avant Christophe Colomb), plus de la noix de muscade, quelquefois de la cannelle, bref tout ce qu'en matière d'aromates votre arrière-arrière-arrière-grand-mère jugeait indispensable. (La seule viande utilisée dans celle de Miriam, par exemple, est de la saucisse, mijotée dans du beurre et de l'huile, plus sa propre sauce tomate faite maison, avec un chouïa d'ail : une gousse, ôtée de la casserole avant la fin de la cuisson.) Quel que soit le mode de préparation, le résultat possède une consistance caractéristique à tous les *ragù* : tout à la fois visqueuse et grenue, ni solide ni liquide, plus sèche que mouillée, un condiment plutôt qu'une sauce, et c'est en effet ainsi que le qualifiait Mario, un « simple condiment », afin d'édifier ses cuistots américains sur l'importance relative de la sauce – comme le ketchup sur un hot-dog – qui ne doit jamais prendre le pas sur les pâtes elles-mêmes. (Mais qui n'en demeure pas moins d'une importance considérable : Gianni évoque l'érotique d'un nouveau *ragù* sur le fourneau, quand il parfume la maison d'un arôme qui éveille votre appétit et le maintient en haleine jusqu'à l'heure du dîner. « *Mi da libidine* » (ça me fait bander), disait Gianni.

D'après Betta, le *ragù* à la bolognaise du Babbo n'est pas complet, ce qu'elle est, me semble-t-il, bien placée pour savoir, puisque c'est elle qui l'a enseigné à Mario. « Il n'y a pas de *prosciutto* ! » me confia-t-elle, horrifiée, lorsque je l'interrogeai sur le dîner que Gianni et elle y avaient dégusté à l'occasion de leur premier voyage à New York en 1998 – une critique qui, quand je la répétai à Mario, le stupéfia : « Elle a vu ça en ne le mangeant qu'une seule fois ! » Le *ragù* sans *prosciutto* est servi avec des *pappardelle*, une longue nouille plate faite (là aussi le commentaire de Betta était horrifié) « avec une machine ». Mais, pour tout dire, tout cela ne m'importait guère le jour où je fus enfin autorisé à occuper le poste des pâtes. Ce qui comptait, c'était que les *pappardelle* (« Pap ! ») soient les pâtes les plus faciles à préparer, pour la bonne raison que les choses avaient peu de chance de déraper. Je versai deux louches de *ragù* dans une sauteuse et ajoutai de l'eau, une bonne cuillerée de tomates concassées et un peu de beurre – un point c'est tout. Une fois l'assiette dressée, je saupoudrai d'un peu fromage et de persil haché très fin afin d'obtenir un aspect pelucheux. En fait, tous les plats *al ragù* n'étaient guère compliqués à réaliser. Les gnocchis (« Qui ! ») étaient servis avec un *ragù* à la queue de bœuf filandreux, les lettres d'amour (« Amour !) avec un *ragù* au saucisson d'agneau et les *orecchiette* (« Ork ! ») avec un *ragù* à la saucisse de porc et une pincée de brocolis.

D'emblée, ce poste mit à l'épreuve la faculté de mon cerveau à garder quantités d'informations en stock sans jamais avoir même à y penser. Une antisèche était déjà scotchée au mur. Donc tout le monde a besoin d'un aide-mémoire au début, me dis-je avec soulagement, en contemplant le morceau de papier – une feuille jaune arrachée à un bloc de bureau, que les éclaboussures d'huile d'olive avaient fini par rendre translucide – qui montrait que mon prédécesseur avait été aussi déboussolé que moi. Les ingrédients pour chaque plat étaient gribouillés au crayon, accompagnés de petits dessins. Deux cercles l'un dans l'autre indiquaient la forme tubulaire des *bucatini* (*buco* signifie « trou » ; *bucatini*, par conséquent, « petit trou »). Un rectangle plat représentait les *linguine* (*lingua* signifie « langue » et *linguine* « petites langues »). La *chitarra* était figurée par un trait épais et rugueux, rappelant la grosse corde d'une guitare. Les diminutifs phonétiques foisonnaient. « Ork » pour *orecchiette*, mot que personne ne connaissait d'ailleurs. Ce que vous entendiez, c'était « Ork », et vous ne voyiez jamais le mot écrit, pour la simple raison que, contrairement aux autres postes, où il suffisait de lever les yeux pour voir les commandes des plats s'égrener sur des étiquettes autoadhésives alignées le long de l'étagère, celui-ci ne disposait pas d'endroit sec où les coller, d'autant que les étiquettes auraient tirebouchonné dans l'humidité et vite fini par tomber. Et puis les commandes étaient débitées à une telle vitesse que vous n'aviez d'autre choix que de les garder en tête, quelle que soit l'orthographe que vous leur prêtiez.

Le problème, c'étaient les variations. Pour allonger le *ragù* à la queue de bœuf, vous ajoutiez de l'eau et une cuillerée de tomates concassées – comme pour la bolognaise – mais pas de beurre. En outre, vous deviez saupoudrer le tout de parmesan et de persil, mais les feuilles de persil devaient être laissées entières, et non hachées menu pour donner une consistance pelucheuse. Pourquoi ? Aucune idée. Pas plus aujourd'hui qu'hier. Rien que pour m'emmerder, sans doute. Et au *ragù* au saucisson d'agneau qui allait avec les lettres d'amour, vous ajoutiez un peu d'eau et du beurre, comme pour la bolognaise, mais sans les tomates, même si vous terminiez avec le parmesan, comme pour les autres, mais à la place du persil, il fallait mettre des feuilles de menthe – après tout les lettres d'amour étaient farcies de menthe fraîche et de petits pois. Ce qui ne paraissait pas logique, en revanche, c'étaient les flocons de chili : il fallait aussi en ajouter. Vous imaginez – des flocons de chili dans vos lettres d'amour ?

« Il n'y a pas de chili dans tes lettres d'amour », me dit un jour Frankie. C'était le jour de congé d'Andy, et Frankie remplissait le rôle d'aboyeur. Il avait goûté le *ragù* au doigt après que j'eus confectionné l'assiette, mais autorisa quand même le serveur à enlever cette dernière et à la conduire en salle, parce qu'elle partait avec trois autres plats déjà dressés et qu'il n'était pas question de faire attendre la table. Mais il n'était pas content. « Comment as-tu pu oublier le chili – une fois de plus ? »

Je me tournai vers Mark. « Comment est-ce que j'ai pu oublier encore une fois le chili ? »

Il me regarda avec de grands yeux : « Je n'ai pas la moindre idée de pourquoi t'as encore oublié ce putain de chili. »

Le poste n'était pas commode. La brigade s'attendait à ce que ça roule et ne pouvait se payer le luxe d'employer un journaliste-touriste dans mon genre, toqué de la mystique *pasta fresca*, qu'à une seule condition : ils devaient être certains que je ne commettrais jamais d'erreur. L'ambiance pouvait être électrique. « Je t'ai brûlé ? » me demanda un soir Frankie, alors qu'il était en train de faire brunir à la poêle un lot de crabes mous, lesquels enflèrent sous l'effet de la chaleur jusqu'au point d'exploser, projetant de l'eau et de l'huile bouillante dans tous les coins. Et sans me laisser le temps de trouver une réplique spirituelle, il émit un « Bon ! » et vida l'huile qui restait dans la poêle avec une telle brutalité qu'elle gicla sur le sol et sur moi, et me brûla de nouveau.

Les pâtes farcies ne sont en général pas servies avec un *ragù*, puisqu'elles sont elles-mêmes porteuses de *ragù*. (Dans la symbolique dichotomique du nombril, ce sont des « rentrées ».) Votre accompagnement extérieur est dès lors la simplicité même – en général une sauce au beurre. Lorsque Mario était dans les murs, il exigeait que l'on mette très peu de beurre et houspillait le gars des pâtes en l'accusant d'avoir la main trop lourde. Mais quand Mario n'était pas là, Andy poussait à la consommation et incitait au contraire le gars des pâtes à en rajouter. (Comme je protestais un jour, Mark m'arrêta. « Ne contredis jamais celui qui a le pouvoir, surtout quand il a tort, ou ta vie sera un enfer. Il va te faire crouler sous les commandes jusqu'à ce que tu craques. Il esquintera tout ce que tu prépares. Il t'obligera à recommencer des cuissons qui étaient parfaites au départ. »)

Un sauce au beurre est une émulsion. « Émulsion », voilà un autre mot que je ne comprenais qu'à moitié, tout en sachant néanmoins que c'était ce que je confectionnais à la maison, quand j'ajoutais du beurre à un bouillon pour le faire « monter ». Dans les livres de cuisine française, c'est un moment critique, et on insiste lourdement sur le respect rigoureux de la procédure : le bouillon doit être très chaud, le beurre bien froid et coupé en petits cubes, que l'on ajoute un par un au liquide battu vigoureusement au fouet. Le risque étant que la sauce ne se « lie » pas. Mais c'était différent au restaurant : j'avais l'impression de faire tellement de choses, de les enchaîner à une telle allure que pas un instant je ne me disais que l'une d'elles pouvait être plus difficile qu'une autre.

Voici comment cela se passe. On vous demande de lancer la cuisson d'un plat de *tortelloni* (« Torte ! »). Vous laissez tomber huit pâtes dans un panier qui remue dans de l'eau bouillante. Les pâtes fraîches ont moins d'exigence que les sèches, et l'objectif est différent : vous n'avez pas à vous embêter avec des histoires d'*al dente*. Ce que vous recherchez, c'est une consistance douce et molle, pas quelque chose qui croque sous la dent. Pour les *tortelloni*, cela représente environ trois minutes, bien que vous puissiez les laisser plus longtemps. Quant à la sauce, vous prenez une poêle (sur l'étagère au-dessus de votre tête), vous prenez une noix de beurre (dans un récipient contre le mur), que vous jetez dans la poêle. Comme à tous les postes de la chaîne, vous espérez ne pas avoir à déplacer vos pieds. Ensuite vous penchez votre poêle au-dessus du cuiseur à pâtes et recueillez un peu d'eau bouillante. Un geste qui réclame de la délicatesse : il faut plonger la partie concave des pinces et bien viser la poêle afin d'éviter de s'ébouillanter l'avant-bras – ce qui, bien entendu, m'arrivait tout le temps, ma peau se striant de bandes rouges et gonflées, à moins que je ne manque tout à la fois la poêle et mon bras. J'éclaboussai Mark plus d'une fois, et il fallait le voir sursauter !

Ensuite, vous la relevez en ajoutant une herbe aromatique ou un agrume : du zeste d'orange pour les *tortelloni* (cinq feuilles de sauge pour les *lune*, cinq échalotes pour les *mezzelune* – un élément puissant mais simple). Vous prenez la poêle, qui présente à présent un aspect peu ragoûtant – une flaque d'eau de cuisson laiteuse, un morceau de beurre fondant sur les bords, des bâtonnets tordus orange – vous la posez sur la table de cuisson et vous l'agitez. Vous vérifiez le panier du cuiseur : quelques *tortelloni* sont remontés à la surface. Vous retournez à votre poêle et vous l'agitez de nouveau. Son contenu a changé d'allure. Sous l'effet de la chaleur et du mouvement, c'est devenu une soupe jaune orangé (le jaune du beurre s'étant mélangé à la couleur plus rouge des zestes). Vous vérifiez une fois de plus votre panier : les *tortelloni* flottent. Vous retournez à la poêle et agitez – c'est presque prêt, on dirait de la crème anglaise. Mais voilà que trois autres commandes vous arrivent, vite il faut s'en occuper, si bien que le temps de revenir à votre poêle, quelques trente secondes plus tard, la sauce a viré : c'est toujours une sauce, mais elle a perdu son homogénéité et elle est extrêmement moche, en tout cas on n'a pas envie de la manger. Pour la rattraper, vous envoyez dans la poêle une nouvelle giclée d'eau (ou plusieurs giclées jusqu'à ce que l'une d'elles tombe dans le mille), vous la reposez sur la table de cuisson, et à l'issue d'un seul mouvement giratoire, vous retrouvez comme par magie une belle consistance lisse dépourvue d'impuretés.

C'est ce qu'on appelle une émulsion : une alliance entre deux éléments discordants (le beurre et l'eau), conclue grâce à la chaleur et au mouvement. Si vous vous y prenez de travers et il suffit de peu – si vous laissez la sauce se déshydrater, vous détruisez l'équilibre entre le gras et le liquide –, les éléments disparates se séparent pour de bon. Parfois, quand j'avais un moment de répit, rien que pour le plaisir d'assister à ce petit miracle de la chimie, je laissai délibérément ma sauce virer et puis la rattrapai en un seul coup de cuillère à pot. Un jour, je fus ainsi surpris au beau milieu d'un rêve éveillé.

Je confectionnais une sauce aux champignons qui illustrait deux caractéristiques du poste que j'occupais : comment se servir de la chaleur et comment l'arrêter. Comme la majorité des sauces, celle-ci avait été préparée en deux étapes et avec un nombre réduit d'ingrédients : des champignons (en l'occurrence des chanterelles, mais vous pouvez choisir n'importe quel autre champignon sauvage), du thym frais, une échalote finement émincée, une noisette de beurre. Pour commencer, il fallait veiller à ce que le feu soit vraiment très chaud. Vous posiez votre poêle sur la table de cuisson jusqu'à ce qu'elle soit brûlante, noire, bref jusqu'à ce que vous ayez l'impression qu'elle était sur le point de fondre, et alors vous y versiez une larme d'huile d'olive – la poêle se mettait à fumer – et vos champignons. Puis : rien. Vous ne bougiez pas votre poêle avant qu'une fine odeur de bois brûlé, ou plutôt de champignons caramélisés, ne vienne chatouiller vos narines. Les champignons devaient être entourés d'une croûte un peu sucrée, pas brûlée mais presque. Vous faisiez tomber en pluie dans la poêle l'échalote et le thym, attendiez qu'ils réagissent à la chaleur, puis versiez assez d'eau des pâtes pour stopper la cuisson : la poêle sifflait, dégageait un nuage de vapeur, puis se taisait. Voilà pour l'étape numéro un : du chaud brûlant à froid. L'étape numéro deux démarrait quand on vous réclamait le plat. Vous retiriez la poêle et prépariez une émulsion : d'abord le beurre, puis vous agitiez bien la poêle comme il faut, jusqu'à ce que l'eau des champignons devienne assez collante pour adhérer aux pâtes.

La rêverie s'empara de moi pendant l'étape numéro un, alors que je soulevais la poêle de la table de cuisson et y saupoudrais le thym. Que puis-je dire ? C'était pour moi un moment merveilleux. L'espace de quelques secondes, rien ne se passait. Les feuilles de thym, à même le métal brûlant, absorbaient la chaleur. Puis, l'une après l'autre, elles gonflaient, imperceptiblement, et éclataient, en une série de minuscules explosions, comme du pop-corn vert miniature. Et avec chaque « pop » s'exhalait une petite odeur d'herbes des landes. Je fermai les yeux et, me penchant en avant, je rapprochai mon visage de la poêle, pour respirer les arômes du thym. Je ne sais pas combien de temps je demeurai ainsi.

« Qu'est-ce que tu fous ?

J'ouvris les yeux. C'était Frankie.

— Qu'est-ce que tu fous ? répéta-t-il en me regardant sous le nez, tandis que tout le monde se tournait vers moi.

— J'aime bien l'odeur du thym quand les feuilles explosent », dis-je faiblement.

Je m'attendais à des remarques cinglantes ou même à une bordée d'injures, au moins à quelque raillerie. Au lieu de quoi, Frankie eut l'air étonné, il resta sans voix. Son expression s'adoucit ; il me fit penser à un jeune chien.

« Oh, eh bien, finit-il par dire, très bien. »

Je crois qu'il était gêné.

Dans tous ces plats, il y avait un ingrédient impossible à obtenir chez soi : l'eau de cuisson des pâtes. En début de soirée, elle était d'une clarté limpide – vous aviez une vue plongeante sur le fond brillant du cuiseur – et très salée. (« Comme la mer », disait toujours Mario, avant de vous rappeler de ne pas oublier de tremper votre doigt dans l'eau bouillante afin de vérifier si elle était assez salée, jusqu'à ce que vous parveniez à retrouver les souvenirs de la première fois que vous aviez vu l'océan quand vous étiez petit ; l'ennui, c'est que je ne réussis jamais à retirer le doigt assez vite ni à me remémorer mon enfance – seulement à me brûler, une fois de plus.) À mi-parcours du service, le fond brillant du cuiseur disparaissait. C'était le stade laiteux, deux heures environ avant le début du stade vaseux, lorsque l'eau cessait en fait de ressembler à de l'eau pour se transformer en une solution de plus en plus épaisse d'amidon soluble : beurk ! Doublement beurk : non seulement elle émettait des gargouillis dégoûtants, mais elle présentait aussi un aspect répugnant. À ce stade, l'eau avait acquis les propriétés d'un épaississeur de sauce, permettant de lier les différentes substances et de parfumer les pâtes à leur propre parfum. N'empêche, il était indéniable que l'eau dans laquelle cuisaient les pâtes à la fin de la soirée n'avait rien à voir avec celle dans laquelle elles cuisaient mettons à six heures de l'après-midi. (« Je ne commanderais jamais de pâtes après dix heures du soir », décréta un jour Elisa.) Ce qui séparait ces deux eaux vous sautait aux yeux lorsque vous deviez nettoyer « l'emmerdeur », le petit nom affectueux que ceux qui le connaissaient bien donnaient au cuiseur à pâtes – une tâche qui m'était échue et qui indiquait ma position dans la hiérarchie. Par la suite, je découvris que dans mon dos, on m'appelait « l'emmerdeur de service ». C'était gentil, me dis-je alors, en ruminant sur le rapport entre mon statut et mes responsabilités de fin de soirée : l'emmerdeur de service, le récurage de l'emmerdeur...

Cela dit, c'était un appareil plutôt simple à entretenir. Après avoir retiré les paniers à pâtes, il se présentait sous forme de deux cuves et d'un grand élément adapté au gaz. Là où les choses se corsaient, c'était quand on s'attaquait à ce qui tapissait le fond des cuves – les strates successives d'une archéologie culinaire, composées, disons, de fromage de chèvre (les *tortelloni* fuyaient toujours un peu), de potimarron (les *lune* n'étaient pas plus étanches) et de parcelles d'un peu de tout, y compris de fruits de mer (de quelles eaux venaient-ils, ceux-là ?). Pour augmenter la difficulté, le cuiseur n'était pas chaud, il était brûlant. Même en coupant le brûleur, il restait très chaud et la « gratounette » verte dont vous vous serviez pour le récurer fumait à son contact, s'amollissait lentement et finissait par cuire, comme un gros ravioli synthétique. Ce n'était pas qu'on avait chaud en nettoyant le cuiseur, mais cela n'avait rien de rafraîchissant. De toute façon, on avait déjà très chaud, et cela depuis des heures. De ma vie, je n'ai jamais eu aussi chaud. Il me fallait ensuite plusieurs heures pour que la température de mon corps commence à baisser. À quatre heures du matin, quand, enfin, j'arrivais à me coucher, je continuais à émettre de la chaleur, comme si dans mon ventre était en train de mijoter une sorte de ragoût, tandis que je n'arrêtais pas de ressasser la pensée que je m'étais transformé en saucisse.

Pourquoi les gens utilisent rarement l'eau de cuisson des pâtes chez eux ? Je me dis parfois qu'on devrait la mettre en bouteille, puisqu'il est impossible que l'eau de la casserole atteigne la viscosité amylacée d'une eau de restaurant. Ce serait bon marché – des reliefs aqueux – et il faudrait un bocal assez grand, sans doute en verre teinté, comme une bouteille de vin, pour la bonne raison qu'il n'y aurait rien à gagner à regarder de trop près ce qui flotterait à l'intérieur.

De fil en aiguille je me demandai à quel moment dans l'histoire de la cuisine américaine l'efficacité avait supplanté la saveur, et quand, au lieu de se servir de pinces pour tirer les spaghettis de leur bain, on s'était mis à renverser le tout dans une passoire (ô le vilain ustensile !) et à jeter toute cette « eau » consistante, opaque, dans l'évier. On trouve cette méthode décrite dans l'édition originale de 1931 du grand classique *The Joy of Cooking*, au chapitre « Comment cuire les spaghettis, les macaronis et toutes les autres nouilles », ainsi qu'une pratique plus inquiétante encore consistant à prendre votre passoire pleine de spaghettis (un peu collants, étant donné que vous les avez fait bouillir pendant une heure) ou de macaronis (facile à mâcher, après avoir bouilli pendant vingt minutes) ou de nouilles (méconnaissables sous la forme de mie de pâtes) pour en rincer le contenu sous le robinet d'eau froide – sacrilège des sacrilèges ! – et s'assurer que rien n'y reste collé. Je tiens l'auteur de cette bible culinaire de la ménagère américaine pour responsable des nombreuses platées de spaghettis trop cuits en sauce qui me furent servies dans mon enfance par ma mère, laquelle était née deux ans après sa publication. Pour rendre justice tout à la fois à ma mère et à l'auteur, un plat de spaghettis nageant dans une sauce à la viande est un aliment-doudou imbattable, même si cela n'a rien à voir avec *la pasta.* N'empêche, ce mépris atavique pour « la nouille » expliquerait mon ignorance à son sujet. Il a aussi contribué à alimenter mes préjugés contre les pâtes sèches, préjugés que j'ai finalement surmontés grâce à ce que l'on pourrait appeler une illumination.

Cela se passa au cours d'un « repas du personnel » impromptu et tardif – composé en réalité de deux dîners. Pour commencer, une énorme poêlée de *linguine alle vongole* (des *linguine* aux palourdes), que

Mark préparait pour les serveurs et les plongeurs (chacun prit son assiette avec un bol renversé par-dessus pour garder les pâtes au chaud, puis la cacha derrière un récipient ou sous une serviette – trop occupé pour la manger tout de suite mais trop méfiant vis-à-vis des autres pour la laisser traîner). Le deuxième repas était de mon cru, un bol de coques à la vapeur pour le manager du restaurant et le sommelier : l'administration ayant le droit d'être servie à une table en salle.

J'étais de plus en plus intrigué par la différence entre les palourdes et les coques. Les coques sont en principe plus grandes que les palourdes et originaires de la Méditerranée. Sous l'appellation de palourdes, qu'aux États-Unis nous appelons des *clams* et qui prolifèrent tout le long de la côte de la Nouvelle-Angleterre, nous classons tout le reste. Si vous ne savez pas quel nom donner au coquillage que vous venez de pêcher, c'est une palourde. Bref, en pratique, palourde ou coque, vous dites l'un ou l'autre suivant l'inspiration ; au Babbo, cette nomenclature était d'autant plus interchangeable qu'elle avait pour objet les mêmes coquillages, qui en plus ne provenaient ni de la Méditerranée ni de Nouvelle-Angleterre, mais de Nouvelle-Zélande, chaque lundi et jeudi matin. Ces « palourdes-coques » néo-zélandaises étaient petites, violettes, rondes et surtout magnifiquement semblables : aucune variation de forme, aucune variation de temps de cuisson, c'est-à-dire, avec le brûleur réglé au maximum, exactement six minutes, un peu moins que les six minutes et trente secondes que prenaient les *linguine*, lesquelles n'étaient pas non plus des vraies, qui nécessitaient neuf minutes, mais des *linguine fine* (une cousine mince à cuisson plus rapide). En toute honnêteté, je n'aimais ni l'un ni l'autre de ces plats aux coquillages. Les préparations me semblaient si inutilement compliquées : le premier (« Ling ! ») était démarré à l'ail, oignons rouges, flocons de piment rouge déshydraté ; le deuxième (« Cock ! ») à l'ail, oignons rouges et fines lamelles de piment vert. Piment vert ? Piment rouge ? Vous croyez que vos papilles sentent la différence ? Au premier on ajoutait du beurre, au deuxième, non. Au premier, du vin blanc, au deuxième de la sauce tomate. Le premier était saupoudré au final avec du persil, le deuxième décoré avec du basilic thaïlandais. Pourquoi du basilic thaïlandais ? Pourquoi est-ce que le persil s'accorde aux palourdes-coques néo-zélandaises quand on les appelle des palourdes et qu'on les sert avec des pâtes, mais pas quand on les appelle des coques et qu'on les sert dans un bol, sans pâtes ? Et, quand on y pense, pourquoi est-ce que je préparais ces fichues coques ? Où étaient les pâtes ? Pourquoi ? Pourquoi ? Vous savez pourquoi, vous ?

Je m'étais confectionné des fiches sur toutes les préparations du restaurant et perdis une matinée entière à mémoriser les soi-disant différences, à mon avis totalement absconses, entre les « Ling » et les « Cock ». Je n'avais aucun mal à mémoriser lequel était lequel – après tout, c'était le même coquillage dans les deux plats. Le problème, c'était de parvenir à m'en rappeler instantanément, sans réfléchir, quand je me trouvais à mon poste. Tout comme vous couriez à la catastrophe et preniez du retard si vous changiez votre poêle de main (trop long) ; ou si vous étiez obligé de chercher vos pinces (trop long) ; ou encore si vous deviez demander quelque chose ou vous gratter la tête ou fouiller votre mémoire pour trouver quoi que ce soit, de sorte que vous aspiriez à tenir le moindre détail en stock et prêt à l'emploi dans les profondeurs de votre système neuronal – au même titre que votre langue maternelle ou l'alphabet ou les chiffres – afin de ne jamais avoir à marquer de pause. Et si je dois exprimer le fond de ma pensée, je dirais que je ne voyais pas l'intérêt de mettre des coquillages dans les pâtes. Ce n'est pas comme si on pouvait manger les coquilles, si ? Sans compter que c'est toute une affaire de déguster ce genre de plat. Il vous faut un bavoir, une assiette supplémentaire, un rince-doigts, une deuxième serviette et un redoublement de vigilance si vous voulez éviter d'avaler une coquille. Un exercice hygiénique, en quelque sorte, comme prendre son bain – en tout cas, pas de la gastronomie.

Cette nuit-là j'eus une autre prise de conscience, celle-ci provoquée par l'observation suivante : plus l'heure était tardive, plus la cuisine vivait pour la brigade et moins elle était tournée vers la clientèle de la dernière heure. Vers minuit, elle ressemblait à une zone démilitarisée, au bord de la fermeture, quoique encore opérationnelle, sous la pression du maître d'hôtel, John Mainieri, lequel acceptait parfois de servir des retardataires, cela malgré la haine déclarée des membres de la brigade qui, à chacune de ses apparitions, le huaient, le sifflaient et braillaient en chœur des « bonsoir » d'une voix atrocement snob (pour moi un spectacle pénible, d'autant que j'aimais beaucoup John). Il est en effet possible la plupart du temps d'obtenir une table dans un restaurant alors que la cuisine est sur le point de fermer. Mais je vous conseille vivement, la prochaine fois que vous essaierez de convaincre un maître d'hôtel – par d'abjectes courbettes, en vous confondant en excuses, les embouteillages, la foule, bref en débitant un chapelet d'obséquieuses platitudes, un billet de banque serré dans votre poing – oui, je vous conseille de prendre en considération le fait que les chefs savent que vous êtes là. Ils attendent vos commandes, réunis autour du téléscripteur, et comptent les secondes en vous traitant de noms d'oiseaux quand vous ne parvenez pas à vous décider. Ils s'interrogent – est-ce que ce sera quelque chose de léger, un seul plat à la carte, par exemple ? (« C'est ce que je commanderais si j'étais à leur place, lance l'un d'eux, et les autres d'approuver à haute et intelligible voix.) Vais-je pouvoir démarrer le nettoyage du cuiseur à pâtes ? Le grilladin pourra-t-il éteindre ses feux ? Ou bien les clients – des retardataires appelés tout simplement « ces connards » – vont-ils être assez candides pour commander un menu dégustation en cinq plats ? Ce sont des choses qui arrivent, et la réponse de la cuisine – un grand cri de dégoût – est si prompte, unanime et sonore qu'elle doit forcément s'entendre en salle. Car l'ambiance qui règne alors en cuisine a changé. À partir de onze heures, la bière est autorisée, et cela fait donc une heure que les cuistots s'alcoolisent. Les capitaines se sont éclipsés : Andy est dans la cave en train de taper Dieu sait quoi sur son ordinateur ; Frankie est occupé dans la chambre froide. Il n'y a plus de maître à bord. L'équipage est fatigué et sale. Le sol est gras et mouillé – la porte de la chambre froide s'ouvre brusquement pour laisser le passage à un cuistot en vol plané. Le cuiseur à pâtes est tellement vaseux que le liquide au fond a viré au violet et commence à mousser. Vous voulez plus de détails ? Alors permettez-moi de reformuler ma question : pensez-vous sérieusement que, si votre commande est la dernière à être annoncée, votre repas sera cuisiné avec amour ?

Mais dans la précipitation, nettoyage, vaisselle, décapage, fourbissage, épongeage ; la quête des bacs d'un litre (pourquoi n'y a-t-il jamais assez de petits bacs ?) ; le fracas d'une lèchefrite tombant par terre ; la vitesse avec laquelle vous débarrassez votre mise en place, en emballant certains aliments et en jetant le principal, y compris les ingrédients nécessaires à la cuisson de cette dernière commande tardive (désolé, mon vieux, ça vous apprendra à vous pointer aussi tard) ; le sucre cassé sur le dos du maître d'hôtel, lequel revient voir s'il n'y aurait pas un « repas du personnel » de préparé ; l'appétit insatiable des plongeurs (qui n'ont rien à se mettre sous la dent chez eux) ; la fébrilité de fin de soirée, où tout est un peu flou, comme sous l'empire d'une sorte d'ivresse de la fermeture, tant on a hâte d'en avoir terminé, de se tirer – eh bien, c'est au milieu de toute cette effervescence que la lumière se fit dans mon esprit au sujet des pâtes aux palourdes.

Voici comment cela s'est passé : Mark, ayant cuit une large platée de *linguine* pendant les six minutes et trente secondes réglementaires, les déversa dans une poêle de palourdes-coques de Nouvelle-Zélande, laissant tomber sur elles pas mal d'eau blanchâtre, obtenant un gros tas de pâtes pesant sur quelques douzaines de petits coquillages. Il agita la poêle, la lança un peu en l'air, l'agita de nouveau, puis la laissa tranquille de manière à laisser bouillonner le tout pendant encore trente secondes. (Curieux, songeai-je, en l'observant – en général vous ne laissez pas une poêle de pâtes sur la table de cuisson.) Ensuite il prit une pâte et la goûta. Il m'en donna une. Ce n'était pas ce à quoi je m'attendais. Ce n'était plus des *linguine*, plus vraiment ; elles avaient changé de couleur et de consistance, bref, elles étaient devenues autre chose. Je regoûtai. Ceci, me dis-je, est l'équivalent du pain trempé dans le jus de viande. Mais de quoi était faite la sauce ? Je contemplai la poêle : les palourdes-coques, qui étaient scellées il y a quelques minutes, s'étaient ouvertes en cuisant et, en s'ouvrant, avaient libéré leurs sucs. Et c'est ce que je savourais dans cette pâte : l'arôme de l'océan. « Tout est dans la sauce, pas dans la petite crotte de chair dans la coquille, m'expliqua par la suite Mario. Personne ne s'intéresse à cette petite crotte ! »

La majorité des plats de pâtes se concentrent sur les pâtes, plutôt que sur la sauce (ce « simple condiment ») : à force de l'entendre, j'avais appris la leçon. Mais là, en goûtant à ces *linguine*, je découvris un plat qui ne se concentrait ni sur les pâtes ni sur la sauce, mais sur les deux, sur leur interaction et son résultat – une nouvelle saveur, très puissante – évocateur de ce jour de l'enfance où l'on a vu pour la première fois l'océan.

Si vous êtes tenté de préparer des *linguine* aux palourdes « comme » au restaurant, sachez d'abord que le seul ingrédient susceptible d'être mesuré, c'est *la pasta*. (Une portion correspond à un peu plus de cent grammes.) Tout le reste dépend de ce que vous prenez entre le bout de vos doigts, une petite pincée ou une grosse pincée ou bien quelque chose entre les deux : cela ne va pas beaucoup vous aider, je le crains, mais c'est ainsi, au jugé, que se déterminent les quantités dans un restaurant. (Pour faire un livre de cuisine, on engage un « testeur », une personne qui vient dans la cuisine, ramasse tous les ingrédients nécessaires pour accommoder un plat et les emporte afin de les « traduire » en quantités compréhensibles dans les chaumières. Dans le monde de l'édition gastronomique, ces personnages, les testeurs – qui ont des cuisines très blanches équipées de fourneaux soigneusement calibrés et de balances numériques – sont les despotes de la recette écrite. Personnellement, je ne suis pas convaincu que l'on puisse se fier à cette traduction ; de deux choses l'une : soit les quantités originales employées par le restaurant sont tellement gigantesques qu'elles ne veulent plus rien dire quand on les adapte – des souris d'agneau pour trente-quatre personnes n'ont rien à voir avec le même plat pour deux ; la chimie est différente, la sauce moins riche –, soit les portions relatives du restaurant sont si minuscules qu'elles deviennent absurdes quand on cherche à en établir les proportions. Par exemple, faut-il croire le *Babbo Cookbook* quand il vous indique que pour des *linguine* à l'anguille, vous avez besoin de quatre gousses d'ail, pour des *spaghettini* au homard, de deux et pour la *chitarra*, de trois ? Non. C'est le même topo pour chaque plat : un soupçon. Et où est donc passé l'oignon rouge, indispensable aux « Spag » au homard – à peine un soupçon – et qui n'est même pas mentionné ? Étions-nous en rupture d'oignons rouges le jour de la visite du testeur ?) L'inconvénient de cette technique de la pincée, c'est ce qui arrive à vos mains. À la fin de la soirée, le bout de vos doigts est imprégné d'odeurs fortes, que vous essaierez en vain d'éliminer. Vous vous lavez les mains. Vous les laissez tremper. Vous prenez une douche, vous les brossez. Le lendemain, elles puent encore l'oignon, l'ail et le saindoux, si bien que, persuadés que votre entourage souffre de ces relents, vous enfouissez vos mains au fond de vos poches et frottez vos doigts entre eux d'une manière obsessionnelle, digne de lady Macbeth. Au lit, ma femme et moi traversâmes des moments difficiles à l'époque où j'occupais le poste des pâtes, depuis cette nuit où, ma main passant accidentellement sur son visage, elle s'était réveillée en sursaut.

Un bon conseil : laissez de côté le *Babbo Cookbook* et commencez par faire revenir des petites pincées d'ail et de chili en flocons, ainsi que des pincées moyennes d'oignon et de *pancetta* dans une poêle avec un peu d'huile d'olive. L'huile d'olive chaude accélère le processus, et dès que vous voyez que ce qu'il y a dans la poêle s'est ramolli, vous la videz (en retenant la matière solide avec vos pinces) et ajoutez une noisette de beurre et une giclée de vin blanc, ce qui stoppe la cuisson. Voilà pour la première étape – vous vous retrouvez avec la bouillie au beurre habituelle – et vous avez déjà ajouté deux choses inconnues au bataillon en Italie : du beurre (des fruits de mer au beurre – ou tout autre produit laitier – frise le blasphème culinaire) et de la *pancetta*, pour la bonne raison que, d'après Mario, l'alliance entre le porc et les fruits de mer est un grand classique de tous les temps dans beaucoup d'endroits : au Portugal, dans les *amêijoas na cataplana* (palourdes et jambon) ; ou en Espagne, dans la paella (chorizo et coquilles Saint-Jacques) ; ou encore aux

États-Unis, dans les *clams casino* italo-américains (palourdes et bacon), même si aucun de ces lieux ne se trouve en Italie. (« Les Italiens, dit Mario, ne rigolent pas avec le poisson. Certains restaurants ne se servent même pas de citron, parce qu'ils pensent que c'est déjà trop. »)

Amorcez la deuxième étape en jetant vos pâtes dans l'eau bouillante et en prenant votre poêle couverte de bouillie de *pancetta* au beurre, que vous remplissez d'une bonne poignée de palourdes et posez sur le feu le plus vif. Le but consiste à les cuire rapidement – quand au bout de trois ou quatre minutes elles commencent à s'ouvrir, vous agitez votre poêle tout en mélangeant le jus des coquillages avec l'émulsion beurre, porc et vin blanc. À six minutes et trente secondes tapantes, vous sortez avec vos pinces les pâtes de la casserole et vous les jetez dans la poêle – toute cette eau pleine d'amidon qui en profite pour dégouliner dedans, c'est très bien ; agitez de nouveau votre poêle ; retournez son contenu ; agitez encore vigoureusement afin de vous assurer que les pâtes se nappent de sauce. Si elles ont l'air sèches, ajoutez une cuillerée d'eau de cuisson ; si elles vous paraissent au contraire trop mouillées, débarrassez-vous d'un peu de sauce. Laissez cuire pendant trente secondes et quelques, en agitant, agitant, agitant jusqu'à ce que la sauce badigeonne le fond de votre poêle, ajoutez une giclée d'huile d'olive et saupoudrez de persil : c'est prêt !

J'ai appris beaucoup de choses « aux pâtes », mais je ne voudrais pas paraître me vanter. Je n'ai jamais réussi à passer une soirée sans que mon amour-propre en prît un sacré coup. J'étais désormais à la cuisine cinq jours par semaine, et chaque fois que le service démarrait, je me disais : ce soir, peut-être, je ne vais pas merder. J'aurais mille fois préféré raconter comment j'étais parvenu à un impeccable savoir-faire à mon poste, et prouver que Mario avait tort et que j'étais apte à maîtriser une tâche soi-disant réservée aux jeunes de vingt ans et quelques. Cela ne s'est hélas pas passé comme ça. Le premier soir où je me retrouvai seul, je n'arrivai même pas au bout de la première heure, quoique pendant cette première heure, je ne m'en tirai pas mal. Tandis que les commandes affluaient, j'en étais à l'étape numéro un de mes préparations, je rangeais mes poêles sur les étagères autour du cuiseur à pâtes, je les remplissais, je les empilais les unes sur les autres comme on m'avait dit de faire quand ça se mettait à chauffer, puis j'en mis trois l'une sur l'autre, parce que ça urgeait vraiment. Je procédais avec des gestes rapides, assurés, professionnels, quand en me retournant, j'entendis un tas de poêles tomber derrière moi dans le cuiseur (Plouf ! Plouf ! Plouf !), et, comble de l'horreur, tout s'arrêta net dans la cuisine. Il était à craindre que l'eau – à présent polluée par des grumeaux de *ragù*, beurre aux truffes, champignons caramélisés, *guanciale* grillé, sauce tomate, mollusques, beurre, sans parler de toutes ces pincées aromatiques d'oignon, d'ail et de saindoux – fût bonne à jeter. Il faudrait vider le cuiseur, le remplir et ramener l'eau à ébullition. Une opération qui prendrait une heure. Alors qu'on nous avait déjà demandé de faire marcher vingt-huit commandes. L'ombre de la mort planait sur la brigade. Tony Liu, qui avait ce soir-là pris la place d'Andy au poste d'aboyeur, vint inspecter l'eau bouillante noiraude, leva les yeux vers les étagères, constata que seule la majorité des poêles étaient tombées dans le cuiseur, mais pas toutes, et me dit que ça allait. Vraiment ? Mark passa une bonne partie de la soirée à cueillir à la dernière seconde des palourdes égarées dans des assiettes où elles n'avaient rien à faire, « juste avant que le plat soit enlevé », et dans l'ensemble les pâtes avaient, inexplicablement, leur goût habituel. « À la cuisine, c'est le pied quand quelqu'un se plante, me confia par la suite Mark. "Psst ! Vise un peu, il a flanqué les poêles par terre !" Ils en ont parlé pendant une semaine. »

Mark fonçait, tandis que mon temps était compté. Il décida que le moment était venu d'aller de l'avant. Après m'avoir piloté à deux postes et avoir supporté avec patience le style d'épreuves que seul un dieu pouvait vous concocter, il s'était vu décerner un sobriquet biblique. (Qu'est-ce que vous voulez, oui, on en était arrivé là : j'étais « l'emmerdeur de service » et lui « Job ».) Et bien que figurant en tête sur la liste d'attente des aspirants au grade de sous-chef, il avait envie de relever un nouveau défi. Mark allait fêter ses trente ans ce printemps – Mario avait vingt-neuf ans quand il avait démissionné de son poste de chef à Santa Barbara – et, comme Mario, il ne voyait pas l'intérêt de gravir les échelons ; ce qu'il voulait, c'était aller en Italie. Il sollicita l'aide de Mario, et celui-ci, flatté, comme d'habitude, lui trouva le lieu idéal, idéal aux yeux de Mario Batali, un restaurant bénéficiant d'une étoile au Michelin et de la réputation de servir la meilleure *pasta fresca* faite à la main dans une région célèbre pour sa *pasta fresca* faite à la main : Il Sole, dans la périphérie de Bologne. Ou du moins est-ce là que Mark pensait se rendre – « Mario parle tellement vite que je ne suis jamais sûr d'avoir bien compris », m'avoua-t-il avec, me sembla-t-il, un fatalisme remarquable. Mark ne parlait pas italien ; il l'apprendrait sur place. Où exactement se trouverait ce « sur place » ? Il l'ignorait. Il envisageait d'y rester peut-être deux ans, peut-être plus. « C'est une chance qui ne se représentera pas. Je vais rester aussi longtemps que possible. »

Le départ imminent de Mark me fit réfléchir. En mettant ses pas dans ceux de Mario, il partait en quête de l'authentique : la *pasta fresca* faite à la main. N'était-ce pas la mission qu'il s'était fixée ? En revanche, j'avais été initié à un aliment que j'avais longtemps honni : *la pastasciutta*, ce produit industriel. Et j'en étais reconnaissant. Mais aussi un peu envieux de l'aventure future de Mark. Tout le monde l'était d'ailleurs.

En attendant, il fallait trouver à Mark un remplaçant pour le poste des pâtes et le former, ce qui prendrait des semaines (même pour des cuistots professionnels), de sorte que je cédai ma place. Il n'y en avait pas pour deux élèves. Le départ de Mark provoqua une autre embauche, car l'organisation hiérarchique était telle que Mark, proche du sommet, fut remplacé par quelqu'un qui commencerait au bas de l'échelle, au garde-manger, à la préparation des entrées. (Dans cette structure invisible, Abby ne serait désormais plus la « bleue ».) Le nouveau s'appelait Alex Feldman. J'étais présent pour son premier jour : ce n'était pas rien, puisque nous allions tous passer des heures en sa compagnie et qu'aucun de nous ne savait à quoi s'attendre. Et de fait, lui-même n'était pas rien. Il mesurait un mètre quatre-vingt-treize, du moins d'après lui, mais moi, je n'en croyais rien. Il me paraissait plus grand, ou, pire encore, toujours en pleine croissance. (Il avait un appétit d'ado ou d'ogre. À la « table familiale », quand on servit des hot-dogs, il en mangea douze.) Il avait vingt-deux ans, il était excitable, dégingandé, maladroit et tête en l'air. Il me rappelait un personnage de cartoon – quelque être flasque aux longs membres mous : Goofy avec sa figure de jeune chien. Le nez d'Alex, par exemple, ressemblait au museau d'un chiot, gros et comme inachevé, comme en voie de formation. Il avait de grands pieds, de vrais battoirs. Et avec ses cheveux longs coiffés avec une raie au milieu, on aurait dit un collégien grandi trop vite.

« Qu'est-ce qui a pris à Mario d'embaucher quelqu'un qui prend autant de place ? marmonnait Elisa. Il sait pourtant qu'on n'en a pas à revendre. » Mais Mario avait arrêté sa décision avant même de l'avoir vu, pour la seule raison, une fois encore, qu'Alex avait travaillé dans une cuisine en Italie. Il avait passé une année à Florence, au Cibreo, un restaurant connu pour sa conception puriste de l'art culinaire toscan. Je n'avais jamais entendu parler du Cibreo. De fait, à part Mario, personne ne connaissait ce restaurant. Mais au bout d'un mois et quelques, nous savions tout sur lui : l'imbattable fraîcheur de l'huile d'olive du Cibreo livrée pratiquement dès sa sortie du pressoir – « pas des jours ou des semaines après, mais quelques heures ». (Quand il goûta l'huile du Babbo, Alex fronça le nez de désapprobation.) Il nous parla en long et en large du *soffritto*, qui fait tout le mystère de la soupe toscane et dont la préparation occupait la cuisine du Cibreo des matinées entières. (Personne dans la brigade n'avait entendu parler du *soffrito*, mais quand Alex prononçait ce mot, il baissait la voix d'un ton révérencieux, et vous compreniez qu'il ne seyait pas de prendre le *soffrito* à la légère, quoi que ce terme recouvrît.) Alex se montrait tout aussi communicatif en ce qui concernait la langue italienne et vous corrigeait quand vous prononciez les noms des plats n'importe comment. À vrai dire, Alex parlait plus volontiers l'italien que l'anglais.

« Peut-être est-ce un goût qu'il a acquis », commenta tranquillement Abby.

13

New York, 1995. Le 15 mai, une assistante de la chaîne câblée Food Network tomba sur un article du *New York Observer* qu'elle jugea susceptible d'intéresser son chef de projet, Jonathan Lynne. Dans l'article en question, on apprenait qu'un cénacle de chefs avait ses habitudes dans un restaurant de downtown Manhattan, le Blue Ribbon. Cet établissement était ouvert la nuit (dernières commandes entre quatre et cinq heures du matin) et ne prenait pas de réservations, sauf pour la grande table ronde près de la porte qui pouvait accueillir cinq à dix personnes. Batali avait découvert le Blue Ribbon peu après l'ouverture du Pó et s'attribuait souvent cette table pour retrouver des copains chefs à la fin du service du samedi soir, qui se terminait toujours à des heures avancées. « Comme autour de la table ronde de l'Algonquin pendant les années 1920 et 1930 les beaux esprits de New York se réunissaient pour se lamenter sur leur carrière littéraire, leurs peines de cœur et s'échanger des répliques décapantes, écrivait Frank DiGiacomo, l'auteur du morceau de bravoure de l'*Observer*, on se retrouve autour de la table ronde du Blue Ribbon pour se raconter les dernières horreurs commises par la clientèle, papoter technique culinaire, ragots du business, et, bien sûr, épiloguer sur les difficultés afférentes à la poursuite d'une relation stable en amour, étant donné les horaires dingues d'un chef. » Dans la mythologie new-yorkaise, où les fleurs noires du génie éclosent au point du jour, il y a deux lieux archétypaux : d'une part la table ronde de Dorothy Parker et Cie dans un célèbre hôtel chargé d'histoire de midtown et d'autre part la base des artistes de downtown, au décor déglingué. Les gens sont toujours à l'affût de leur éventuelle réincarnation, à l'une ou à l'autre. Avec sa table ronde et sa situation downtown, le Blue Ribbon combinait les deux.

Mario, avec ses trente-quatre printemps, sa dégaine californienne et ses sabots dégotés dans un magasin spécialisé dans le matériel de chirurgie, était présenté comme le boute-en-train qui soudait le groupe (« Il se conduit comme un clown, déclara un chef au journaliste, mais vous seriez étonné – il est en réalité très intelligent »). Son attitude à la « Touche pas à mon pote ! » était illustrée par une des histoires qu'il aimait raconter sur son séjour à San Francisco, le soir où il avait été obligé de faire du charme à un flic décidé à embarquer au poste un de ses compagnons de beuverie, l'écrivain Hunter S. Thompson, sur lequel il était tombé par hasard et qui avait menacé de son revolver un traminot qui refusait de le laisser monter, lui, Thompson, par l'avant de son *cable car* : Batali avait terminé la nuit ou plutôt s'était réveillé au Fairmont (il n'était pas descendu dans ce palace) en maillot de bain mouillé (le palace n'avait pas de piscine). Parmi les chefs autour de la table ronde – « Une bande de mecs couillus », déclara Batali, afin d'expliquer l'enthousiasme soulevé par le haut niveau des talents réunis dans la salle – on comptait Tom Valenti et le « dur à cuire à la tête d'angelot », Bobby Flay. Ce dernier avait le vent en poupe, il avait publié un bouquin, venait d'être nommé « Futur Chef de l'année » et avait engagé un publicitaire. « Où est Bobby ? » demanda quelqu'un. « Il n'a pas pu venir ce soir, le toit ne supporterait pas le poids de son hélico. »

J'eus un aperçu de ce qu'avaient dû être ces fins de soirée, sept années plus tard, lorsque je fus convié par Mario à la même table ronde en compagnie de quelques-uns de ses amis. L'occasion de cette petite réunion était la visite à New York de Jim Harrison, qui se qualifie lui-même de « fou de cuisine ». Batali et Harrison s'admiraient respectivement, et leur conversation à bâtons rompus constituait le clou du repas. Aux yeux de Mario, Jim Harrison était le Homère, le Michel Ange, la Lamborghini, le Jimi Hendrix des intellectuels de la cuisine : « Un expert, chasseur, gourmand, traqueur, bref un chien enragé doublé d'un grand buveur, qui va se mettre dans tous ses états pour savoir quelles graines une perdrix a bien pu picorer le matin pour avoir si bon goût au déjeuner. » Harrison, plus pudiquement, décrivit Batali comme une espèce d'âme sœur. « Sans doute quelque chose qui remonte à une vie précédente », bougonna-t-il d'une voix à peine audible, style, J'en-ai-tellement-vu-que-je-me-demande-comment-je-suis-encore-de-ce-monde. Mario rectifia : « Qui remonte à une vie de cochons. » L'un comme l'autre sont des hommes de grande taille. À eux deux ils monopolisaient physiquement une bonne partie de la table – un demi-cercle, en fait. Ils auraient formé un couple de figurants parfaits dans un spectacle médiéval sur les péchés capitaux (les sept).

Quand on apporta le magnum de vin blanc, Mario rappela à Harrison que lors de leur dernière rencontre, ils avaient bu vingt-huit bouteilles.

« Il y avait d'autres gens, protesta Harrison sans conviction.

— Il ne buvaient pas », corrigea Mario.

Il commanda les entrées sans réfléchir, dix-huit en tout, dont deux douzaines d'huîtres, auxquelles il n'était pas question que Harrison touchât, car il venait tout juste de rentrer de Normandie où il avait testé la théorie de l'écrivain gastronome Jean-Anthelme Brillat-Savarin selon laquelle « autrefois un festin de quelque apparat commençait ordinairement par des huîtres, et qu'il se trouvait toujours un bon nombre de convives qui ne s'arrêtaient pas sans avoir avalé *une grosse* (douze douzaines, cent quarante-quatre) ». Pour apporter la preuve que cette pratique était tout à fait plausible, l'auteur de la *Physiologie du goût* avait pesé une huître « eau comprise », l'évaluant à moins de dix grammes. *Une grosse*, par conséquent, devait peser environ un kilo et demi, ou trois livres. Trois livres de mollusques crus moins les coquilles, cela semble a priori beaucoup, mais Harrison était convaincu, et un soir il avait démarré son dîner par cent quarante-quatre huîtres.

Il soupira. Il n'était pas près de recommencer l'expérience.

Un deuxième magnum apparut, en même temps que les premiers plats. Des huîtres frites (pour contraster avec les crues) ; des ris de veau salés, qui se révélèrent pour Harrison, à la façon de la madeleine de Proust, la source inopinée d'un rejaillissement des souvenirs que lui avait laissés sa première petite amie, âgée de quatorze ans ; des scampi frits ; des crevettes géantes grillées ; des travers de porc au barbecue ; et un os à moelle rôti avec une marmelade de queue de bœuf.

Un troisième magnum fit son apparition. Harrison prit le pouls de Mario (« Aah ! Tu es encore en vie ») et porta un toast. « À nous deux, Mario.

— Et que le reste du monde aille se faire foutre », ajouta Mario.

Vers minuit et notre cinquième magnum, le restaurant se remplit, et au bout d'un moment, comme il n'y avait pas de place ailleurs, la foule grossit autour du bar, qui était voisin de notre table. Et bientôt des inconnus – mais des inconnus drôlement sympas et rigolos – se joignirent à nous (à notre sixième magnum) et reçurent de notre part un accueil chaleureux autant qu'aviné, si bien qu'ils allèrent chercher des chaises pour se glisser entre nous – parmi eux se trouvait une prostituée russe très blonde à l'accent impénétrable. D'autres magnums suivirent. Finalement, Mario emmena Harrison à une réception pour la sortie d'un film ou quelque chose comme ça, la prostituée russe embarquant une bande de fausses blondes d'Europe centrale, et la soirée se termina aux petites heures par une virée au karaoké du Half King, un bar récemment ouvert par l'écrivain Sebastian Junger, l'auteur du best-seller *En pleine tempête.* (Je tiens le récit de seconde main, puisque, à l'époque, encore employé dans un bureau, je me levais tôt et prenais soin de rentrer chez moi avant une heure trente du matin.)

Toujours est-il que lorsque Jonathan Lynne lut l'article de l'*Observer*, il se dit : Merde ! Voilà exactement ce qu'il faut à Food Network. « C'était comme ces groupes de rock qui traînent le samedi soir à Seattle. Ou des artistes dans un bar downtown. Un ensemble soudé de talents créatifs : voilà ce que je voulais que parraine Food Network, voilà ce que je voulais voir sur le petit écran. » Lynne considère les chefs comme « des artistes, au même titre que des artistes peintres » et chante les louanges de leur « vision originale » et de leur « esthétique personnelle ». Ce n'est pas, et de loin, la première fois dans l'histoire qu'un non-chef professe ce genre d'opinion sur les chefs, car depuis que le *De re coquinaria* d'Apicius a été traduit sous le titre *De l'art culinaire*, les Italiens comme les Français ont décrit les œuvres des grands cuisiniers avec une emphase métaphysique abusant de l'hyperbole : fi du tour de main de l'artisan, il n'est question que d'exploits à la Léonard de Vinci.

Jonathan Lynne téléphona à Batali, lui demanda s'il voulait devenir une star de la télé et fut invité à déjeuner : *tortelloni* à la sauge et au beurre, servis avec des endives « tombées » au beurre, se rappelle Lynne de manière très précise. (Batali se souvient seulement de l'enthousiasme débordant d'un illustre inconnu, interrompant ses préparations du matin.) Six mois plus tard, le 8 janvier 1996, la chaîne Food Network lançait l'émission culinaire *Molto Mario*, et trois semaines après, la queue sur le trottoir devant le Pó s'allongeait sur plusieurs centaines de mètres jusqu'à Bleecker Street.

Les premiers épisodes, produits avec peu de moyens (le personnage face à la caméra, une cuisinière électrique faute de gaz), étaient rudimentaires mais animés par un répertoire de plats d'emblée familier, comme si tout ce que Mario devait développer par la suite y existait déjà en germe : les raviolis aux blettes (une recette de sa grand-mère) ; un *cioppino*, la soupe à trois sous, faite à partir de petits riens ; les *orecchiette* – Mario feignant de les rouler, alors qu'elles avaient été préalablement préparées par d'invisibles petites mains, des *orecchiette* si grosses et si informes qu'elles se gonflaient comme des joujoux de bain quand on les jetait dans l'eau bouillante. (« Aïe ! murmura Mario. On dirait que cette oreille-ci a appartenu à Monsieur Spock. ») N'empêche, malgré quelques bizarreries prévisibles, ce qui ressortait, c'était la révélation d'une volonté passionnée de mener à bien une mission. Mario, tout juste de retour d'Italie, avait compris quelque chose que peu de gens savent : la cuisine traditionnelle italienne ne correspond pas à nos idées préconçues – elle est plus simple qu'on le croit –, mais cette simplicité, il est quand même nécessaire de l'apprendre, et il était là pour ça.

Je visionnai plusieurs enregistrements complets d'épisodes ultérieurs de l'émission, sans coupes. Elle était désormais présentée devant trois amis perchés sur des tabourets, à qui étaient destinés les mets – un privilège, sans aucun doute, quoique discutable étant donné un certain nombre de facteurs, dont la question de l'heure. Les convives, qu'une voiture passait prendre avant sept heures du matin, étaient attablés devant leur première assiette une heure plus tard, alors que tout ce à quoi ils aspiraient, c'était à une deuxième tasse de café. Un jour, c'étaient des gnocchis aux blancs de seiche (« Vous pratiquez une petite entaille au couteau, l'os glisse de la cavité comme le médiator d'une guitare et ensuite vous videz les entrailles en tirant dessus – eh, oh ! s'exclama Mario, les doigts enrobés d'intestins noirâtres, regardez ce que ce petit coquin a mangé hier. ») Deux repas supplémentaires s'ensuivirent, sans transition ou presque, avec un quatrième prévu pour après le déjeuner (qui a parlé de déjeuner ?). Quand vous regardez l'émission, vous pouvez juger où les convives en sont dans le programme de tournage rien qu'à leur tête – pleins de bonne volonté ou l'air gavé. « Allez, les gars, *buon appetito* », leur dit Mario en les encourageant à faire au moins semblant de mastiquer, tandis que sur leurs assiettes se coagulent des lambeaux de *pasta*, le gluten en refroidissant ayant acquis un aspect cireux – c'est le douzième mets qu'on leur sert depuis le matin.

On s'attend à ce que les convives profitent d'une pause dans le discours volubile de leur hôte pour glisser une question intelligente, cette brève et courte chanson qu'ils sont censés entonner en échange de cette agape. Une chose peu commode – chaque épisode ne dure que vingt-cinq minutes, s'organise autour d'un repas à l'italienne en trois actes, *antipasto*, *pasta* et *secondo* – et les explications comme la cuisine se font à vitesse grand V. Il s'agit en réalité d'un monologue de théâtre culinaire, envoyé de façon si expéditive et émaillé d'un tel assortiment imprévisible de références que peu de convives se sentent habilités à l'interrompre, d'autant qu'ils sont souvent complètement largués par ce que Mario est en train de raconter. En outre, qu'est-ce que c'est qu'une question « intelligente » ?

Par exemple, en passant, Mario fait observer que

les sardines, à cause de la minceur de leur peau, doivent être roulées préalablement dans la chapelure avant d'être saisies sur un feu vif (et vous de songer, merde, il a raison, leur peau est sacrément mince) ; c'est alors que, sautant du coq à l'âne, votre hôte décrète que le céleri est le héros méconnu de la cuisine romaine (oui, oui, pensez-vous en vous efforçant de vous rappeler la dernière fois où vous avez vu une branche de céleri jouer les vedettes) ; ensuite le voilà qui donne à chacun de ses convives une boule de pâte à la farine et aux pommes de terre qu'il les enjoint à rouler comme un bâton pour confectionner des gnocchis, en ajoutant que, lorsque vous cuisinez chez vous, il vaut mieux employer une pomme de terre farineuse riche en amidon plutôt que ferme (« Comme l'Idaho ? » parvient à lancer le gars sur le dernier tabouret). « Comme l'Idaho, confirme aussitôt Mario qui continue : Et attention de ne pas mettre trop de farine dans votre mélange. » (« Combien de farine ? » lance le même gars, sentant qu'il tient le bon bout.) « Autant qu'il le faut », réplique Mario, citant sa grand-mère (ce qui sonne authentique, mais ne vous avance guère), avant de cueillir les moignons bricolés par les convives, moignons qu'il jette dans une marmite d'eau bouillante – laquelle vient d'apparaître comme par enchantement –, en précisant que les moignons seront cuits non pas, comme tout le monde semble le penser à tort (ah bon, vous aussi ?), quand ils remonteront à la surface, mais seulement lorsqu'ils « s'acharneront à vouloir sortir de la casserole » (là-dessus, chacun de soulever légèrement les fesses de son tabouret, dans l'espoir d'apercevoir la gueule d'un gnocchi quand il se démène comme un homard dans un ultime sauve-qui-peut) ; alors, en prenant subitement une voix caverneuse de baryton et le ton d'un présentateur de combat de boxe (« Mesdames, messieurs ! »), Mario lève un morceau de *parmigiano* qu'il appelle le « roi incontesté des fromages ». (Et vous, vous vous dites, pas possible, le parmesan mérite-t-il vraiment de tels honneurs monarchiques ?) Tout bien considéré, ce ne serait pas mal de lui poser la question sur le parmesan, vu que quatorze minutes se sont écoulées depuis que vous avez ouvert la bouche. Mais à quel moment ? Mario est déjà en train de dresser les assiettes de gnocchis, et il s'interrompt lui-même pour incarner encore un autre personnage. (Allez, fonce ! C'est le moment où jamais ! vous dit une petite voix dans votre tête.) « Dans la cuisine italienne, déclame Mario, tel Socrate, votre mets doit avoir l'air d'être tombé des ailes du poète (Ouille ! Peut-on l'interroger là-dessus – sur ce à quoi ressemble un aliment après une chute pareille ?) et non pas ressembler à un truc accommodé par neuf Français qui ont tous été des enfants battus. »

Finalement, la régie vous accorde une pause (Ouf !), vous pouvez vous détendre, sauf que Mario, à l'étroit dans son sarrau de chef sain de corps et d'esprit, lâche brusquement la bride, se met à délirer et à déblatérer des énormités sur n'importe quel produit qui se trouve à portée de sa main : mettons un artichaut (« Parce que ça apporte du bois ») ou de la viande de cobra (« Parce que ça apporte *encore plus* de bois que l'artichaut, du *gros bois*, du bois *dur* comme le tronc d'un arbre », sur quoi il enlace deux assistantes à la manière d'un gros ours convivial et les invite à imaginer qu'elles sont en train de digérer avec lui un repas de cobra, « un régal »). Il danse, il leur donne des claques sur les fesses, il les embrasse, il vante les avantages de la queue-de-cheval (« Au moins je sais quoi faire avec la mienne, mon lapin ») ou de son sarrau (qu'une assistante a eu le malheur de trouver trop raide) ou des tomates, qu'une assistante de plateau rafraîchit à l'aide d'un pistolet à eau (« Toi, ma chérie, lui dit Mario d'une voix de velours, tu as le droit d'arroser mes tomates quand tu veux »). « Pourquoi je me vexe pas ? » interroge tout haut l'assistante visée. « Pourquoi on lui colle pas un procès ? » enchérit un des commensaux. « Pourquoi on peut pas montrer *ça* à la télévision ? » intervient l'autre. Mais dès que démarre la mélodie guillerette de l'émission, comme s'il venait de recevoir un seau d'eau froide en pleine figure, Mario réintègre son personnage cathodique, sans un faux pas jusqu'à la pause suivante... et sans vous laisser le temps d'en placer une.

« J'arrête pas de lui répéter de ralentir, me confia le réalisateur, Jerry Liddell. Il a tout le temps qu'il veut. »

Je regardai une autre série d'enregistrements complets de l'émission, dans la salle de contrôle de Jerry Liddell. Celui-ci la filmait avec la même exigence que pour un événement sportif en direct : en une seule prise, et en prenant les décisions de cadrage sur le moment même.

« La cuisine, c'est une histoire de transformations, déclara Liddell. Vous rassemblez un certain nombre d'ingrédients, et ils deviennent quelque chose d'autre. C'est ce que raconte l'émission de Mario. Il y a un fil narratif. Pour la plupart d'entre nous, l'issue de la rencontre d'une poignée d'ingrédients est totalement imprévisible. Même ici, dans la salle de contrôle, alors que nous suivons le déroulement de l'émission, le menu à la main, même là nous ne savons pas ce qui va se passer à la seconde suivante. C'est ça le charme d'une émission comme celle-ci – Mario, lui, sait ce que sa cuisine va donner, tandis que nous essayons seulement de le suivre. » Cela dit, devant tant de transformations, effectuées avec une telle célérité, il y a de quoi avoir la tête qui tourne. « Il est indéniable que vous apprenez quelque chose, mais quand ça va si vite, c'est presque trop : c'est limite. »

Mais, au fond, qu'est-ce qu'on apprend ? Par curiosité, j'enregistrai neuf mois d'émissions et me passai les cassettes, les unes après les autres (un régime visuel équivalent à la consommation d'*une grosse* d'huîtres par Jim Harrison ; je ne vous le recommande pas). On note pas mal de répétitions dans les leçons. « Chez vous, vous parvenez rarement à obtenir la même longueur en bouche qu'au restaurant, déclara Mario, au cours du premier épisode de son émission, alors qu'il brunissait des champignons dans une poêle chauffée à blanc. Parce que les cuisiniers amateurs ne sont pas prêts à courir les mêmes risques que les chefs, qui poussent leur poêle au-delà de ce qu'elles peuvent supporter. Pour eux, brunir, c'est vraiment *brunir* à mort, c'est *plus foncé, plus chaud* que ce que vous pourrez jamais faire chez vous. » Et depuis cette première émission, la leçon est devenue rengaine. Voilà pourquoi il laisse son huile d'olive chauffer jusqu'à ce qu'elle fume, ce qui suscite la question la plus fréquemment posée – « C'est bien comme ça ? Vous n'êtes pas en train de la brûler ? » – à laquelle, en dix ans, il n'a jamais répondu (même s'il arrivait souvent que la poêle se mette à flamber, juste avant une pause). Il y a aussi la leçon de l'eau-de-cuisson-des-pâtes-dans-la-sauce, ainsi que votre-sauce-n'est-qu'un-condiment (entendue au premier épisode et répétée *moult* fois par la suite). Il y a les platitudes sentencieuses (« Le calamar – à cuire trente secondes ou trente minutes : entre les deux, vous avez des élastiques »). Il y a la pièce de viande délaissée, l'épaule, invariablement de l'agneau, qui, en dépit de son statut inférieur, inspire à Mario des envolées lyriques.

À mi-chemin dans ma pile de cassettes me revint le souvenir de la première fois que j'avais vu Mario à la télévision, le 1er novembre 1996 ; je m'étais alors lancé dans l'exécution de la recette du jour, une *arancina*, une boule de risotto farcie à la sauce tomate et au poisson fumé. Je me branchai sur le site web de Food Network et imprimai les instructions pour ce plat ; il se trouvait que j'avais de la morue noire fumée dans mon réfrigérateur (et n'avais pas eu jusqu'ici la plus petite idée de ce que je pouvais bien en faire). Je confectionnai deux *arancine* consistantes pour notre déjeuner du dimanche, en les faisant frire dans deux litres d'huile d'olive. Par la suite, lors d'une visite à Porretta Terme, je repérai dans des vitrines de croquantes petites *arancine* et compris ce que ce terme signifiait. Une *arancia* est une orange ; une *arancina*, une petite orange, ce qui décrit bien les boules de riz grosses comme des mandarines que l'on trouve à Porretta. Les miennes ne ressemblaient ni à des mandarines ni à des oranges. Elles auraient très bien pu être creusées et servir de lanternes devant une maison pour Halloween.

Cette anecdote me donne l'occasion de raconter

comment je me suis retrouvé dans cette galère, pas seulement à rester planté des heures et des heures devant *Molto Mario*, mais tout le toutim : mon obédience à ce type, mes tentatives pour survivre dans la chaîne de cuisson, ma volonté d'apprendre la cuisine dans des conditions frisant l'autopunition. Je ne suis pas un professionnel de la gastronomie – cela au moins, c'est parfaitement évident. Jusqu'ici, j'avais été un intellectuel. En fait, l'affaire Babbo a commencé alors que j'étais rédacteur au *New Yorker*. Ne trouvant personne pour brosser un portrait de Mario, j'obtins l'autorisation d'écrire moi-même l'article en me disant, à juste titre, que je pourrais en profiter pour m'introduire dans la cuisine de son restaurant. J'y passai six mois, ce qui fait long pour pondre un article, et la quittai la mort dans l'âme. À ce stade, je me demandais si je n'étais pas en train de perdre la fibre journalistique. Je me sentais sur le point de découvrir quelque chose – sur la nourriture, sur moi-même. J'avais aussi l'impression d'avoir acquis une nouvelle compétence, peut-être assez pour me révéler – ce qui était mon ambition – apte à occuper un poste de chef de partie sans personne derrière moi pour réparer les pots cassés. (J'avais tort – j'étais encore loin du compte –, mais cela je ne le savais pas alors.)

Mon reportage parut dans la revue, mais pour ma part je demeurai taraudé par le regret d'avoir laissé passer ma chance, jusqu'au jour où, deux mois plus tard, je rendis mon tablier de journaliste pour endosser de nouveau et pour plus longtemps le sarrau. D'autres facteurs jouèrent en faveur de cette décision – dont le fait d'avoir été rédacteur pendant vingt-trois ans, ce qui était beaucoup –, mais au final cela revint plus ou moins au même : au lieu de passer mes journées assis, je les passai désormais debout. Peut-être satisfaisais-je un rêve d'enfant, comme un autre aurait voulu piloter un avion ou caracoler sur un camion de pompiers – mais ce qui me tenaillait surtout, c'était l'idée qu'un chef ayant du métier a une connaissance de ce qui se mange qu'il m'était impossible de puiser dans les livres, et cette connaissance, je la voulais très fort. J'étais un cuisinier qui laissait à désirer. Mes repas étaient chaotiques, en retard, désordonnés. Mais la curiosité m'aiguillonnait (ce qui explique sans doute pourquoi j'avais de la morue noire fumée dans mon frigo).

Faire un bon plat apporte toutes sortes de satisfactions, dont la moindre est de consommer ce que vous avez créé. Non contents de vous seriner qu'il faut « cuisiner avec amour », les chefs parlent de leur bonheur de faire un plat : pas de le préparer ou de le cuire, mais de le *faire*. Cette vérité nous semble tellement élémentaire que nous la passons en général sous silence. Une fois mon temps de service aux pâtes écoulé, Frankie me poussa à retourner à la rôtisserie afin de mieux maîtriser ce poste, parce que, me dit-il, ce serait plus gratifiant : au poste des pâtes, ajouta-t-il, tu prépares les mets confectionnés par d'autres. Les raviolis, le *ragù* – ils sont tous prêts à l'avance. Tandis qu'à la rôtisserie, tu commences avec le produit brut, tu le cuis et tu construis une assiette avec tes propres mains. « Tu fais à manger. » Cette sensation toute simple, et si bonne, qu'il évoquait peut être comparée à celle que l'on a lorsqu'on fabrique un jouet ou un meuble, ou même, pourquoi pas, une œuvre d'art – sauf que cet objet que vous faites à la main est destiné à être mangé. Je me suis aperçu, en travaillant sur la chaîne de cuisson, que je me sentais heureux à chaque fois que je réussissais à créer un plat correct et esthétique, et fier en le tendant à Andy à travers le passe. Et si, quand il y avait du monde en salle, j'arrivais à produire mettons cinquante assiettes qui avaient de la gueule, j'additionnais cinquante petits instants de bonheur et à la fin du service j'étais plutôt en forme. Non qu'il s'agisse d'une expérience transcendante – votre intellect est sollicité au degré zéro – mais elle est indéniable, et je ne vois pas quelle autre activité dans notre vie moderne urbaine peut procurer un plaisir aussi basique.

La Food Network a changé d'orientation depuis sa création il y a dix ans. Au cours de sa première année d'existence, cette chaîne comptait six millions et demi d'abonnés ; à présent, elle en a quinze fois plus et a été rachetée par un énorme groupe de presse, dans le giron duquel elle continue à générer des profits. Depuis que la chaîne s'adresse au plus grand nombre, on ne parle plus de « chef » dans les émissions, et encore moins d'« artiste », mais de « présentateur » et d'« image ». *Molto Mario* est désormais considéré comme « vieux jeu » – un reliquat de l'époque des « regardez-moi bien et faites comme moi », d'après Judy Girard, nommée à la direction de la chaîne en 2000 et aux commandes pendant les premières années bénéficiaires. « Ce concept était basé sur l'idée que l'information primait sur la présentation, le chef restait campé devant le piano, comme le présentateur du JT. »

Depuis les premières prestations télévisuelles de Mario, la production, toujours d'après la même Judy

CARTE POSTALE

CHRISTIAN BOURGOIS ÉDITEUR

116, rue du Bac

75007 Paris

http://www.christianbourgois-editeur.fr

Si vous désirez recevoir notre catalogue, nous vous demandons de bien vouloir remplir ce questionnaire et de nous le retourner.

Nom .... Prénom ....

Adresse ....

....

Profession .... Age ....

Titre de l'ouvrage dans lequel était insérée cette carte

....

Nom et adresse de votre libraire ....

....

....

Avez-vous une suggestion à nous faire ? ....

....

....

....

....

A .... le .... 20.........

Girard, s'est efforcée de faire évoluer son « image », avec des « résultats mitigés ». Il y a eu *Mediterranean Mario* – un *Molto Mario* élargi afin d'y inclure le Maghreb, l'Espagne, le Portugal, la Grèce et la France. Mais l'émission se solda par un échec et ne tint à l'antenne que deux saisons – Mario faisant de la cuisine provençale française, non seulement cela ne collait pas du tout, mais cela semblait en plus immoral. Plus récemment, il y a eu *Mario Eats Italy*, une émission de voyage gastronomique, où Mario était flanqué d'un comparse et récitait un script. L'ennui, c'est que le script donnait une version exagérée de Mario (comme si l'original ne l'était pas déjà), et que le type qui jouait le soi-disant compagnon de voyage – un gros mec en T-shirt, qui ne se présentait jamais – n'ouvrait la bouche que pour articuler des phrases commençant par « Dis-moi, Mario, j'ai pas très bien pigé... ». *Ciao America* fut la suivante. Mario passa plusieurs mois à sillonner les États-Unis, talonné par une équipe de télé, en quête des restos italo-américains dont il interviewait les propriétaires en les laissant pérorer sur leurs spécialités. Cette fois, le hic, c'était que Mario n'avait jamais pratiqué la cuisine italo-américaine et qu'il n'était pas non plus journaliste, de sorte qu'au bout de treize épisodes, l'émission fut suspendue.

Peu à peu, la programmation de Food Network prit un nouveau virage, et le personnage de Mario ne correspondit plus à l'« esprit de la maison ». D'après la productrice Judy Girard, « Mario est "très pointu" et il est impossible de construire une thématique autour d'un produit pointu. » Les nouvelles émissions mettaient l'accent sur la présentation plutôt que sur la connaissance, avec des plans rapprochés pour faire plus intime, comme si les aliments étaient des objets sexuels. Ce côté porno était renforcé par une série d'illustrations sonores, bruits amplifiés de fritures, claquements, mastications, déglutitions. On avait toujours la sensation qu'il y avait une langue quelque part en train d'émettre des petits bruits mouillés ou des bulles. Le « présentateur » (appelé *crossover* lorsqu'il est déplacé d'une ancienne émission pour en lancer une nouvelle, généralement ici une présentatrice au sourire gigantesque et sans tablier) recevait comme instruction de sortir la langue le plus souvent possible et de s'en servir sans vergogne – pour lécher une cuillère, un fouet enduit de pâte à gâteau, ou pour se nettoyer les lèvres. Le but du jeu me fut précisé par une ancienne directrice de programme de la chaîne, Eileen Opatut : « Nous voulons créer le genre d'émission qui donne au téléspectateur l'envie de ramper jusqu'à son poste et de lécher l'écran. » (Et moi, je me suis dit : Beurk !)

Jonathan Lynne ne travaille plus à Food Network. Il a démissionné pour un certain nombre de raisons, dont la pression opérée sur lui par son entourage pour acheter une série de shows nippons intitulés *Iron Chef*, de la « télé-réalité » où la cuisine est traitée à la façon d'un combat de sumo. (« J'ai refusé d'être *le* producteur qui importerait *ça* aux États-Unis. ») Cette série, acquise après le départ de Jonathan Lynne, devint l'émission la plus regardée de la chaîne. Le jour où Mario se présenta comme candidat dans un avatar de la série, *Iron Chef America* – brillant, spontané, improvisateur génial, plus grand que nature au propre comme au figuré –, les producteurs de la chaîne se dirent qu'ils lui avaient enfin trouvé un « format » : pas de script, on lui laisse simplement faire son numéro. Son « image », m'a-t-on assuré, en est sortie intacte. Jonathan Lynne s'était-il donc trompé ? Au fond, il est plutôt vieux jeu. Il n'a rien compris à la télé américaine. Toutefois il a conscience de son pouvoir : ces queues qui s'allongeaient sur le trottoir devant le Babbo le samedi soir, par exemple, forte de vingt-cinq à trente personnes, alors que le restaurant affichait complet. « Ça, c'est à cause de Food Network, me confia Lynne. Soyons honnêtes, sans la chaîne, Mario ne serait personne. Tout juste un chef intéressant mais inconnu, à la tête d'un resto de quartier à New York, et pas d'un restaurant comme le Babbo, dont les tables s'arrachent jusqu'à Chicago et Los Angeles. »

14

Existe-t-il une préparation culinaire plus ancienne que la polenta ? Pas en Italie, du moins pas d'après ce que j'ai pu comprendre, même si jusqu'au retour de Christophe Colomb des « Indes occidentales », qui en rapporta entre autres un sac de maïs, ce terme désignait une purée grise, pas jaune. Pendant plusieurs millénaires, la polenta fut confectionnée à partir de l'orge : une céréale rustique, facile à cultiver, indifférente aux rigueurs saisonnières, marron comme la boue, riche en carbohydrates, pauvre en protéines, et aux saveurs terreuses d'herbe mûre. Dans ses habits d'orge, la polenta est antérieure au riz et, pendant dix mille ans, a rempli des chaudrons qu'on a touillés avec force et patience au-dessus du feu. D'aucuns en Italie prétendent que son origine remonte aux Étrusques (un peu comme si on disait que les *fish&chips* avaient été servis la première fois par Merlin à la Table ronde : c'est peut-être vrai, peut-être faux, personne ne peut le dire, parce que personne ne sait grand-chose sur les Étrusques, sauf que, d'après leurs fresques funéraires, il est évident qu'ils aimaient manger, boire, danser et s'envoyer en l'air ; et le fait est qu'on leur attribue souvent la genèse de toutes les prétendues qualités propres aux Italiens si chères au cœur des nationalistes.) Les Romains, ce qui semble plus plausible, affirment avoir pris ce plat aux Grecs. Pline l'Ancien, au premier siècle, décrit l'orge grec comme « le plus anciens des aliments » et l'ingrédient principal d'une recette qui ressemble beaucoup à... oui, à la polenta. Auprès de qui les Grecs avaient-ils appris à accommoder l'orge ? Personne ne le sait, mais les recherches archéologiques ont prouvé que son usage remontait à 8 000 ans avant Jésus-Christ.

L'orge ne contient pas autant de gluten que le blé et n'a pas la douceur sucrée du maïs, ce qui explique pourquoi elle brille par son absence dans la cuisine moderne, sauf dans l'eau d'orge (un sirop infect que l'on boit en Angleterre à la frontière de l'Écosse), les potages végétariens, l'auge des animaux et la bière – les brasseurs en étant les plus gros consommateurs du monde. Mais pour satisfaire ma curiosité, j'entrepris d'en confectionner un bol d'après une recette datant de 1570, écrite par Bartolomeo Scappi, le cuisinier du pape Pie V, et incluse dans son *Œuvre*, un livre de cuisine en six volumes.

Avec le temps, je finirais par devenir un admirateur de Bartolomeo Scappi, mais il s'agissait de ma première incursion dans un texte de la Renaissance, et j'avais du mal à comprendre ce que j'avais sous les yeux. Quoi qu'il en soit, et à l'issue d'un véritable combat qui était prévisible, au cours duquel je mis hors d'état de nuire mon dictionnaire italien-anglais, en l'envoyant valser contre le mur où il se pulvérisa, je réussis à repérer puis à suivre une série tout à fait limpide d'instructions m'indiquant de laver l'orge dans trois eaux, de le laisser tremper, de le cuire et de veiller à ce qu'il ne se dessèche, ou ne se défasse comme disait Scappi, avant d'être cuit. Je m'en servis une louche et me versai un verre de whisky pur malt, certainement la meilleure expression à ce jour de cette céréale, mon repas étant ainsi uniquement à base d'orge, autant pour le liquide que pour le solide, ou plutôt le mou. Mais même un excellent whisky ne peut dissimuler le goût pâteux d'un bol de polenta à l'orge. Bien entendu, vous pouvez l'assaisonner de sel et de poivre, et d'une giclée d'huile d'olive. Scappi conseille l'ajout d'une cuillerée de bouillon de chapon, peut-être un peu de fromage et de beurre, ou du sucre, du melon même – bref tout ce qui peut parfumer votre brouet. Facile à dire. J'avais l'impression de chercher du goût à une infâme bolée de terre comestible. La tradition fait de la polenta un plat d'hiver – les céréales se conservent bien à cette saison où rien ne pousse –, mais la mastication de cette épaisse purée fit surgir dans mon esprit un tableau historique affligeant de ce à quoi avaient dû ressembler les mois de janvier et février pour la majeure partie de l'humanité, obligée pour survivre, la malheureuse, de consommer des mets aussi ternes et lugubres que le ciel hivernal.

Je commençai dès lors à me laisser quelque peu obséder par ce que j'avais fini par considérer comme la problématique de la polenta (ainsi que par son histoire, ses diverses préparations et son rôle dans la culture occidentale) ; une obsession que, d'après mes informations, je ne partageais avec quasiment personne d'autre au monde. Nous possédons tous nos références, et, en matière de polenta, les miennes remontaient à un repas précis, puisque, tel un chimiste incapable de reproduire avec succès le résultat d'une expérience de laboratoire, je n'en avais jamais depuis lors, et cela malgré mes efforts répétés, goûté d'aussi divine. Jusqu'à ce repas, je n'aurais pu m'imaginer le charme que recèle la polenta, pour la bonne raison que je ne la connaissais que sous la formule instantanée prête en deux minutes – versez dans de l'eau bouillante, touillez, servez – qui ne laissera jamais à personne un souvenir inoubliable. Par conséquent, je ne me doutais pas un instant de ce qui allait m'arriver ce jour-là, dans ce restaurant, en Italie, quand on m'en servit un bol. Le chef, une femme, se fournissait en maïs moulu dans une minoterie artisanale du Piémont, et sa polenta fut pour moi une révélation – chaque grain broyé avait gonflé à cause de la cuisson lente à feu doux et pourtant je sentais encore sa consistance un peu rugueuse contre mon palais. Un instant, je songeai à du risotto. Mais le risotto cuit dans du bouillon, additionné de beurre et de fromage, a le goût du riz et de tous les autres ingrédients que vous y avez ajoutés. Alors que ces grains de maïs croquants, moulus sur une pierre dans un moulin à bras avaient seulement le goût d'eux-mêmes : la quintessence puissante et sucrée du maïs. En un éclair, j'eus un aperçu du régime européen au moment d'un changement radical. D'une génération à l'autre, on était passé d'une cuisine grisâtre remontant à la nuit des temps, à un plat croustillant, exquis et jaune d'or.

Jusqu'ici, je n'ai pas réussi à dater avec précision quand avait eu lieu le changement, toutefois la première allusion italienne au maïs, en tant que substance alimentaire, semble se trouver dans un traité de médecine de 1602 publié à Rome, plus de cent ans après le voyage de Christophe Colomb. Ce qui retient mon intérêt, c'est la façon dont les Italiens l'ont accommodé. Par exemple, aucun d'eux n'a pensé à jeter un épi entier dans de l'eau bouillante et à l'y laisser deux minutes seulement afin de le savourer sans attendre – tartiné de beurre, saupoudré de sel marin et servi avec un hamburger au barbecue par une belle soirée d'été. Au lieu de quoi, ils ont pensé, Dis donc, quelle drôle de chose ! On croirait un épi d'orge géant ! On devrait le peler, le dépouiller de ses grains, sécher ces derniers au soleil, les moudre tout fin et les faire cuire pendant des heures. Après neuf mille six cents ans de bouillie à l'orge, le pli était pris. Les Italiens devaient aussi être à bout de ressources, car ils en mangèrent tellement qu'ils contractèrent une maladie, la pellagre, qui pendant deux cents ans représenta une énigme : personne n'avait fait le lien entre l'abus de polenta et l'aspect subséquent du glouton, lequel se retrouvait en hiver atrocement défiguré par des lésions cutanées, à moins qu'il ne s'obstinât à continuer de se goinfrer de polenta en été et, dans ce cas, il se ratatinait, et la mort n'avait plus qu'à venir le ramasser. (Un régime à base de maïs provoque une déficience en niacine. Le maïs, à l'origine l'aliment de base des Indiens du Mexique, était consommé dans le Nouveau Monde avec des haricots, un nectar de niacine.)

Malgré tout, lorsque vous entendez aujourd'hui un Italien parler de la polenta, sa voix prend un accent dont le moelleux n'est pas tellement éloigné de la matière de la préparation en question, alors qu'assailli de réminiscences, il revoit en pensée la marmite noircie et la longue cuillère en bois manipulée par sa tante quelque part dans le nord (un homme du nord est un *mangiapolenta*, au même titre qu'un Toscan est un mangeur de haricots et un Napolitain, un mangeur de macaronis, le principe étant, en Italie, que l'on n'est pas ce que l'on mange, mais qu'on en est l'amidon). Il vous citera à tous les coups le roman d'Alessandro Manzoni, *I promessi sposi* – « *Les Fiancés*[1] » – comme preuve que la polenta est plus qu'un aliment : c'est l'âme de son italianité. *Les Fiancés* – qui relate les vicissitudes des années 1620 (invasions, émeutes de la faim, politique répressive de l'oligarchie terrienne), et a été écrit dans les années 1820 (invasions, émeutes de la faim, politique répressive de l'oligarchie terrienne) – fut le seul roman de Manzoni et il est considéré comme l'expression de la conscience nationale : les enfants le lisent tous sur les bancs de l'école, et le premier anniversaire de la mort de l'auteur, en 1873, fut commémoré par le *Requiem* de Verdi. Le passage du livre sur la polenta, qui a l'air de sortir de *Little Dorrit*, décrit le repas du soir chez des paysans, le père « un genou sur la marche du foyer, touillant le pauvre souper jusqu'à ce qu'un morceau de la maigre pitance se solidifie dans la cuillère afin de la transférer » (« chacun d'eux fixait avec un regard oblique d'envie et de dépit la nourriture commune ») sur une planche de hêtre « préparée pour la recevoir ». Le charme de cette scène de la vie quotidienne tient au rituel – la planche en bois de hêtre, le chaudron, les cuillerées de matière moite et visqueuse –, elle est d'ailleurs citée dans toutes les recettes de polenta que j'aie lues, avec toutefois

1. Roman traduit de l'italien par Armand Monjo, Le chemin vert éditeur (1982).

l'omission d'un détail : la polenta de Manzoni est préparée à partir de sarrasin. (En 1500, juste avant l'arrivée du maïs, les Italiens en avaient tellement par-dessus le gosier de l'orge qu'ils pulvérisaient tout ce qui leur tombait sous la main en terme de graines comestibles – les petits pois, les pois chiches, les pois tout court, les haricots noirs et le sarrasin – et l'appelaient polenta.) En fait, cette histoire de sarrasin est un anachronisme – le roman se déroule dans un lieu et à une époque où la révolution de la polenta s'était déjà produite –, mais Manzoni avait ses raisons : il nous montre combien la vie était dure pour ces paysans dont même la polenta était misérable. Tout de même, il est curieux que ce détail du sarrasin soit si rarement mentionné. Est-ce parce qu'il déboulonne l'idéologie du plat ? Après tout, si l'on concède que la polenta dans le célèbre passage au service de la conscience nationale est bel et bien du sarrasin, on admet du même coup que ce que nous consommons à l'heure actuelle est un produit étranger, et que, par conséquent, au cœur de toute italianité se niche un petit fragment d'Amérique.

Pour ma part, peu m'importait si le bol de polenta qu'on m'avait servi dans ce restaurant était américain, italien ou islandais. Toujours est-il que je le mangeai et me laissai transporter. Comme tant de ces premiers mangeurs de polenta, j'eus la sensation que le ciel passait du gris au jaune vif. Pas étonnant que les Italiens soient cinglés. J'en deviendrais cinglé. De fait, je le devins un peu, cinglé, et n'étant pas parvenu à traquer le minotier du Piémont, je me rabattis sur le propriétaire d'un moulin à meule de pierre et passai une commande de dix kilos à un grossiste. Un paquet arriva par la poste, et je me mis au travail en suivant les instructions – une dose de polenta pour quatre doses d'eau, un peu de sel, beaucoup d'huile de coude, exactement quarante minutes de brassage, et *basta !* : votre polenta est prête. Sauf qu'elle ne l'était pas, ou que je pensais qu'elle ne l'était pas, car si elle l'était, cela ne ressemblait en rien à ce que j'avais mangé. En outre, après quarante minutes passées à remuer constamment, j'étais mort de fatigue et n'avais pas avancé d'un pouce le reste de mon dîner, de peur qu'en lâchant même une seconde ma cuillère en bois, la polenta n'attachât au fond de la casserole, ce qui aurait voulu dire qu'elle était bonne pour la poubelle. Il me restait encore neuf kilos six cents grammes de farine.

Je pourrais peut-être fabriquer ces petits pains de maïs traditionnels dans le sud des États-Unis que l'on appelle *corn bread.* À cette pensée se produisit aussitôt chez moi une illumination ; alors qu'en réalité j'enfonçais une porte ouverte. (La polenta se prépare à partir de semoule de maïs au même titre que le *corn bread.* Pourquoi cette évidence ne m'était-elle jamais apparue ?) Ce fut comme un miracle : la polenta enfin démystifiée ! Cela me sautait aux yeux à présent ! De la bouffe pour *white-trash* ! La semoule de maïs vénérée presque autant par les petits Blancs du Sud que par les Italiens du Nord. (Le sud des États-Unis étant la seule région du monde où s'est répandue à grande échelle la pellagre, à cette différence près, et elle est de taille : la flambée de pellagre a eu lieu au XXe siècle, à une époque où l'on connaissait déjà la cause de cette maladie, ce qui n'empêcha pas ces pauvre bougres de se gaver de maïs.) Je suis né en Louisiane, j'ai été nourri à ce machin. Quand je suis d'humeur sentimentale, moi aussi, je peux évoquer un souvenir fondateur de mon identité – celui de ma grand-mère, disons, penchée sur un poêlon en fonte noirci dont s'exhalaient l'arôme salé du saindoux brûlant et les notes sucrées de la mouture de maïs qui cuisait dedans, l'ensemble évoquant au fil d'une série d'associations la chaleur d'étuve des marécages et des bayous, ce qui prouve bien que le *corn bread* est l'âme du Vieux Sud. La polenta, finis-je par comprendre, était le mets de mon enfance moins la levure. Cela dit, je n'y étais pas encore tout à fait. À quel point était-elle difficile à réussir ?

Assez difficile pour que Batali s'abstienne de l'enseigner aux amateurs en chambre. À la télévision, il recommande sa formule instantanée, même s'il n'en sert jamais au restaurant. (Pourquoi manger du carton quand rien ne t'y force ?) À vrai dire, d'après ce que livraient mes lectures, personne ne s'avisait à vous instruire sur sa préparation. Pour ne prendre qu'un exemple, le mode d'emploi écrit sur le sac de dix kilos que j'avais acheté : pur mensonge. Je consultai des livres de cuisine : encore des mensonges. Leurs recettes étaient inutilisables et trompeuses. Il ne s'agit pas de savoir quelle quantité d'eau il faut ajouter à telle quantité de farine et combien de temps il faut la cuire, mais bien d'amalgamer de l'eau, de la semoule de maïs et des tonnes de patience, dans les proportions qui s'avèrent nécessaires, jusqu'à ce que la polenta soit prête, une opération qui prend plutôt trois heures que les quarante minutes officielles.

Cette vérité, je la découvris à la fin d'un après-midi du mois de janvier, dans la cuisine du Babbo – près d'une année jour pour jour après mon embauche au restaurant –, et le simple fait que cette révélation ait mis tant de temps à se produire, au beau milieu du branle-bas de combat avant le service, était significatif. Je commençais enfin à comprendre quelque chose à ce qui se passait autour de moi. Ce qui au départ m'était apparu comme un tourbillon d'activités dénué de sens se décomposait désormais dans mon esprit en tâches spécifiques et multiples, chacune se déroulant suivant un ordre précis, comprenant un début et une fin, et s'acheminant vers l'assiette du convive. Cela semble l'évidence même. Au même titre que la découverte suivante : la polenta cuisait pratiquement toute seule. Le truc : vous la commencez dans une casserole en cuivre, vous la mettez à feu doux et vous l'abandonnez. Je jetai un coup d'œil à l'intérieur : la polenta bouillonnait à peine, tout doucement, en produisant de grosses bulles semblables à des bulles de chewing-gum.

J'en saisis tout de suite les implications. « Alors on n'a pas besoin de remuer tout le temps ? » émis-je à haute voix sans viser personne en particulier. Je trépignais d'excitation. Si vous n'aviez pas à remuer tout le temps, alors vous pouviez la laisser cuire toute seule. Si vous n'aviez pas à remuer tout le temps, alors vous pouviez vous occuper d'autre chose. Si vous n'aviez pas à remuer tout le temps, elle pouvait cuire pendant des heures – qu'est-ce que ça pouvait bien faire, tant que vous étiez là pour la surveiller ?

« Ça y est ! J'ai trouvé ! » Je me tournai vers le saucier, Todd Koenigsberg. La préparation de la polenta tombait en effet dans l'escarcelle de « la sauce », laquelle depuis le départ de Dom était sous la responsabilité de Todd, un homme enfant pourvu d'une chevelure bouclée noire, d'une barbe bouclée noire et d'un look hippie. « Todd ! m'exclamai-je. La polenta. C'est vrai que t'as pas à la remuer tout le temps ? »

Mon euphorie le prit de court. (Je me revois, lisant dans ses pensées que trahissait l'expression perplexe peinte sur son velu minois, tandis qu'il tentait de trouver une réponse, non pas à ma question, mais à celle qu'il se posait en lui-même, autrement dit : Qu'est-ce qui lui prend, à cet énergumène ?)

« Bien sûr que non », finit-il par déclarer d'un ton qui sous-entendait que si je pouvais me payer le luxe de jouer les idiots, les autres étaient dans cette cuisine pour gagner leur croûte.

Todd, me sembla-t-il, n'était pas atteint par le syndrome aigu de la polenta, de sorte qu'il n'était naturellement pas porté à partager mon enthousiasme. Pour lui, polenta rimait avec corvée. Il fallait d'abord la fouetter vigoureusement avec un fouet, comme je m'y étais toujours astreint, mais ensuite, une fois sur le feu, vous la laissiez tranquille avec le fouet dans la casserole, de manière à ce que les gens qui venaient à passer devant lui donnent un petit coup, un procédé que, dans mon aveuglement culinaire, je n'avais pas remarqué jusqu'ici. Ce qui était pénible surtout, c'était que la polenta ne venait jamais en premier dans les préparations. Elle occupait toujours la septième ou la huitième place. Et si par malheur il vous arrivait de l'oublier dans la bagarre – si, tout à coup, à quatre heures et demie, vous vous entendiez jurer, « Merde ! La polenta ! » –, c'était la bérézina. Impossible de compacter trois heures de cuisson à feu doux en soixante minutes.

En cas d'urgence, un paquet d'instantanée était caché sur l'étagère du haut dans la chambre froide, mais rien que le geste de le descendre de son perchoir était au regard des autres un aveu d'échec flagrant. En outre, cela mettait Frankie, lequel prenait ces incidents de parcours comme autant d'offenses personnelles, dans tous ses états. « Tu le fais exprès pour m'humilier », vous disait-il, si jamais il vous surprenait à sortir comme un voleur de la chambre froide avec un paquet de polenta instantanée que vous aviez l'intention d'introduire clandestinement dans la cuisine, une heure avant le démarrage du service. « Je vais avoir l'air de quoi à cause de toi ? Tu sais parfaitement qu'on risque de nous enlever nos trois putains d'étoiles si on se met à leur fourguer de l'instantanée, et si on perd nos étoiles, bordel ! moi je perds mon boulot ! » Ce jour-là, Frankie prit la relève de la polenta, et subitement il y eut de la semoule de maïs partout, mais le plus sage était de se taire et, dans la mesure du possible, de rester invisible, car l'atmosphère promettait d'être plutôt chargée pendant le reste de la soirée.

Peu après j'eus l'occasion de préparer moi-même la polenta – non pour les vingt couverts que servait la casserole en cuivre du Babbo, mais pour deux cents.

L'occasion se présenta sous la forme d'un dîner de gala à Nashville, Tennessee, une véritable agape qui réunissait, je cite un des convives, « les maniaques de vin locaux et les maniaques de musique country pour une soirée de folle extravagance », afin de goûter les premiers crus les plus chers du monde accompagnés de mets accommodés par une célébrité toquée, transportée sur place en avion pour la circonstance avec sa brigade de cuistots chevronnés, laquelle, cette année-là, comprenait Andy, Elisa, Frankie – et moi.

Je n'avais encore jamais pénétré dans une cuisine où se préparaient au quotidien des centaines de repas. La partie réservée à l'office était très grande par rapport à la cuisine proprement dite, qui n'était en outre équipée que de quatre appareils – une table de cuisson vétuste (des flammes se faufilaient par une fissure), un piano et deux engins monstrueux : le premier ressemblait à un cercueil en acier et le second à un mixeur en ciment. Frankie, qui avait jadis travaillé dans un hôtel, m'indiqua que le cercueil était en réalité une espèce de bouilloire où on amenait à ébullition d'énormes quantités d'eau en quelques secondes. On pouvait y cuire les pâtes. Quant au mixeur en ciment, ajouta-t-il, c'était une marmite. Il la flatta du plat des deux mains. « Là-dedans, on va faire la polenta », décréta-t-il le plus tranquillement du monde. La vue des deux appareils le ravissait : des jouets de garçon avec des gros moteurs.

Je promenai mon regard autour de moi. Le reste de l'espace était occupé par deux longues tables en acier, qui auraient semblé plus à leur place dans un centre de tri postal que dans une cuisine. La difficulté majeure quand on cherche à produire un repas pour un grand nombre de convives, commençais-je à comprendre, ne tient pas aux préparations elles-mêmes (faire des pâtes pour deux cents personnes, ça n'est pas commode, quoique théoriquement, ce n'est guère différent que d'en faire pour deux – vous avez juste besoin d'une plus grande casserole), mais à leur acheminement en salle. La confection des assiettes représentait un tel défi que les organisateurs de ce grand dîner avaient lancé un appel aux bonnes volontés, et à midi, il s'était déjà présenté trente-deux volontaires bénévoles. Les uns et les autres, des chefs consommés qui (cela sautait aux yeux) n'étaient pas venus pour remplir des assiettes, mais trouvaient normal de prêter main-forte. Un chef prestigieux se trouvait en ville, et ils avaient l'intention de glaner auprès de lui quelques recettes.

À la déception générale, tous les plats avaient été préparés à l'avance. Les plats de côtes de l'entrée tenaient Elisa occupée depuis une semaine. La présence du Grand Chef n'était même pas nécessaire. Il apparut une fois, en passant, bonjour-bonsoir, pour nous coller trois cageots de cresson mal en point et demander aux volontaires qui s'étaient rapprochés de lui d'enlever jusqu'aux plus petites tiges. Les effeuilleurs de cresson se regroupèrent autour d'une table avec des mines moroses. Il y en avait bien pour quatre heures de travail, mais au moins cela leur donnait quelque chose à faire. À un moment donné, deux volontaires furent assignés à couper des tranches de *coppa* – la charcuterie servie comme *antipasto ;* ils furent enchantés : cela leur prendrait deux heures. Restaient néanmoins vingt-six volontaires désœuvrés. Andy, sensible à leur désarroi, demanda à l'un d'eux, une cuisinière, Margo, d'émincer des racines de raifort (à mélanger au cresson, le tout devant chevaucher les plats de côtes), mais elle ne savait pas se servir de l'ustensile, une sorte de guillotine à main appelée « mandoline » ; elle s'éplucha les doigts et répandit son sang à la ronde un peu partout, signalant ainsi qu'elle était en peine de soins de première urgence, ce qui rameuta huit volontaires de Nashville (qui en dépit des souffrances de la malheureuse ne cachèrent pas leur soulagement de se sentir enfin utiles à quelque chose).

En fait, la polenta fut le seul mets nécessitant une cuisson sur place.

La polenta, cuite à feu doux pendant trois heures, sextuple son volume original, de sorte que si vous en préparez pour huit afin d'accompagner des plats de côtes (ou tout autre viande ou volaille au jus goûteux, la polenta entretenant les mêmes rapports avec la viande que les *linguine* avec les fruits de mer – en somme elle fait office de pain pour saucer les saveurs de l'assiette), peut-être commencerez-vous par cent cinquante grammes. Si vous devez nourrir deux cents personnes, alors démarrez d'emblée à cinq litres. La quantité d'eau importe peu, de toute façon vous allez en rajouter tellement que ce n'est même pas la peine de calculer : veillez cependant à ce que l'eau soit chaude afin de ne pas interrompre la cuisson. Ce jour-là, Frankie versa de quoi remplir un quart environ de l'engin qui tenait lieu de marmite, ajouta la semoule et la délaya avec une cuillère en bois. On aurait dit de la soupe au potiron, très fluide, mais quelques minutes plus tard, elle avait bu la totalité du liquide et passa du stade trop aqueux à un aspect presque mangeable (je ne vous le recommande pas, à moins que vous n'aimiez avoir du sable plein la bouche). J'ajoutai de l'eau ; les grains l'absorbèrent. J'en ajoutai un peu plus ; ils continuèrent à l'absorber, jusqu'à ce que, tout doucement, la polenta parût avoir étanché sa soif. Je touillai ; elle n'en demeurait pas moins mouillée. Encore quelques coups de cuillère : inchangée. Elle avait atteint une espèce de point d'équilibre où le taux d'humidité des grains assimile ces derniers au liquide dans lequel ils cuisent : un état qualifiable de bouillie chaude. À ce stade, en général, le cuisinier, conformément à ses prédécesseurs au fil de la longue histoire de cette céréale, évoque le cratère d'un volcan. Pour ma part, je n'ai jamais vu de cratère, mais ce ne doit pas être tellement différent de ce que je me retrouvais à contempler au fond de cette bassine brûlante qui me soufflait de la vapeur à la figure : d'épaisses et lourdes bulles, aussi grosses que des balles de golf, qui finissaient par crever pour se transformer en épais et lourds fragments de polenta qui giclaient jusqu'en haut de mes bras. Voilà donc à quoi doit ressembler la morsure de la lave, me dis-je, avant de m'apercevoir que la polenta était en train de me parler.

Elle me demandait : Tu ne voudrais pas par hasard coller ta main dans un volcan en éruption, si ?

Bien sûr que non, répondis-je.

Alors, va-t'en, rétorqua-t-elle. Va voir ailleurs si j'y suis. Je n'ai pas le tempérament lunatique du risotto. Va donc t'occuper des autres plats du dîner.

Le jour de notre départ pour Nashville, Mario m'ordonna de ne pas oublier de mettre dans ma valise un sarrau que je trouverais dans le placard du vestiaire. C'était un habit magnifique : une veste croisée, avec des boutons en tissu, des épaules renforcées et le logo du restaurant brodé sur la poitrine. Frankie me montra le sien sur lequel était aussi brodé son nom, pile sous le logo, en belles lettres calligraphiées. Mario le lui avait offert le jour où il avait été promu sous-chef, et c'était exactement ce que ce sarrau disait aux avertis : « Frank Langello » est un chef.

Un cuisinier n'est pas forcément un chef. Désormais, j'avais acquis le grade de cuisinier, ou de cuistot – je travaillais sur la chaîne de cuisson –, et j'obéissais aux instructions d'un chef. Le chef, c'est le patron. Le sarrau d'un cuistot ne porte jamais de nom. Pendant les minutes les plus chaudes d'un service, les cuistots eux-mêmes perdaient jusqu'à leur nom. « Hep, Pois Chiche ! » C'était ainsi que Frankie appelait Alex, pas seulement quand il plantait les pois chiches, mais tout le temps, sous-entendu : Alex était une créature si méprisable que sa seule raison d'être dans la cuisine se résumait à préparer des pois chiches ratés. « Hep, Chemise Blanche ! » s'écria un soir Andy, hors de lui, ayant aperçu un serveur traînant de l'autre côté des portes battantes, entre l'office et le restaurant. (C'était aussi là que se situaient les toilettes, et il se trouvait que la fameuse chemise blanche était portée, hélas, non pas par un serveur, mais par un client.) À Mario, on devait le respect. « Oui, chef. À vos ordres, chef. Tout de suite, chef. » Le sens restant le même si vous remplacez « chef » par « général ».

Les volontaires de Nashville s'étaient mis sur leur trente et un. Le chef de cuisine du Bound'ry – un petit bonhomme avec un bouc et des lunettes sans monture – se présenta comme la personnification en costume de sa carte (une histoire de fusion occidentalo-asiatique) en veste noire col Mao et toque noire. Margo, celle qui avait eu maille à partir avec la mandoline, était à la tête d'un établissement plutôt décontracté intitulé Margo. Elle était accompagnée de son sous-chef, et tous les deux arboraient un look de gentils amateurs de folk, bandana bleu et baggy assorti. Le chef casher de Nashville portait une casquette de base-ball et un sweat-shirt, et parlait avec l'accent de Brooklyn. Un homme était affublé d'une toque géante, de celles que l'on associe à la cuisine française. Il se tenait parfaitement droit, le bras replié chevauché par un torchon repassé de frais, vêtu d'un pantalon à fines rayures et d'un sarrau du plus fin coton blanc et d'une blancheur incroyable. Les autres semblaient prendre soin de l'éviter, mais il est possible qu'il n'ait pas souhaité non plus se mêler au menu fretin. Cet homme était sérieux comme un pape.

En attendant, ma polenta avait changé d'aspect : elle était différente au toucher (collante) et à la vue (presque brillante). La structure de l'amidon, une des principales composantes de toutes les graines, se modifie à température élevée – pour le maïs entre cent cinquante et deux cents degrés – et ses molécules se lient à l'eau. Voilà pourquoi il fallait que je veille au début à ne rajouter que de l'eau très chaude : pour empêcher la température de se refroidir et donc retarder ce stade – le stade de la dégradation-remobilisation de l'amidon. Ce phénomène porte le nom de « gélatinisation » : les granules gonflent et deviennent de plus en plus visqueuses. Au début, je remuais la polenta avec un fouet muni d'un long manche. Mais à mesure que les granules se liaient à l'eau, la polenta prenait tellement d'ampleur qu'elle grimpait le long du fouet et venait lécher le manche.

J'ajoutai une giclée d'eau – très peu (après tout, la polenta et l'eau avaient l'air de s'entendre comme larrons en foire) – et repris mon touillage. La polenta grimpa un peu plus haut.

Jusqu'où irait-elle ? me demandai-je.

Aussitôt une autre question surgit : cette amplification avait-elle une fin ? Question idiote. Bien sûr. Mais j'aurais bien aimé savoir quand.

Encore une giclée d'eau, touillage. Elle grimpe, elle grimpe.

C'était inquiétant – pas hyperinquiétant, mais très troublant : pour remuer la polenta, j'avais de plus en plus l'impression qu'il fallait m'y plonger. Terminerait-elle de cuire avant qu'elle ne m'engloutisse et ne me transforme à mon tour en viande juteuse à point, destinée à l'accompagner dans l'assiette ? La raison me soufflait que je devrais reprendre mon fouet et sortir prendre l'air. La polenta elle-même avait l'air de me dire que ma présence était inutile. Mais étant donné l'esprit de compétition qui régnait dans cette cuisine, je refusais d'abandonner mon poste, convaincu qu'un des chefs qui se bousculaient au portillon s'empresserait de s'emparer de mon fouet et de me voler ma place. Ce chef toqué, par exemple. Il se tenait à présent dans mon dos, tout près. Je le surveillais autant que me le permettaient les capacités de ma vision périphérique. Il s'était détaché du peloton et avait franchi la frontière invisible qui séparait les volontaires de Nashville de l'espace cuisine. Il avait procédé tout doucement, un pas après l'autre, avec un temps d'arrêt entre deux pour voir si on ne le repoussait pas.

« Hououou ou, dit-il.

Je fis la sourde oreille.

— Hououououou », répéta-t-il.

Je savais qu'il en avait après mon fouet. Cela ne faisait pas un pli. Je me concentrai sur mon touillage.

Il soupira. « Hououououou », dit-il encore une fois terminant sur un « Po-*len*-ta ». Un accent italien à couper au couteau. Je n'avais jamais entendu prononcer ce mot avec un accent aussi exagéré. Je le reluquai en coulisse et remarquai un drapeau italien cousu sur le col de son sarrau blanc immaculé. Je ne vous dis pas mon étonnement. Avec son accoutrement, je l'avais pris pour un Français. Je regardai mieux et lus les mots : *Alfresco Pasta.*

« Po-LEN-ta ! » éructa-t-il en insistant sur la syllabe du milieu et en faisant claquer sa langue sur son palais pour prononcer le « t ».

Oui, acquiesçai-je. Polenta.

« Permettez-moi de me présenter. Je m'appelle Riccardo. »

Je passai mon fouet de ma main droite à ma main gauche, lui serrai la main, puis repris mon fouet de la droite et recommençai à remuer.

« Je m'appelle Riccardo. Je suis de Bologne. *Je suis huit ans* ici. »

Ainsi Riccardo était authentique. Non seulement originaire d'Italie, mais encore du nord de la péninsule, de l'Émilie-Romagne, du pays même de la polenta, voisin de la Lombardie, le pays natal du Maestro Martino et d'Alessandro Manzoni. Riccardo était sans doute un vrai de vrai *mangiapolenta*, équipé de souvenirs d'enfance ; la planche de hêtre massif, la grand-mère armée d'une grande cuillère en bois. Mais que pouvait fabriquer dans le

Tennessee un chef de Bologne ? Ce n'était pas comme si on rencontrait souvent des gens de Bologne. La vie est bien trop agréable dans cette ville pour que ses habitants envisagent de la quitter. Je le zieutai d'un air soupçonneux. De son côté, il fixait mon fouet avec une mine (je ne trouve pas d'autre mot) gourmande. Je lui tournai le dos, juste un peu, marmottant à part moi : Tu ne vas pas me piquer mon fouet.

Il se rapprocha. J'entendais le bruit de sa respiration. Celui-là, s'il s'avisait de répéter encore une fois « Po-LEN-ta », je me promettais de lui donner un bon coup avec mon fouet.

C'est alors que Frankie fit son apparition. Il fut obligé de contourner Riccardo (lequel, étant arrivé jusque-là, était décidé à y prendre racine). Frankie se glissa entre nous, évita de croiser le regard du personnage à la toque en forme de soufflé, accomplit son tour de prestidigitation qui consistait à entrer et sortir son doigt de la casserole et goûta la polenta. Il ajouta du sel. « Rien n'est jamais simple, déclara-t-il, tout doit être cuisiné avec amour. »

« Po-LEN-ta ! » répéta Riccardo, en contemplant d'un air plein d'espoir Frankie, qui s'éloigna sans prendre la peine de lui répondre. Riccardo se tourna donc vers moi. Immobile et figé, il m'observait.

Je remuai.

Riccardo ne bougea pas d'un pouce.

Je cessai de remuer.

« Hououou, émit-il finalement. Dites-moi. Vous venez de New York ? »

Oui, lui répondis-je, je suis de New York. Je le regardai. Qu'est-ce que cette idée de draper son avant-bras d'un torchon ?

« Ah, New York », dit-il.

Je remuai.

« Comment c'est New York ? demanda-t-il.

— C'est très bien, répliquai-je.

— Ah, New York. »

La polenta avait grimpé si haut qu'il ne me restait plus que deux centimètres de manche pour remuer. Je m'interrompis et léchai mes jointures.

« Vous savez, reprit Riccardo. Je sais pas pourquoi je suis venu ici à Nashville. Je pense, mais je me rappelle pas. Il doit y avoir une raison. Je voulais aller à New York. Pourtant je suis venu ici et j'ai rencontré une fille. Je ne suis pas venu ici pour rencontrer une fille. Mais j'ai rencontré une fille. Je suis tombé amoureux. Je me suis marié et maintenant je suis chef à l'Alfresco Pasta...

Il ajouta après une pause :

— À Nashville. »

Soupir.

Je remuai, mais malgré moi, j'étais moi aussi remué – je ne sais pas par quoi. La sympathie ? La pitié ? Comment pouvais-je ressentir de la pitié ? Je venais tout juste de rencontrer ce zigoto, avec sa pièce montée en guise de couvre-chef, ce qui me confortait une fois de plus dans l'idée que les cuisiniers comptent parmi les gens les plus bizarres de la planète, et voilà qu'à présent il voulait tout à la fois mon fouet et me raconter l'histoire de sa vie.

« Nashville est une ville très agréable, avançai-je.

— J'aurais pu être chef à New York. »

Il se tut un long moment, l'air absorbé par ses pensées, les yeux fixés sur la boursouflure que j'étais en train de remuer. « Au lieu de quoi je suis chef à

Nashville. » Il s'exprimait avec une vibrante et profonde mélancolie.

« L'amour, dit-il. *Amore.*

— *Amore* », approuvai-je.

Pendant ce temps-là, la polenta avait acquis une nouvelle consistance et amorcé sa troisième métamorphose. Au début, elle ressemblait à une soupe assoiffée. Puis, au bout d'une heure, elle était devenue brillante et spongieuse, et se détachait des parois de la marmite : beaucoup de gens estiment qu'à ce stade, elle est prête. Mais en la cuisant plus longtemps, une heure, deux heures parfois – en la remuant de temps à autre, et en rajoutant un peu d'eau chaude quand nécessaire – vous concentrez les saveurs. En effet, la polenta subit une modeste caramélisation en cuisant dans sa propre lave liquide – en devenant elle-même semblable à un four en terre, distillant le sucre du maïs – et finit par caraméliser pour de bon : dans le fond se forme une fine croûte à partir des granules qui brunissent contre la surface brûlante de la marmite. Je la raclai avec mon fouet et la mélangeai au reste. La polenta était élastique, une sorte d'élasticité que j'associe à la pâte malaxée. Le changement était aussi perceptible à l'odeur. Les pâtes se comportent d'une manière analogue, et vous pouvez apprendre par vous-même à reconnaître au nez le moment où elles sont prêtes. Mario dit qu'elles « lâchent leur gluten » et raconte comment en Italie, en se promenant dans les rues à midi, il savait quand, derrière une fenêtre, on se mettait à table, rien qu'à humer l'arôme puissant du gluten, pareil à un nuage de pâtisserie parfumé.

Je léchai un peu de polenta sur mes jointures : succulent. C'était prêt.

Frankie et moi, on versa le contenu de la monstrueuse marmite dans des récipients en inox que l'on garda au chaud au bain-marie – sur la table de cuisson à la vapeur. C'est le moment que Mario choisit pour surgir. Il était six heures du soir, et les volontaires, toujours agglutinés de l'autre côté d'une frontière invisible, avaient l'air plus détendus, sauf Riccardo, affichant à présent une mine morose, qui n'avait pas bougé et paraissait tout à la fois accablé et droit comme un I.

Il restait seulement une heure avant le démarrage du service, et il y avait des urgences. Mario rédigea un emploi du temps qu'il scotcha au mur. (« 7 h : dresser la *coppa.* 7 h 15 : servir. 7 h 30 : cuire les premières pâtes. 7 h 40 : dresser et servir. ») Frankie s'inquiétait à propos de la table de cuisson cassée : on avait posé dessus un gros beurrier fermé en inox, et le beurre n'avait pas encore fondu.

Mario vérifia : le beurre était placé au mauvais endroit. « Cette table est brûlante », décréta-t-il en crachant dessus pour le prouver. (Waouh ! Mario venait vraiment de cracher sur la table de cuisson ? Je vérifiai : sa salive y grésillait.) C'était de sa part un geste théâtral – son public laissa d'ailleurs échapper un hoquet de surprise –, volontairement théâtral, sans aucun doute, puisque Mario, débarqué à la dernière minute sans se douter qu'il allait devoir donner une leçon de cuisine, s'était tout de suite senti sous les projecteurs. Un peu plus tard, en préparant l'assaisonnement de la salade de cresson, il s'empara d'une bouteille d'huile d'olive et la leva très haut au-dessus de sa tête, réussissant à dessiner un arc parfait, tel un guide alpin buvant un petit vin blanc à la régalade dans une gourde en peau de chèvre, devant un parterre de chefs ébaubis, qui le dévoraient des yeux – même les volontaires qui gribouillaient des notes avaient levé le nez de leur calepin – en retenant leur souffle. Mais cracher sur la table de cuisson ? Certes, on ne cuit en général pas la nourriture directement sur la plaque, quoique, au Babbo, l'ail des bois, la *pancetta*, c'était ainsi qu'on les cuisait. Il était salement culotté de faire un truc pareil. Peut-être qu'aucun d'entre nous ne se rendait compte à quel point il est difficile d'être un chef célèbre – sans cesse sollicité par l'attente de votre entourage, tous ces gens que vous ne connaissez pas, votre public, qui vous pousse à vous montrer plus grand que nature. (Je repensai à une histoire que m'avait un jour racontée Mario, à propos de la première fois où il avait été reconnu dans la rue, hélé par deux mecs qui l'avaient vu à la télé et se poussaient du coude en échangeant les mots d'usage, « Dis, regarde, mais oui, c'est bien lui, oui, le type de l'émission de cuisine », et Mario, flatté, n'avait rien trouvé de mieux que de les remercier platement, et ensuite il avait été sur le flanc en voyant à quel point ils étaient déçus – « effondrés ». Depuis cet incident, il veille à toujours garder une blague ou deux dans son sac à malice, de manière à rester en toute circonstance fidèle à son personnage.) Et en effet, les volontaires semblaient ravis : Mario Batali était arrivé ; il crachait, il versait des jets d'huile d'olive ; il était plus grand que nature.

Le beurre fondit et le service se déroula sans anicroche ni crise de nerfs. Chaque plat était conduit en salle à vitesse grand V, grâce à la collaboration du bataillon de volontaires au grand complet, à présent agglutinés autour du plus long plan de travail transformé en passe, occupés à confectionner les assiettes avec une hâte fébrile. Mario m'avait demandé de vérifier les assiettes avant leur enlèvement et d'en essuyer le bord à l'aide d'un torchon humide, une mission qui me donna l'occasion de faire une découverte sur moi-même. Les volontaires accumulaient trop d'éléments sur leurs assiettes, ce qui est tentant il faut bien l'avouer – trop de persil, trop de zestes d'orange, trop de parmesan. Les condiments doivent accompagner le mets, pas entrer en concurrence avec lui. Un cliché signé Babbo.

« Redresse-moi ça ! » décrétai-je d'un ton catégorique.

« Non, dis-je. C'est pas possible ! C'est bordélique. Redresse-moi ça ! »

Encore une assiette. « Bordel de merde ! Y'en a une montagne. Redresse-moi ça ! »

Encore une autre. « Putain de merde ! Combien de fois il faut le répéter, merde ? » (Je rêve ou quoi ? C'est moi qui crie comme ça ? Serais-je un « gueulard » rentré ?)

Il s'ensuivit des festivités – stimulés par l'adrénaline, nous n'avions pas du tout envie d'aller nous coucher – où le vin coula à flots. Je garde un très vague et très flou souvenir, un peu comme quand on nage sous l'eau avec les yeux ouverts, de Mario en train de préparer des œufs brouillés dans une cuisine de milliardaire. (Comment avions-nous échoué là, et comment allions-nous en partir, et comment allions-nous faire pour cuisiner demain soir ? – euh, bon, d'accord, ce soir, en fait.) Pour la majorité d'entre nous, la soirée se termina à cinq heures du matin

– Mario, la poitrine soulevée par des ronflements à la Falstaff dans le taxi qui nous ramenait à l'hôtel – sauf pour Frankie qui, s'étant acoquiné avec une des volontaires costumées en folk girl, s'en alla de son côté et ne revint qu'à sept heures, un quart d'heure avant notre départ pour l'aéroport. « T'as l'air en forme », lui lança Mario, déjà installé dans l'avion, au moment où Frankie faisait son apparition, zigzaguant dans le couloir. Frankie n'avait pas du tout l'air en forme. En fait, il avait l'air mourant – suant, blême, pas rasé, la peau moite, luisante, l'haleine fleurant mauvais la nuit blanche à Nashville, aussi séduisant qu'un pneumothorax derrière ses multiples couches de protection noires, blouson noir, lunettes noires, bandana bleu trempé lui ceignant le front. Notre avion se posa à Newark et nous voilà filant tout droit au Babbo où nous sommes parvenus jusqu'au bout du service ; Andy oubliant parfois de faire marcher une commande, Frankie se pelotonnant, pendant les courts moments de creux, sur le sol huileux et mouillé de la cuisine afin de piquer un petit somme.

Ce voyage me surprit par sa richesse d'enseignements – plus remarquable encore que ceux tirés de mon cours intensif de polenta et de l'exemple réitéré de la résistance de notre organisme aux pires abus (« Allez, les gars, dit Mario, alors que se profilaient les buildings de Manhattan, afin de ragaillardir les sacs à patates écroulés à côté de lui, l'organisme humain est d'une résistance à toute épreuve – il retombe toujours sur ses pieds »), fut la prise de conscience suivante : désormais je comprenais combien un cuisinier a rarement l'occasion de cuisiner et quelle quantité d'efforts et de temps il doit investir avant d'en arriver là. Riccardo de Bologne me rappelait Alex du Babbo – peut-être parce que Riccardo, un Italien en Amérique, était le pendant d'Alex, qui avait été un Américain en Italie. Son séjour sur la péninsule avait changé sa vie, Alex en parlait encore. Ce qu'il taisait néanmoins, jusqu'à ce que je lui pose la question, était ceci : il n'avait jamais fait la cuisine. Il avait passé un an à couper des carottes, des oignons et du céleri. « Je suis resté au dernier échelon du début à la fin. Une vraie leçon de modestie. Je pensais, moi, qu'en me défonçant le cul, je gagnerais du galon. Eh bien, tintin. » Finement émincés, les carottes (« Ça m'a permis de me perfectionner dans l'art de couper les carottes »), les oignons et le céleri sont essentiels : revenus à feu doux dans de l'huile d'olive, ils sont à la base du *soffritto*, lui-même à la base de la soupe toscane. Alex ne prépara jamais ni *soffrito* ni soupe. Puis, quand il fut embauché au Babbo, une fois encore, il s'entendit dire qu'il ne cuisinerait pas : il commencerait, comme tout le monde, aux préparations froides, à la confection des entrées. Au bout de quelques mois, à la condition qu'un poste se libère et qu'il gagne l'approbation d'Andy, il serait autorisé à occuper – à l'essai – un poste au Chaud. À l'époque, j'étais en plein dans ma phase obsessionnelle avec les pâtes et travaillais le matin avec Alejandro. Autrement dit, aux yeux d'Alex, je galérais avec « les latinos » tout en bas de la hiérarchie. Deux semaines plus tard, je retournai à la rôtisserie, suivant en cela les recommandations de Frankie.

« Tu peux me dire pourquoi t'es à la rôtisserie, toi ? » Alex additionnait trois années d'école de cuisine, une année en Italie et un boulot de cuistot dans un trois étoiles, et il ne cuisinait pas encore. « Ça te dérangerait de me dire comment tu as fait pour passer devant moi ?

— Alex, murmurai-je. Je ne suis pas un cuisinier. Chut ! Je suis un espion. »

Le voyage à Nashville m'avait aussi ouvert les yeux sur l'étendue de mes connaissances, que j'avais été étonné de découvrir si vaste. Comme tout un chacun, je vivais entre les quatre murs d'une cuisine dépourvue de fenêtres, travaillant au coude à coude avec les mêmes depuis plus d'un an. Une vie de taré ? Peut-être bien, mais c'était ma vie. Un peu plus tard, ce même printemps, j'accompagnai Mario au sommet culinaire annuel de la Fondation James Beard, dont il était l'un des grands chefs invités. Un de ses cuistots lui fit faux bond, si bien que je me retrouvai à accommoder un certain nombre de mets, dont des pâtes, assez pour quarante personnes. Mais dans ce domaine j'avais déjà de l'expérience, et la pression n'était pas plus forte que celle à laquelle j'avais été soumis pendant les coups de feu. Le lendemain, je reçus un e-mail de Mario : *Merci pour ton aide hier. Tu as été très efficace.* Cela faisait un an et demi que je bossais pour lui. Il ne m'avait jamais même dit merci. J'avais toujours eu l'impression que, dans mon rôle d'élève dont la présence était tout juste tolérée en cuisine, implicitement, c'était à moi d'exprimer ma gratitude. Que l'on me remercie – ça, c'était quelque chose !

15

L'Otto n'était plus situé au One Fifth Avenue, mais en dépit du changement d'adresse, la malédiction semblait poursuivre le restaurant. Lorsque ce dernier ouvrit en janvier 2003, le mauvais sort refit surface et s'acharna sur l'élément au cœur de toute l'affaire : la pizza. Les premières expériences avaient interloqué tous les cuistots du Babbo ; elles ne manquèrent pas d'interloquer les convives de l'Otto. (« On n'a pas encore mis au point un argumentaire "Otto" pour les pizzas, expliqua le maître d'hôtel à son personnel au cours de la deuxième semaine. Si quelqu'un vous demande une explication, appelez le manager. ») Mario continuait à les penser comme des pizzas à la poêle, cuites par en dessous sur une table de cuisson plutôt que dans un four à bois. « Non, elles ne sont pas italiennes, elles correspondent à mon interprétation de ce qui est italien. Elles sont ce que je cuisine à mes fils (Mario a deux fils, Benno et Leo) et ils les adorent. » Sous-entendu, si les enfants de Mario les aimaient, alors le monde entier allait les aimer. Mais le monde entier avait des doutes.

« Je suis inquiet, avoua Joe. Je trouve ces pizzas

immangeables. Ma mère les trouve immangeables. Elles me pèsent sur l'estomac comme des pierres. »

Des plaintes furent émises. On les trouvait trop spongieuses. Elles n'étaient pas assez cuites. Elles ne croustillaient pas assez. On n'arrivait pas à les couper au couteau. Joe n'en dormait plus : « Ils se prennent subitement tous pour des spécialistes de la pizza. »

« J'ai trouvé ! s'exclama Mario, un après-midi. Il ne faut pas chauffer les assiettes dans lesquelles on les sert. Les assiettes doivent être froides. » Mais les assiettes n'y étaient pour rien.

« J'ai trouvé ! s'exclama Mario, la semaine suivante. Je fabrique trop de gluten. Le secret, c'est vingt pour cent de levure en plus et seulement trois minutes de pétrissage. » Le résultat avait le goût du pain cru – Joe, en y goûtant un soir au bar, fit une grimace qui en disait long sur son dégoût – et les plaintes continuèrent.

« J'ai trouvé ! s'exclama Mario, deux semaines plus tard. Il faut employer de la farine à gâteau. De la bonne vieille farine de ménage de derrière les fagots. Pourquoi je n'y ai pas pensé avant ? » Ce n'était pas la farine. En fait, quelques jours après, Mario abandonna la farine à gâteau pour adopter la farine 00 italienne faite à partir de blé tendre et riche en gluten.

« La nuit, je potasse mon McGee », déclara-t-il, faisant allusion à l'ouvrage de Harold McGee sur la science aux fourneaux. L'Otto avait déjà bien entamé son deuxième mois. Cela paraissait dément qu'il puisse encore être en train d'expérimenter sa recette. « Je sais tout ce qu'il faut savoir sur le gluten. La solution, c'est vingt-cinq kilos de farine – moitié farine de ménage, moitié farine 00 italienne – et seulement une cuillerée à soupe d'huile d'olive, trois cuillerées à soupe de sucre, et ensuite vous laissez reposer trois heures. » J'étais impressionné non seulement qu'il veuille bien me mettre dans la confidence de ce détail – ainsi la pierre de touche de la recette serait une seule et unique cuillerée à soupe d'huile d'olive dans vingt-cinq kilos de farine – mais aussi qu'il me juge capable d'y comprendre quelque chose. Je n'y comprenais rien, mais peu importe, de toute façon, la recette ne produisit pas non plus le miracle escompté.

« Ça y est, cette fois, je la tiens ! m'annonça-t-il un matin, alors que j'arrivais au restaurant pour le trouver assis au bar. Farine-plus-sueur est égal à Pâte-à-pizza. » Il n'en pouvait plus. « Hier, j'ai avalé quinze kilos de farine. Ce matin, j'ai pris un bain de vapeur et j'ai toussé l'équivalent d'une miche de pain. Il faut que je décroche. Je fabrique cinq cents pizzas par jour. Sont-elles bonnes ? Sont-elles mauvaises ? Comment je peux savoir ? À force d'écouter les uns et les autres. Je réfléchis trop. Je peux pas me permettre de douter maintenant. Il faut y aller à l'instinct. »

Cela dit, même si la question pizza n'était pas encore réglée, le restaurant connaissait un succès fou. Tom Adamson, le barman du Babbo, recevait des comptes-rendus de fin de soirée de son collègue du bar de l'Otto, dont il nous transmettait la teneur en nous apportant nos pichets de bière à la cuisine vers onze heures : 800 couverts un soir, 923 le soir suivant. « C'est pas des chiffres de restaurant, disait-il. On penserait plutôt à un événement sportif. » L'Otto recevait près de quatre fois plus de clients que le Babbo. Pour les cuistots, ces comptes avaient quelque chose de troublant. Le Babbo n'était donc plus le haut du pavé ? Pour Andy, c'était en sus déprimant.

« L'Otto, fit observer Elisa, est en passe de priver Andy de sa raison. »

« Qu'est-ce qu'on peut faire pour Andy ? » demanda Joe à Mario, un jour de début mars, alors que je déjeunais avec eux. À ce stade, personne ne se préoccupait plus de savoir ce qui entrait dans les pizzas. Les gens les mangeaient, l'Otto crevait le plafond, et Mario et Joe pouvaient penser à autre chose. Joe était présent au Babbo tous les soirs ; Mario en avait été absent : en tournage pour Food Network pour une série sur les strombolis. Joe savait qu'ils avaient un problème sur les bras.

« Tu lui as dit, j'espère, de ne pas oublier sa position ? demanda Mario. (Andy manifestait sa colère par une mauvaise humeur chronique et venait de renvoyer un serveur pour rien.)

— Justement, sa position, je te rappelle qu'il a des projets... »

Joe faisait allusion au restaurant espagnol dont rêvait Andy. Il avait été entendu que Joe, Mario et lui en seraient les copropriétaires. Mais le projet n'avait jamais vu le jour et il n'y avait pas de restaurant espagnol. À la place, il y avait l'Otto.

« ... Il devient *très* difficile, ajouta Joe.

— Ça m'étonne. Frankie m'a dit qu'Andy allait beaucoup mieux – qu'il se contrôlait très bien maintenant.

— Eh bien, Frankie se trompe. Andy ne va pas mieux. Il va encore moins bien. »

Andy n'était pas comme les autres. C'était un

homme éduqué, très à l'aise dans l'échange verbal. Ses jours de congé, il les passait au cinéma, dans les vernissages, au théâtre. Je le considérais un peu comme le seul adulte de la cuisine. Il ne hurlait jamais et n'était pas mauvaise langue. Son cerveau fonctionnait vite. Quand il remplissait son rôle d'aboyeur, il gardait en tête la composition de chaque table et pouvait calculer combien de temps chacune allait mettre pour terminer son plat, afin de faire marcher le plat suivant de manière à ce qu'on l'apporte en salle juste après le débarrassage. Il pouvait se vanter d'avoir fait gagner au restaurant des dizaines de milliers de dollars grâce à sa célérité dans le service. « Je me conduis comme le proprio, confessa un jour Andy. Ça tourne pas rond chez moi ou quoi ? »

« Andy est de mauvais poil », murmura Frankie à l'oreille de chacun de nous, à tour de rôle, alors que nous étions sur le point de démarrer le service du nouvel an. Comment le savait-il ? Je regardai Andy. Frankie n'avait pas tort. Quelque chose n'allait pas chez lui : il bouillait, soumis à d'intenables tensions intérieures. D'ailleurs il finissait toujours par exploser, mais jamais directement, et toujours pendant le service. Par exemple, vous étiez débordés, et il vous collait six cuissons de plus à préparer.

Attends, mon vieux, brûliez-vous alors de lui lancer. Tu vois bien que j'en ai déjà plus qu'assez sur les bras.

Mais tandis que vous enregistriez les ordres, que vous vous empressiez de cueillir le mets, de l'assaisonner et de lancer sa cuisson, Andy vous aboyait de faire marcher quatre commandes supplémentaires. Cette fois, vous émettiez quand même une protestation (si ce n'est un « *Quoi ?* » appuyé), et là-dessus le voilà qui vous en rajoutait encore deux et (« Pourquoi pas ? ») encore deux, puis (« Qu'est-ce que ça peut foutre ? ») quatre menus dégustation. Pourquoi ? Parce qu'il en avait le pouvoir. Parce qu'il était sous l'empire d'une colère blanche : contre lui-même, contre ce qu'il devait faire chaque soir – pas de répit, pas de soirée tranquille, tous les jours pendant cinq ans – et contre Mario, parce que ce dernier se déchargeait sur lui et n'avait même pas besoin d'être là. Après quoi, comme mû par quelque instinct autodestructeur, il rentrait chez lui et restait jusqu'à trois heures du matin plongé dans la lecture de livres de cuisine espagnole, composant des menus pour un restaurant qui n'existait pas.

Il n'y aurait jamais de restaurant espagnol. J'en étais convaincu. À la fin de ce déjeuner – Joe ayant accepté de parler une dernière fois à Andy –, Joe demanda à Mario s'il voulait qu'il l'emmène faire un tour. Non loin du Meatpacking District, le quartier des abattoirs, il y avait un local qu'il voulait lui montrer.

Un quart d'heure plus tard, plantés sur le trottoir devant un vaste immeuble vide, nous écoutions Joe nous décrire dans tous les détails son rêve éveillé. « Et que dirais-tu si on asseyait cinq cents personnes d'un coup ?... Tu vois, il y aurait un grand escalier et un voiturier et un *tabac*[1] au coin...

— Pour Joe, le nec plus ultra du luxe, c'est le voiturier, m'expliqua Mario.

Joe fit la sourde oreille et continua :

— ... Chiche ! On va leur montrer à ces New-

1. En français dans le texte.

Yorkais qu'on peut avoir un Italien quatre étoiles. Eh, oh non, au fond, pas italien... italo-américain...

Joe retournait à ses racines, rendait hommage à la cuisine de sa mère, Lidia. J'étais le témoin du côté créatif de la restauration – de l'ivresse artistique qui préside à la décision d'ouvrir un établissement – et, de fait, six mois plus tard, Joe signa le bail, engagea un architecte et démarra la construction de quelque chose dont il avait eu la vision dans la rue, le jour de notre déjeuner, sous mes propres yeux. Le restaurant porterait un nom italien, Del Posto. *Posto* signifie « lieu » en italien. Rien à voir par conséquent avec « le restaurant espagnol d'Andy ».

Mario croyait tout savoir sur ce qui se passait au Babbo, alors même qu'il n'y était pas, parce qu'il comptait sur la fidélité de son espion, Frankie. Frankie espionnait Andy pour le compte de Mario : voilà pourquoi Mario était si étonné d'entendre Joe lui dire qu'il y avait des problèmes en cuisine. (En réalité, les espions étaient multiples. « Ne le dis pas à Elisa, me confia un jour Gina, mais Mario m'a demandé de l'avoir à l'œil. ») Cela dit, Frankie pour rien au monde n'aurait dit du mal de quiconque derrière son dos. En face, c'était autre chose ; en face, il se montrait d'une franchise brutale.

Frankie était le plus vieux jeune que j'aie jamais connu. Il ne comptabilisait pas encore trente printemps, mais il aurait aussi bien pu en avoir cinquante. Ou bien il portait son âge, mais appartenait à une époque révolue : la version rajeunie d'un bon papa. Il venait de Philadelphie – de « South Philly » (autant dire de l'Amérique d'il y a cinquante ans) –, avait un physique svelte et agile et cuisinait plus vite que son ombre, possédant des réflexes aussi rapides qu'un gamin des rues : il était très viril à sa façon désuète, hormis ses longs cils et la tache de naissance très noire sur sa joue, qui rappelait ces grains de beauté dont raffolaient jadis les femmes à l'époque où la mouche était à la mode. Il était proche des siens et mettait souvent à profit son jour de congé pour aller les voir : sa mère était propriétaire d'un immeuble (dont le locataire était un salon de coiffure) ; son père, à présent à la retraite et septuagénaire, avait été camionneur. J'accompagnai Frankie lors d'une de ses visites – *Philly cheese steak* (steak au fromage de Philly), stromboli, croustillants de poulet, un marché ouvert italo-américain, des immeubles en brique en général d'un étage, évoquant les peintures d'Edward Hopper et le film *Rocky*. On me fit faire le tour de la ville en voiture : l'église où Frankie avait eu son premier job, marmiton des curés de la paroisse ; l'immeuble de sa mère, qu'il espère un jour transformer en restaurant (« Sans tralala, juste de la bonne cuisine – je travaillerai avec ma sœur et son mari ») ; sa rue, où chaque mois de septembre il cheminait naguère de porte en porte en poussant devant lui un extracteur de jus de tomate. C'était un antique moulin à manivelle, de ceux dont ils se servent encore en Italie pour peler et épépiner les tomates avant de préparer la sauce. En septembre, toutes les femmes achetaient des tomates à la pelle.

Frankie avait eu des velléités de poursuivre des études à l'université du district (Pour étudier quoi ? « Je ne sais pas – la compta »), mais il s'était révélé mauvais élève, et un jour, en rentrant chez lui, il avait trouvé sur la table de la cuisine des brochures d'écoles de cuisine. Sa mère avait demandé qu'on les lui envoie par la poste. Quatre ans plus tard, il décrochait son premier gros boulot : au Cirque, alors un quatre étoiles, à l'époque où le chef était Sottha Khunn, né au Cambodge et formé à Paris. Au début, conformément à la coutume, Frankie n'eut pas le droit de s'approcher du piano. « Pendant trois mois, j'ai préparé des entrées, comme Alex maintenant. J'obéissais à Sottha Khunn au doigt et à l'œil. C'était à tout bout de champ des : "Oui, chef. À vos ordres, chef. Tout de suite, chef." C'était de la cuisine française, alors il a fait de moi sa bête de somme. Bon, me suis-je dit, si c'est comme ça que ça se passe, on va faire avec. Trois mois plus tard, Khunn m'ordonna d'observer attentivement le grilladin. Je ne pouvais pas mettre la main à la pâte, seulement regarder. Puis, un jour, il m'a collé sur la chaîne – pas à la rôtisserie, mais au poisson. Le mec du poisson faisait l'école buissonnière. Je n'avais aucune instruction. "Pas le temps de te montrer", me déclara Khunn. » Ce fut un désastre. Frankie avait le trac, tout est allé de travers et à la fin de la soirée, il fut renvoyé chez lui tout penaud : il méritait la disgrâce et désormais ne pourrait travailler que le matin.

Sottha Khunn était du style à s'époumoner quand les choses ne tournaient pas à sa guise. « S'il demandait un truc, tu obéissais à la demande. S'il fallait le faire autrement, tu le faisais. Tu posais jamais de question, tu discutais pas, parce que tu te disais toujours que s'il commençait à crier, ta soirée était foutue. Il continuerait à crier jusqu'à ce qu'il ait réussi à te virer temporairement ou définitivement. » Khunn était aussi un perfectionniste et, aux yeux de

Frankie, une source d'inspiration. « J'ai plus appris en trois mois au Cirque qu'en trois ans à l'école de cuisine. Je suis allé à l'école rien que pour obtenir un boulot avec quelqu'un comme Khunn. » Formé par un gueulard, Frankie en était-il devenu un avec le temps ? Car à mesure qu'il assumait des responsabilités de plus en plus lourdes au Babbo, c'était bien ce en quoi il semblait se muer : en gueulard !

Alex se prenait en général les coups de gueule de Frankie, qu'il méritait parfois d'après lui. Il travaillait encore au garde-manger, un poste pas plus paisible qu'un autre. Il y avait en tout trente entrées, chacune se présentant comme un appareil complexe, et, à en croire Alex, il n'était pas toujours prêt au moment où le service démarrait : un aveu terrifiant ! Cela veut dire que vous en êtes encore à vos préparations alors que les commandes ont commencé à tomber, et elles tombent à une vitesse !

Alex finissait inexorablement par être en retard. (« Je n'étais pas habitué à ce rythme de travail – je confectionnais trois à quatre cents entrées par soirée – je n'avais même pas le temps de boire un verre d'eau. ») Une table avait, par exemple, commandé des pâtes et une entrée, les pâtes étaient prêtes à être emportées en salle, mais elles refroidissaient, car Alex était encore en train de tripatouiller ses haricots.

« Alex ! hurla Frankie. Tu sais ce que ça veut dire, une *mise en place* ? »

Alex, cela lui ressemblait bien, n'était pas sur la même longueur d'onde – il était tellement absorbé par ce qu'il faisait qu'il ne se rendait même pas compte qu'on l'attendait – et il prit la question à la lettre. Il pensait que Frankie avait besoin d'une traduction. Il marqua une pause et réfléchit, sans doute pour se remettre à l'esprit ses conjugaisons. Il était sur le point de proposer une équivalence anglaise, lorsque Frankie lui coupa la parole : « Non, tête de nœud ! Ça veut dire avoir tout ce qu'il te faut sous la main *en temps voulu !* » Alex resta bouche bée. « Quelquefois, dit-il à Frankie, tu ne t'exprimes pas comme il faut, à mon avis tu devrais essayer d'être moins pète-sec. » De mal en pis. Frankie s'avisa de le chronométrer. Il zieutait les assiettes d'Alex en comptant les secondes. Il en retourna plusieurs. Il n'y avait pas assez de salade. « Redresse-moi ça ! » Pas assez de légumes. « Redresse-moi ça ! » Il n'avait pas essuyé l'assiette. « Redresse-moi ça ! » Le romarin n'était pas haché assez menu. Les haricots étaient trop cuits. Il avait oublié la *pancetta*.

Frankie n'avait pas l'étoffe d'un manager ; il était animé d'un esprit grégaire et pouvait se montrer sympa (ami, confident, boute-en-train même – il montait des blancs en neige puis faisait semblant d'éternuer dans le cou du plongeur) aussi bien que méchant comme un âne rouge. Lorsqu'il se pointait à midi, je le dévisageais pour savoir à quel Frankie nous aurions affaire. Ce n'étaient pas des conditions de travail toujours très agréables, mais au moins on ne s'ennuyait jamais. Il faut dire que j'étais peut-être meilleur public que les autres, puisque je n'avais rien à perdre. J'encaissais les critiques – j'étais là pour apprendre – et acceptais ma servitude. « Oui, Frankie », acquiesçais-je systématiquement.

« J'ai raison, hein, Bill ? hurlait-il à la cantonade, pour que personne n'en perde une miette.

— Oui, Frankie.

— J'ai toujours raison, hein ?

— Oui, Frankie.

— Est-ce possible que je me trompe ?

— Non, Frankie. »

Un sourire lui montait alors aux lèvres.

Mais l'heure de la revanche finirait par sonner.

L'occasion se présenta lors d'un problème d'effectif dans la brigade. Abby avait pris six jours de congé. Depuis un bon bout de temps déjà, elle caressait le projet de se soumettre à une opération de chirurgie esthétique. C'était devenu une ritournelle d'un genre un peu étrange – Le fallait-il ? Ne le fallait-il pas ? – quoique pas tellement plus étrange que les autres confidences échangées dans la cuisine : la vie sexuelle de Holly (une chronique à rebondissements) ou les tentatives de Garland de faire un bébé à sa femme (une rubrique toujours d'actualité, avec mises à jour quotidiennes). Quand on passe sa vie ensemble, personne n'a plus de secret pour personne. Bon, mais voilà qu'Abby, un beau jour, prit sa décision et se résolut à passer sous le bistouri.

Nous attendions son retour pour le lundi suivant. À cette époque, je travaillais avec elle à la rôtisserie, où on se partageait le poste à deux, comme je l'avais fait avec Mark. Au début, je cuisais la viande et elle préparait les accompagnements, les *contorni*, mais peu à peu, je me mis à préparer aussi les *contorni* et à dresser les assiettes, avec Abby qui restait dans les parages au cas où les choses tourneraient à la catastrophe. Le dimanche, elle téléphona. Il y avait des complications. Elle avait besoin d'une journée de congé supplémentaire. Est-ce qu'on pouvait la couvrir ?

Une aubaine pareille, je l'attendais depuis longtemps. On était le 17 mars – quinze mois s'étaient écoulés depuis mon premier jour au Babbo. Étais-je prêt ? Oui et non. Oui, parce que je connaissais *presque* toutes les tâches que je devais effectuer. Non, justement à cause de ce « presque ».

La prépa s'avérait en soi tellement compliquée que vous ne vous en sortiez que lorsque vous n'aviez plus le choix. (Ou plutôt, devrais-je dire, c'était tellement compliqué que je ne m'en sortis que lorsque je n'eus plus le choix.) Je possédais un plan du poste et avais tout juste réussi à le mémoriser. La viande et le poisson étaient rangés sous le plan de travail dans le frigo. Bon, de ce côté-là, tout baignait. Le problème, c'était ce qu'il y avait dessus : les petites plaques accueillant les *contorni* ainsi que divers « embellissements ». On comptabilisait trente-trois ingrédients, dont la majorité étaient préparés avant le démarrage du service, notamment les oignons rouges (cuits dans du jus de betterave et du vinaigre de vin rouge), les salsifis (braisés dans du sambuca) et la *farotta* (cuite dans une purée de betterave). Il y avait six bouteilles en plastique souple différentes, deux vinaigres balsamiques, deux huiles d'olive, plus du *vin santo*, du *vin cotto* et du vinaigre saba, sans parler des choux de Bruxelles et du fenouil braisé et du pâté de lapin – et merde ! Aujourd'hui, quand je regarde mon plan, je suis stupéfait d'avoir réussi à me fourrer tout ça dans la tête.

J'avais le trac et d'entrée de jeu, pour changer, trouvai le moyen de me couper. Je préparais des topinambours, ces bulbes noueux d'une laideur repoussante qui ressemblent à de gros grumeaux de boue. Mais émincés très fin et frits très chaud, ils ont une saveur terrienne qui plaît apparemment à certains palais. À celui de Mario, par exemple. (Quelquefois, en composant ces mets, je me demandais : comment a-t-il pu imaginer que cette combinaison tenait la route ?) Quand les topinambours commençaient à brunir, vous ajoutiez des champignons shiitake et une giclée de vinaigre et vous les terminiez avec une poignée de persil : vous obteniez le lit de garniture des côtelettes d'agneau. Mais ce plat n'était mangeable qu'à une seule condition : les topinambours devaient être émincés vraiment très très fin – une finesse que vous n'obteniez qu'en vous servant d'une trancheuse à viande, cette énorme lame qui sert au charcutier à vous couper vos tranches de jambon. La trancheuse est volumineuse ; le topinambour petit et glissant. Il se produisit un bruit, comme si on hachait quelque chose. J'accomplis mon coutumier bond dans les airs. Tony Liu se pencha sur l'appareil pour voir s'il ne trouvait pas mon doigt coincé dans la lame.

« Non, non, dis-je. Juste l'ongle et le bout du doigt. »

La suite relevait de la routine : désinfectant, pansement, poupée en caoutchouc, que je glissai sur un index à présent raccourci de quelques millimètres.

Ce n'était pas un bon début, d'autant que cela m'avait mis en retard. En fait, tout le monde était en retard et la pression montait – une pression mal intentionnée, écœurante. Elisa resta plus tard que d'habitude et dans sa hâte laissa tomber un bac de palourdes qui s'éparpillèrent sur le sol en roulant dans tous les coins comme des billes. Frankie émit une remarque. « Ta gueule Frankie », rétorqua Elisa. Il marmonna quelque chose d'autre. Elisa répéta, plus fort : « Ta gueule, Frankie ! » Elle avait les nerfs à fleur de peau. Frankie avait les nerfs à fleur de peau. Qu'est-ce qui les énervait comme ça ? Je prenais des siècles pour ciseler les aiguilles de romarin, accusa Frankie. Je prenais des siècles pour apprêter mes pluches de thym.

Tony Liu joignit sa voix au concert. « Magne-toi un peu. On a des tonnes de trucs à préparer. T'es trop lent. »

Le service démarra, et au cours des premières deux heures, chaque morceau de viande que je cuisis fut soumis à une inspection.

Bon, d'accord, ils me mettaient à l'épreuve. Pas de panique. Tu sais comment t'y prendre.

On me transmit une commande de côtelettes d'agneau, rosées. Je les préparai, je composai l'assiette et j'étais sur le point de poser cette dernière sur le passe, quand Frankie m'arrêta, désassembla mon œuvre et appuya sur chaque morceau de viande. Il ne desserra pas les dents, ni ne me regarda, que dalle. Une entrecôte, rosée... Elle n'était pas plus tôt cuite que voilà quatre têtes qui se penchent dessus, et on me la tâte de la pointe d'un pic à brochette et on pose ses lèvres sur ledit pic afin de juger de la cuisson. Un filet mignon ; même chanson : l'assiette mise en pièces. La viande était parfaite. Je devinais à sa tête que Frankie était déçu. « Refais ton assiette », m'ordonna-t-il.

Tony Liu, voyant ma main bandée, s'exclama : « Débarrasse-toi de ce bandage.

— Je me suis coupé le bout du doigt, lui rappelai-je.

— Débarrasse-toi de ça. Tu peux pas cuisiner avec un bandage. Tu perds ton toucher. »

J'obtempérai et jetai mon pansement. Au début, j'essayai de me servir de mes autres doigts, mais ils étaient trop nuls : aucune sensibilité. J'avais dans les premiers temps eu recours à mon majeur pour palper, mais je finis par le brûler, de sorte que j'avais perdu un précieux allié et fus bien obligé de baisser les armes. J'appuyai mon index contre la chair d'une côtelette d'agneau posée sur le gril, je pressai ma plaie ouverte dans la viande. Je ressentis la morsure (la brûlure) du sel et de la graisse (une autre sorte de brûlure). Bon, ce sont les risques du métier. Je me tournai pour rincer ma main dans la bassine d'eau savonneuse, mais l'eau était noire, excepté en surface, où elle luisait. Après une seconde d'hésitation, j'y trempai ma main.

Frankie approcha dangereusement son visage du mien. « Abby n'est pas là pour te protéger. Ce soir, c'est moi qui suis là. On est là tous les deux, toi et moi. »

Il cueillit deux tranches de *pancetta*, que j'étais en train de cuire sur la table de cuisson. Elles avaient encore de la ficelle tout autour. « On sert pas de ficelle », beugla-t-il.

Il n'avait pas besoin de me le dire. Il se trouvait que cette *pancetta* était mal roulée et se défaisait, Tony avait été clair là-dessus en me l'apportant de la chambre froide : il m'avait conseillé de la cuire avec la ficelle que je me chargerais d'enlever seulement après en confectionnant mon assiette. J'ouvris la bouche pour m'expliquer, mais mon explication me parut friser l'insolence.

« Oui, Frankie, acquiesçai-je.

Il tira sur la ficelle et me la lança à la figure.

— T'es dans la cour des grands maintenant. T'es tout seul. »

Je remplis une sauteuse de jus d'orange, que je fis

réduire, ajoutai du beurre et y posai le fenouil. Le fenouil accompagne le *branzino.*

Frankie souleva la sauteuse.

« Tu trouves que ce fenouil a de la gueule, toi ? » me demanda-t-il. Je vis le moment où il allait me lancer la sauteuse à la figure. Je me raidis. Il ne bougea pas. Je contemplai mon fenouil. Il y en avait deux morceaux, chacun représentant le tiers d'un bulbe. Je ne savais pas quoi lui répondre.

« Tu serais content si on te servait une aussi petite portion de fenouil, toi ? »

Je regardai de nouveau. Bon, d'accord, ces bulbes n'étaient pas bien gros.

« C'est nul, décréta Frankie. Redresse-moi ça. » Il ramassa les deux fenouils brûlants avec ses doigts et me les balança au visage. Il rata son coup. Ils atterrirent sur la plaque où j'avais réservé ma viande, et cette dernière se retrouva aspergée de jus d'orange au beurre. Je cueillis à mon tour les bulbes, les jetai à la poubelle, essuyai la viande et redémarrai à zéro avec la sauteuse.

« Ce soir, t'es dans la cour des grands. Ce soir, t'es obligé de te défendre tout seul. »

Andy fit marcher un lapin.

C'était un de mes plats préférés, à cause de sa complexité. Le lapin est cuit de trois manières différentes – sauté, grillé et confit – et servi sur un lit de pissenlits tombés au beurre. C'est un mets qui s'élabore par étapes et nécessite la collaboration de plusieurs cuistots. Pendant la journée, un mec du Froid fait rôtir les cuisses. Juste avant le service, je les fais brunir dans une poêle, j'ajoute des tranches fines de panais (qui caramélisent vite), une giclée de *vin santo* (ce qui produit une flamme), de la *pancetta* et un fond de lapin (un ingrédient indubitablement français, je n'ai pas encore compris comment on a pu laisser passer ça). Puis je réserve la poêle pour plus tard. Le râble en revanche est grillé. Et le confit est un pâté que l'on tartine sur une tranche de pain grillé à la façon d'un *crostino*, laquelle est ensuite placée au sommet de l'appareil, pour la touche architecturale.

Il fallait deux personnes pour mettre la dernière main à l'assiette : Frankie et moi.

J'avais préparé, en avance, une étagère de sauteuses. J'en descendis une et la posai sur la table de cuisson. Je plaçai un râble sur le gril et descendis une deuxième sauteuse pour les feuilles de pissenlit. Lorsque je vis que le râble était presque à point, je déposai une tranche de pain sur le plan de travail, pensant que Frankie allait se charger de la faire griller. Pendant ce temps, je sortis le pâté. Bref, le rituel d'usage.

Je posai la tranche de pain.

Frankie l'écrasa d'un coup de poing.

Je m'immobilisai, décontenancé. Qu'est-ce que j'avais fait de mal ? Je regardai Frankie. Il était vert de rage.

« Sors-m'en une autre. »

Je ramassai la tranche écrasée, époussetai les miettes et sortis une deuxième tranche.

Paf !

Elle était identique à la première. Qu'est-ce qui n'allait pas ?

« Une autre ! »

Je nettoyai le plan de travail et obtempérai. Frankie écrasa aussi la suivante. Je le regardai de nouveau. Qu'est-ce que c'était que cette histoire ? Il se conduisait d'une manière totalement irrationnelle, comme si une effrayante alchimie détraquait ses neurones. Je cherchai des yeux Andy, mais il s'était détourné. Encore un détail étrange. N'attendait-il pas justement l'assiette dont nous ne parvenions pas à achever la confection parce que Frankie écrasait à chaque fois le pain destiné à être grillé ?

« Une autre ! »

J'obéis. La suivante avait exactement la même tête que les trois précédentes. Frankie l'accepta, l'assiette fut enfin dressée et transférée sur le passe.

Quelle longue nuit ce fut là. Riche en incidents. À un moment donné, Andy fit marcher un *branzino*, mais je n'entendis pas (est-ce possible ?) et par conséquent m'abstins de lancer la cuisson de ce plat. Un peu plus tard, la même chose se produisit avec des côtelettes d'agneau. Avais-je vraiment les oreilles aussi bouchées ? Je contemplai bêtement Andy. Son expression demeura indéchiffrable.

D'autres dysfonctionnements survinrent. Mes souvenirs sont flous. Quand John Mainieri vint nous annoncer la fin du service, je poussai un soupir de soulagement. Il était tôt, seulement vingt-trois heures. J'étais à l'ouvrage depuis une heure de l'après-midi. J'étais en nage. Mon sarrau était collé à mon dos ; il avait fondu. Lorsque je trouvai le temps d'aller pisser, ma pisse était jaune vif. J'étais déshydraté. Alors que j'avais tant misé au départ sur cette soirée. Je rentrai chez moi, tirai un fauteuil devant la fenêtre et restai jusqu'à l'aube à regarder dehors, sans bouger.

Le lendemain je retournai au Babbo – d'un pas peut-être un peu plus lourd que d'habitude. J'étais l'incarnation même de la lenteur. Tout chez moi était lent. Mes pensées s'engluaient dans une espèce de mélasse cognitive. Un peu comme quand on essaye de courir dans l'eau. Il me vint d'ailleurs une perspective de carrière : mascotte du mouvement en faveur du *slow food*.

Abby était revenue, mais elle aurait dû s'abstenir. Elle avait l'air pâle et fragile et ne parvenait pas à lever les bras. Vous ne pouvez pas cuisiner si vous ne pouvez pas bouger vos bras. La situation était grave. La veille, Tony Liu était venu quoique ce fût son jour de congé, au cas où il se produirait des déraillements. Aujourd'hui, autrement dit, pas de renforts. Abby était consciente de son erreur, mais elle savait aussi qu'on s'attendait à ce qu'elle soit là. Le slogan de la cuisine : personne ne tombe jamais malade. (Jusqu'à ce que je travaille au Babbo, je m'étais toujours demandé pourquoi tant de New-Yorkais étaient subitement souffrants en hiver. Est-ce l'effet d'une surexposition aux microbes de tous ces gens serrés comme des sardines dans le métro ? Ou simplement est-ce parce que la majorité des New-Yorkais ne font pas la cuisine chez eux et se procurent leurs repas auprès des cuisines professionnelles ?)

Le défi était le même que la veille. Étais-je prêt ?

Oui, oui, et oui !

J'organisai ma mise en place. Je repérai ce qui manquait. Je fis brunir mon fenouil. Je ciselai mes aiguilles de romarin – vite : pim, pam, poum. Je triai mes brins de thym. Je préparai six sauteuses de lapin. Et plus je trimais, plus je me détendais, comme un athlète qui se chauffe. La mélasse dans ma tête fondit. Mes gestes devinrent plus fluides. En terminant une tâche, je prévoyais la suivante et aussi celle d'après. Le service démarra. J'étais prêt. J'acquérais un rythme. Je voyais la cuisine comme je ne l'avais jamais vue. J'étais comme un voyant, je voyais tout. Était-ce l'adrénaline ? Une lucidité, fruit de l'épuisement ? Je n'aurais pu expliquer pourquoi je me sentais si bien, surtout après m'être senti si mal. Je savais à quel stade chacun se trouvait dans ses préparations respectives. Je devinais ce qui était écrit sur les commandes. Je travaillais avec Frankie, mais, je ne sais comment, je pressentais chacun de ses gestes avant qu'il ne s'exécute, et ce qu'il voulait avant qu'il ne me le réclame. « Bill, j'ai besoin de... », mais sans qu'il ait besoin d'articuler (des oignons rouges, des choux de Bruxelles, une tranche de pain), je l'avais déjà dans la main. Je cuisinais : vite, dur, efficacement. Ce fut ma soirée la plus satisfaisante à ce jour.

Après le service, je m'assis au bar. Il fallait que je redescende. Je demandai à Tom de me servir une bière. Frankie vint se percher sur le tabouret voisin. Il était venu me remercier. « Tu t'en es bien tiré. Et que personne ne s'avise de te dire le contraire. Tu nous as sortis de la merde. »

Je terminai ma bière. O.K. Je m'en étais bien tiré. C'était bon à entendre.

Fabricant de *pasta*

J'ai pu compléter mon expérience de la gastronomie napolitaine à l'occasion d'un dîner auquel j'étais convié et dont le prétexte essentiel était un concours de spaghettis. De telles compétitions étaient une pratique courante dans la vie sociale d'avant-guerre, mais depuis que le marché noir permet de se procurer de nouveau les indispensables denrées elles sont devenues de véritables rites.

Parmi les compétiteurs se trouvaient des hommes graves et d'importance dont un ancien préfet, un dirigeant de la Banca di Roma, des juristes renommés. Aucune femme. Les portions de spaghettis étaient pesées avant d'être réparties dans les assiettes. On s'est lancé selon la méthode classique, inventée, dit-on, par Ferdinand IV qui en donna la primeur dans sa loge du San Carlo au profit d'une assistance ébahie : la fourchette de spaghettis est haut levée, ce qui permet aux pâtes de choir sans difficulté dans la bouche ouverte, la tête étant renversée bien en arrière. J'ai pu constater que les experts ne perdaient pas de temps à mâcher les spaghettis mais les avalaient directement jusqu'à s'en remplir le gosier, qu'ils dégageaient alors par une violente contraction de la pomme d'Adam, ce qui ne manquait pas de leur congestionner la face. C'est un médecin de soixante-cinq ans qui a gagné, après avoir ingurgité quatre énormes platées d'un kilo et demi. Il a été acclamé avec force sourires et applaudissements. Il y a répondu courtoisement avant de s'éclipser pour aller vomir.

Norman Lewis, *Naples '44*
Traduction de Pierre Giuliani
et Iawa Tate, Phébus, 1996.

16

J'étais de plus en plus préoccupé par la question de savoir à quel moment, au cours de la longue histoire culinaire de la péninsule italienne, les cuisiniers s'étaient avisés d'ajouter des œufs dans leur pâte à *pasta*. Était-ce raisonnable de se poser une question pareille ? Bien sûr que non. Mais elle me poursuivait. D'autant qu'elle soulevait d'autres questions intéressantes, dont la possibilité que le mot *pasta* fût trompeur, sinon totalement faux. Il existe, que je sache, deux sortes de pâtes, la sèche et la fraîche – n'est-ce pas ? La sèche, telles les *linguine*, porte le nom de *pastasciutta*, tandis que la fraîche, tels les *tortellini* de Miriam, se nomme *pasta fresca*. Mais désormais je suis convaincu qu'elles sont beaucoup plus différentes qu'on ne le croit habituellement et que seul un accident linguistique les fait paraître semblables. Elles sont fabriquées avec des blés de variétés différentes (le blé durum, qui a une haute teneur en protéines, pour les pâtes sèches ; la farine à pain ordinaire, plus riche en amidon, pour les fraîches), accommodées de manière différente (les premières à l'huile d'olive, extraite d'un arbre ; les autres au beurre, extrait de la vache) et originaires de cultures différentes : les pâtes sèches ont vu le jour en Sicile au début du XIIe siècle (presque deux cents ans avant le retour de Marco Polo de son séjour chez les Chinois, dont il rapporta sans doute *leur* version), introduites par les marchands arabes, qui ne pouvaient pas se douter de l'existence des pâtes fraîches, quoique ces dernières aient déjà circulé pendant un millénaire sous la forme que nous appelons « lasagne », que les Romains appelaient *laganum* et les Grecs *laganon*.

La méprise vient du fait que, jusqu'à la seconde moitié du XXe siècle, le mot *pasta* n'était pas employé en cuisine (vous ne le rencontrez que très rarement dans les livres d'autrefois) mais dans les inventaires où il désignait tout aliment, salé ou sucré, confectionné avec de la pâte. (Il est mentionné dans un livre de comptes de Cagliari datant de 1351, les marchands sardes s'en servaient pour distinguer les caisses de pâtes sèches des autres produits qui encombraient les quais : le poisson salé, les meules de fromage, le vin, les moutons, les jarres de safran et ces trucs, là, qui s'entassent contre le mur – oui, là-bas, ces choses en pâte, oui, tu peux les pousser sur le côté.)

À l'époque, on parlait plutôt de « macaroni ». Ce fut le terme générique en usage pendant cinq siècles et quelques, désignant non seulement les longs tubes du même nom, mais toutes sortes de versions de ce mets, originaires de Sicile et qui se sont répandus ensuite en Sardaigne et à Naples, avant d'être expédiés via Gênes dans les principaux ports d'Europe. Thomas Jefferson en consomma en France et fut si emballé qu'il s'en fit livrer des caisses entières aux États-Unis, où il fut la première personne à importer des pâtes sèches. (Vingt-six ans plus tard, sa commande annuelle se montait à vingt-cinq kilos, de quoi approvisionner deux cent cinquante repas. En 1817, il doubla cette quantité, à laquelle il ajouta vingt-cinq kilos pour son petit-fils, puis l'année suivante, il doubla de nouveau sa commande : il y avait pris goût et, comme nous autres dans ce cas-là, il n'en avait jamais assez.)

Le macaroni a toujours été l'objet d'un commerce intensif ; les pâtes fraîches, jamais, et cela pour une bonne raison. Elles étaient fabriquées dans le nord, en général par des femmes, chez elles ou dans des cuisines de petite taille, non dans des fabriques, et leur nature périssable rendait impossible leur exportation. Elles étaient dès lors vendues uniquement par les gens qui venaient de les préparer – soit, depuis les années 1300, par les *lasagnari*, les fabricants de *lasagne*, ce terme de « lasagne » tenant lieu de générique pour ce que nous considérons aujourd'hui comme les pâtes fraîches : une pâte abaissée finement (*la sfoglia*) dans laquelle vous découpez, façonnez, tordez, farcissez et confectionnez la multitude de joujoux qui, sur les tables italiennes, reçoivent l'appellation de nourriture. Depuis l'antiquité grecque et romaine, la *lasagna* se fabrique à partir de farine et d'eau, puis est malaxée et pétrie de manière à étirer les protéines du blé et à les amalgamer aux molécules d'eau afin de former une masse élastique très malléable : le gluten, qui alimente de son mystère la cuisine européenne. Depuis les anciens Grecs et Romains, il n'y avait pas d'œuf dans la pâte, jusqu'à – quand exactement ?

Aucun œuf ne figure dans la recette du *Liber de coquina*, rédigé par un auteur anonyme à la fin du

XIIIe siècle, laquelle recette préconise une abaisse de pâte fermentée (presque une pâte au levain mélangée à un morceau non cuit restant du repas précédent). Une fois la pâte la plus amincie possible, *più sottile che puoi*, elle est coupée en carrés, pas plus larges que votre doigt, qui sont bouillis et servis enrobés de fromage et d'épices, sans doute de la noix de muscade et de la cannelle – ce mets tout simple me rappela ma visite en compagnie de Joe Bastianich à Porretta Terme, où Betta confectionna quelque chose d'approchant appelé des *quadrini*, « des petits carrés », avec du beurre et du parmesan.

Il n'y a donc pas d'œuf dans la recette toscane du *Liber de coquina*. L'auteur anonyme (*anonimo Toscano*) recommande l'emploi d'une farine blanche de bonne qualité (*farina buona, bianca*) – une farine légère, riche en amidon – et conseille de servir ce plat avec du fromage ou du *lardo*. Il n'y a pas d'œuf non plus dans la version postérieure vénitienne (écrite par un autre auteur préférant garder un anonymat suspect, l'*anonimo Veneziano*).

Au XVe siècle, il n'y a toujours pas d'œuf : pas un seul, semble-t-il, dans la *pasta* confectionnée par Maestro Martino, quoiqu'il préconise du blanc d'œuf, ce qui est une première. Il s'en sert pour préparer ses macaronis siciliens, afin de rendre les nouilles plus rigides, mais il garde le silence sur ce qu'il advient des jaunes. Cette absence d'indication est d'autant plus intrigante que le Maestro avait une passion pour les œufs (pochés dans du vin sucré, frits, brouillés, rôtis, modelés, cuits dans du lait ou de l'huile ou sur un lit de braises) et recommandait de s'en servir comme liant pour la farce des raviolis.

Mais à aucun moment il ne dit qu'il faut en inclure dans la pâte des raviolis.

La question était pressante, puisque à la dernière minute, sur un coup de tête, j'avais sauté dans un avion à destination de l'Italie. La raison, bien sûr, s'épelait *PASTA*, une fois de plus ! Je ne voudrais pas minimiser l'importance de mon passage au poste des pâtes du Babbo – jamais je ne l'oublierai, au moins à cause de ce que je sais maintenant sur les *linguine* et les coquillages –, mais de bien des manières, je m'y étais trouvé éloigné de la chose authentique. Après tout, j'apprenais à exécuter une préparation rustique, ancestrale et fondamentalement régionale dans une cuisine de New York où l'on travaillait sous pression à toute vitesse. Mes maîtres n'étaient même pas italiens, c'étaient des cuisiniers qui avaient appris auprès d'autres cuisiniers qui eux-mêmes avaient été instruits par Mario, lequel (enfin !) avait été formé par une Italienne. En plus, la *pasta* y était débitée à la machine, alors que j'entendais dire partout que le meilleur résultat était obtenu quand on l'étendait à la main sur une planche en bois avec un *matterello* – le long et mince rouleau à pâtisserie italien, arrondi à un bout afin de vous permettre de donner une forme carrée à votre pâte – car cela permettait à la pâte, placée entre deux surfaces en bois, d'acquérir cette texture « langue de chat » dont Mario parlait toujours à propos des raviolis de sa grand-mère ou des *tortelli* de Miriam. Voilà ce que je voulais fabriquer, et, après tout ce temps, j'en étais toujours incapable. Aussi pourquoi ne pas s'adresser à Miriam elle-même ?

Je lui téléphonai. Miriam, lui dis-je, je voudrais travailler avec toi.

« *Certo*, me répondit-elle. Téléphone-moi la prochaine fois que tu es en Italie et passe me voir un après-midi. »

Elle avait mal compris. Il n'était pas question dans mon esprit de passer à l'occasion un après-midi, alors que je me trouvais dans le coin, mais bien plutôt de passer deux semaines. Un mois. Ou plus : un séjour préparé à l'avance, avec un logement et tous les signes extérieurs de l'apprentissage.

Elle fut prise de panique. « Qu'est-ce que c'est que cette histoire ? Un mois ? Je ne permets à personne de mettre les pieds dans ma cuisine – *jamais*. (Elle fit un drôle de bruit. Aurait-elle des problèmes respiratoires ?) Je ne sais pas quoi dire. Tu es fou ou quoi ? » Elle, en tout cas, était folle de rage.

Ce projet n'aboutit pas, mais pas plus tard que la semaine suivante, il se présenta une occasion inespérée. Il s'agissait de la visite à New York de Valeria Piccini, le chef du restaurant Da Caino, considéré par beaucoup comme la meilleure table d'Italie, situé à Montemerano, un bourg dans les collines de la Maremme, au sud de la Toscane, non loin de la mer. Alain Ducasse – à l'époque le chef français le plus réputé – recevait Valeria comme chef invité dans son établissement new-yorkais. Comme je tenais à la rencontrer, je me débrouillai pour assister à la soirée.

Aux yeux de Valeria, cette soirée se révéla un fiasco total. Tout dans la cuisine allait de travers. Il y avait trop de gens – ils étaient sans cœur et *trop* efficaces – et elle était obligée de préparer des mets sans les toucher (« J'ai besoin de toucher chaque plat ») et de les dresser sur des assiettes tellement impersonnelles qu'elle n'osait même pas les regarder (« Je fermais les yeux »). La *pasta* fut une catastrophe, déclara-t-elle, au bord des larmes, lorsqu'elle apparut à la fin du dîner. Elle s'excusa auprès des Italiens (qui hochèrent la tête d'un air compatissant ; pour ma part, sans la moindre idée de ce qui n'allait pas, j'avais dévoré mon assiette dans un état de grâce extatique, lobotomisé) et s'effondra sur une chaise à côté de moi. Elle ne comprenait pas comment les choses avaient si mal tourné. Elle avait fait sa pâte comme d'habitude, expliqua-t-elle (en s'adressant à moi, au plafond, au monde entier, à personne) : telle quantité d'œuf, telle quantité de farine, et malgré tout le résultat n'était pas ce qu'il aurait dû être. Elle l'avait jetée à la poubelle en se disant qu'elle avait peut-être oublié quelque chose. Elle avait recommencé – telle quantité d'œuf, telle quantité de farine – et c'était toujours mauvais. « Je ne voyais pas pourquoi. Comment était-ce possible ? » Les commandes s'étaient alors mises à pleuvoir. « J'ai envie d'aller me coucher. Je vais rentrer à l'hôtel et me cacher. C'est tellement gênant. » Elle marqua une pause, accablée. Au physique, elle me rappelait Miriam – le nez camus masculin ; le visage large ; la toque de chef blanche – en plus jeune (quarante-cinq ans au lieu de soixante-deux). Comme Miriam, elle n'avait jamais travaillé que dans une seule cuisine (la sienne), dans un seul restaurant (le sien), dans sa ville natale. Je me rappelle m'être dit : on ne rencontre jamais des gens comme ça à New York.

« Était-ce la farine ? interrogea-t-elle d'une voix songeuse. Ils m'ont conseillé d'apporter la mienne. Mais je leur ai dit : "Qu'est-ce que c'est que ça ? Je vais dans le meilleur restaurant de New York !" Les œufs ? Ils m'ont dit d'apporter mes œufs. Et moi, je leur ai ri au nez : "Vous rigolez, ils ont des poules en Amérique." »

J'écoutais ce triste monologue avec une profonde fascination. (Non, ce n'est pas l'exacte vérité : je l'écoutais d'une oreille, sans rien comprendre, alors que de l'autre, j'écoutais ma femme qui parle couramment italien et se chargeait de me traduire à mesure ce qu'elle disait.) Le monologue confirmait tout ce que je pensais à propos des pâtes. C'était à la fois très simple et très difficile. Des ingrédients basiques (farine, œufs), un procédé basique (faire de la pâte), et pourtant, même entre les mains d'un grand chef, ça ne marchait pas, et le grand chef en question ne voyait même pas pour quelle raison.

« Embauchez-moi ! » éructai-je soudain en anglais.

Elle tourna vers moi un visage dépourvu d'expression.

« Embauchez-moi ! répétai-je, subitement surexcité. Je peux partir demain ! »

Elle affichait une mine perplexe ; manifestement mon message avait du mal à passer. Cette façon, typiquement américaine, de se jeter à la tête des gens avec enthousiasme n'était peut-être pas la bonne politique. En tout cas, elle ne partageait pas, et de loin, mon enthousiasme. Elle se redressa, comme si elle venait de se rappeler l'endroit où elle se trouvait (et moi, je me vis tel que je devais apparaître à ses yeux – un étranger doué de la faculté inexplicable de s'enflammer pour des plats ratés).

« Ah, vous voulez être stagiaire ? me demanda-t-elle prudemment en anglais.

— Oui ! répondis-je. Oui ! Oui !

— J'ai bien peur que ce ne soit trop compliqué. »

Ainsi mon plan se révélait irréalisable. Pourquoi ? Je n'en savais rien. Parce qu'elle n'aimait pas les Américains ? Parce que ma tête ne lui revenait pas ? Parce que cette montagnarde bourrue et xénophobe se méfiait des étrangers ? Ou bien n'avait-elle pas envie de lâcher ses secrets de fabrication dans la nature ? Sans doute pour cette dernière raison, quoique, en y repensant, je reconnaisse qu'il y en avait peut-être aussi une autre.

La clé du mystère se trouve dans le mot « stagiaire ». L'Italie connaît une telle crise de l'emploi que les chefs de tous poils tiennent des listes d'attente de gens qui se déclarent prêts à leur servir d'esclave. A priori cela peut vous sembler une situation enviable – pourquoi payer inutilement la main-d'œuvre quand vous pouvez l'avoir gratis ? –, pourtant ça ne l'est pas du tout. La majorité des esclaves sont japonais, même si toutes les autres nationalités sont aussi représentées, sauf la française. L'esclavage est tellement tendance que vous avez besoin d'une autorisation pour en être un : des règles ont été édictées, ainsi qu'un protocole, vous devez demander un visa spécial et faire apposer un timbre spécifique sur votre passeport, que vous obtenez seulement après avoir déposé un dossier auprès de l'office national de l'immigration italien, un dossier comprenant un « contrat » écrit avec un restaurant, dont une clause garantit que ce dernier ne rémunérera pas le travail pour lequel il vous a engagé. (Un épisode curieux de l'histoire des relations sociales dans la restauration.) En fait, sans que je le sache, Mark Barrett – à plusieurs titres mon intrépide modèle en la matière – s'était retrouvé hors la loi. Ne possédant pas un de ces visas avec l'attestation je-suis-votre-esclave-ne-me-payez-pas, le restaurant avec qui il avait passé un contrat ne pouvait pas l'exploiter. Mark s'était débrouillé pour travailler sans salaire environ quatre semaines avant de s'entendre dire qu'il devait rentrer chez lui. Ses amis de New York n'étaient guère d'humeur à le recevoir à bras ouverts. Comme disait l'un d'eux, ils ne s'étaient « pas encore remis des réjouissances » auxquelles son départ avait donné lieu. (« Aïe ! fit Mario. J'ai l'impression que les choses ont changé depuis l'époque où j'ai bossé là-bas. »)

Un jour, je me retrouvai attablé en compagnie de Mario et Mark. Ce dernier, au trente-sixième des-sous, n'avait pas encore trouvé le moyen de contourner une loi selon lui inconcevable, afin de retourner en Italie travailler sans salaire, quand une idée traversa l'esprit de Mario.

« Pourquoi ne vas-tu pas travailler pour Gianni et Betta ? déclara-t-il. Gianni connaît tout le monde, il va t'arranger un visa. Tu n'as qu'à bosser pour lui quelques mois et, en échange, il fera en sorte que tu puisses rester des années. »

Mark cogita. Gianni était peut-être en mesure de lui procurer un visa. Mais au temps de Mario, Gianni et Betta dirigeaient La Volta, un vrai restaurant qui visait haut. Maintenant, ils avaient quoi ? Une pizzeria. Pourquoi Mark irait-il jusqu'en Italie pour travailler dans une pizzeria ?

« Pourquoi ? s'exclama Mario d'un air exagérément étonné. Parce qu'une pizzeria sert des pizzas *et* des pâtes, et parce que c'est Betta qui fait *la pasta.* »

Et voilà la raison de ma présence à Porretta. Cela expliquait aussi pourquoi je m'intéressais tant à

« l'œuf » : parce que dès ma première matinée, en regardant Betta préparer la pâte, je compris que l'œuf était l'ingrédient le plus important de *la pasta* contemporaine, à condition que ce soit un œuf de première qualité, ce qui vous saute (ou pas) aux yeux dès l'instant où vous le cassez. Si le blanc est liquide, vous en déduisez qu'il provient d'un élevage en batterie où les poules piétinent dans des cages, et vous pouvez prévoir que votre pâte sera collante et récalcitrante, exactement comme celle de triste mémoire fabriquée par Betta une fin d'après-midi : Gianni, s'étant assoupi après un déjeuner un peu trop arrosé de vin rouge, était arrivé trop tard, après la fermeture du magasin, pour acheter les bons œufs et avait dû se rendre en toute hâte à la ville voisine chez le *cattivo alimentari* (le truand de l'alimentation), l'épicerie honnie, pour revenir avec une douzaine d'œufs industriels. Le jaune était tout aussi révélateur. Celui de l'épicerie honnie était jaune pâle, comme ceux que vous et moi avons battus depuis toujours pour préparer nos œufs brouillés de citadins. Mais un vrai jaune d'œuf est d'une couleur complètement différente, d'ailleurs en italien, on l'appelle encore *il rosso*, « le rouge », survivance d'un temps où l'on ne mangeait des œufs qu'au printemps et en été, à la saison des œufs ; ceux-ci provenaient de poules nourries au grain, quasi sauvages, qui non seulement couraient mais aussi couraient dans une totale liberté et produisaient un jaune plus rouge que jaune, une éclatante couleur primaire que vous ne verrez aujourd'hui que si vous avez la chance de pouvoir vous procurer ces œufs non pas au supermarché ou dans un magasin, mais dans un *mercato* de village ou une petite exploitation agricole.

La recette de *la pasta* de Betta indiquait un œuf pour chaque *etto* de farine de ménage. Un *etto* équivaut à cent grammes, c'est une de ces unités de mesure universelles qui pourraient se traduire par « une bonne poignée ». Vous n'ajoutez pas d'eau puisqu'il devrait y avoir assez de liquide dans l'œuf (à la condition que vous en ayez trouvé un bon). Vous n'avez pas plus besoin d'un stimulateur de goût comme le sel ou l'huile d'olive parce que, une fois encore, toute la saveur est déjà dans l'œuf (si vous avez trouvé le bon). Au Babbo, Mario contrebalançait l'inconvénient de ne pas avoir sous la main un fournisseur régulier et fiable de vrais œufs de ferme pondus par des poules à moitié sauvages, en triplant le nombre de jaunes dans sa recette : pour chaque livre de farine (mettons cinq *etti*), il utilisait trois œufs, plus *huit* jaunes, sans parler du sel, du filet d'huile d'olive et d'un peu d'eau. (Soit dit en passant, cette recette n'est pas celle que vous lirez dans le *Babbo Cookbook* et, jusqu'à cet instant, elle était un secret de cuisine.) La *pasta* à triple jaune de Mario était-elle meilleure que celle de Betta ? Non, elle était différente, et l'une et l'autre se révélaient succulentes. Mais *la pasta* de Betta est celle dont j'aime à me souvenir : un œuf, un *etto.* J'aime aussi la simplicité d'une recette basée sur l'excellence d'un unique ingrédient : un œuf somptueux, plus un *etto.*

Si j'avais été si pressé de me ruer à Porretta, c'était que je voulais arriver là-bas avant que le cours n'affichât complet. Je ne sais plus très bien ce qui m'aiguillonnait ainsi. En tout cas, Betta, elle, n'était pas pressée. Lorsque Mark débarqua, une dizaine de jours après moi, Betta avait enfin consenti à ce que je touche la pâte : je fus autorisé à la pétrir. Jusque-là, je m'étais contenté de regarder.

« C'est une bonne chose de regarder, me dit-elle. C'est comme ça que j'ai appris quand j'étais enfant : je passais des heures et des heures à regarder mes tantes. » Cette leçon m'était familière, mais combien de temps me faudrait-il encore regarder ? « Quand Mario était ici, il refusait de regarder. Il voulait tout de suite faire la *pasta*. Tous les matins, il demandait : "Je peux faire la *pasta* maintenant ? Je peux ? Je peux ? Je peux ?" » Elle renifla d'indignation, comme pour dire : comment pouvait-il même envisager de faire la *pasta* sans avoir d'abord mémorisé les gestes des mains des femmes qui la font depuis des dizaines d'années ?

Je reniflai à mon tour, rien que pour lui être agréable, puis je me rappelai la raison de ma présence chez elle. (Cette conversation confirma mes soupçons, c'était bien un complot : elles ne veulent vraiment pas nous transmettre leur savoir.)

Cela dit, le pétrissage à la main ne me parut pas sans intérêt. Cela ne se faisait pas au Babbo, où la pâte était bringuebalée par une machine « pendant quarante-cinq minutes », fanfaronna un jour Mario à mon attention, beaucoup plus longtemps que partout ailleurs, « afin d'encourager les glutens à sortir » (une expression métaphorique qui semblait considérer les protéines de gluten comme les escargots qui se glissent dans votre jardin quand vous avez le dos tourné). En réalité, et Mario l'ignorait, la boule de pâte était malmenée seulement durant dix minutes, ce qui, j'en suis sûr, était amplement suffisant, d'ailleurs Alejandro me regarda comme si j'étais tombé sur la tête lorsque j'avançai qu'elle avait peut-être encore besoin d'une demi-heure de ce traitement.

Pour ma part, ce pétrissage à lui seul aurait pu justifier mon voyage en Italie : je pesais de tout mon poids sur la pâte, puis je la repliais, et je l'écrasais de nouveau, en la réchauffant à la chaleur de mon corps, en l'étendant un peu à chaque nouvelle pression. Ceux qui pétrissent le pain savent de quoi je parle, eux qui parlent avec lyrisme de leur sensualité tactile. Tout doucement, la pâte devient brillante, souple, élastique, alors que les chaînes de protéines du blé elles-mêmes sont étirées, et au bout de quelques minutes les glutens en se liant dégagent une odeur caractéristique, un parfum agréablement évocateur. Dans un spasme poétique, du tréfonds de ma mémoire culinaire, surgit la bouche odorante d'un four. Depuis la nuit des temps, le pain et la *pasta* sont l'un comme l'autre confectionnés avec de l'eau. Aujourd'hui, les fabricants de pâtes préfèrent se servir d'un œuf. La question qui me taraudait était la suivante : Depuis quand ?

J'étais convaincu d'avoir découvert la première recette dans Bartolomeo Scappi. J'en étais venu à consulter son *Œuvre* lors de mes recherches sur les préparations de la polenta antérieures à l'usage du maïs et, ayant acquis une édition en fac-similé reproduisant en deux volumes le texte de 1570, je n'avais pu m'empêcher de jeter un coup d'œil par-ci par-là entre les pages, en me débattant avec les lettres ornées du XVIe siècle, tant et si bien que je réussis finalement à me brancher, comme en en direct, sur une cuisine disciplinée de la Renaissance. Scappi, orgueilleux et un peu poseur – sur son portrait en couverture, il ressemble à Platon, à un Platon au solide appétit – y inclut des descriptions méticuleuses de ses plus somptueux festins, et je perdis des heures à déchiffrer ses menus, tel celui du déjeuner du 28 octobre, sans autre indication, ni de l'année ni de l'occasion, sous-entendu il ne faut surtout pas y voir autre chose qu'un vulgaire *pranzo* automnal, celui de cette année, de l'an passé, rien que de l'ordinaire et du routinier, le style de déjeuner que l'on prépare à la va-vite tous les 28 octobre. D'après Scappi, ce repas était composé d'un peu de tout, *di grasso e di magro*, « de gras et de maigre », bombance et carême, et se déroulait en huit services, 1347 plats en tout. Certains étaient tout à fait rustiques – du jambon bouilli dans du vin, par exemple, ou des palourdes sur le gril. Mais pour la plupart ils étaient plutôt raffinés, comme ces boulettes de viande accommodées à partir de suprêmes de chapon et servies dans une gelée de pieds de veau ; ou les pigeons, désossés et farcis de crêtes de coq et de joues de porc ; ou un mets intitulé *sommata dissalata*, un délice doux-amer, mélange de bons morceaux de viande, conservé dans de la saumure, fourré dans un estomac gros comme un ballon de plage, cuit à la broche et servi accompagné de citron et de sucre. On y trouvait aussi cent soixante minuscules oiseaux grillés (*ortolani* en italien ; ortolans en français – ce même plat que préparait Marco Pierre White au temps du pub), deux cents grenouilles frites, huit paons, plus un nombre non précisé de dindes, pintades, canards sauvages, faisans, oies, colombes, grives, bécasses, alouettes, bref plus ou moins tout ce qui était pourvu d'ailes. Seules quelques personnes, concède le pince-sans-rire Scappi, s'inquiétèrent de ce qu'il y avait à dîner.

Je ne tardai pas à lire Scappi pour ses instructions, en particulier sur quoi va avec quoi : les alliances familières de gibier à plumes et de fruits (faisan farci aux prunes, pommes sauvages, amourettes et noisettes), ou du cru et du cuit, ou du cru et du fumé, comme la terrine de porc que Scappi enrobe de tranches de *prosciutto*. Ses *tortellini* sont farcis au veau et au chapon – bœuf et volaille, un mariage antimoderne, que j'associe à celui des viandes que l'on trouve dans un *ragù* à la bolognaise. Il a une farce de raviolis où sont combinés des betteraves et des épinards, une autre faite de purée de petits pois avec trois sortes de fromage... Voilà exactement le genre de chose que j'aime apprendre, que vous pouvez mélanger de la ricotta, du parmesan et du pecorino à des petits pois frais et remplir la *pasta* de cette mixture. En revanche, les instructions de Scappi sur la pâte contenant ces farces se révélèrent décevantes. À part quelques gouttes d'eau de rose, du beurre et du sucre, c'était la bonne vieille préparation millénaire sans œuf.

L'œuf apparaît ailleurs. Un jaune, par exemple, dans ses gnocchis. Il réapparaît dans ses macaronis romains (une grosse nouille épaisse roulée à la main qui met une demi-heure à cuire). Mais sa véritable entrée en scène, c'est dans la soupe aux *tagliatelle*. La recette est simple : deux livres de farine, la sempiternelle eau tiède (*acqua tepida*) et – hark ! – trois œufs. La quantité d'eau n'est pas spécifiée, mais ce n'est pas compliqué de l'évaluer. Scappi se sert de l'unité de son époque, la livre correspondant alors à un peu plus de trois cent cinquante grammes, de sorte que deux livres se montent à environ sept cents grammes. Scappi ajoute ensuite trois œufs : trois œufs pour sept cents grammes de farine ? J'ai essayé dans ma cuisine. Pour obtenir le mouillé voulu, vous avez besoin d'eau à hauteur du volume d'œufs et peut-être même un peu plus. Le liquide entrant dans la composition de la pâte, par conséquent, n'était ni tout à fait eau ni tout à fait œuf, mais un mélange des deux à parts plus ou moins égales. Les œufs n'avaient pas remplacé l'eau, mais, pour la première fois dans l'histoire des pâtes, ils arrivaient ex aequo. Je refermai mon livre. Je n'avais pas résolu le problème du moment exact de l'intervention de l'œuf, mais j'étais sur la bonne voie. Comme on dit dans ce jeu où le joueur, sorti brièvement de la pièce, est censé découvrir l'objet caché par ses camarades, *je chauffais.*

Il me vint alors une idée : je devrais écrire au conservateur du musée des pâtes à Rome, Amelia Giarmoleo. Elle, elle saurait. Nous avions déjà correspondu, et je me maudis de ne pas lui avoir écrit plus tôt.

Gentile Signora Amelia Giarmoleo, commençai-je dans un e-mail intitulé *Domanda urgente* – question urgente. À quel moment l'œuf a-t-il remplacé l'eau dans la pâte à *pasta ?* Je résumai les informations que j'avais pu glaner : rien au XIVe siècle, un petit blanc d'œuf au XVe, puis vers la fin du XVIe, cette quasi-introduction de l'œuf dans Scappi. Quand est-ce que la *pasta* a basculé dans le tout-œuf ? Qui en fut l'initiateur ?

Une réponse me parvint trois jours plus tard. La Signora Giarmoleo ne savait pas. Elle avait interrogé ses collègues. Ils ne savaient pas non plus. Elle ignorait totalement qui s'était servi en premier exclusivement d'un œuf.

Elle ne savait pas ? Elle dirigeait pourtant le musée de la *pasta*. Comment pouvait-elle ne pas savoir ? Et pourquoi ne disait-elle pas, « Je n'en sais rien, mais je vais continuer à chercher » ? Comment pouvait-elle accuser réception d'une question de cette importance et ne pas y donner suite sous prétexte que l'on n'avait pas de réponse sous la main ? Cela me semblait incompréhensible : comment pouvait-on être à la tête d'un musée des pâtes et ne pas s'intéresser à la naissance des pâtes aux œufs ?

Quand je fus enfin autorisé à étaler la pâte, je la déchirai.

« Ha ! gloussa Betta. *Hai fatto un Mario !* » (T'as fait un Mario !) « Faire un Mario » signifiait déchirer la *sfoglia*, la feuille de pâte rectangulaire. « Quand Mario était chez nous, m'expliqua Betta, il était tellement pressé d'apprendre à faire la *pasta* qu'il la déchirait à chaque fois. » Betta prit la relève et recolla les bouts déchirés en les malaxant du gras du pouce et de l'index, puis elle étala rapidement la pâte mutilée avec son *matterello*. « Mario ne faisait pas très bien la *pasta* », ajouta Betta sans cacher sa fierté.

« Mario ne serait sûrement pas d'accord », me chuchota Mark. Ce dernier, ayant réussi à obtenir son visa d'esclave, se tenait à présent à mes côtés dans la cuisine de Betta. Comme l'avait prévu Mario, Gianni connaissait quelqu'un qui connaissait quelqu'un qui devait une faveur à quelqu'un. Mark, ayant l'intention de rester longtemps en Italie, m'octroya l'exclusivité des premiers travaux pratiques de pâtes. Je m'étais donné trois semaines pour apprendre. Il m'en restait une.

La deuxième fois que je fus autorisé à m'approcher de la pâte, je me retrouvai plusieurs minutes seul en tête à tête avec cette chose que je m'efforçai d'abaisser sous mon *matterello* comme une pâte à tarte, la laminant à coups de rouleau en avant et en arrière, je ne sais à combien de reprises, un geste qui m'avait toujours semblé relever du savoir-faire propre au chef pâtissier et que je ne pensais vraiment pas, faute de vivre assez longtemps, exécuter un jour. Mon expérience limitée en matière de pâte ne m'avait rien appris. La pâte collait en général à mes mains, à la planche, au rouleau, à elle-même. Et cependant, là, c'était bien moi, qui jouais du *matterello* sur la pâte à *pasta*. Je crois que je ne m'étais jamais senti aussi bien. J'étais tellement à mon affaire – occupé à me filmer en imagination, penché sur la pâte sur laquelle je roulais et déroulais mon bout de bois, déterminé à ne pas déchirer la *sfoglia*, à ne pas « faire un Mario » – que je ne remarquai pas que Betta avait croisé les bras sur sa poitrine avec une mine désapprobatrice.

« On dirait une vieille dame, me dit-elle, en me donnant une bonne tape sur l'épaule. Tu te prends pour une vieille ou quoi ? Tu n'as pas des bras de vieille pourtant. Tu n'apprendras jamais à faire les pâtes comme ça. »

Elle soupira, me prit le *matterello* des mains et attaqua la feuille avec énergie, jusqu'à ce qu'elle soit si mince qu'on voyait le bois de la planche en transparence. Elle recula d'un pas et montra son œuvre d'un geste de la main.

« Tu vois ?

— Je vois », dis-je, en me promettant en mon for intérieur : je ne serai pas une vieille dame.

Maintenant, je connaissais la méthode – j'avais observé Betta assez longtemps pour la comprendre –, mais j'avais encore du mal à l'appliquer. Le principe voulait que la pâte soit laminée aussi finement que possible et, une fois cet état de légèreté atteint, que vous vous efforciez de l'étaler avec encore plus de finesse. En réalité, ou plutôt en théorie, la pâte ne pouvait jamais être assez fine, une perspective des plus décourageantes, comme une équation mathématique cherchant à formaliser l'infini, et dans la pratique, vous cessiez d'étaler quand vous ne pouviez faire plus. Cette opération, dès lors que j'arrêtais de jouer les vieilles dames, se révélait incroyablement physique, et je terminais en nage. Et puis l'inquiétude s'en mêlait – et si je faisais un Mario à la dernière minute et gâchais tout mon travail ? À l'issue de tous ces efforts, la feuille de pâte, même la mienne, était assez fine (ce qui était le but de l'affaire), mais elle était aussi très facile à déchirer (ce qu'il fallait justement éviter), et si elle se déchire à ce degré de finesse, les dégâts sont irréparables, et vous êtes obligé de jeter le bout arraché, à moins que ce ne soit une grosse déchirure, et alors vous devez jeter le tout.

« Je n'arriverai jamais à la faire assez fine », confessai-je à Betta. Je m'essayai à la plaisanterie. « De l'air ! continuai-je d'un ton déclamatoire. Pourquoi se donner tant de mal pour fabriquer de l'air ? » Ce qui était censé être drôle, Betta se plaisant à répéter que sa pâte devait être si fine qu'elle n'était plus constituée que d'air. Hélas, les mots tels qu'ils tombèrent de mes lèvres exprimèrent mal ma pensée. Je ne savais pas ce que je disais. Certes, j'avais terminé le cycle des cours de la Scuola Italiana de Greenwich Village, mais mon italien était encore approximatif, et ce dialogue, un des premiers échanges en l'absence de ma femme toujours prompte à voler à ma rescousse. Je me prenais pour qui, enfin, de penser que je pouvais faire des blagues en italien ?

Betta me contempla bouche bée. Puis elle partit d'un grand rire et se tourna vers Mark : « *Che pazzo dialogo !* » Quel dialogue de dingue ! « Qui sait ce qui va encore sortir de cette bouche ? »

Mais Mark n'avait aucune idée de ce que lui disait Betta, pas plus que cette dernière n'avait compris ce que je lui avais dit. « *Che ?* dit-il. *Cosa ?* » – « Quelquefois, me chuchota-t-il, je n'ai aucune idée de ce que raconte Betta. »

Nous formions un curieux trio. Nous passions nos journées réunis autour de la planche de travail de Betta. Elle était grande – carrée, de plus d'un mètre de côté – et témoignait d'un travail artisanal bien fait – marquetée de manière, je suppose, à produire une texture granuleuse en bouche. Dessous, un morceau de bois massif, qui faisait office d'ancre – il s'encastrait au bord de la table –, et empêchait la planche de glisser. Il servait aussi, mine de rien, à immobiliser la pâte. C'était là un secret de fabrication et la leçon la plus importante que j'appris auprès de Betta. Le tour de main était en fait un « tour de ventre » : en positionnant un morceau de l'abaisse de façon à ce qu'il dépasse du bord de la planche – de cinq centimètres à peine –, vous cessiez d'appuyer sur la pâte en l'étalant et de l'écraser pour la maintenir en place. La pâte s'étalait ainsi plus facilement. En tout cas, en théorie. Car en pratique, cela nécessitait des manœuvres subtiles qui s'avéraient plutôt épineuses dans mon cas. Le problème, c'était mon ventre, lequel, façonné par une ambitieuse éducation culinaire – de nombreux plats pédagogiques de pâtes y avaient été déposés, ce que je considérais comme des travaux pratiques s'inscrivant dans le cadre d'un enseignement gastronomique – avait pris des proportions quelque peu encombrantes. Ou alors je n'avais pas l'habitude de m'en servir comme d'un ustensile de cuisine. Au début, mon abaisse était souvent mutilée. À vrai dire, elle chutait en général jusqu'à terre après avoir été coupée sur le rebord de la planche par la puissance d'impact de mon corps, tandis que je tentais désespérément de l'aplatir pour arriver à une impossible finesse.

Il n'est pas nécessaire de posséder une planche arrimée. Scappi n'en avait pas. Il faisait sa *pasta* sur une longue table, mais il fallait deux personnes pour y parvenir. La première l'étalait, en prenant soin de laisser un bout de l'abaisse dépasser du bord, comme le « truc » de Betta, et la seconde la retenait de l'autre côté, ce qui l'étirait d'autant. Il ne se servait pas non plus d'un *matterello*, quoique je sois très fier du mien, qui est assez gros pour être manœuvré par deux personnes en même temps, un peu comme quand on joue du piano à quatre mains. Je l'ai acheté au marché du samedi matin à Porretta, lors de mon séjour l'été suivant (la *pasta*, selon Betta, cela s'assimile seulement par épisodes), dans une chaleur humide infernale. Il se préparait un terrible orage, qui éclata le soir même et dura cinq heures, obligeant Gianni à annuler la *festa* qui inaugurait la saison estivale de la pizzeria, avec orchestre, gril en plein air et clients à la pelle. Tout ce travail pour rien, cela confortait Betta dans la conviction qu'on ne pouvait jamais compter sur rien dans la vie et que, dans ce coin d'Italie, votre sort ne reposait pas entre vos mains. (L'histoire de la région, comme je ne tarderais pas à l'apprendre, se révélait touchée alternativement par la bonne et la mauvaise fortune. Même sa prospérité dans les temps modernes – la construction de pièces d'avion dans ce territoire aride et inhospitalier : une manne tombée du ciel –, Porretta en était redevable à la lubie d'un dictateur et en avait bénéficié de façon tout aussi brusque et inopinée qu'elle en avait été ensuite privée, comme une dette payée au diable.) Les Apennins, disait Betta, vous inculquent « un fatalisme montagnard ».

Il m'arrivait d'être envahi par la sensation qu'une foule de gens avaient appris avant moi ce que j'étais en train d'apprendre – ce n'était pas un sentiment désagréable, un peu comme lorsqu'au débouché d'un virage dans un paysage inconnu, se découvre à vos yeux un vaste panorama d'une beauté sauvage. On a l'impression d'être merveilleusement petit. Quand Betta m'enseigna à faire des *tagliatelle*, la plus facile des pâtes fraîches – vous laissez votre feuille de pâte sécher quelques minutes, puis vous la roulez ainsi qu'une serviette en papier, vous la tranchez avec un couteau (*tagliatelle* signifie « petites choses découpées »), puis vous secouez le tout et laissez les mèches d'or se dérouler par une sorte de tour de magie –, je notai qu'elle employait presque les mêmes mots que Scappi. « Tu laisses ta feuille sécher, mais pas trop », disait-elle – *si asciuga ma non troppo*. (« La feuille doit être sèche, mais pas trop », écrit Scappi – *sarà asciutto però non troppo*.) Les cuisiniers se transmettent-ils ces instructions, mot pour mot, depuis cinq cents ans ? Parfois, il me semblait qu'une multitude de spectres regardaient pardessus l'épaule de Betta. Un beau jour, elle me déclara qu'elle aurait aimé me montrer comme faire des *tortellini* – la *pasta* la plus renommée de la région –, mais qu'elle se l'interdisait. « Tu vas le dire à Mario. Mario n'a pas appris à faire les *tortellini* quand il était ici.

— Non, non, non, dis-je avec une ironie malicieuse, style angélique. Mais bien sûr que non, je ne dirai rien à Mario. Pourquoi ferais-je une chose pareille ?

— Tu le lui diras. Je le sais. »

À court d'arguments, je dévisageai Betta. Elle ne plaisantait pas.

Le lendemain, l'idée des *tortellini* la titillait encore. Ils lui rappelaient Noël, disait-elle. C'est à cette époque-là de l'année qu'on les prépare, dans du bouillon de poule plutôt que dans de l'eau bouillante comme les pâtes normales. Pour elle, les *tortellini* étaient associées au monde de l'enfance. Les premières pâtes qu'elle se rappelait avoir préparées.

Betta est originaire de Vergato – une ville dans les collines à une trentaine de kilomètres de Porretta, à mi-chemin de Bologne – et a grandi dans une famille nombreuse au milieu de cinq femmes : sa mère et ses quatre tantes. Tous les ans, au début du mois de décembre, elles se réunissaient toutes les cinq autour de la table de la cuisine pour faire la *pasta*, un rituel bruyant et chaleureux : taquineries, ragots, fous rires, récits, arômes de nourriture, crépitement du feu, doigts dans la farine. La fabrication des *tortellini*, racontait Betta, était un événement social (elle-même n'avait pas été préparée à la solitude d'une cuisine de restaurant), et, enfant, elle s'était sentie honorée le jour où ces femmes qui en savaient si long, ses aînées, la convièrent dans leur cercle. Elle avait douze ans, et ces *tortellini* furent ses premières pâtes faites à la main – ce qui n'était pas rien. Ces sculptures culinaires au modelage complexe, par intégration de fines couches successives, restèrent, dans l'esprit de Betta, associées à des choses plus grandes : la ville (Bologne), la région (sa *zona*, la cuisine faisant office de drapeau patriotique) et son passage à l'âge adulte. « En apprenant à faire les pâtes, j'apprenais en fait à devenir une femme. » Aujourd'hui, lorsqu'elle confectionne les *tortellini*, ses tantes reviennent hanter ses pensées : telles qu'elles lui apparaissaient pendant les leçons de *pasta* (l'une d'elles se vantait de faire une pâte si fine qu'on ne pouvait pas la manger avec une fourchette parce qu'elle glissait entre ses dents) ou au piano (une autre faisait des *tagliatelle* d'une telle délicatesse qu'elles étaient cuites dès qu'on les plongeait dans l'eau bouillante – « Tu les jettes dans la casserole, tu les sors, et c'est prêt »), quoique toujours par bribes. La table mise pour Noël, les rires étouffés, leurs visages. Elles ne sont plus là.

« Je ne crois pas que Mario se rende compte de tout ce qu'on lui a donné. Tu ne peux pas apprendre ces choses-là ailleurs qu'ici – auprès des gens qui n'ont fait que ça toute leur vie. Tu comprends ? C'est ça qu'on a donné à Mario. Quelque chose qu'il ne peut trouver nulle part ailleurs. »

Betta ajouta d'une voix songeuse, contemplative :

« Demain peut-être, je t'apprendrai à faire les *tortellini.* »

Porretta n'était pas a priori l'endroit où l'on penserait apprendre à fabriquer les pâtes les plus compliquées de la région. Cette ville n'a jamais été réputée pour sa cuisine, et l'histoire la passe presque sous silence. On la trouve vaguement citée dans les mémoires de Casanova, en date des années 1790, alors qu'accompagné par une beauté florentine qu'il avait enlevée à sa mère, il avait marqué une halte non loin de là, tirant l'aubergiste du lit après minuit pour se faire servir à boire et à manger, et constater ensuite qu'il s'était trop gavé de macaronis pour réussir l'acte d'amour. Cet effet secondaire n'est pas signalé dans le recueil de récits culinaires écrits vers la même époque par le Dr Luca Zeneroli. Son ouvrage de 1771 intitulé *Sélection d'histoires médicales relatives aux bains de Porretta* – les histoires de cuisine étant rasemblées en appendice – semble le seul texte culinaire à avoir survécu au cours des mille ans d'histoire de la ville. Goethe y serait peut-être passé, en traversant les Apennins par la Porrettana, mais apparemment il a voyagé le ventre vide. George Eliot, en se rendant dans l'autre direction à Bologne (Porretta a toujours été sur le chemin de quelque part d'autre), ne s'est pas non plus arrêtée pour manger.

La région est défavorisée par des hivers très rigoureux. Le bétail n'en réchappe qu'à la condition de bénéficier d'un abri adéquat. On m'emmena en visiter un, une espèce de hutte aux murs en pierre et au toit de chaume, pourvue d'une solide porte en bois, où je fus présenté à un cochon non seulement d'une laideur remarquable mais aussi aux proportions gigantesques. (Mes guides ne savaient pas exactement combien il pouvait peser – une tonne ? trois ?) Le cochon en question était un verrat – quoiqu'il eût plutôt l'air d'en être plusieurs mis bout à bout, comme les wagons d'un train de marchandises – à lui seul responsable, depuis plusieurs années, même si c'était indirectement, de la majorité de la production de *prosciutto* de la région. J'ignorais que cette espèce d'animaux pouvait être aussi hideuse. À part les cochons, il n'y avait rien à voir. Une forêt dense, trop froide pour la vigne ou les olives, qui ne produisait qu'une sorte de culture, le foin, que l'on voyait pousser çà et là dans les rares clairières.

Néanmoins, il y avait les bouchers, un clan fier et orgueilleux. Un soir, je me retrouvai attablé, sous un beau ciel étoilé, en compagnie d'une demi-douzaine d'entre eux. L'occasion : la *festa* repoussée de Gianni. Le beau temps s'était finalement installé, et cinq cents convives avaient fait leur apparition – la première nuit chaude de ce qui allait se révéler l'été le plus torride depuis cinq cents ans. (Grâce à cette suite ininterrompue de soirées chaudes, la pizzeria de Gianni afficha enfin des bénéfices, même si devant ce trésor inattendu, on pouvait s'interroger sur la bonne santé d'un commerce qui dépendait à ce point des caprices de la météo.) Les bouchers avaient grillé la viande ; Gianni et Betta préparé les pizzas ; Mark et moi cuit les pâtes ; et à présent il était minuit, et nous étions épuisés – la bonne fatigue d'avoir préparé à manger pour tant de convives –, mais pas assez pour ne pas profiter du repas du personnel impromptu, composé de steak et de vin rouge, à deux pas d'un barbecue encore ardent.

Je voulais en savoir plus sur l'histoire culinaire insaisissable de ce terroir. Je me demandais à haute voix ce qui distinguait la cuisine qu'on y servait de celle du reste de l'Italie, et autour de moi on m'assura qu'ici, tout ce qui se mangeait provenait du fond des bois : des produits de la cueillette et de la chasse.

Les gens détestent acheter des légumes, avoua un boucher, parce que les légumes sont chers et viennent d'ailleurs.

C'était tout à fait juste. Une truffe blanche, qui partout vaudrait des centaines de dollars, semblait ici plus facile à trouver qu'un légume vert frais. Ce qui pouvait être glané dans la forêt était gratuit et constituait le menu du jour, suivant un calendrier que chacun gardait en tête. Mai rimait avec asperge, roquette et artichaut. Juin avec laitue sauvage et orties. Juillet avec cerises et fraises des bois. Août avec mûres et baies. Et en septembre, on mangeait des *porcini.*

« Trop de *porcini,* déclara une femme. Tous les jours – *porcini, porcini, porcini.* » En septembre, son fils sort tous les après-midi pour rentrer avec vingt-cinq kilos de ces cèpes. « Qu'est-ce que je peux bien faire de tous ces *porcini ?* » Elle les cuit, elle les fait sécher, elle les congèle, jusqu'à ce que « *Basta !* » elle les jette à la poubelle.

Octobre rimait avec sanglier.

« Il sont des milliers dans ces bois.

— Quand même pas des milliers ? protestai-je.

— Si, me répondirent-ils à l'unisson. Des milliers. Et aussi des pigeons, des cerfs et même des loups. » En entendant prononcer le mot « loup », je levai les yeux sur la nuit et scrutai les sommets déchiquetés des montagnes, lisses comme les dents ébréchées d'un vieux peigne, ainsi que les forêts, noires contre la luminescence bleu marine de la voûte étoilée, et je fus soudain traversé par un frisson d'effroi digne de Grimm à la pensée de ce qui guettait tapi là-bas, tout en me disant que j'étais drôlement bien là où j'étais, auprès du feu, entouré d'amis.

Poursuivant le passage en revue du calendrier culinaire, ils en arrivèrent aux châtaignes (novembre), et alors tout le monde soupira. Les châtaignes, c'était un gros problème. Personne ne pouvait en manger.

« Il y a eu de la misère ici, m'expliqua un boucher, et nous avons mangé beaucoup de plats à base de châtaignes pendant notre jeunesse. Pour nous, les châtaignes ont le goût de la pauvreté. Nous ne pouvons plus en manger. Des recettes vont se perdre si on ne se dépêche pas de les transmettre, mais pour le moment, personne ne veut y toucher. »

Une fois déroulée la totalité du calendrier (le mois le plus cruel étant mars, où il n'y avait rien), j'avais acquis une nouvelle vision des pâtes de Betta – de leur importance. Elles n'occupaient pas dans sa vie la même place que dans celle, mettons, de Miriam ou de Valeria. Pour ces dernières, la *pasta* s'inscrivait dans une tradition culinaire dans laquelle elles avaient grandi, enracinée dans leur culture, leur identité. Alors que Betta, pour sa part, cherchait à respecter une tradition à laquelle elle voulait appartenir. Elle habitait la montagne, où tout s'ingénie à vous rappeler combien vous avez rarement prise sur les événements. Cette année, les *porcini* eux-mêmes, dont la cueillette est presque toujours surabondante, au point que Porretta a le goût du *porcini*, ont fait faux bond. Le sol était trop sec. Dadi, l'épicier – qui les écoule auprès des visiteurs qui montent en voiture pour la journée en s'attendant à rentrer chez eux avec un sac plein de ces cèpes – en a importé de Suède. Betta accordait à la *pasta* une place prépondérante dans l'estime qu'elle se portait à elle-même. « Mario, disait-elle, est célèbre, et je ne le suis pas. Mario est riche, et je ne le suis pas. Mais il n'a jamais bien réussi sa *pasta*. Il n'est pas aussi bon que moi. Moi, je suis très, très bonne. »

Le lendemain, Betta se trouvait déjà dans la cuisine quand nous sommes arrivés, Mark et moi. Elle avait pris une résolution : aujourd'hui serait le jour où elle nous apprendrait à faire des *tortellini*, mais avant cela, elle tenait à nous réaffirmer ses conditions.

J'avais compris. Je ne le dirais pas à Mario.

« Tu promets ? »

Je croisai le regard de Mark. (Pourtant sans paroles, cet échange était explicite : ceci, nous accordions-nous à penser, est extrêmement bizarre.)

Je promis.

« Bon, dit Betta. (Son attitude était solennelle.) Voilà ce qui entre dans la farce. Il y a quatre viandes : du porc, du poulet, du *prosciutto* et de la mortadelle. Tu commences par deux *etti* de porc, haché.

— N'importe quel morceau ? m'enquis-je.

— Du maigre. L'épaule ou le jambon », répondit-elle en indiquant sa propre épaule et son fessier, suivant la coutume des cuisiniers qui vous montrent les morceaux de viande comme si on les avait découpés sur eux.

Je répétai après elle le grammage et l'inscrivit dans mon cahier. Deux *etti*, environ cent grammes.

« À peu près moitié moins de poulet. Le blanc. Haché lui aussi. Tu cuis les deux viandes dans la même sauteuse avec du beurre. »

J'écrivis la formule suivante : *Maiale* + *pollo* = *padella con burro*. Porc + poulet = sauteuse et beurre.

« Ensuite. La charcuterie. Un demi-*etto*, ou cinquante grammes, de *prosciutto* et de mortadelle. Il faut aussi les hacher. »

On trouve du *prosciutto*, du jambon cru, dans toute l'Italie, mais le plus raffiné est produit dans la vallée du Pô, au cœur de l'Émilie-Romagne. La mortadelle – ce saucisson gras – est une autre spécialité associée communément à la ville de Bologne (le saucisson de Bologne, ou bologne tout court, ou encore en anglais *baloney*, qui veut dire « sornettes », et qui n'est que le nom bâtard d'une version bâtarde de mortadelle). Ces saveurs sont caractéristiques de la *zona ;* vous ne les rencontrerez pas dans une préparation toscane, quoique cette région fût si proche que je l'apercevais de la fenêtre de la cuisine.

« Tu jettes ton hachis de *prosciutto* et de mortadelle dans la poêle. Tu le cuis à feu doux. Il faut que les saveurs se mélangent bien. (En tout, il y avait environ une livre de viande.) Tu laisses refroidir, et tu ajoutes deux œufs, un peu de parmesan...

— Combien ?

— Assez pour épaissir. Et de la noix de muscade râpée...

— Combien ?

— Un peu. (Elle pinça ses doigts.) Tu mélanges avec tes mains. Là, tu as ta farce. »

Le résultat – semblable à du sable granuleux avant l'ajout des œufs, du fromage et de la noix de muscade ; et après, pareil à du dentifrice grisâtre et aqueux – n'était pas très joli à voir, mais, comme il était destiné à remplir la cavité d'un morceau de pâte, sa beauté plastique n'était pas à prendre en considération. L'odeur, en revanche, était puissante. Qu'est-ce que c'était ? La cochonnaille ? La combinaison du cru et du fumé ? J'enfouis mon visage dans un bol, et lâchai la bride à mes connections neuronales : garniture de pizza... « lait de poule »... un barbecue le jour de la fête nationale américaine. Toutes mes vacances roulées en une. À cela, mon cerveau ajoutait : ce n'est pas une odeur que tu connais. Ce n'était pas celle de la montagne qui, pour moi, fleure la terre mouillée et les champignons. C'était autre chose. Appétissant, certes, et hivernal ; en tout cas, très particulier. Nulle part au monde je ne rencontrerai cette saveur. Un parfum médiéval et un parfum de ville, conclus-je. Je m'imaginai l'arôme d'une cuisine bolognaise auquel se serait initiée une aïeule de Betta, laquelle l'aurait préservé et transmis à la génération suivante, et ainsi de suite jusqu'à ses tantes de Vergato.

Pour me dévoiler l'étape suivante – l'appareil de pâte complexe qui contenait la farce – Betta m'imposa une condition supplémentaire. Il me faudrait revenir un peu plus tard, en été, c'est-à-dire, pour moi, effectuer un troisième voyage en Italie. Je le compris comme un test, elle voulait vérifier si j'allais oui ou non révéler sa recette à Mario : si assez de temps s'était écoulé sans qu'elle ait eu vent d'une soudaine apparition de ses *tortellini* au menu du Babbo, elle estimerait la voie libre.

Si vous êtes un garçon, ce qui vous pose le plus de problème dans la confection des *tortellini*, ai-je découvert (car je suis revenu l'été suivant, bien sûr), ce sont vos doigts, qu'il vaut mieux avoir fins comme ceux d'une fille, et mieux encore d'une fille dotée d'une légèreté de sylphide.

Vos doigts doivent être petits pour la bonne raison que toute l'action repose sur la partie supérieure du plus petit d'entre eux, le bien nommé petit doigt – dans le cas de Betta, le minuscule dessus de son minuscule auriculaire – où vous posez un carré miniature de *pasta*. Vous remplissez alors ce carré microscopique de la plus grande quantité possible de farce et vous le pliez, bord à bord en diagonale, afin d'obtenir un triangle, petit mais joufflu. Après quoi vous inclinez le sommet du triangle comme la tête d'une personne effectuant une grande courbette, et (étape cruciale) rabattez en avant les deux autres coins pour lui bloquer la tête comme si vous lui appliquiez un headlock. Puis vous appuyez bien pour constituer une sorte d'anneau. Lorsque vous retournerez votre pâte, vous serez étonné de voir ce que vous avez fabriqué : un nombril. (Que voulez-vous que je vous dise ? C'est d'un érotisme torride.)

Chaque infinitésimal *tortellino* prend des siècles à modeler, et du début à la fin je serrais les fesses dans le vain espoir de réussir à ne pas écraser ces petits cons. (J'en ai écrasé je ne sais combien.) Et, vu le temps *éclair* que vous mettez pour manger ces microbes, j'ai fini par comprendre de quoi il retourne : c'est de la cuisine de lilliputiens faite par des gens qui ont *énormément* de temps à perdre. Ceci dit, malgré tout, ce que vous avez en bouche est une nourriture lilliputienne d'une saveur exquise. Vous les faites blanchir dans un bouillon clair, vous coupez le feu et vous attendez un moment qu'ils accomplissent ce petit tour de passe-passe propre aux pâtes : elles se gorgent des saveurs du bouillon tout en y libérant leur amidon, jusqu'au point où elles deviennent tendres, souples et gonflées de sucs, et ne demandent qu'à être servies, exhalant leurs effluves odoriférants nourris de réminiscences de Noël.

À la vérité, Betta avait raison. Vous apprenez à faire les pâtes en vous tenant à côté de ceux ou celles qui en ont fait toute leur vie, et en les regardant procéder. Ça a l'air simple, parce que ça l'est, simple, mais d'une simplicité, comme tout ce qui touche à la cuisine italienne, qui nécessite un apprentissage. Un bon conseil : Faites le voyage. Portez Betta au firmament des stars de la gastronomie. Il serait grand temps, non ? Bien entendu, il vous faudra supporter Porretta – un lieu très authentique, parce que très méconnu, qui se distingue par le caractère irritable d'habitants affligés d'un sentiment d'abandon (si vous espérez obtenir de la monnaie pour le parcmètre, oubliez) – et accepter de dormir dans une chambre d'hôtel hors de prix sans salle de bains, où l'eau (parfois chaude) est distribuée avec parcimonie, où les murs sont en plastique (quoique marron faux bois), qui est dépourvue de fenêtre (vous pensiez avoir une vue sur la campagne ?) et équipée d'un téléphone cacochyme fonctionnant entre le dimanche midi et le lundi matin. Ensuite, une fois installé (ouf !), vous portez vos pas vers le fond de la vallée, à l'écoute de la rivière Reno, et, arrivé à portée d'odorat de l'antique aqueduc (abritant de nos jours les égouts – bouchez-vous le nez), vous guettez un panneau, peint à la main, sans doute indéchiffrable ou renversé par terre. Il y est écrit « Capannina ». Vous verrez une flèche. Suivez-la, au bout de huit cents mètres, au coude de la rivière qui enlace une péninsule d'Émilie-Romagne au milieu de la Toscane, vous trouverez une pizzeria. Betta fait son apparition vers quatre heures. Bonne chance.

Après avoir quitté Porretta, je suis devenu un étudiant en *tortellini.* J'étais curieux de savoir si la recette de Betta figurait dans la littérature. Je ne la trouvai nulle part. Mais je ne peux pas affirmer qu'il y a une grande différence entre la sienne et l'assortiment de vingt-cinq recettes que j'ai lues par ailleurs. Depuis le XVIe siècle, la farce de cette minuscule pâte pliée a toujours compris une volaille (chapon, poulet ou dinde), du jambon, de la charcuterie (avec ou sans amourettes), du fromage (en général du parmesan) et de temps en temps des herbes. Et, depuis la nuit des temps, elle est cuite soit dans du bouillon soit avec de la crème (*panna*). Mais les proportions de ces ingrédients varient d'une recette à l'autre, quelquefois de façon infinitésimale. Ce sont justement ces variations que les générations se refilent, toujours sous le couvert du plus grand secret, chaque famille étant convaincue que sa recette est la meilleure. Il y eut des discussions tellement passionnées sur ce qui fait l'authenticité d'un *tortellino* que, en 1971, un congrès fut rassemblé, La Dotta Confraternita del Tortellino, une « confédération savante » se fixant pour mission d'établir le déroulé définitif de cette recette. Avec des solennités extraordinaires, cette dernière fut publiée trois ans plus tard, le 7 décembre 1974, et enfermée dans un coffre-fort de la Camera di Commercio di Bologna. Aujourd'hui, vous pouvez en prendre connaissance sur les sites web de plusieurs très officiels instituts agricoles, accompagnée d'un avertissement pompeux mettant en garde contre toute modification dans ses indications, mais soyez certain que c'est du vent. Aucune confédération ne pourra jamais vous donner « la » recette, puisque celle-ci n'existe pas. Vous obstiner à la rechercher ou à expérimenter ses nombreuses variantes, avec dans l'idée que vous finirez bien par épingler la solution définitive, c'est passer à côté de l'essence intime du mets. Il n'y a pas une recette ; il n'y a que celle que l'on vous a transmise. « Tu ne la donneras pas à Mario, me répéta Betta. C'est un cadeau que je te fais. »

Je tins parole et me gardai de communiquer sa recette à Mario, tout en sachant que de toutes les manières, il n'en aurait eu aucun usage et que cette demande de Betta l'aurait estomaqué aussi bien qu'attristé. En aurait-il saisi le ressentiment sous-jacent ? Gianni et Betta sont habitués à ne pas être récompensés selon leur dû. Ce sont des gens de la montagne. La sévérité du pays est présente dans leur cuisine. Ils avaient ouvert leur porte à un homme qu'ils estimaient en toute bonne foi incapable de cuisiner (sans doute parce qu'eux-mêmes nourrissaient une conception étroite de la cuisine) et ils lui avaient enseigné tout ce qu'ils savaient. À son retour outre-Atlantique, cet homme était devenu riche et célèbre et avait raconté à qui voulait l'entendre qu'il avait tout appris auprès de sa « seconde famille » dans les montagnes. Seulement, Mario n'était pas venu s'initier à la cuisine régionale dans le seul but de la reproduire fidèlement, comme s'il suivait les instructions d'un manuel. Je ne peux m'empêcher de penser au delta du Mississippi et à ces visites d'étudiants avides d'apprendre la poignante mélancolie du blues qui se joue encore dans les *juke joints*. Mario invente sa cuisine au fur et à mesure, non seulement la pizza à la poêle ou les *linguine alle vongole* au saucisson ou encore la *carbonara* avec des œufs crus à cheval, mais surtout sa philosophie culinaire. Je me rappelle la quantité cauchemardesque de *contorni* à la rôtisserie, les sauces confidentielles dont les ingrédients ne figuraient jamais au menu, les bouteilles en plastique de sirops, de liquides acidulés et de jus, et puis l'ensemble de la performance : oui, de bien des points de vue, Mario ressemble à un musicien.

Pour ma part, j'étais allé à Porretta pour m'imprégner des instructions du manuel et je m'avouais content de mon sort. Les *tortellini* de Betta, je les tiens désormais dans ma tête et au bout de mes doigts. Je me fie à son procédé pour la pâte – un œuf par *etto* de farine, en glissant en douce un jaune supplémentaire si le mélange n'est pas assez humecté. J'ai appris à étaler la pâte jusqu'au point où l'on aperçoit en transparence le grain du bois de la planche. Je la laisse sécher si je fais des *tagliatelle* ; je la garde humide si je prépare des *tortellini*. J'en fais un peu, j'étale une abaisse, puis une autre, au rythme de la *pasta*, chaque mouvement identique au précédent. Mon esprit se vide. Je ne pense qu'à la tâche à accomplir. La pâte sera-t-elle trop collante ? Va-t-elle se déchirer ? Cette feuille, entre mes doigts, a-t-elle la consistance qu'il faut ? Souvent je me demande ce que Betta en penserait et je me retrouve ainsi au fond de la vallée surmontée par les sommets en dents de scie des montagnes, où le loup rôde la nuit et où on a perpétuellement la sensation de l'immensité du monde autour de soi, et il se crée dans mon esprit un méli-mélo d'associations, vieilles tantes, table ronde, rires qui ne sonnent plus à nos oreilles, et je suis tout chagrin. C'est, en conclus-je, l'effet secondaire de ce type de nourriture, celle que l'on se transmet d'une génération à l'autre, souvent dans des conditions de pénurie : de fil en aiguille, vos pensées dérivent vers les morts et vous vous prenez à songer que les substances mêmes qui vous nourrissent ont un goût de mortalité.

Et l'œuf dans tout cela ?

Je n'avais pas laissé tomber, même si je voyais bien à présent qu'il n'existait pas de recette décisive ayant bouleversé la nature de la *pasta.* Après tout, l'écriture avait plus de chance de traverser les siècles qu'un aliment (vous imaginez l'horreur de découvrir des *tagliatelle al ragù* vieilles de cinq cents ans ?), mais les chefs étant rarement des écrivains, il était probable que le Eurêka ! ait été poussé en l'absence d'un scribe en cuisine, d'où le silence qui entoure cette découverte.

Je n'en continuais pas moins mes recherches, même après la réponse décourageante du musée de la *pasta.* Le premier traité culinaire connu après l'*Œuvre* de Scappi en 1570 est *Il Trinciante,* de Vincenzo Cervio, publié en 1581. Un *trinciante* est « l'écuyer-tranchant » qui découpe viandes et poissons, un protagoniste de premier plan dans les banquets de la Renaissance, et l'ouvrage de Cervio – de fait, la première autobiographie d'un boucher – traite de viandes, y compris de certains conseils judicieux touchant à la castration, répondant à toute une série de questions concernant les animaux qui en ont besoin et les autres (on s'en voudrait de se tromper de sujet). En revanche Cervio, sans conteste un passionné de viande, se tait sur la question des œufs.

Je procédai chronologiquement. En 1638 sortit le traité d'Antonio Frugoli, *Pratica e scalcaria*. Le terme *scalcaria* se rapporte à la fonction de *scalco*, celui qui dirige tous les officiers du prince chargés de la bouche. Les restaurants n'existant pas à l'époque, un *scalco* était l'équivalent de nos célébrités toquées. D'ailleurs, les années 1500 et 1600 abondent en mémoires de *scalco*, souvent, comme ceux de Frugoli, des panégyriques de leur réussite, vantant leurs banquets comme supérieurs à tous les autres. D'autres recueils suivirent : *Li tre trattati* (1639) de Mattia Giegher, qui comprend des leçons de pliage de serviette ; *L'arte di ben cucinare* (1662) de Bartolomeo Stefani, le maître queux de la cour d'Espagne à Venise. Je me prenais pour un détective culinaire, rassemblant des suspects pour mieux les rayer de ma liste. Hep, vous, là-bas, qu'est-ce que vous foutez avec cet œuf ?

J'envoyai des missives à des universitaires. Massimo Montanari, professeur à l'université de Bologne et spécialiste de la cuisine médiévale, comprit non seulement le sens de ma question mais encore son urgence. En effet, acquiesça-t-il, la datation de l'introduction de l'œuf est un problème capital dans l'historique de la *pasta* – il me proposa même un terme propre à décrire sa fonction, qui consiste à hydrater la farine (*idratare la farina*), ce procédé où le liquide de l'œuf vient à remplacer l'eau –, mais il m'avoua qu'il ignorait à quel moment cet événement s'était produit. Selon lui, il n'y aurait pas eu un moment mais plusieurs, un usage de plus en plus fréquent, démarré au Moyen Âge, où l'on avait ajouté des œufs pour leur bon goût, jusqu'à ce qu'aux temps modernes, on s'en serve aussi pour leurs qualités aqueuses.

Mais quand ?

Il ne voulait pas s'avancer. Il consulta un collègue, un spécialiste des pâtes : nenni.

C'est moi qui la trouvai : la première recette aux œufs. Beaucoup plus tard dans la chronologie, vers la fin du XVIIe siècle, dans *Lo scalco alla moderna* d'Antonio Latini – encore un membre de cette illustre confrérie. La recette était intitulée « Comment confectionner des macaronis, des *lasagne* et des *ghocchetti* d'une manière exquise » et attribuée à un cuisinier du nom de Meluzza Comasca (une concession typique – en Italie, il n'y a pas de recette originale, seulement des découvertes). Comasca, comme le fit remarquer un commentateur, était sans doute une création au service de la rhétorique, et je dois avouer qu'il est en effet troublant de ne voir ce nom imprimé nulle part ailleurs dans l'histoire de la gastronomie. Tout ce que nous savons de lui, nous le tirons de l'hommage que Latini lui rend dans sa préface : après nous avoir laissé cette nouvelle recette de pâte, Comasca était mort des suites d'une piqûre d'insecte – un moustique porteur du paludisme, je suppose, quoique la phrase (*morì di pontura*, suivant l'orthographe en usage au XVIIe) évoque plutôt l'image d'un gros bonhomme en tablier se grattant à mort – et ses inventions farineuses devinrent si célèbres qu'elles furent, paraît-il, décrites en épitaphe sur sa tombe. Aucune allusion en revanche à l'endroit où ce Comasca fut enterré, mais la présence de l'insecte semblerait indiquer la Maremme, le littoral du sud de la Toscane, tristement célèbre pour ses bestioles vénéneuses, non loin de Da Caino, le restaurant dirigé par Valeria Piccini (contrairement au dénommé Comasca, un chef qui mourrait plutôt que de me livrer le secret de sa recette de *pasta*).

La recette insiste sur la manière de procéder – les efforts éreintants que vous coûte la confection de la pâte (*un poco di fatica*), la façon dont vous l'étalez en une abaisse de six pouces de longueur (tout se calcule à l'aune des mains) et continuez à passer votre rouleau jusqu'à ce qu'elle ait atteint la finesse requise. La recette en soi est simple : quatre œufs mélangés à environ six *etti* de farine (pas tout à fait les proportions de Betta, mais pas très différentes non plus), plus une pincée de sel, et, il faut bien l'avouer, un peu d'eau, mais seulement une giclée. L'hydratation est apportée surtout par les œufs, un rôle qui jusqu'ici ne leur avait pas été reconnu dans la cuisine italienne.

Pourquoi avais-je réussi là où d'autres avaient échoué ? Je réfléchis à ce que j'avais pu faire de travers, y compris à la possibilité que ma question au sujet de l'œuf fût tellement con que personne ne se la posait. Mais l'explication, en fin de compte, était peut-être que ma découverte était supplantée par une découverte plus révolutionnaire encore : il ne s'agissait plus de ce que l'on met *dans* la pâte, mais de ce que l'on met *dessus*. Jusque-là, aucun Italien n'avait jamais goûté à la tomate. Et cette recette – une demi-douzaine de tomates que l'on passe sur le gril avant de peler leur peau carbonisée (ce qui exprime le sucre du fruit), à laquelle on ajoute des oignons rouges, des piments rouges, du vinaigre de vin rouge, ce qui donne au final une version ancienne de cette saveur aigre-douce-épicée qui nous est si familière – cette recette, donc, persuada la population de la péninsule, d'un naturel méfiant, que la consommation de ce drôle de fruit brillant, qui avait l'air d'un légume, n'allait pas la tuer. N'était-ce pas la découverte la plus imbattable de toutes ? Toujours est-il que ces deux recettes, celle des pâtes aux œufs et celle de la sauce qui les surmonte, ont été au cœur des préparations depuis le jour de leur publication jusqu'à aujourd'hui. Dans l'histoire de la gastronomie, je ne vois pas deux autres procédés qui, sous une apparence somme toute modeste, ont eu autant de répercussions durables.

Lo scalco alla moderna de Latini est le traité gastronomique le plus élégamment écrit depuis qu'un certain humaniste, amateur d'art, désœuvré et en villégiature chez un cardinal, s'est aventuré dans les cuisines et a décrit ce qui s'y passait. Même moi, avec mon bagage rudimentaire en italien, suis à même de goûter au style de Latini, qui possède une voix puissante et un sens indéniable de la narration. Jusqu'en 1992, année où l'on mit au jour un manuscrit de ses mémoires, personne ne savait rien à propos de cet auteur, tout au plus qu'il était un chef de la Renaissance tardive, un humaniste culinaire qui avait eu une influence extraordinaire, puisqu'il avait déterminé le mode d'alimentation des Italiens pour les quatre siècles qui ont suivi.

Ce que révèlent ces mémoires, c'est que l'auteur n'était pas Latini. Latini savait à peine écrire. En fait, son orthographe était si exécrable qu'on se demande parfois s'il n'était pas dyslexique. Le styliste était sans doute un ami. Latini était un analphabète, un orphelin, un gamin des rues qui faisait des étincelles en cuisine. Son histoire rappelle celle de Marco Pierre White, ainsi que celles de tous ces gens qui sont entrés un jour en cuisine et que la cuisine a métamorphosés. Latini perdit ses parents à l'âge de cinq ans (Marco perdit sa mère à sept ans). Il se rendit à Rome pour gagner sa vie (Marco arriva à Harrogate au même âge) et, à force de frapper aux portes, trouva du travail chez un cardinal où il apprit le métier de *trinciante* (au même âge Marco était apprenti boucher) puis celui de cuisinier, grimpant les échelons de la hiérarchie jusqu'à devenir *scalco*, l'officier le plus élevé en grade de la cuisine, à l'âge de vingt-huit ans (au même âge, Marco gagnait ses trois étoiles). Latini est considéré comme le dernier auteur de la renaissance culinaire italienne (la *gloriosa tradizione gastronomica italiana*), et il est tentant d'établir un lien entre la façon dont cette période s'est terminée et celle dont elle a commencé, près de trois siècles plus tôt, avec la copie par Platine des recettes de Maestro Martino. Au début, il y avait un écrivain ; le nègre était le chef. À la fin, il y avait un chef ; le nègre était l'écrivain. Au début, l'humaniste emprunte à un artisan qui n'est pas sûr de tenir là un sujet digne d'intérêt. À la fin, l'artisan autopromu humaniste est persuadé de la haute dignité de son sujet.

Après Latini, l'âge d'or de la gastronomie se termine, comme s'il ne restait plus rien à construire : l'Italie avait désormais ses mets, ses tours de main, sa philosophie. Vingt ans plus tard, le titre de Latini fut et resta épuisé. De même, les traités de Scappi, après avoir connu de nombreuses réimpressions pendant près d'un siècle, devinrent indisponibles. Le récit de Platine était lu en France, mais en Italie, il demeurait introuvable. Au cours des deux siècles suivants, aucun livre de cuisine digne de ce nom ne fit son apparition. La Renaissance n'était plus qu'un souvenir, ainsi que l'esprit aventureux qui l'avait marquée : cet esprit s'était volatilisé, tel le génie retournant dans sa bouteille, en l'occurrence une bouteille qui se glissa dans les sacoches des chevaux d'un cortège franchissant les Alpes. Je comprenais à présent pourquoi les Italiens accusent Catherine de Médicis d'avoir emporté les secrets de la cuisine italienne dans ses bagages. Comment expliquer autrement cette extraordinaire disparition ?

Un beau jour, je retéléphonai à Miriam. Notre dernière conversation m'avait laissé insatisfait, et j'avais peut-être également envie de lui montrer que je n'étais plus aussi ignorant. J'étais en tout cas décidé à accepter son offre – n'était-elle pas disposée à me recevoir dans sa cuisine pendant une journée ou deux ? Ainsi, je pourrais au moins peaufiner ma technique.

Elle parut contente d'avoir de mes nouvelles. Je lui demandai si elle était toujours d'accord pour que je passe la voir.

« *Certo.* Téléphone-moi la prochaine fois que tu es en Italie. »

Voilà, me dis-je, une réponse très diplomatique. Je me résignai à lui passer un coup de fil lors de mon prochain voyage. Pourtant j'avais réussi à piquer sa curiosité. « Qu'est-ce que tu crois que je peux t'enseigner ? » s'enquit-elle, en répétant son sempiternel : Je ne suis qu'une simple cuisinière sans imagination.

Je repris pour ma part mon refrain : les mystères de la *pasta fresca*, le travail du bois sur le bois, l'insaisissable savoir-faire sans lequel les pâtes n'avaient pas de texture.

« Qu'est-ce que tu chantes là ? s'exclama-t-elle. J'ai de vieux bras. Mes vieux bras ne peuvent plus faire ce genre de chose. » En plus, ajouta-t-elle, elle ne pouvait plus se procurer de *pastina*.

J'ignorais le sens de ce mot.

Une *pastina*, m'expliqua-t-elle, est une femme qui fait la *pasta*. C'est son travail : tous les jours, elle étale ses abaisses. « Autrefois, ça se trouvait facilement. Mais personne ne veut plus être *pastina*. Elles sont trop occupées. La vie moderne. Je me sers d'une machine. Je fais la pâte et je la découpe à la main. Mais j'utilise une machine pour étaler la pâte. »

Une machine ? Miriam, ma pasionaria de la cuisine traditionnelle, cette disciple de Maestro Martino, cette descendante de Scappi, cette élève de Latini – *cette* Miriam-là se servait d'une machine ? Je restai sans voix.

« *Certo*, continua-t-elle. La pâte est très bonne. Ce qui compte, c'est les œufs. Mes œufs sont les meilleurs de la région. Ce sont de très très bons œufs. »

Oui, acquiesçai-je. L'œuf est très important.

17

Étant donné l'évolution des symptômes de l'affection intitulée « Qu'est-ce qu'on va faire à propos d'Andy ? », il fallait bien se rendre à l'évidence, il allait être viré. Andy faisait tout pour aggraver son cas. À ses yeux, une seule solution tenait la route : l'ouverture, avec l'argent des autres, de son propre établissement, son mythique resto ibérique, auquel il croyait encore dur comme fer. Même moi j'en arrivais à me demander : Mais pourquoi donc Joe et Mario investiraient-ils là-dedans ? Eux qui étaient de culture italienne. Mais Andy s'obstinait, sans jamais dire explicitement qu'ils lui devaient quoi que ce soit, mais c'était sous-entendu. Si bien que je finis par en déduire qu'il était le jouet d'une illusion née de la nature dévorante de la tâche – vous parvenez à faire la cuisine d'un autre, sous ce genre de pression, seulement jusqu'à un certain point. La discipline étouffante, le stress, et cette voix, pas la vôtre, qui vous serine : « Et si on ajoutait un chouïa d'acidulé ou de salé pour titiller les glandes salivaires ? »

Il m'est arrivé de me demander si Mario n'était pas un fardeau dans la vie d'Andy, et si le jour le plus décisif de sa vie n'avait pas aussi été le plus maudit, ce soir lointain où Andy avait pénétré dans la cuisine d'un quidam et était tombé sur ce mec allumé en train d'accomplir sur un fourneau un acte de sorcellerie avec des bonbons acidulés et du foie gras, un spectacle qui l'avait décidé à devenir chef. Pendant les dix-sept années qui suivirent, ce sorcier du piano avait été le patron d'Andy, d'abord au Pó, où Andy fut le second de Mario et où ils dirigèrent tous les deux la brigade – trente-six couverts, la queue devant la porte sur le trottoir, cent cinquante convives par soirée. Trois ans après, lorsque Mario s'associa à Joe Bastianich et ouvrit le Babbo, Andy suivit le mouvement, et c'est ainsi qu'il passa cinq ans à diriger cette nouvelle brigade. À présent, Mario menait une deuxième vie. « Il est comme une puce électronique implantée dans mon cerveau, déclarait Andy. Même si je le voulais, je pourrais pas m'en débarrasser. » Pendant des années, Andy n'avait pas cuisiné, ce qui avait d'ailleurs servi de prétexte à Memo pour rendre son tablier, considérant que si Andy ne cuisinait pas, c'est qu'il ne savait pas le faire, et comment un type comme Memo pouvait-il obéir aux ordres de quelqu'un qui ne savait pas cuisiner ? Cela relevait de la pure diffamation, naturellement, puisqu'on ne savait rien sur le talent de cuisinier d'Andy, seules quelques personnes pouvant témoigner de sa réalité. « J'ai passé cinq ans, me confia Andy, à dresser des assiettes de pâtes et à souffler dans les bronches des serveurs. Au bout de tout ce temps, j'ai eu l'impression d'être une de ces dindes Butterball qui s'auto-arrosent ; le bouton rouge qui signale la fin de cuisson avait sauté depuis belle lurette et ma viande était toute desséchée. »

J'accompagnai Mario et Joe (fiers comme Artaban

depuis que l'Otto s'avérait une indéniable réussite) lors d'une visite d'un local éventuel pour un restaurant ibérique, qu'ils voyaient déjà comme « la prochaine folie furieuse », un véritable hall de gare situé dans le West Village, deux étages, une cour, une terrasse, assez vaste pour asseoir deux cents convives (puisqu'une pizzeria géante marchait, pourquoi pas un restaurant de paella géant ?). Les deux néophytes en affaires se livrèrent à des calculs alambiqués qui me laissèrent rêveur ; l'exercice en soi – les coûts se chiffrant à plus de deux millions de dollars, avant même que l'on ne passe commande du premier ingrédient – illustrait bien la valeur assignée à la loyauté d'Andy. Un peu plus tard, dans la cuisine du Babbo, je lui parlai de cette excursion. Il n'avait pas été invité. Il était curieux, quoique réticent à afficher sa curiosité pour la simple raison que celle-ci trahirait son impuissance face aux événements. Son visage exprimait un profond désarroi. « C'est pas la taille qu'il faut, finit-il par maugréer. Une cantine de paella, ça tiendra jamais la route. »

Andy trouva tout seul ce qu'il cherchait – un petit local vétuste et bon marché pour New York (le loyer se montait à huit mille dollars par mois au lieu de vingt), à deux pas du marché fermier d'Union Square, au coin d'Irving Place, dans une rue longue de quelques centaines de mètres seulement, où avait jadis vécu l'écrivain Washington Irving. En regardant par la fenêtre et en apercevant un sol recouvert miraculeusement de carreaux espagnols, Andy eut l'impression d'avoir enfin sous les yeux ce qu'il recherchait depuis toujours sans être en mesure de le décrire.

Andy avait eu la révélation de la cuisine en

Espagne : il s'était rendu compte qu'une culture (l'histoire, la tournure d'esprit, les manières d'être d'un peuple) se manifestait non seulement dans la peinture, la musique et l'architecture, mais aussi à table. Je savais qu'Andy avait vécu en Espagne quand il était adolescent ; jusqu'ici, je n'avais pas vraiment compris que son séjour coïncidait dans le temps avec celui que Mario avait effectué lui-même dans ce pays. Armandino, en qualité d'employé de la firme Boeing, avait occupé un appartement de fonction à Madrid ; les parents d'Andy, quant à eux, vivaient dans une colonie d'artistes sur la Costa Brava. (Sa mère était danseuse de claquettes ; son père, peintre de cow-boys et de couchers de soleil dans les déserts de l'Ouest.) Barcelone était le Porretta d'Andy, et il y retournait chaque année, affectionnant surtout ses gargotes « sales et au loyer dérisoire », qui avaient sur lui un effet toujours revigorant, amoureux de leur simplicité, de leur absence de prétention, qui lui rappelaient pourquoi il était devenu cuisinier. Lors d'un de ces voyages – son voyage de noces – il découvrit Cal Pep. (La femme d'Andy, Patty Collins, un ex-cuistot du Babbo, attendait leur premier enfant ; ils formaient un couple heureux et confiant dans l'avenir, mais ce mariage avait de quoi vous laisser songeur sur la vie sociale des chefs – bien sûr, Andy était destiné à rencontrer sa future sur la chaîne, et bien sûr, leur lune de miel devait constituer une bonne excuse pour aller explorer les restaurants.) Lors d'un deuxième voyage, il découvrit le bar Pinotxo.

Le bar Pinotxo représente aux yeux d'Andy le restaurant idéal. Il est situé à l'entrée du marché de la Boqueria. Adolescent, comme il était le seul de sa famille à parler couramment l'espagnol, sa mère l'envoyait faire les courses dans ce lieu populaire. Et ce petit « restaurant de marché », le bar Pinotxo, met à l'honneur la fraîcheur des produits : ils proviennent des étals à deux pas, les convives se bousculent, pas de carte, et, lorsque vous réussissez enfin à retenir l'attention d'un chef, vous lui montrez le plat que vous voulez, il vous le prépare, et vous le mangez. « Tout le charme, disait Andy, tient à la spontanéité. Pas de tours de passe-passe, pas de trucs, pas de secrets. De bons produits, à peine cuisinés. Même aujourd'hui, j'ai la chair de poule rien que d'en parler. » Contrairement à la majorité des établissements, au Cal Pep et au bar Pinotxo, aucun mets n'est accommodé à l'avance, mais toujours sous vos yeux, selon l'un des trois modes de cuisson suivants : *a la plancha* (sur une table de cuisson), frit ou à la poêle. Les mollusques qui se nomment « couteaux » sont ouverts à la commande, mouillés d'huile d'olive, salés et poivrés, cuits sur la plancha face contre la plaque pendant trente secondes, puis assaisonnés d'ail cru. Les *croquetas*, des boulettes de morue, sont frites. Les petits calamars jetés dans une poêle brûlante à plein feu commencent à gonfler comme des ballons avant de rendre leur eau, que vous remuez, réduisez, et remuez encore ; en fin de cuisson, vous ajoutez une poignée de tout petits haricots de riz qui vont absorber le liquide : encore une composition alliant le jus de la mer à de l'amidon, un basique de la cuisine du monde. Selon Andy, cela constituerait aussi la base de son menu.

« Mon vieux, dit Mario à Andy, qu'il avait accompagné à Barcelone. C'est gagné d'avance. »

Vraiment ?

De retour à New York, Joe vint inspecter le local trouvé par Andy : « Dis-moi, c'est un vrai placard, ton resto ! » Il ne savait pas comment Andy allait pouvoir gagner de l'argent ; il n'y avait pas suffisamment de place pour asseoir assez de convives et faire tourner le restaurant ; et Andy, saisi par la panique, dessina sur une nappe un plan de salle montrant qu'il pourrait caser quarante-deux couverts – « Sept de plus qu'au Pó ! » – à une triple condition : il interdirait tout stationnement debout et s'arrangerait pour que les gens attendent ailleurs (peut-être dans le coffee-shop voisin qui était à l'abandon – peut-être, oui, pourrait-il louer aussi ce local), il ne permettrait à personne d'approcher du bar (un embouteillage à l'heure de pointe risquerait de paralyser le service) et il commanderait des tables sur mesure munies de tablettes surbaissées pour poser les verres à eau (afin d'empêcher qu'on les renverse). Andy fit ses calculs : s'il parvenait à un chiffre de neuf mille dollars par jour (deux mille de plus que les recettes du Pó), il s'en sortirait. Encore fallait-il afficher complet tous les soirs. Était-ce réaliste ?

Ce qui amenait une autre question : Andy savait-il cuisiner ?

Je fus invité avec toute une équipe de goûteurs. Huit personnes (Mario, Joe, quelques amis) se pointèrent pour déguster le premier menu qu'Andy ait préparé de sa vie.

Andy était une loque humaine. « J'ai un super-trac. » Pendant des années, il avait accommodé le menu de Mario. Le voilà à présent qui cuisinait ses propres plats. « Et si je me plantais ? Et si je faisais tout ce tas de nourriture, et que personne n'était là pour le manger ? » Le coût prévisionnel du restaurant se montait à deux cent mille dollars, et Andy, pour se réserver une part de vingt pour cent, avait emprunté à sa tante Doris et à son oncle Floyd. Il ne dormait plus. Il avait perdu du poids – vingt kilos déjà. Il boitait – en décapant à l'acide ses carreaux espagnols, il s'était aussi décapé les genoux. En outre, sa femme était près d'accoucher. Près de deux décennies s'étaient écoulées depuis la fameuse soirée à Santa Barbara, et le dur labeur qui s'en était suivi – les quatre années au CIA, l'apprentissage, la formation, la longue marche du métier qui rentre – tombait à la trappe.

Par la suite, Andy me montra la fiche critique rédigée par Mario sur le déroulé du menu, avec un commentaire détaillé à propos de chaque plat, accompagné d'une note sur dix, ce qui me procura un aperçu du langage codé des chefs quand ils s'avisent à communiquer entre eux. Les crêtes de coq (une première pour moi – d'une consistance caoutchouteuse à souhait) récoltèrent un dix sur dix, même si Mario suggérait de les humecter à l'huile d'olive et de les servir sur une assiette à température de la pièce. (En lisant cette remarque, je me dis : des crêtes de coq ! Une assiette à température de la pièce ! Comment n'y ai-je pas pensé ?) Les croquettes au *bacalao* – « Parfaites ». L'aïoli orange qu'Andy avait concocté en guise de garniture des croquettes – « Parfait ». La caille – « Parfaite ! Parfaite ! » (un 10 souligné deux fois). La queue de bœuf – presque parfaite, mais « attention de dégraisser la poêle avant de la réchauffer ». (Andy lut cette critique et déclara : « Que je suis con, je savais bien qu'il fallait dégraisser la poêle – qu'est-ce qui m'a pris ? » Et moi d'acquiescer avec sagesse en me disant : De quoi il parle ?) Les calamars – « presque parfaits, mais mieux si saupoudrés de zeste de citron et de persil. Les côtelettes d'agneau – parfaites, une appréciation suivie d'un seul mot : « Dessous ? » qui, dans la sténo de Mario, signifiait qu'il aurait fallu, avant de construire l'assiette, y répandre « la » sauce secrète (au Babbo, le yaourt-au-piment-rouge-jamais-mentionné-au-menu) pour qu'elle se mélange au jus de la viande : un « truc », pas du tout dans l'esprit « près de la nature » revendiqué par Andy, plutôt une de ces trouvailles épicées-salées-sucrées qui stimulent les glandes salivaires et vous mettent l'eau à la bouche. Andy ignora le conseil ; pas question de glisser quoi que ce soit « sous » *ses* côtelettes : ce n'était pas le style de *son* restaurant, il était désormais *son* propre chef, et s'il avait envie de ne pas faire joujou avec les glandes salivaires de *ses* convives, c'était *son* droit.

Le bulletin de Joe était plus concis. « Tu cuisines comme un dieu ! »

Nous étions au bar, et devant nous s'alignaient la table de cuisson, les sauteuses et la friteuse, chaque ingrédient visible aux yeux de tous. La cuisine était minuscule et enfumée, et le restaurant comble avec moins d'une douzaine de convives. Nous avons dégusté tous les plats au menu et à la carte, trente en tout, et comme c'était exquis, nous en avons redemandé. Quand enfin nous nous sommes levés tant bien que mal de nos tabourets, ce fut pour aller nous asseoir dans un coin de la salle qui faisait l'angle d'une rue, entre d'immenses fenêtres, pile en face du *brownstone* du XVIIIe siècle où vécut Washington Irving, tout proche de la foule de piétons qui passaient sur le trottoir, dans l'ambiance noctambule de la ville. Quelqu'un ouvrit un magnum de champagne. À cet instant, je n'aurais pour rien au monde échangé ma place contre une autre. Andy pouvait, si ça lui chantait, appeler son établissement Casa Mono, la Maison du singe. Il était maintenant un chef !

18

À quoi allait ressembler le Babbo sans Andy ? À tout le moins, la suite des événements constituerait-elle un bon test pour évaluer une pratique répandue chez les maîtres queux omnipotents : un Mario Batali (ou un Marco Pierre White ou un Alain Ducasse) possède un restaurant si parfaitement à son image qu'il n'a pas besoin d'être là. Tout avait bien marché tant qu'Andy officiait en cuisine, mais n'oublions pas qu'Andy considérait qu'il possédait, greffé dans son cerveau, un système high-tech intitulé « Mario Batali ». Son successeur serait-il équipé du même implant ?

Memo, un temps l'héritier présumé, ne se trouvait plus en lice : en donnant sa démission, il s'était mis hors concours. Cela dit, il n'était toujours pas content de son sort. « La prochaine fois que tu vois Mario, me pressa Memo, dis-lui que j'ai demandé de ses nouvelles. Tu feras ça pour moi ? » Au Naples 45, Memo n'avait pas la vie facile. Pour réchauffer l'ambiance en soirée et persuader les convives de ne pas se contenter d'avaler une bière en vitesse avec une tranche de pizza avant de courir attraper leur train de banlieue à Grand Central, il proposa d'allumer des photophores (proposition rejetée). « Quelqu'un au service commercial » – voilà qui était nouveau, Memo se servant d'une expression comme « quelqu'un au service commercial » – avait décroché un bon prix sur des pâtes, à la suite de quoi Memo fut prié d'employer la nouvelle marque. (« Baaaaah ! C'est cool, quoi. ») Quelqu'un au service commercial avait obtenu un bon prix sur des steaks de 350 grammes du Kansas, et Memo fut notifié que, dorénavant, c'était la viande qu'il devait servir. « Ça, c'était pas cool », me dit-il (en ajoutant, sans autre précision : « Que de la merde ! »). Quelqu'un au service commercial avait mis la main sur un stock de homards ; une bière européenne. Un jour, Memo reçut la visite de Peter Wyss, vice-président de Restaurant Associates.

« Ça marche pour vous ? » questionna le dénommé Wyss.

En se remémorant cet entretien, Memo, un gars déjà plutôt balaise, se gonflait d'indignation, à croire qu'il rejouait la scène, et il répétait d'un ton cinglant d'ironie la question de ce Wyss, en mettant l'accent tonique là où il ne fallait pas. Ou plutôt là où il fallait pour faire entendre à ce nabot de Mr Wyss qu'il n'était qu'un minable n'y connaissant que dalle en cuisine – ce qui était peut-être vrai, mais n'empêche ce n'est pas le genre de chose que l'on dit à son patron. « ÇA marche pour MOI ? » tonitrua Memo, en enchaînant par une explication du pourquoi ÇA ne marchait justement PAS, non seulement pour lui, mais encore pour le restaurant. Mr Wyss estima que l'établissement se portait comme un charme, et Memo perdit son emploi. Peut-être, songea-t-il, le moment était-il venu de retourner à un restaurant quatre étoiles tenu par un de ces « connards de Français » – Thomas Keller, le chef de The French Laundry en Californie, ouvrait un nouveau resto. Memo téléphona à Mario pour lui demander si cette idée lui semblait judicieuse, il tomba sur le répondeur et ne reçut jamais de réponse à son appel. « Il était sûrement en voyage », commenta Memo.

Memo avait trente ans. « J'ai le temps, disait-il – une carrière de chef se construit très lentement. Ce que j'aimerais, en fait, c'est un petit resto, oh, de trente ou quarante couverts, où je préparerais la cuisine de mon enfance – un Pó mexicain. »

En cela, Memo était semblable à tous les cuisiniers du Babbo, les uns et les autres victimes de l'attrait irrésistible d'un mythe colporté par le Pó, celui du minuscule resto de quartier, mythe qui obscurcissait si bien leur vision qu'ils passaient des années à caresser un vain espoir – un jour, quand ils auraient assez d'argent, quand ils auraient dégotté un associé. Memo avait déjà trouvé un nom qui rimait avec Pó. Il lui était venu, il y a déjà plusieurs années de cela, juste après son travail au restaurant Le Cirque. « *Ajo* », me précisa-t-il. « Ail » en espagnol. « Ça m'est tombé dessus une nuit à trois heures du matin, dans le bus qui me ramenait chez moi à Harlem. *Ajo.* Tout petit. Très intime. »

Tony Liu ne prétendait pas au poste d'Andy. Frankie et lui étaient les deux sous-chefs, mais Frankie avait plus d'ancienneté. Quoique, du point de vue de Tony, ni Frankie ni lui n'étant assez qualifiés, il eût fallu engager quelqu'un d'extérieur. « Frankie, me dit-il, est super au piano mais nul dans tout ce qui concerne les rapports avec les autres. Je suis archi-contre sa nomination, ce que j'ai dit d'ailleurs à

Mario. » Tony était le membre le plus calme de la brigade – toujours d'humeur égale, ne haussant jamais la voix, ne piquant jamais de crise de nerfs. La conviction avec laquelle il s'opposait à la montée en grade de Frankie était surprenante de sa part. On pouvait également se demander ce qui arriverait si Mario passait outre à son objection – Tony rendrait-il son tablier ? Mais Tony était aussi devenu le délégué officieux de la brigade, et, à ce titre, il se considérait comme son porte-parole. Étant tenu pour le seul à avoir du plomb dans la cervelle parmi ceux qui avaient du galon, chacun, tôt ou tard, finissait par le convier à un entretien particulier impromptu dans la chambre froide, loin des oreilles et des regards indiscrets, afin de discuter de la dernière incartade d'un Frankie à la conduite de plus en plus infernale.

« On l'appelait le "Facteur F", m'expliqua Tony. Et je me trouvais toujours dans la mêlée. Frankie sortait une de ses vannes. Elles tapaient toujours là où ça fait mal. Et la victime venait me tirer par la manche pour que je me porte à son secours. Au début, j'ai essayé de discuter avec Frankie, mais au bout d'un moment, je me suis retrouvé à court d'arguments. Frankie, comme tu sais, il est pas causant. »

Holly était la plus atteinte. Depuis que j'avais assisté à son embauche, je l'avais vue travailler à tous les postes, et elle était devenue une cuisinière accomplie, ce qui ne l'empêchait pas de se friter régulièrement avec Frankie. « Il était toujours sur le dos de Holly, racontait Tony. Je sais pas pourquoi. Peut-être qu'il était de mauvais poil, mais Frankie était presque toujours de mauvais poil. Il était grossier, et

Holly supportait ses injures jusqu'à un certain point seulement, ensuite elle exigeait qu'ils aient une discussion. Mais Frankie ne voulait jamais : ni pendant le service, ni après, ni jamais. » Une des techniques du « Facteur F », manifestement, était le traitement par le silence. « La méthode datait de cinq ans. "Non ! Je te cause plus. Na, na, na, na !" » Aux yeux de Tony, la cuisine était en proie à un processus de dégénérescence. « Imagine : Gina dans son coin, Elisa dans le sien, et on allait nous coller un Frankie tout-puissant au milieu ? Était-ce vraiment une si bonne idée que ça ? La cuisine était déjà un terrain ravagé par les états d'âme, les sautes d'humeur, les colères des uns et des autres. Au point que j'avais envie de leur crier à tous, à Gina, à Elisa, à Frankie : "Hep ! les gars ! c'est pas la cour de récré des maternelles !" »

Mario se doutait-il du chambard qui régnait dans sa cuisine en son absence ? D'après Tony, « Mario sait parfaitement qu'il ne voit que ce qu'il a envie de voir. »

Ce qu'il voyait, c'était que Frankie était un virtuose de la cuisine. Personne d'autre que lui ne travaillait aussi vite, à l'instinct. Pour ma part, je ne me lassais pas de le regarder. Il n'y avait rien de cérébral chez lui, il n'était pas du tout comme Andy. Jamais il n'aurait songé à vous parler d'une puce implantée dans son cerveau. Frankie ne pensait pas plus qu'il ne parlait – le langage était un fardeau pour lui, une entrave à sa célérité. Pour Frankie, la cuisine était une affaire strictement physique : son corps avait mémorisé les plats de Mario, ainsi que le déroulé de leur préparation. Il les connaissait sur le bout des doigts. Qu'est-ce que Mario avait besoin de savoir de plus ? En outre, il ne voyait jamais le Frankie que nous redoutions pour la simple raison que Frankie ne se montrait jamais redoutable en présence de Mario. Quand Mario était là, Frankie changeait d'attitude. Ses épaules tombaient, ou bien il tenait la tête basse, le menton écrasant sa pomme d'Adam, évitant de croiser les regards, révérencieux, bref, tout pour renforcer le statut du chef des chefs.

« Frankie est notre homme », se plaisait désormais à répéter Joe, et de fait, Frankie se retrouva finalement nommé second de Mario.

Garland fut le premier à partir. Je tombai par hasard sur lui un après-midi vers les seize heures, à ce moment de la journée où les cuisines sont entre chien et loup. À cette heure, tous les restaurants de la ville ferment en même temps. Une fois cette information enregistrée, je me mis à voir New York d'un œil neuf, comme une ville de restaurants qui ferment tous pile à la même heure, en accord avec les changements d'équipe des brigades, le « Chaud » prenant le relais du « Froid » ; un intervalle de détente où la brigade au complet se réunit en tenue de travail, sarraus malpropres, bandanas trempés de sueur, pour « un repas du personnel » autour de la plus belle table de la salle, ou près de la porte de l'office, ou devant la porte d'entrée ; on fume une clope et on profite encore un peu de la lumière du jour avant de replonger dans le réduit étouffant de chaleur où l'on va passer les dix prochaines heures. Garland se tenait adossé au mur d'un nouveau restaurant mexicain près d'Union Square, dont le propriétaire était un de ses anciens patrons : cette offre d'emploi, la direction de la cuisine, s'était présentée à lui alors que Frankie prenait la tête de la brigade du Babbo. « Je suis pas parti seulement à cause de Frankie – j'ai un bon job maintenant –, mais je serais parti de toute façon. » Garland était heureux et, conformément à la théorie de Gina, avait, comme tous ceux qui quittaient le Babbo, vite perdu dix kilos. « Il n'y a pas des tonnes de beurre dans la cuisine mexicaine. »

Holly fut la suivante. Elle partit en Italie avec armes et bagages. Elle avait fait des économies, voulait cuisiner avec des Italiens, et se remettre en phase avec les raisons qui lui avaient fait embrasser le métier de cuisinière.

Puis vint le tour d'Alex. Il avait tenu en tout et pour tout onze mois. Mais en partant avant que ne se soit écoulée une année entière, il se privait de la lettre de recommandation de Mario. Alex connaissait la règle, mais il se demandait tout haut ce que Mario aurait bien pu recommander à propos de sa personne : d'après Alex, Mario n'avait pas mis les pieds en cuisine pendant qu'il y était. (En réalité, Mario avait mis les pieds en cuisine, mais Alex avait été trop paniqué pour s'en apercevoir.) Alex, un optimiste à tous crins, estimait que son expérience au Babbo recelait des aspects positifs, y compris dans sa relation avec Frankie. « Par exemple, Frankie m'a appris une nouvelle façon d'accommoder les *spaghetti alla carbonara*, me raconta-t-il gaiement. Tu prépares ton *guanciale*, tu le lies au blanc des œufs, et c'est seulement *après*, une fois ton assiette dressée, que tu ajoutes les jaunes, crus. Pour un truc comme ça, je dis que Frankie est un mec super – il a pris le temps, alors qu'il était hyperdébordé, de me montrer comment faire une *carbonara*, et même si c'était en me hurlant dans les oreilles, qu'est-ce que ça peut faire ? »

De ces hurlements, il trouvait aussi des leçons à tirer. « Quand Frankie me criait dessus, c'était toujours pour une bonne raison. Il essayait de faire de moi un meilleur cuistot. Et puis je pense que tous ces cris avaient du bon, ils m'ont permis de me rendre compte de ce que je n'ai pas envie de devenir. Lorsque je serai sous-chef, je ne me conduirai sûrement pas comme lui. Et rien que pour ça, je lui dois une fière chandelle. » Alex marqua une pause, prenant sans doute la mesure de l'énormité de sa dette. « Nous n'étions pas d'accord sur tout, mais Frankie, c'est mon meilleur pote maintenant. »

Tony rendit son tablier. « Je voulais pas bosser sous les ordres de Frankie. » Il fut engagé à la tête d'un petit restaurant du West Village, de cinquante couverts (« Pas beaucoup plus grand que le Pó », me précisa Tony en prononçant la phrase rituelle), qui s'appelait August (personne ne savait pourquoi), spécialisé dans la cuisine européenne – un thème un peu vague, mais Tony était enchanté. Dans son esprit, il avait déjà exécuté de la cuisine française, espagnole et italienne. Maintenant, il allait apprendre à accommoder des mets belges, et même, pourquoi pas, allemands. La carte, car j'y mangeai un peu plus tard, ressemblait à une liste sortie tout droit du cerveau d'un bureaucrate de l'Union européenne – un petit quelque chose pour chacun (une choucroute avec saucisse et une choucroute avec chorizo) –, mais la qualité était excellente, parce que Tony était un bon cuisinier. Lorsque Holly rentra d'Italie, Tony lui proposa d'être son sous-chef. « Je préfère bosser avec des nanas. Ça pompe moins de testostérone. »

Le jour où Abby donna à son tour sa démission (il n'y aurait plus de commis fille), on peut dire que le grand ménage était achevé : un cuistot par poste avait quitté la maison. En cinq ans d'histoire, le restaurant n'avait jamais connu pareille crise. La situation appelait une mesure d'urgence. C'est ainsi que fut embauché un sous-chef extérieur au Babbo – rapidement, sans que Frankie ait été consulté : une erreur, car Frankie refusa de travailler avec lui.

« Je m'inquiète pour Frankie, me dit Memo. Il est malheureux comme c'est pas possible. Et furibard. Je flaire un drame. »

Quel genre de drame ? me demandai-je. Je ne reçus de réponse à ma question que bien plus tard, pour la bonne raison que, tarabusté par mes propres démons intérieurs, je dus quitter New York afin de les exorciser.

Apprenti

Vers l'époque de Tiberius vivait un certain Apicius – un fin gourmet, fort riche et renommé pour le faste de ses banquets – qui donna son nom à des pâtisseries, dites « à l'Apicius ». Il habitait la ville de Minturne, en Campagnie, et ne regardait pas à la dépense quand il s'agissait de satisfaire sa gloutonnerie, en particulier son goût pour les squilles – des grosses écrevisses de mer d'un prix fort élevé. Les écrevisses de Minturne étaient plus grosses que les squilles de Smyrne et plus grosses même que les squilles d'Alexandrie. Ayant entendu dire que sur la côte d'Afrique, on en pêchait de plus grosses encore, il s'empressa d'affréter un navire et appareilla le jour même. La traversée fut effroyablement mauvaise et il souffrit le martyre. Sans attendre qu'il ait débarqué, des pêcheurs lui apportèrent à bord les squilles les plus grandes (la nouvelle de sa visite faisait grand tapage chez les Africains). Mais quand Apicius vit les squilles, il leur demanda s'ils n'en avaient pas de plus belles, et lorsqu'il s'entendit répondre qu'il ne s'en pêchait pas de plus belles que celles qu'on lui apportait là, il constata qu'elles étaient plus petites que celles de Minturne, et ordonna au pilote de repartir vers l'Italie, sans même avoir accosté.

Athénée, IIIe s. après J.-C.

19

J'en étais arrivé à la conclusion que j'avais besoin de retourner en Italie pour y vivre vraiment : pendant un laps de temps plus long. Plus long de combien ? Je n'en savais rien. Un temps, deux temps ou plus (à combien de temps se monte « un temps », n'est-ce pas ?), en tout cas assez longtemps pour juguler cette angoisse qui continuait à m'étreindre, tant j'avais l'impression que je passais à côté d'une opportunité qui ne se représenterait plus jamais. Mark Barrett connaissait cette détresse : voilà pourquoi, ayant accompli son temps chez Gianni et Betta (son premier), il parcourait à présent en zigzags la péninsule dans les pas de Mario, de restaurant en restaurant (Bologne, Florence, la Calabre), dans l'espoir d'apprendre le plus possible. Mark envisageait de rester à l'étranger pendant des années. Quant à moi, si je ne pouvais pas m'exiler pendant des années (à moins que si ?), je savais que je devais retourner en Italie pendant un certain temps, quel que soit le temps de ce temps, sinon j'allais m'en mordre les doigts tout le reste de ma vie. J'étais dans tous mes états. J'avais traversé une période semblable une année plus tôt, avant de quitter mon job pour devenir cuistot au Babbo. Face à ce regain de désarroi, je me pris à tenter de persuader ma femme qu'au fond d'elle-même, elle mourait d'envie de laisser tomber sa propre carrière (Jessica est rédactrice d'un magazine de Manhattan, et à ce titre touche un haut salaire) et de m'accompagner dans une petite ville montagnarde italienne où nous ne connaissions personne et où je travaillerais de longues heures sans être payé – *si* j'avais de la chance et trouvais quelqu'un qui veuille bien m'employer, et *si* dès lors je me débrouillais pour apprendre vraiment quelque chose. (Je me refusais à la perspective d'aller en Italie dans le seul but de perfectionner mon art de couper les carottes.)

Jessica réfléchit à ma proposition.

« On ne revient pas tout juste d'Italie ? me questionna-t-elle.

— C'est vrai, t'as raison. On revient tout juste d'Italie.

— Et tu n'as pas appris à faire des *tortellini* là-bas ?

— C'est vrai, t'as raison. »

Seulement, les *tortellini* ne constituaient qu'un plat, et j'étais convaincu qu'il me fallait à tout prix recueillir certains secrets culinaires – un état d'esprit, un tour de main, qui ne s'apprenaient, Mario se tuait assez à le répéter, que « là-bas ». Voilà pourquoi il nous fallait y retourner.

Jessica accusa le coup. (À cet instant, notre mariage passa à l'étamine.) « Et qui donc va te divulguer tous ces secrets ? »

Je lui appris alors l'existence de Dario Cecchini : j'étais sûr que c'était chez lui que je devais travailler. Il ne me connaissait pas, et je n'avais aucun moyen de savoir s'il voudrait bien de moi. Mais nous avions d'ores et déjà tellement de choses qui nous liaient : il serait obligé de m'embaucher ! Le jour où le père de Mario, Armandino Batali, donna sa démission de Boeing et décida d'apprendre comment on découpe la viande en Italie, il se rendit d'abord dans la boucherie-charcuterie de Dario. Je téléphonai à Armandino et lui demandai pour quelle raison. Parce que Dario est le boucher le plus respecté d'Italie, me répondit-il, et parce son magasin est bien plus qu'une boucherie-charcuterie-traiteur, c'est un véritable musée de la cuisine toscane : de la viande crue et cuite, de grosses pièces de bœuf du Chianti à côté de *ragù*, de sauces et de charcuteries – une université de la *zona*.

J'avais aussi entendu parler de Dario par Elisa. L'été, elle dirigeait un stage de cuisine dans la région et rendait visite à Dario parce qu'il l'inspirait. (Elle gardait une photo de lui à son poste dans la cuisine du Babbo.)

En outre, c'était chez Dario que l'écrivain gastronome Faith Willinger avait découvert le pollen de fenouil, le produit qu'elle avait ensuite fait passer clandestinement dans ses bagages de l'autre côté de l'Atlantique, et que Mario saupoudrait à présent sur ses *tortelloni*. Lors d'un de ses voyages aux États-Unis – à l'occasion du vingt-cinquième anniversaire de Chez Panisse – elle avait emmené aussi le boucher en personne, une visite qui avait reçu un écho dans un article de l'*International Herald Tribune*, que j'avais eu la préscience de découper à l'époque : Dario Cecchini y était présenté comme le boucher le plus célèbre du monde.

Je pris mon téléphone. *Signore Cecchini*, dis-je en italien, je suis un ami de Mario Batali.

« *Accidenti !* » s'exclama-t-il (ce qui me sembla vouloir dire quelque chose comme : Eh bien ça alors, vous m'en direz tant).

Mario est le fils d'Armandino, ajoutai-je en lisant le texte que j'avais préparé. (Téléphoner en italien me terrorisait – j'avais passé ma matinée à répéter l'énoncé de mes questions.)

« *Accidenti !* »

Mario Batali est aussi un ami de Faith Willinger.

« *Accidenti !* »

Et j'aimerais beaucoup apprendre la boucherie toscane.

« *Accidenti ! Vieni ! Pronto ! Ora !* » – Venez ! Vite ! Tout de suite !

Après quoi Dario passa le combiné à une femme qui se déclara être son épouse, Ann Marie, et qui, divine surprise, était américaine et par conséquent apte à me confirmer que j'avais bien compris ce qu'on venait de me dire. Et me voilà une semaine plus tard, un dimanche, sur la frénétique Chiantigiana, la route qui sillonne le Chianti de haut en bas, depuis Florence jusqu'à Sienne, en traversant Panzano, tenaillé par le même sentiment que lorsque j'étais pour la première fois entré dans la cuisine du Babbo : ce que j'allais vivre ici allait m'affecter en profondeur et faire de moi un autre homme, même si je ne savais pas lequel.

La boucherie de Dario, la *macelleria*, était située sur une rue en pente non loin de la poste. En réalité, il s'agissait de deux magasins réunis. Le premier ressemblait à une salle de séjour (la salle de séjour d'une famille qui vit avec ses animaux domestiques). Il y avait là une table de salle à manger avec sa panoplie de chaises, une bibliothèque, un buste de Dante et une vasque (ou plutôt un abreuvoir à vaches) en céramique. À cela s'ajoutaient une paire de lances noires (intitulées *Bienvenue en Toscane*) et un truc en papier mâché – représentant un groupe, ne tardais-je pas à comprendre, grandeur nature, disparaissant dans les flammes de l'enfer. Le magasin suivant, en montant la rue, où était exposée la marchandise, était impossible d'accès. On s'y bousculait : à l'intérieur, sur le seuil, sur le trottoir, sur la chaussée. Combien de personnes ? Cent ? Plus de cent ? Tout le monde avait l'air en sueur et surexcité. Je me hissai sur la pointe des pieds. Un type portait une caméra de télévision sur son épaule. Des flashes d'appareil photo lançaient des éclairs. Je reconnus dans le fond sonore un chant choral qui pouvait bien être extrait du *Requiem* de Mozart. (Pourquoi un requiem ? Bon, d'accord, c'était une boucherie : pourquoi pas un requiem ?)

Je jouai des coudes. Tous les gens autour de moi tenaient un verre de vin rouge dans une main, tandis qu'avec l'autre ils cueillaient des espèces de globules de crème fouettée blanche qu'ils portaient à la bouche.

« *Lardo* », me dit un de mes voisins, en me tendant un de ces choux à la crème. Du *lardo crudo*. Cru, pas fumé. Il en avait les joues tartinées comme de dentifrice.

Je jouai encore des coudes. Un homme en costume de ville agitait à bout de bras une fiasque de chianti – habillée de paille, exactement le genre de bouteille que vous voyez dans les mauvais restaurants italiens et apprenez à éviter comme la peste. Il tenta de m'en verser un verre mais manqua son coup, et le vin atterrit sur mes chaussures. Il était sept heures du matin, mais déjà une ivresse rauque et virile flottait dans l'air : elle vous soufflait à la figure, vous bourrait les côtes, vous riait au nez. Derrière une vitrine où s'alignaient des pièces de viande et de charcuterie présidait le boucher, debout sur une estrade, dominant le reste de la pièce, indifférent à ceux qui se trouvaient en contrebas, l'interpellaient à tout bout de champ et le bombardaient de commandes, d'argent, de bouts de papier pour recueillir son autographe. Il les ignorait. Lui aussi buvait du vin – à grosses lampées, semblait-il. Il arborait un joyeux sourire en coin. La musique était assourdissante – *Dies irae, dies illa !* (Jour de colère, jour fameux !) – et les gens étaient obligés de hurler pour se faire entendre. Dans une main, le boucher tenait un grand couteau à scie à la lame étincelante, plus sabre de militaire qu'instrument de boucherie. Un homme de haute taille, un mètre quatre-vingts pour le moins. Sur le moment, je pensais un mètre quatre-vingt-dix, mais il s'agissait d'un effet d'optique, à cause de sa position surélevée sur l'estrade, qui lui donnait l'air d'un personnage de dessin humoristique, un homme des cavernes de cartoon. (*Solvet sæclum in favilla !* : Qui réduira le monde en cendres !) Il avait des battoirs énormes. Je crois bien que je n'en avais jamais vu d'aussi gigantesques. Ses mains étaient hors de proportion avec le reste de son corps. On aurait dit qu'elles lui mangeaient la moitié des bras. Des doigts exagérément longs. Il portait des sabots et des chaussettes roses, un bandana rose autour du cou et une chemise rose – serrée, lui moulant presque les épaules, qu'il avait carrées et hyperdéveloppées, ce qui lui donnait une allure de bossu. Il avait les cheveux en brosse, d'épais sourcils, un grand nez, de grosses lèvres. Un visage aux traits accentués. Il approchait de la cinquantaine, comme moi.

Et moi de penser : Eh bien, voilà Dario Cecchini, au moment même où il s'aperçut que je le regardais. Il éteignit la musique et demanda le silence. La pièce se tut. « *Nel mezzo del cammin di nostra vita*, tonitrua-t-il, *mi ritrovail per una selva oscura, ché la diritta via era smarrita.* » Même moi je reconnus le premier tercet de *La Divine Comédie :* « Au milieu du chemin de notre vie / Je me retrouvai par une forêt obscure / Car la voie droite était perdue. » Au milieu du chemin de ma vie, en effet. En étais-je vraiment arrivé là ? Perdu sur la route de l'enfer ?

Il se mit à pleuvoir, et on se tassa encore davantage à l'intérieur pour se protéger du ciel. Dario poursuivit. Ou bien embraya sur une autre tirade. Toujours est-il qu'il s'exprimait avec une passion ardente. Les yeux rouges, les pupilles dilatées. Je les voyais nettement, parce qu'il avait sauté au bas de son estrade pour me saisir par les épaules, et, approchant son visage du mien à me toucher, s'était mis en devoir de m'asperger de salive. Il déclamait des vers rimés, chantants, alternant un vers crié, un vers chuchoté. Il s'accroupit à moitié, comme s'il voulait prendre son public par surprise. Puis il se redressa, comme mû par un ressort, à croire qu'il était sur le point de faire une grande déclaration. Il écarquilla les yeux ; puis les rétrécit. Il agita l'index ; joignit les mains comme pour une prière. Je n'ai jamais vu personne dire un texte de manière aussi mélodramatique. (Quelqu'un dans la pièce raclait du violon.) Il ne manquait plus que les becs de gaz et les hauts-de-forme, et on aurait nagé en plein Dickens. À vrai dire, tout cela était un peu ridicule. Mais la salle buvait du petit lait, et lorsque Dario se tut et remonta d'un bond sur son estrade, le public, dans un état d'euphorie métabolique (entre le vin, le lard cru, la fournaise qu'était la boucherie, le privilège que représentait le simple fait « d'en être »), le public, donc, explosa dans un tonnerre d'applaudissements de théâtre de boulevard, ce dont Dario lui rendit grâce en saluant d'une main. Il enleva du lecteur le CD de Mozart, monta le volume et mit à la place quelque chose qui ressemblait à de la salsa italienne.

« *Festa !* hurla-t-il en tourbillonnant au bord de son estrade. *Festa ! Festa ! Festa !* Il fit un tour sur lui-même puis tourna dans l'autre sens. *Festa ! Festa ! Festa ! Festa !* »

Je fus chargé de pointer le lendemain matin à huit heures à la boucherie.

20

Le lundi matin, Panzano présentait un tout autre visage. La veille, les lieux avaient été électrisés par le tourbillon des visiteurs dominicaux, et comme imprégnés du lyrisme de leurs idées romantiques sur la région. À présent, ce n'était plus qu'une bourgade loin de tout, tranquille et assez laide.

Neuf cents habitants, avec à leur service, comme je devais bientôt le découvrir, deux boucheries, deux cafés, deux bars, quatre épiceries ou *alimentari*, deux restaurants, deux hôtels, et (chose exceptionnelle) trois boulangeries. Je ne tarderais pas non plus à m'apercevoir que, vu la diversité de l'offre, le simple fait de se porter acquéreur mettons d'une miche de pain ou d'un café était censé révéler certaines vérités à propos de votre tempérament, de vos opinions politiques et – qui sait ? – peut-être du degré de votre foi en l'au-delà. Le vin relevait d'une catégorie à part, pour la bonne raison qu'il n'y avait pas deux vignerons, mais dix-huit, de sorte que lorsque vous commandiez telle ou telle cuvée, vous aviez intérêt à ne pas commettre d'impair. Il y avait aussi, bien entendu, deux quartiers distincts : l'ancien et le moderne.

La vieille ville était constituée d'un dédale mêlant le « très ancien » au « faux très ancien » : vestiges d'un château (arches), mur datant du Moyen Âge, église du XIIe siècle reconstruite au XXe (l'église comme le château ayant été rasés tous les cent ans depuis l'an 1100), système d'égouts désastreux, voisinage bruyant à souhait, intimité réduite à zéro. C'était une de ces fortifications médiévales comme il y en a tant, édifiée sur le sommet d'une colline pendant la guerre entre Sienne et Florence, tout à la fois ouvrage destiné à la défense et refuge des paysans qui cultivaient les terres. Ces terres qui n'ont pas l'air d'avoir tellement changé au fil du temps s'évasent en une succession de douces vallées : plutôt des baignoires géantes que des passages encaissés, creusés par des rivières. Un panorama d'une beauté sereine. Je fus frappé de voir combien les bois et les friches étaient nombreux. Les terres cultivées semblaient pour l'essentiel consacrées à la vigne : sa prolifération correspondait en réalité à la seule transformation ayant affecté ce paysage en l'espace des cinq derniers siècles. On était début avril, et les vignobles y déroulaient leurs longues bandes de terre sombre parfaitement labourée, telle une grille mathématique, enserrant des moignons noirs et noueux qui levaient vers le ciel de minuscules poings serrés verts, bourgeons de feuilles prêts à s'ouvrir d'un jour à l'autre, comme des mains.

La partie moderne multipliait les murs nus en ciment : l'austérité des constructions de l'après-guerre. Comme beaucoup de bourgades des collines, Panzano a été occupé par les Allemands qui, avant de battre en retraite, ont fait sauter les bâtiments le long de la route principale. Ces explosions ont détruit des bâtisses séculaires, dont l'*Antica Macelleria Cecchini*, qui s'était dressée au même endroit, tenue par les fils aînés des Cecchini, pendant huit générations. Dans les étages au-dessus de la boucherie, il subsiste curieusement une partie ancienne de la maison, des pièces laissées à l'abandon : les murs en pierre et les sols dallés y sont intacts, là où le grand-père de Dario, l'aïeul dont il porte le prénom, abrita vingt-deux membres de sa famille pour les protéger contre l'adversité. Durant la guerre, il vendait de la viande aux maquisards ; avant l'aube, ces hommes grimpaient en catimini la colline ; et deux heures plus tard, à huit heures tapantes, les fascistes venaient faire leurs courses. Car dans le Chianti, comme je n'allais pas tarder à le comprendre, personne ne peut se passer de viande.

Ce lundi matin-là, la *macelleria* était en effervescence. Je tombais un jour « de production ». Je saisirais par la suite le sens de cette dénomination, mais, pour l'instant, tout ce que je savais, c'était que j'avais la sensation de me trouver dans les jambes d'un tas de gens qui se déplaçaient à toute vitesse. Dans l'arrière-boutique, il y avait une petite cuisine – un fourneau, une table de travail en marbre et un billot, où s'affairait un homme plus âgé. *Il Maestro*. Tous le traitaient avec beaucoup de respect. Chaque fois qu'ils lui adressaient la parole, ils terminaient leur phrase en lui donnant du « maître » : Comment allez-vous ce matin, Maestro ?

Un café, Maestro ?

Je peux débarrasser ces débris, Maestro ?

Vers onze heures, le Maestro cassa la croûte, un quignon de pain (le « quignon du Maestro », cuit dans un four à bois et acheté par un des employés avant de prendre son travail) avec de l'huile d'olive et saupoudré de sel.

Je peux vous le préparer, Maestro ?

Vous avez fini, Maestro ?

Je peux débarrasser votre assiette, Maestro ?

Seules deux personnes avaient le droit de manier le couteau : Dario et le Maestro. Dario jouait du sien en devanture, sous les yeux des visiteurs. Le Maestro, dans l'arrière-boutique, où le couteau était rangé sous le billot. Le Maestro avait soixante-deux ans et une tenue particulière (les autres portaient tous un sarrau de boucher) : une sorte de grand tablier moyenâgeux à la « Antica Macelleria Cecchini » qui léchait le sol. Il habitait une vallée voisine, auprès de son fils Enrico, propriétaire d'une oliveraie d'un millier d'arbres dont il tirait une huile parfumée à la saveur puissante, qu'on avait beaucoup de mal à trouver dans le commerce, principalement parce que Dario lui achetait presque tout son stock. Le Maestro avait des cheveux argentés, un visage mince aux belles rides expressives, des sourcils noirs, des grandes oreilles et un nez fort, très masculin. À ce propos, un peu plus tard, lorsque mon niveau d'italien me permit enfin de saisir au moins une partie des répliques qui fusaient dans la boucherie, un ami du Maestro me poussa du coude : « Regarde-moi cette tête, tu trouves pas que c'est la tête d'un Étrusque ? Tu te rappelles les têtes des fresques funéraires ? Cette tête, elle est aussi antique que nos collines. » Le Maestro maintenait en toute circonstance un calme (viril, à l'ancienne mode) et un détachement (viril, à l'ancienne mode) remarquables. Il s'exprimait parfois, me semblait-il, avec une gravité exagérée, joignant le bout de ses longs doigts, comme pour mieux ponctuer son discours. Ses doigts étaient énormes. Incroyable ! Le Maestro avait des mains plus grosses que Dario. En fait, leur taille colossale me mettait mal à l'aise. (Pourquoi les miennes étaient-elles si petites ? me surprenais-je à me demander au bout d'une longue journée, en les regardant pendant que je rentrais chez moi à pied. Maintenant, je me rends compte qu'elles ne le sont pas du tout, petites. Dans le monde normal, on dirait plutôt que ce sont des mains de grande taille. La dernière fois que j'ai acheté des gants, c'est ce que j'ai pris : une grande taille. Et cependant, durant tout le temps que je passais à la boucherie, j'inspectais de temps à autre mes mains : elles étaient trop replètes, et leurs doigts trop riquiqui, le tout formant un ensemble hautement insatisfaisant. C'est peut-être ce qu'il faut pour ce métier : des mains de géant. Si vous n'avez pas des battoirs d'homme de Neandertal au bout de vos bras, optez pour la pâtisserie.)

Ann Marie travaillait jadis à la boucherie, mais dorénavant elle ne venait que le dimanche. Ce jour-là, la boucherie était prise d'une telle frénésie que toute personne entretenant un lien quelconque avec Dario (même ma femme, si d'aventure elle passait dire bonjour) s'entendait ordonner de passer un tablier, de servir le vin, de tartiner le *lardo* sur des tranches de pain et de distribuer tous les morceaux de choix proposés à la dégustation des visiteurs. C'était lors d'un de ces dimanches que Dario avait demandé sa main à Ann Marie ; il était descendu de son estrade, lui avait présenté une grosse bague et avait mis un genou à terre pour lui poser la question devant tout le monde, au milieu des applaudissements, des sifflements et des crépitements des appareils photo. Plusieurs années s'étaient écoulées depuis, et même s'il n'y avait pas eu de noces proprement dites – « J'ai eu le film à la place » –, elle se disait la femme du boucher. Ann Marie mesurait un mètre soixante-dix, mais à côté de Dario, elle avait l'air haute comme trois pommes. De magnifiques cheveux brillant d'un bel acajou, rebelles en diable, un teint pâle semé de taches de rousseur, une gouaille à la Phyllis Diller et une ironie que rien ne pouvait abattre. Elle portait des santiags rouges, des bijoux en turquoise et toujours quelque chose d'un vert criard – une palette de rouquine affectionnant les harmonies dissonantes. Au départ, elle était styliste, son premier emploi avait été costumière sur le film *Flashdance*, puis elle était venue en Italie, envoyée par la chaîne de magasins Banana Republic, et elle y était restée. Elle avait créé le logo antilogo de Dario, ses étiquettes et sa carte de visite (un rectangle de carton plié, qui déplié révélait un morceau de viande crue tenu par ses mains géantes).

La gestion de la boucherie au jour le jour était assurée par un couple, Carlo et Teresa. Propriétaires d'une petite entreprise florentine qui fabriquait des chemises d'hommes, jusqu'au jour où les hommes s'étaient mis à ne porter que des T-shirts, de sorte qu'ils avaient fait faillite et traversaient à présent, pour employer leur propre expression, « une période de vaches maigres ». Ils gardaient un appartement à Florence, mais à Panzano s'occupaient d'une veuve, en échange du gîte et du couvert dans sa ferme. Carlo tenait les comptes de la boucherie et organisait les livraisons. Cinquante-cinq ans, moustache et humeur sombres : un homme dur au cœur tendre, avec un bleu à l'âme. Pendant la première année après la faillite, me raconta Dario, Carlo était resté mutique, il ne prononça pas un mot. Maintenant, il parlait – à vrai dire, il lui arrivait aussi de sourire, environ tous les trois jours – mais mon problème, c'était son accent. Les Florentins ont déjà une prononciation exagérée. Leurs « c » sont si doux qu'on les prend pour des « h », en sorte que *casa* s'entend « hasa ». Seulement, dans la campagne toscane, ils crachent leurs fricatives, et ce doux vocable devient un chuintement plus animal qu'humain : « HA-HA-HA-HAAAsa ». Même aujourd'hui, j'évite de poser des questions à Carlo, de peur de ne pas en comprendre la réponse.

Sa femme, Teresa, veillait sur la cuisine : sur tous les mets cuits ou préparés, ce qui se montait à plus de la moitié de l'activité de la boucherie. Je n'avais pas encore très bien repéré de quoi il s'agissait – de gelées, de sauces, de terrines, de plats de haricots, certains vendus en paquet, d'autres à la louche. Rien en tout cas ne correspondait à l'image que l'on se fait de ce qui est en vente dans une boucherie. Je finirais par apprendre que tout ce que celle-ci proposait était si excentrique qu'on ne pouvait trouver l'équivalent dans aucune autre boucherie nulle part ailleurs.

Teresa était une petite femme aux hanches rondes, très féminine, toujours au régime (elle préparait les salades pour le « repas du personnel » de deux heures de l'après-midi, le seul moment où l'on apercevait des légumes verts), changeait tout le temps de couleur de cheveux et était gaie comme un pinson. Elle fredonnait, chantait parfois, éclatait de rire à la moindre provocation, et parce qu'elle jugeait le monde merveilleusement absurde, elle riait tout le temps, sauf quand elle riait trop fort, alors elle se mettait à pleurer. Elle, c'était le jour, et son mari la nuit. Pas plus que lui, elle n'avait d'expérience en matière de cuisine professionnelle, même si à présent elle en dirigeait une. En cela, elle était logée à la même enseigne que tous les autres. Beaucoup de gens avaient un emploi chez Dario (il n'était pas nécessaire d'avoir une expérience préalable, c'était même préférable), qui pouvait se résumer à arriver à dix heures afin de lire tout haut le journal et les articles croustillants à propos des Toscans, ou bien à onze pour préparer le café (deux emplois, deux individus différents). Pour être embauché, il fallait avoir éprouvé un malheur et posséder de bonnes jambes. Dans la rubrique des malheurs se rangeaient la faillite (comme pour Teresa et Carol), un époux malade (comme pour Lucia, qui venait laver les serviettes), des ennuis de visa (comme pour Rachid, qui avait débarqué un beau jour du Maroc sans passeport), un poil de démêlés avec la loi, une mère mourante, un père atteint d'un cancer, un parent maltraitant, un soupçon d'inceste, une pointe de dérangement mental, un trouble de la parole, une irrégularité de la démarche, un tassement des vertèbres ou seulement quelque excentricité dans un comportement qui n'entrait pas dans les normes. « Les Toscans, me déclara Dario par la suite, adorent les fous – je ne sais pas pourquoi. » Il fallait aussi de bonnes jambes parce que, quelle que soit la tâche qui vous était assignée, vous cavaliez aux ordres de Dario qui dirigeait son petit monde à la baguette.

« Ri-ccaaar-DO ! » hurlait Dario du matin au soir. Il avait une façon singulière d'articuler la syllabe au milieu d'un nom, en l'étirant impatiemment en longueur, avant de frapper la dernière d'un accent tonique irrité. « Ri-ccaaar-DO ! », et Riccardo se matérialisait, pantelant, l'image même de l'apprenti boucher telle que je l'avais conçue dans mon esprit : rond et gras, joues roses, mèche rebelle noire, l'air d'avoir quatorze ans. (Il en avait vingt et un.) « *Fi-nal-meeen-TE !* » disait Dario, en étirant de nouveau la syllabe du milieu et en crachant la dernière.

Il arrivait souvent que Dario se contente d'invoquer tel ou tel ingrédient. « *PE-PE !* » s'écriait-il, et aussitôt tout le monde à la cuisine cherchait en toute hâte le poivre pour le moudre à la main. La *macelleria* n'abritait que trois appareils, dont on sentait qu'ils avaient été achetés à contrecœur et seulement après mûre délibération. « *A-GLIO !* » entonna Dario à la cantonade d'une voix tonitruante, parce qu'il avait mis un opéra de Puccini à fond, et quelqu'un cueillit sur-le-champ une tête d'ail dans un panier, éplucha les gousses et se rua vers Dario. « *Boh !* » émit-il, une onomatopée toscane signifiant qu'il n'aurait pas dû avoir à vous le demander, et il les broya dans le moulin à ail collé à la table de travail au moyen d'une ventouse.

Je m'appliquai à me rendre utile – suivant en cela le conseil que l'on m'avait donné au Babbo à propos de la conduite à tenir dans la cuisine d'un tiers : reste invisible, rends service et peut-être finiras-tu par être invité à en faire plus. Je balayais par terre, je lavais les casseroles, j'effeuillais des milliers de pluches de romarin. Au bout d'une journée ou deux, je fus assez avancé pour moudre le poivre quand Dario le réclamait. Le troisième jour, je préparai les poivrons rouges pour confectionner une sauce en gelée, sucrée, appelée *mostarda* et qui emporte la bouche. Les poivrons étaient cuits avec du sucre, des piments et de la gélatine. Voyant que je notais la recette dans mon carnet, Carlo me soupçonna de vouloir emporter le secret le plus lucratif de la maison. Puis il me prit à part, très homme d'affaires cherchant à réintégrer la course, et me proposa avec son accent toscan incompréhensible de s'associer avec moi lorsque je serais rentré à New York : « L'Amérique est un très grand pays. » J'avais à ce stade préparé 2500 poivrons (chaque cageot en contenait 50 ; j'en tenais le compte désespérément), coupé en quatre dans le sens de la longueur les légumes en forme de cloche, éliminé de la pointe du couteau les membranes blanches, retiré les graines à la brosse. Je n'étais pas prêt à voler une recette. Je n'ai pas mangé un seul poivron depuis.

Ce soir-là, je rentrai chez moi, les mains teintées de rouge, en me disant : Qu'est-ce que c'est que cet endroit ? Il était célèbre pour sa *bistecca fiorentina*, le légendaire bifteck florentin. Ce morceau qui a inspiré des poèmes, des poèmes qu'il arrivait à Dario de déclamer. Chaque *bistecca* pesait dans les cinq livres, avait une épaisseur de six centimètres et coûtait dans les cent vingt-cinq dollars. Mais il s'en vendait très peu. J'étais à la boucherie depuis quatre jours quand il s'en écoula enfin un exemplaire. Lors de ma première matinée, trois demandes avaient été déboutées, sans aucune raison compréhensible à mes yeux, sinon que Dario jugeait ces clients indignes. Puis, au lieu de pratiquer le commerce de la viande, le local avait fermé pour produire des litres et des litres de cette gelée aux poivrons.

J'avais la sensation d'être de retour dans la cuisine de prépa d'Elisa, ou plutôt dans une version de Froid étrange, en proie à la monomanie. Chaque jour, nous accommodions un nouveau mets. Après la gelée aux poivrons vint le tour d'une terrine intitulée *pasticcio rustico*. De fait, cette terrine se révéla très, très rustique. Au point qu'il m'apparut inconcevable qu'elle trouve des amateurs (ni le Maestro ni Teresa ne parvenaient à se résoudre à y goûter), à moins qu'ils ne fussent très démunis, sans réfrigérateur et hallucinés par la faim. L'ingrédient principal était une très vieille viande de porc qui avait vieilli dans son propre sang, scellée dans un sac en plastique. Vous ouvriez ce sac, et pouah ! vous receviez en pleine figure une volée cinglante de molécules puantes. L'odeur était tellement infecte (« *Mal'odore !* » s'écria Teresa d'une voix aiguë) que Dario se précipita dans le magasin pour allumer le ventilateur d'extraction : les clients étaient incommodés. Nous démarrâmes nos terrines malodorantes le matin pour les faire cuire l'après-midi et les laisser refroidir pendant la nuit. Le lendemain, nous voilà préparant autre chose : une sorte de sel. Une fois nos sacs de sel mélangés avec des herbes sèches, nous avons mis le tout dans un mixeur pour fabriquer une concoction aromatique qui porterait le nom de *Profumo del Chianti*. Son fumet, certes aromatique, me rappelait mes colonies de vacances ; une fois pulvérisé très fin, le mélange devenait floconneux comme de la neige poudreuse. Et nous voilà ensuite pendant six heures astreints à verser ce sel floconneux dans de minuscules pots de quarante-cinq grammes. N'a-t-on pas inventé des machines justement pour nous épargner ce genre de corvée ?

Ce que j'étais venu apprendre, c'était la boucherie. Je n'avais pas encore compris la culture propre à ce métier en Toscane. En fait, je n'étais pas venu poussé par le désir d'en savoir plus long sur un sujet dont je ne connaissais rien. À vrai dire, si j'avais fait ce voyage, c'était pour être en mesure d'exécuter une cuisine « à l'italienne », et en réalité, n'importe quel endroit aurait fait l'affaire, puisque tout ce que je pouvais voir ici était différent de ce que je connaissais. Il se trouvait que j'avais atterri dans cette boucherie et que, par bonheur, je m'intéressais à la manière dont on traitait les animaux afin de les rendre comestibles.

Il existe une littérature qui s'adresse à celui qui ne mange pas de viande. Mais pour celui qui en mange, il n'y a rien à lire, sans doute parce qu'il a rarement à justifier son choix de régime. À mon avis, la majorité des carnivores, ou plutôt des omnivores, en viennent tôt ou tard à s'interroger sur leur mode d'alimentation, pour conclure assez rapidement, sans devenir trop philosophes : Je mange de la viande parce que j'aime ça et n'ai jamais eu envie d'y renoncer ; fin de l'auto-observation. Personnellement, je me considère comme un carnivore heureux – il me paraît naturel de manger de la viande (à mes yeux, le débat sur ce qui est naturel et ce qui ne l'est pas est absurde, puisque les deux camps peuvent au même titre s'en prévaloir) – tout en reconnaissant, comme le reste du monde pensant, que la viande que je mange n'est pas toujours issue d'une agriculture biologique, mais plutôt traitée comme quelque chose qui n'est pas de la viande (les hormones, les antibiotiques, la barbarie de l'élevage en batterie), un produit industriel, une marchandise reproductible s'insérant dans une chaîne production/consommation de masse. Cela dit, je souhaitais avoir de ce domaine une vision plus précise, c'est-à-dire mieux informée. La boucherie me paraissait un monde tellement impénétrable que j'avais la conviction que je ne parviendrais jamais à comprendre l'art de préparer la viande, à moins de me procurer un animal, de le ramener chez moi et de l'abattre de ma propre main. Il me manquait en fait un élément de connaissance élémentaire, et c'était justement cet élément que j'étais venu chercher ici, dans cette boucherie-charcuterie.

Je voulais qu'on me guide dans mes premiers pas. Et je n'avais qu'une seule crainte, c'était d'essuyer une mésaventure semblable à celle d'Alex, qui avait passé un an à couper des légumes dans la cuisine d'un restaurant à Florence. Mon cas se présentait-il mieux, alors que seules deux personnes étaient autorisées à jouer du couteau ? Sans oublier le train-train quotidien de la fabrication de la gelée aux poivrons et du transvasement du sel aromatisé dans de minuscules pots.

Il se produisit quelques incidents malencontreux. Je me cognai. Je me coupai. Je tombai : concentré sur ma tâche, l'épluchage minutieux d'une gousse d'ail, je n'avais pas remarqué la présence à mes pieds d'une lourde caisse de viande de bœuf, jusqu'au moment où je trébuchai contre elle et fis un vol plané. Teresa, levant le nez pile à ce moment-là, fut sidérée par le spectacle de ce grand Américain inexplicablement à l'horizontal au-dessus du sol. Alors que j'atterrissais (dans la viande, les pelures d'ail éparpillées à présent un peu partout), elle fourra son poing dans la bouche pour s'empêcher de rire, du moins tant qu'elle ne fut pas sûre que je ne m'étais pas blessé, puis elle laissa libre cours à son hilarité. Un fou rire qui se mua bientôt en pleurs.

Je m'ouvris le crâne. J'étais en train de nettoyer une machine qui servait à attendrir la viande. On aurait dit un instrument de torture, aussi grand qu'un homme, tout en angles métalliques, couvert d'une matière rosâtre à la fois visqueuse et filandreuse. Sans doute me contorsionnai-je imprudemment, en voulant garder mes distances avec l'engin tout en étant obligé de m'en rapprocher pour le nettoyer, quand, soudain, je me cognai le front et m'entaillai la peau. Le choc fut si inattendu que je ne sus même pas ce que j'avais heurté. Je tâtai les lèvres de la plaie : c'était profond. La minute d'après, je recommençai. Je cognai la même partie de mon front au même objet tranchant, satané machin, et rouvris ma blessure. Je m'assis ; du sang me ruisselait sur le visage.

Le Babbo me manquait : sa discipline, ma connaissance de ses règles, l'adrénaline du service, la place que je m'y étais faite. Ici, je recommençais à zéro. Et puis je pris feu.

Je confectionnais un mets intitulé *ragù alla Medici*, du nom de la grande famille florentine de la Renaissance dont les cuisines, d'après Dario, représentaient l'âge d'or culinaire italien.

La viande utilisée était toujours un invendu de bœuf, lequel arrivait à sa date de péremption, ou l'avait déjà dépassée : cru, mariné ou cuit, peu importait la forme. On déversait le tout dans le hachoir puis dans une gigantesque marmite. Les végétaux, les suspects habituels – oignons rouges, carottes, céleri en branches, ail –, passaient aussi au hachoir, une longue colonne de purée d'une couleur vive. On me tendit une pagaie ou plutôt une pelle, brûlée et aplatie sur les bords pour mieux racler le fond. Un brûleur fut installé par terre de sorte que je puisse me tenir au-dessus de la bassine. J'étais censé remuer pendant huit heures.

En réalité, ce n'était que six heures, si l'on retire les deux heures d'interruption pour « le repas du personnel » – un plat de pâtes accommodé selon les arrivages du jour, ce jour-là, en plus de l'huile d'olive et de l'ail, les premières tomates cerises de la saison – au cours duquel Dario s'avisa tout à coup de nous réciter la fin de *La Divine Comédie*. Je ne sais pas pourquoi. Quelque chose à voir avec la nourriture. Les tomates, peut-être. Les tomates, et leur robe rouge, lui rappelèrent l'existence de l'enfer, et le voilà parti. Tout le monde s'arrêta de manger pour l'écouter dans un silence respectueux, jusqu'à ce qu'il s'avère que Dario n'allait pas s'arrêter de déclamer de sitôt. Carlo tira une tête à la « voilà-qu'il-remet-ça-pendant-le-déjeuner-en-plus » et chacun autour de la table de reprendre le fil de sa conversation, de terminer son assiette, de débarrasser la table, de faire la vaisselle – Dario toujours déclamant – et de retourner à son travail. Pour ma part, je n'osais pas suivre le mouvement, faute de savoir de quoi il s'agissait. Je n'avais pas encore compris que j'assistais à l'équivalent d'un ennui de plomberie. « Merde ! Les chiottes sont encore bouchées ! » « Merde ! Voilà Dario reparti dans le dernier *canto* ! » Je me sentais aussi pris au piège parce que sa récitation – le visage luisant de sueur, l'expression fébrile – paraissait mise en scène à mon intention. Lorsqu'il eut terminé, en invoquant un amour qui meut le soleil et les autres étoiles, il se leva et sortit d'un placard une bouteille de whisky, dont il but au goulot, avant de remonter sur son estrade, manifestement agité de tremblements, les mains à plat sur sa table de travail, en sorte que je le voyais de dos. Quand il se retourna, je vis qu'il pleurait. « Toutes les passions, toute la fureur et l'angoisse du monde, toutes les pensées, sont contenues dans ce vers. »

J'acquiesçai de la tête. Il avait sûrement raison. Mais j'avais fort à faire. Je confectionnais mon premier *ragù*. N'était-ce pas la raison de mon voyage en Italie – apprendre le tour de main de ses détenteurs d'origine ? Je retournai d'un pas guilleret à ma bassine, rallumai le brûleur et recommençai à remuer. La viande, à ce stade de cuisson, ressemblait à de la terre mêlée de gravier. Au bout d'un moment, Dario fit son apparition. Remis de sa récitation dantesque, il venait inspecter mon travail. Il ajouta de la tomate – pas beaucoup, plus de l'eau de tomate que de la sauce, ce qui fit passer mon mélange d'ocre-brun clair à ocre-brun foncé. Je continuai à remuer doucement le hachis, en repoussant la masse sur un côté, ce qui exposait à l'air le fond brûlant de la marmite que je m'empressais de recouvrir d'un mouvement ample. À chaque remuement, la viande sifflait et me soufflait à la figure un nuage de vapeur. J'avais très chaud : la chemise trempée, la sueur qui vous dégouline de partout, la routine quoi. Cela me rappela Marco Pierre White (« Tous *les bons* assaisonnent leurs plats de leur sueur – elle vous chatouille les papilles ») et je me demandai si la sueur ne serait pas en effet un secret de cuisine, étant donné la destination indéniable de la mienne, même si elle était instantanément convertie en vapeur.

Je n'étais pas tranquille. Pour commencer, en déplaçant ma spatule géante d'un côté puis de l'autre, je risquais, sans le vouloir, de pousser un peu trop loin la marmite – à chaque fois elle se heurtait à mon genou – et de la renverser, répandant à terre le fruit de plusieurs heures de dur labeur. (C'est le genre de catastrophe que j'ai l'art de provoquer, n'est-ce pas ? Je serrai donc la marmite d'un peu plus près.) Ensuite, je craignais que mon tablier, qui me descendait jusqu'aux pieds, ne prît feu. J'envisageai le scénario le plus probable. Le tablier était serré à la taille par un cordon. Pour l'enlever, il fallait dénouer d'abord ce dernier. En sorte que ce serait mon premier geste : dénouer le cordon. Sinon, il y aurait du grabuge. Je m'imaginais en flammes, incapable d'ôter ce fichu tablier, et Dario de se ruer sur moi en preux chevalier héroïque, me soulevant avec ses énormes battoirs pour mieux me jeter par terre et me piétiner afin d'éteindre l'incendie. (Je n'avais aucune envie qu'on me piétine.)

Vers cinq heures, Teresa vint se pencher sur la marmite. « Dario, *è pronto* » – c'était prêt. Dario s'approcha, ramassa une pelletée de *ragù* et secoua la matière au bout de sa pelle, tel un chercheur d'or sa soucoupe en métal.

« Ça doit être comme du sable, m'expliqua-t-il avant de goûter. *Boh !* »

Il passa la pelle à Teresa.

Elle goûta – « *Boh* » – et passa la pelle à Carlo.

Carlo goûta. « *Boh.* »

Riccardo goûta. « *Boh.* »

Le Maestro goûta. « *Boh.* »

Et puis merde, me dis-je, et je goûtai à mon tour. Tous les regards se posèrent sur moi. « *Boh* », émis-je finalement. (Qu'est-ce que je pouvais dire d'autre ?)

Dario goûta de nouveau. « *Perfetto* », déclara-t-il. Je contemplai ce qui m'avait coûté un travail titanesque : une masse de sable moche et collante.

« *Pepe !* » s'exclama Dario à l'adresse du plafond. Du poivre se matérialisa.

« *Sale !* » Du sel fit son apparition.

« *Limone !* » Et voilà un bol de zestes de citron. Et ainsi de suite avec la cannelle, la coriandre, la noix de muscade, les clous de girofle. Je fus intéressé de voir que les condiments étaient ajoutés seulement une fois la cuisson terminée. Ce mélange d'épices, la combinaison Médicis, m'intéressait tout autant. Vous ne le trouverez jamais dans un *ragù* traditionnel. Celui-ci ne ressemblait en rien à une bolognaise, même s'il avait la même consistance. (Les préparations de Dario seraient-elles en fait des arguments polémiques déguisés en aliments ? « Personne ne sait d'où lui viennent ses idées, me confia un jour Teresa. Dario rentre chez lui, il lit un vieux bouquin, il sort une nouvelle recette. ») Je me penchai sur la marmite et en humai le nouveau fumet, qui me parut concentrer en une seule odeur complexe tout à la fois Noël, Pâques et un automne à champignons. Puis Dario réclama du *vin santo* – deux bouteilles pleines.

Je restai bouche bée. Non ! Pas après tous les efforts que j'avais déployés pour me débarrasser de l'élément liquide. Est-ce que j'allais devoir recommencer l'opération ? Il les versa dans la marmite, je me penchai dessus, sidéré. La masse était mouillée à présent. Et comme je le craignais, je fus prié de me remettre à remuer. J'étais fatigué. Et je pris feu.

Les flammes naquirent au bord de l'ourlet du bas, et, l'instant d'après, en l'espace de deux petites secondes, le tablier tout entier était en feu. Waouh ! Comme au cinéma. (De la graisse animale – bien sûr ! Je suis un feu de graisse vivant !) Je ne m'en aperçus pas tout de suite, en dépit de l'intensité de mes craintes et de mes grandes manœuvres imaginaires. Se dessinait maintenant autour de moi une figure de circonstance, c'est-à-dire un cercle de feu... le feu de l'enfer. Mais je savais exactement comment je devais m'y prendre. Dario aussi, manifestement. D'où sortait-il celui-là ? Je portai mes mains à ma taille, *vite*, et tâtonnai un moment à la recherche du nœud du cordon de ma ceinture – un nœud simple, il suffisait de tirer sur le bout du cordon. Dario, dans sa charge héroïque, fonça lui aussi sur le nœud. Pour ma part, j'étais beaucoup plus relax, étant donné que j'avais passé mon après-midi à répéter la scène. Dario, toutefois, était tellement fixé sur la ceinture qu'il ne s'aperçut même pas que j'avais la situation en mains et s'empara du cordon que je tenais déjà. (Comment dit-on en italien, « Putain ! Retire tes énormes pognes de là ! » ?) On en vint aux mains. Les miennes dévièrent d'un côté, les siennes d'un autre. Je retrouvai les extrémités du cordon : quel soulagement ! Sauf que maintenant Dario avait empoigné le nœud. Comment allais-je pouvoir le défaire s'il s'y cramponnait ? Toujours est-il qu'à force de tirer à hue et à dia, la ceinture se dénoua. Je sentis qu'on m'arrachait mon tablier ; on le flanqua violemment par terre : où Dario le piétina.

Le soir du même jour, me laissant aller à une rêverie métaphysique, je reçus la visite de M. Bonsens, dont je n'avais pas eu de nouvelles depuis un bon bout de temps. Il m'apostropha : Pourquoi veux-tu devenir boucher ? Benny, dans le West Village, ne te vend-il pas de la bonne viande ? Et cette histoire de langue – qu'est-ce que l'anglais t'a fait ? D'ailleurs, pourquoi veux-tu apprendre à cuisiner ? Vraiment – à ton âge !

La percée tant attendue ne tarda pas à se produire, à la faveur de la *soppressata.* Teresa m'avait demandé mon aide. C'était le projet du lendemain.

D'après ce que j'avais compris, la *soppresseta* était une préparation de viande de porc et de graisse de porc présentée dans un boyau – un gros saucisson viandeux – dont chaque région possède une variante. Celle de Dario s'intitule la *sopresseta de' Medici*, orthographe du XVIe siècle s'il vous plaît, car le désormais familier bouquet d'aromates associé au blason de cette grande famille – clous de girofle, cannelle, noix de muscade, écorce de citron et vin sucré – était adjoint à la gélatineuse farce porcine. La fascination exercée par les Médicis trouvait chaque jour un exutoire. J'avais à ce propos de vagues notions : Caterina de' Medici en quittant l'Italie en 1533 pour devenir la future reine de France, non seulement tira le tapis sous les pieds de la révolution culinaire mais aussi divulgua tous les secrets de cuisine de la péninsule. Son cortège, paraît-il, emportait des laitues, du persil et des artichauts (toutes denrées inconnues en France) ainsi que des officiers de bouche, des bouchers et des pâtissiers, lesquels, une fois qu'elle fut dans ses meubles, firent découvrir des pâtisseries, des crèmes sucrées, des profiteroles, des légumes et des herbes à des gens qui ignoraient de telles choses, au même titre que le fin du fin de la cuisine de la Renaissance, l'esprit de sérieux gastronomique et un ustensile promis à une longue carrière, la fourchette (une invention italienne – sinon comment est-ce que vous mangez vos pâtes ?). Dans les milieux avertis, on ne se prive pas de se moquer des Italiens qui croient à cette histoire : pourquoi pas à la petite souris, aux tapis volants... Dario, bien entendu, y croyait dur comme fer. Ce que je compris un jour à la suite d'une réflexion que j'avais émise au sujet des échalotes qui entraient dans une de ses préparations.

« Des échalotes ? m'exclamai-je en jouant la stupéfaction. Mais Dario, les échalotes, c'est français, non ? » Je le taquinais. Il n'était jamais content lorsqu'on insinuait que sa cuisine subissait des influences gauloises.

« Non ! tonna-t-il. Non ! Non ! Et non ! » D'après Dario, les échalotes étaient à rajouter sur la liste de ce que les Français devaient aux Italiens. « Tu es là depuis combien de temps ? Boudin blanc ! s'écria-t-il en français, puis il continua à énumérer dans cette langue : Boudin noir ! Crème caramel ! Soufflé ! Crépinette ! Il hurlait. Pâté ! Mayonnaise ! *I salumi* – la charcuterie ! Canard à l'orange ! Tous ces aliments ne viennent pas de France ! Ils sont tous arrivés là-bas en venant d'ici ! *Tutta la cucina e arrivata !* Jusqu'à Caterina de' Medici, la grande cuisine française n'existait pas ! »

Dario était écarlate. Je tentai de me racheter en lui disant : « Tu sais, Dario, c'était une blague ! » Mais rien ne pouvait plus l'arrêter. Il cita des noms de plats allemands, viennois – La *Sachertorte ?* Hé !

De Sicile ! » Des plats argentins. La sauce *chimichurri* – qui accompagne la viande rouge ? « D'où tu crois qu'elle vient ? » Il avait peut-être bu un peu trop de vin à midi, parce qu'il déclara que « *tutta la cultura della cucina è nata nel Mediterraneo* », surtout de Toscane.

Je le regardai d'un air sans doute songeur, car si je comprenais bien, les Toscans, à la limite, étaient à l'origine de toute la bonne cuisine aux quatre coins du monde.

(Après tout, il avait peut-être raison. J'étais toujours étonné par le nombre de mets jugés par moi typiquement français que je retrouvais dans les menus traditionnels toscans – les crêpes, *crespelle* en italien, ou le flan, appelé *sformato*.)

Ce matin, la *soppressata* rappela à Dario le séjour d'Armandino à la boucherie. Armandino avait filmé en vidéo tout ce qu'on lui apprenait afin de pouvoir cuisiner par imitation une fois de retour à Seattle. Mais Armandino ne parlant pas italien, il se servait de Faith Willinger comme interprète – c'était Mario qui les avait présentés. Pendant la séance de confection de la *soppressata*, Armandino se percha sur un tabouret avec sa caméra, pile au-dessus de l'épaule de Dario, tandis que Faith Willinger se chargeait avec enthousiasme de la narration en anglais. Brusquement, Dario s'arrêta, en proie à une terrible angoisse. L'exécution de la *soppressata* nécessite la collaboration de trois personnes ; pour Dario, son père, sa mère et sa grand-mère. Maintenant ces trois personnes étaient mortes, et c'en était trop pour Dario – il se produisait trop d'associations dans son esprit –, et il explosa, une explosion de sentimentalisme. « Il faut être trois pour faire la *soppressata* ! On n'y arrive pas tout seul ! » Il ordonna à Armandino de descendre de son tabouret et pria Faith de la boucler et de mettre la main à la pâte.

Ce jour-là, je tins le rôle du troisième homme, complétant le duo que formaient Teresa et le Maestro. On commença par me demander de peser la viande, un baril de reliefs porcins : cent kilos de têtes, articulations, ongles de pied, tétons, langues, plus des pièces détachées non identifiables. Les aromates de la Renaissance y furent adjoints, et le tout mijota jusqu'à l'obtention d'une bouillie épaisse et grise, après quoi on coupa le feu, et la marmite fut laissée à refroidir – pas trop longtemps toutefois. Les parties osseuses du cochon sont bourrées de gélatine et deviennent dures comme du ciment si on leur permet d'atteindre la température ambiante.

Et c'était parti. Teresa puisait à même la marmite, remplissait une tasse de mixture grumeleuse qu'elle vidait dans un sac en toile, lequel ressemblait un peu à une grosse chaussette, qu'elle me tendait. Je giflais la chaussette à deux reprises, attendais que la mixture s'y installe et l'essuyais – une espèce de glu suintait de la toile –, avant d'en fermer l'extrémité supérieure et de la passer au Maestro, qui l'empoignait par le haut, sa gigantesque paluche engloutissant ma menotte. Il en ficelait rapidement le sommet, un paquet prêt à poster.

Nous avons fini par établir une cadence. Teresa, moi entre les deux, le Maestro. À un moment donné, Teresa se mit à fredonner. Elle fredonnait tellement que je ne le remarquais même plus : cela faisait comme un bruit de fond joyeux. Mais au Maestro, cela n'échappait pas, et il se joignit à elle, en sifflant. L'air de « *O Sole Mio* ».

Et ainsi de suite. Teresa remplissait une chaussette, je la tapotais, le Maestro la ficelait. Teresa fredonnant, le Maestro sifflotant. À un moment donné, la chanson se termina. Le Maestro se racla la gorge.

Non, me dis-je. Il ne va pas oser.

« *Che bella cosa*, chanta-t-il d'une impressionnante voix de baryton. *Na jurnata 'e sole.* » Quelle belle journée ensoleillée. Je ne croyais pas avoir entendu ces paroles jusqu'ici. J'étais même étonné que quelqu'un les connaisse. Quoique, si quelqu'un devait les connaître, n'est-ce pas, il y eût des chances que ce soit Dario, non ? (Après tout, il est italien.)

Teresa lui donna la réplique. « *N'aria serena* », entonna-t-elle. Elle se révélait une mezzo-soprano tout à fait acceptable, et je fus tout aussi surpris de constater qu'elle connaissait également les paroles. Elle remplit une chaussette et me la tendit en terminant son couplet : « *doppo a na tempesta* ». Dans l'air serein après l'orage.

Tout cela était charmant. Le problème tenait à la nature de ce qui était chanté, et surtout, pour moi, au fait que j'avais vécu en Angleterre, où une version tronquée de cette mélodie servait de jingle à une pub télévisuelle pour une glace industrielle italienne intitulée un *cornetto* : Venise, les gondoles, un gars en béret chantant « *Just one more cornetto* » sur l'air de « *O Sole Mio* ». J'avais du mal à concilier les deux versions : d'un côté, ce *Just one more cornetto* censé être comique ; de l'autre, cette bourgade au milieu des collines toscanes, la confection de cette *soppressata* selon des indications remontant à la Renaissance, ces gens autour de moi qui entonnaient en toute candeur la quintessence du kitsch italien. En plus ils connaissaient les paroles. Et ils n'avaient pas l'air de plaisanter.

« *Pe'll'aria fresca,* continua le Maestro, *pare già na festa.*

— *Che bella cosa na jurnata 'e sole* », répliqua Teresa en posant sa chaussette. Le Maestro imita son geste et prit une profonde inspiration. Ils se préparaient à s'élancer voix dans la voix vers les célèbres aigus du refrain.

(Non, m'entendis-je penser. Je vous en supplie, pas ça. Vous n'êtes pas atrocement gênés ? S'il vous plaît, taisez-vous !)

Ils n'en firent rien. Ils renversèrent leur tête en arrière, et, projetant leurs voix vers le plafond, chantèrent à pleins poumons, en duo : « *O sole mio sta 'nfronte a te ! 'O sole, 'o sole mio...* »

(J'avais honte pour eux. Ne savaient-ils pas que c'était une pub pour de la glace ?)

Quand ils eurent terminé, ils gardèrent un moment le silence. Teresa le rompit. « *Bravo, Maestro,* dit-elle en essuyant une larme.

— *Brava, Teresa* », dit le Maestro en s'éclaircissant la gorge.

L'air continuait de chanter dans ma tête le soir alors que je rentrais chez moi à pied. Qui allait me croire ? Personne ! Je n'étais pas sûr d'y croire moi-même, sauf que je devais me rendre à l'évidence. J'étais couvert d'une merde rosâtre, j'avais deux doigts collés ensemble, et j'allais devoir frotter fort pour m'en débarrasser. (Il y a d'ailleurs de quoi vous rendre songeur : qu'est-ce que doit subir votre tube digestif pour digérer tout ce machin ?) J'avais aussi marché dedans, ce qui n'avait rien de surprenant, puisque le sol de notre chaîne de fabrication à trois était inondé de *soppressata*. Cette matière produisait un bruit de succion visqueux à chaque fois que je posais le talon par terre et m'efforçais ensuite de décoller mon pied du pavé. En attendant, le refrain me vrillait le cerveau. En vérité, je le fredonnais. C'était peut-être kitsch. C'était peut-être de la pub pour un cornet de glace. Mais il fallait bien l'avouer : c'était contagieux. En outre, je n'avais jamais vu pratiquer un boulot où l'on chantait en travaillant. Je trouvais ça formidable. Comme je trouvais formidable d'être ici, à exécuter cette étrange cuisine.

21

Dario Cecchini est né le 10 septembre 1955, dans la maison en face de la boucherie, où aujourd'hui Carlo tient les comptes du magasin et où, chaque matin, Lucia lave et suspend à sécher les longs tabliers souillés la veille. Le père de Dario, Tullio, dont on parle toujours à Panzano avec une profonde affection (souvent dans des phrases l'opposant en termes élogieux à son colérique de fils), était connu pour son charme, ses performances athlétiques et ses manières qui plaisaient aux femmes – ce qui inquiétait son propre père, lequel, sur son lit de mort, lui adjura de cesser de courir le jupon et de fonder une famille. Épouse Angelina, lui ordonna-t-il, une fille du pays, et là-dessus le père mourut, et le fils, accédant au dernier vœu du père, se dépêcha d'épouser Angelina. Lorsque Dario parle de Tullio, on s'imagine un professeur dont les leçons portaient souvent sur l'art de voir : le jugement esthétique, le déchiffrage du sens de la peinture, et une façon de se représenter la Renaissance comme quelque chose dont il aurait été le fier possesseur, comme si les plus beaux chefs-d'œuvre de cette période ne pouvaient être que toscans. Sa philosophie semblait avoir été distillée sous forme de cours impromptus, lors de visites au musée, le père disant au fils : « Tu vois cette statue de David ? Tu vois ce tableau de la Cène ? Ils sont toscans. C'est nous qui les avons faits. » Ce que le père n'enseigna en revanche pas au fils, ce fut à préparer la viande.

Dario n'avait pas l'intention d'embrasser le métier de boucher, résolu à être le premier des Cecchini, en six siècles, à échapper à ce destin. Il voulait aussi être le premier à suivre des études supérieures et s'inscrivit à l'école vétérinaire de l'université de Pise. « Je voulais soigner les animaux, pas les tuer. » Il était en deuxième année quand il reçut un coup de téléphone de sa sœur, Marina : leur père était atteint d'un cancer – à un stade très avancé. À l'hôpital, Dario trouva son père mourant, qui lui avoua avoir commis une grave erreur : il n'avait pas appris à son fils l'art de préparer la viande. Il pensait qu'il aurait le temps. « Va voir le Maestro, lui dit son père. Je lui ai parlé. Il t'apprendra à reconnaître les bonnes pièces. » Et là-dessus, il poussa son dernier soupir.

Dario avait vingt ans. Obtempérant à l'injonction paternelle, il abandonna ses études. Il y avait un impératif supplémentaire : la mort du père laissait démunie la famille, ou ce qu'il en restait (une grand-mère, une sœur – la mère de Dario était décédée quand il avait onze ans). Un jour de 1976, Dario alla trouver le Maestro et lui demanda son aide.

Le village où Dario se réinstalla ne ressemblait plus tellement à celui de son enfance. Ne s'y attardaient plus que les vieux ; les autres partaient tous (*fuggendo* – ils la fuyaient, comme la peste). Les clients de son père étaient des gens du pays – *contadini*, des fermiers et des petits propriétaires terriens qui pratiquaient une *agricoltura promiscua* : ils cultivaient la vigne, entretenaient des pâturages, des oliveraies, fabriquaient du vin et de l'huile, élevaient du bétail et faisaient pousser du blé et des légumes. Leurs vaches appartenaient à la race intitulée *chianina*, un animal de trait qui se distingue par son gabarit (elle est plus grande que les vaches que nous connaissons), son poids (un veau de six mois peut peser jusqu'à près de huit cents kilos) et sa force. Les *chianine* étaient là depuis toujours (*da sempre*) et il aurait été impossible de cultiver la terre de ce pays de collines sans elles, en général par deux d'entre elles, la paire étant attelée sous un joug double en forme de « m » qui enserrait leur col épais. Les vieux bœufs, quelques rares taureaux et des veaux (les *vitelli* en trop que les fermiers ne pouvaient pas élever dans leur petite exploitation) étaient vendus sur le grand marché hebdomadaire de Greve in Chianti. La *chianina* était appréciée pour la succulence de sa chair – cette saveur longue en bouche que l'on ne tire que d'une viande musclée, parfois un peu dure, rarement grasse, assez proche de la venaison. La *bistecca fiorentina* est traditionnellement « levée » dans une carcasse de *chianina*. Hélas, l'agriculture polyvalente est en voie d'extinction.

En 1956 se produisit une gelée printanière dévastatrice, la pire depuis deux siècles, qui tua la grande majorité des oliviers, dont certains, séculaires, paraissaient pourtant capables de survivre aux plus terribles rigueurs climatiques. La mort de ces arbres indissociables de la vie de la région, au point qu'ils servaient à cette dernière d'étendard ou de symbole – stabilité et longévité –, entama sérieusement le moral de ceux qui les cultivaient. Un deuxième gel sévère, l'hiver du retour de Dario à Panzano, réduisit à néant les efforts de replantation. Les cultivateurs criaient pouce. Un bon nombre mirent la clé sous la porte : qui veut d'une maison en pierre, au sol en terre battue, sans assainissement, au milieu de champs ravagés ? D'autres facteurs intervinrent (chacun à Panzano en tient la liste), parmi lesquels les tentatives ineptes d'un gouvernement interventionniste offrant son aide (insuffisante, trop tardive), suivies de tentatives tout aussi ineptes de laisser-faire ; l'apparition des supermarchés ; l'invasion des réfrigérateurs, des routes goudronnées, des agences de voyages, de la télévision ; la culture de l'électricité (si seulement on avait pu se préserver de *ça*). En somme, cela revenait, pour une raison ou une autre (appelons-la « l'avènement, avec un temps de retard, du XXe siècle ») à mettre un terme à la longue période rurale. En 1975, plus personne ne voulait être agriculteur. L'année où Dario se lança dans la boucherie, le Chianti était un pays désolé.

Un après-midi, alors que le magasin était fermé, ma femme et moi fûmes invités par Dario et Ann Marie chez eux, dans leur maison qui portait le nom d'Il Greppo. C'était une maison en pierre, semblable à celles abandonnées par les cultivateurs dans les années 1970. Pour l'atteindre, il fallait grimper la rue en pente qui jouxtait la boucherie et s'enfoncer dans un coin sauvage et inculte du Chianti. De chaque côté de la route, une vallée. Dans la direction de Greve, un paysage de cailloux et de friches où erraient des troupeaux de moutons. De l'autre côté, une de ces merveilleuses baignoires naturelles, en l'occurrence un site géographique unique inondé de soleil du matin au soir, appelé la *conca d'oro* – la conque d'or : une immense coquille de verdure baignée d'un soleil doré. Sur les photographies des années 1960, elle est parsemée de vaches blanches, de blé mûr, d'oliviers, de porcheries, de vignobles. À présent, on n'y voit que des vignes qui se déploient selon un dessin dont la régularité évoque le style néoclassique, rangée après rangée, une trame symétrique de vert printanier, car les bourgeons avaient finalement éclos dans la tiédeur de l'air. Quelques petites exploitations agricoles avaient survécu, mais la vallée était plus ou moins divisée entre deux familles de viticulteurs.

La première, jusqu'en 1991, eut à sa tête Alceo di Napoli, un prince de Naples. (Le Chianti est en grande partie entre les mains d'aristocrates.) Cette famille occupe le castello dei Rampolla, situé à l'autre bout de la vallée, depuis le début du XVIIIe siècle. Alceo, d'après les histoires que l'on raconte sur lui, était un homme volontaire et réaliste, aux manières brutales et à l'esprit perspicace, bref un patriarche fort en gueule, charismatique. Pour reprendre l'expression de Dario, une « *testa di cazzo*, une tête de bite. Toujours en procès, toujours en train de se bagarrer. Il était magnifique – *molto bravo* ! » Pendant et après les terribles gelées, que les gens du pays appelaient « la grande migration », Alceo séjournait au Brésil. À son retour, trouvant son domaine en friche, il arracha les anciennes plantations et les remplaça par de la vigne. Il obtint sa première bouteille de vin en 1975, la première année de Dario à la boucherie. Alceo continua à produire des crus classés parmi les meilleurs de la région, mais à sa mort en 1991, les siens eurent du mal à prendre sa relève. Un de ses fils, Marco, celui qui était considéré comme le plus apte, se livrait à des jeux dangereux pour tromper son mal de vivre de gosse de riche, et mourut avant son père, dans un accident d'hélicoptère. Matteo, le deuxième fils, assuma la succession, mais après quelques remous financiers, entre surinvestissements et mauvaise gestion, il disparut à la suite d'un scandale fiscal. En outre, la famille paraissait incapable d'élaborer un vin digne de celui confectionné par le patriarche (dont le fantôme semblait s'attarder dans les parages comme un reproche). Luca, le troisième fils, prit la direction de l'affaire, assistée par sa sœur, Maurizia. Depuis l'an 2000, le vin est de nouveau bon. Leur cru le plus réussi – celui à propos duquel Maurizia dit qu'il aurait pu être fabriqué par leur père – porte le nom de *Vigna d'Alceo*.

La seconde grande famille de la vallée, les Manetti, avait à sa tête, jusqu'il y a peu, un homme du nom de Dino. De très vieille souche florentine, ils fabriquent depuis la Renaissance des tuiles en terre cuite à Impruneta, une bourgade voisine. À Panzano, la propriété, achetée par le père en 1968, comprenait un ancien *borgo* : un hameau logeant des familles autour d'une vaste cour centrale, avec une *cantina* (à la fois cave à vin et cuisine) du XIXe siècle et une étable pour les *chianine*. Autrefois, le partage des tâches était de mise au *borgo*, en particulier lors de la cuisson du pain dans le four à bois chaque samedi matin, et seulement le samedi, en partie parce que le pain toscan, sans sel, est tenu pour avoir meilleur goût quand il est un peu rassis (ce qui est plausible, vu sa fadeur quand il est frais). J'ai connu le dernier *contadino* à avoir résidé au *borgo* (à Panzano on finit tôt ou tard par parler à tout le monde), Beppe – un homme massif, soixante-dix ans mais l'air beaucoup plus vieux, la bedaine et le pantalon retenus par des bretelles, le cheveu long et hirsute, édenté sur le devant, et un regard de cheval fou. On ne manquait pas de le trouver en fin d'après-midi sur la place où les vieux du village se réunissent. En son temps, Beppe avait été bouvier, c'était lui qui veillait sur les bœufs *chianine* indispensables au labour, aux semailles et à la moisson. Une tâche ancestrale sous-tendue par un principe implicite : quand vous vivez dans la promiscuité des bestiaux, vous les traitez avec le même soin que des membres de votre famille – et cela même si vous pensez les retrouver demain dans votre assiette, et peut-être encore plus parce que vous savez que vous allez les manger.

À l'époque où Dino Manetti reprit le *borgo*, il y avait des vignes un peu partout, qui, comme les autres vignes, étaient négligées depuis des lustres, si bien que, à l'instar de son voisin, il arracha le tout et en replanta des neuves. Cette opération représenta quatre années de travail ; elle se termina, elle aussi, en 1975. Je n'ai jamais rencontré Dino Manetti ; il est mort quelques semaines avant mon arrivée. Cela dit, j'ai quand même ressenti le chagrin de sa disparition. Cet homme était adoré dans le pays, il avait été le maire officieux de Panzano, une âme romantique revenue au pays, disait-il lui-même, en quête de ses racines. Giovanni, son fils, âgé alors d'une quarantaine d'années, poursuivant la voie paternelle, entreprit de creuser la terre pour amener au jour ces nobles racines : trois mois après la mort de son père, Giovanni se mit à fouiller le vieux *borgo*. L'ancien four à pain venait d'être dégagé sous un carrelage.

Du haut de la route de la crête, on voyait en contrebas des hommes de peine qui s'activaient à démolir des pièces, à abattre des cloisons, ces aménagements des temps modernes : on aurait dit des fouilles archéologiques.

À moins de deux kilomètres un peu plus loin sur la route, face à la vue, Il Greppo était une bâtisse haute de trois étages. Dario l'avait achetée en 1980, alors qu'il travaillait à la boucherie depuis cinq ans. Une période solitaire de son existence. Il regrettait sa vie d'étudiant, cette existence riche en nouveautés, divertissements et promesses. « J'avais découvert le cinéma. » (Il n'y a pas de cinéma dans une bourgade des collines toscanes.) « J'avais des copines, je lisais des bouquins, j'allais à des vernissages dans des galeries, à des soirées. Et brusquement, je me suis retrouvé dans une boucherie de Panzano. C'était comme si j'étais parti pour l'Afrique. Cela aurait été en fait plus facile pour moi en Afrique. » Il habitait la maison paternelle, et chaque matin foulait le même carré de terre (« *la stessa terra !* ») qu'avait traversé tous les jours de sa vie son père ; et son grand-père ; et son arrière-grand-père. Le fusil dont Dario se servait pour aiguiser ses couteaux avait appartenu à son père. Ainsi que le billot où Dario préparait sa viande. Il se coupa souvent. Incompétence ou appréhension ? Les deux, répondit-il, une terreur paralysante. Ses avant-bras étaient couverts de cicatrices. Les couteaux le remplissaient d'effroi. « Au début, j'étais obnubilé par le mouvement de la lame et je massacrais mes pièces de bœuf. Je me blessais atrocement. » Il ressentait la nécessité de s'ajuster à sa nouvelle vie pour toutes sortes de raisons qui restaient au-delà de sa compréhension. Il était pressé. Il voulait tout faire vite, dans l'urgence, quand même il ne savait rien. Le Maestro l'incitait à ralentir. « Tu peux pas faire un travail traditionnel à un rythme moderne. Le travail traditionnel possède son propre rythme. Tu dois rester calme. Tu peux abattre énormément de boulot, mais veille à toujours rester calme. »

Padre Giovanni, un moine âgé de quatre-vingt-deux ans, parla à Dario d'Il Greppo. Ce moine, poète et amateur de langues mortes, entre autres de sanskrit, alchimiste à ses heures, était pour Dario un père spirituel. Dario n'avait pas reçu d'éducation religieuse. (« Un vrai Toscan ne croit pas en Dieu, un vrai Toscan ne croit que dans la Liberté. ») Mais son père l'emmenait parfois visiter des monastères et des églises. (« Il voulait me faire goûter à la tranquillité de ces lieux. ») Padre Giovanni semblait comprendre Dario, et ce dernier ne cachait pas qu'il avait besoin de modèles masculins – *figuri maschili* – en mesure de lui apprendre à se conduire en homme : le Maestro et Padre Giovanni. Le moine initia Dario à la cuisine de la Renaissance italienne, aux ouvrages de « la glorieuse tradition », Martino, Scappi et Latini. « Padre Giovanni m'a aidé à maîtriser mes passions. Il m'a dit que j'avais besoin d'un endroit où me retrouver seul avec moi-même. » Dario acheta Il Greppo parce que le moine habitait dans le voisinage. « Je ne le voyais pas souvent, mais la sensation qu'il n'était pas loin m'apaisait. »

Dario m'indiqua d'un geste la ruine sur la colline d'en face, un tas de pierres tapissé de mousses et de buissons. Les ruines du château de Guido Cavalcanti, le bouillonnant ancêtre de la poésie d'amour italienne et le premier à se servir de ce qu'on a appelé le « *dolce stil nuovo* » (le doux style nouveau). Cavalcanti y était mort, en l'an 1300, exilé de Florence. À la boucherie, il suffisait de prononcer les mots de « *Donna, me prega* » (Dame me prie), par lesquels débute la célèbre chanson d'amour de Cavalcanti, pour que plusieurs personnes enchaînent en chœur. Cavalcanti était le meilleur ami de Dante, me précisa Dario avant de se lancer, subitement inspiré, dans la déclamation du chant X de l'*Enfer*, où Dante rencontre le fantôme triste du père du poète, Cavalcante Cavalcanti.

La maison de Dario ressemblait à un musée vétuste. À part un étage aménagé – où Ann Marie avait réussi contre vents et marées à faire installer une salle de bains –, le reste n'avait guère changé depuis les précédents occupants. Le rez-de-chaussée, du XIIe siècle, était envahi par une cuisine envahie elle-même par une énorme cheminée. Dario l'appelait « *il forno* », qui signifie four en italien moderne, et de bien des points de vue, le qualificatif me parut en effet approprié. Elle offrait un âtre vaste et pratique – une source de chaleur géante, un feu ardent qui tout à la fois cuisait les aliments et vous réchauffait les os. Dario se figea. « Je ne veux pas entreprendre de travaux. Je viens ici pour respirer les odeurs. Quelquefois je m'assois dans un coin, et je respire ! » Pour ma part, les sinus chatouillés par les moisissures de l'histoire, je me rendis compte de l'absurdité de la situation : qu'est-ce que l'eau courante, le gaz et l'électricité pouvaient bien avoir de si diabolique ? Et pourtant, alors que, debout immobile au milieu de la pièce, je scrutais le silence, je dus bien admettre que l'atmosphère me donnait le frisson. Je m'approchai de l'âtre – cendres grises incrustées dans la terre cuite du sol – et portai mes regards vers les chambres voisines. Toutes petites – assez de place pour un lit, rien d'autre. Les fenêtres portaient leur ancienne grille en fer forgé. Pendant les chaleurs de l'été, elles laissaient entrer la brise et les parfums d'animaux, de fruits et d'olives. L'hiver, les volets protégeaient du froid, et toute la maisonnée se réunissait autour d'*il forno*. Je me tins un moment sur le seuil d'une chambre et laissai la mémoire de la maison affleurer à ma conscience, sa vie passée au jour le jour s'emparer de mon imagination. Dans cet espace, des gens avaient fait l'amour, avaient traversé les douleurs de l'enfantement, avaient élevé des enfants, étaient tombés malades, ils étaient morts, sans que le feu s'éteigne. Et dans cet espace, la génération d'après avait répété les mêmes gestes, tandis que les flammes avaient continué à lécher les bûches dans la cheminée. Et la génération d'après, et la génération d'après, pendant mille ans.

La nuit tombait. Je sortis sous le porche en pierre afin de contempler les vestiges de l'ancienne demeure de Cavalcanti. Ils restèrent invisibles. En pleine lumière déjà, il fallait savoir où regarder pour les repérer – les ruines se profilaient dans une nuance plus foncée de vert, plus lumineuse –, mais à présent, au crépuscule, leur profil avait disparu. Il était tard, nous avions faim. Dario proposa que nous allions dîner quelque part, peut-être au village voisin de Lamole.

22

Le restaurant, en général vide à cette époque de l'année, avait été réservé pour un anniversaire de mariage. Comme nous patientions sur le pas de la porte, un vieux couple se laissa guider vers une petite estrade afin d'y prendre leur première leçon de karaoké. Le jeune (trente-trois ans) propriétaire, gros travailleur et parlant anglais, allemand et français, Filippo Masini (son frère et lui venaient de reprendre l'affaire de leur père), savait qu'il commettait une erreur en ne nous priant pas d'aller voir ailleurs. Il nous accueillit avec une amabilité excessive et paniquée, un peu comme s'il recevait la visite à l'improviste du maire. « *Eccolo !* s'écria-t-il. Dario Cecchini. Je suis sacrément content de te voir ! Sois le bienvenu ! Quelle chance ! Le grand Dario qui honore de sa présence mon humble Restaro di Lamole ! » En revanche, toute son attitude disait combien il était consterné par la visite de Dario (comment expliquer autrement qu'on puisse prononcer ce genre de discours sans l'ombre d'un sourire ?) et qu'en réalité, Dario était le plus malvenu du monde.

« Je veux de la *bistecca*, dégoulinante de sang »,

déclara Dario, alors que Filippo nous installait à une table voisine du banquet. Puis se tournant vers moi : « Un boucher l'aime saignante. Un boucher aime la chair encore chaude de l'animal qu'on vient d'abattre, il a le goût du sang. Qu'on m'apporte du sang ! » tonitrua-t-il, et il ouvrit grand la bouche et fit mine de mastiquer en broyant longuement avec ses dents. Filippo, debout à côté de notre table, voyant cela, se mit à donner des signes d'impatience. Le numéro qu'était en train de jouer Dario lui adressait un défi : quelle est la qualité de ta *bistecca*, Filippo ? Tous les restaurants toscans en mettaient à leur menu, mais aucun établissement du pays ne proposait de la viande de chez Dario : trop chère, et, d'une certaine façon, trop idéologique. Sur la carte de Filippo, il était spécifié qu'elle venait de chez Gabriella, un boucher de Greve.

Le vin fut le premier désastre. Filippo était fier de sa carte, laquelle courait sur deux pages et comprenait tout ce que la Toscane compte de cuvées respectables. Il la tendit à Dario – un épais volume dont Dario s'empara, avant de le lever au-dessus de sa tête et de le jeter par terre d'un air dégoûté. Un geste stupéfiant. Je dévisageai Dario dans l'espoir d'obtenir une explication, mais de son côté il fixait Filippo avec une expression haineuse.

« Tu sais que je ne veux pas de ces vins-là.

Filippo était sidéré.

— Sers-nous du vin qui a encore du corps, continua Dario.

Filippo articula un nom, en bégayant.

— Non ! s'écria Dario, attirant soudain l'attention d'une des tables du banquet. Tu sais que je veux pas d'un vin *tiré d'un arbre*. Ce que je veux, c'est du vrai vin ! Je veux un vin simple. Je veux un vin d'ici. »

Filippo prononça un autre nom, un petit vin rouge que l'on produisait au village.

Dario poussa un grognement, ou plutôt un gargouillement plein d'impatience, un bruit situé entre le rot et le râle, comme si on venait de lui asséner une grande tape dans le dos. Une onomatopée toscane pour « Euh ? ». Là-dessus, Filippo disparut pour aller chercher une bouteille, manifestement décontenancé et se livrant à un débat intérieur sur la stratégie à suivre face à l'autoritarisme de cet homme.

Cette scène de dispute à propos du vin avait un lien avec un autre aspect de l'histoire récente de Panzano et une autre polémique engagée par Dario. Vers l'époque où les Alceo et les Dino arrachaient les ceps des vignobles délaissés et dessouchaient les strates successives de plantations ratées, une poignée de propriétaires terriens du pays expérimentèrent la vinification à la française. Les résultats se révélèrent tellement prodigieux qu'ils furent aussitôt imités par les autres. Par un effet pervers de la logique xénophobe, ce nouveau groupe de vins rouges fut qualifié de « supertoscan » et non de « superfrançais ». Le Vigna d'Alceo, par exemple, est obtenu à partir de plants de cabernet-sauvignon, le principal cépage des vins de Bordeaux, dont, avant 1975, pas la moindre racine n'avait tâté du sol du Chianti. Le vin de Dino Manetti était élaboré avec du sangiovese, un cépage du Chianti, mais élevé en fûts de chêne, un procédé typiquement français, même si (d'après Dario) cela revient à le faire mariner dans un arbre.

Le menu mena au deuxième désastre. Dans l'ensemble, il était très régional, ce qui signifiait aussi très « marron ». On dit en Italie, *brutto ma buono*, moche mais bon, une locution qui exalte la cuisine authentiquement amateur dont l'aspect laisse souvent à désirer. En Toscane, ils pourraient ajouter, *brutto e marrone*, moche et marron. Les *crostini*, par exemple, tartinés jusqu'au dernier millimètre carré de pâté de foie de volaille, constituent un aliment marron. La *pappa al pomodoro*, un autre mets de la gastronomie locale, se prépare avec du pain rassis (le pain sans sel et sans saveur qu'ils font en Toscane, meilleur très rassis que très frais) cuit avec des tomates trop mûres jusqu'à former une bouillie marron foncé – ou plutôt marron sur marron foncé. Les multiples variétés de haricots : tous marron. (Dario m'emmena un jour à un grand dîner de onze services en l'honneur du fameux haricot de Sorana : tête de veau aux haricots, laitance de thon aux haricots, *porchetta* aux haricots, crevettes aux haricots, *torta* aux haricots – trois heures à la gloire de la cuisine marron, avec pour point final une assiette de *biscotti* accompagnée d'un petit verre de *vin santo*, une autre variation en maronnasse.) La *soppressata*, les saucisses, la célèbre *fiorentina* : tout est marron, sans la moindre touche de couleur vive. Et la garniture de persil haché ? Une invention italo-américaine contre-nature. Il y a aussi des pâtes, les *pici*, épaisses, semblables à des vers de terre géants, qui sont paraît-il proches des pâtes que consommaient les Étrusques, quoique l'on se demande pourquoi elles n'ont pas disparu avec le reste de cette civilisation : immangeables si elles sont bouillies moins de vingt minutes. Cuites plus longtemps, il devient possible de les mâcher, et à ce stade elles ont changé de couleur pour virer non au marron, certes, mais au beige, même si la coutume veut qu'on les accommode avec le *ragù* du pays, qui est marron marron : du marron sur du beige. Les légumes ? Des artichauts vert-brun, des olives vert-brun et des champignons *porcini* (brun-brun). S'il s'avérait en effet que la Toscane fût à l'origine d'une bonne partie des gastronomies du monde, ce serait sans doute la partie marron. Filippo faisait naturellement figurer tous ces plats traditionnels sur sa carte, imprimée, comme de bien entendu, sur du papier marron. En outre, il proposait un carpaccio d'oie. Le carpaccio, un procédé de conservation de la viande par séchage à l'air, n'était pas un plat typique de la Toscane ; l'oie n'était pas non plus une gourmandise locale. Il n'y en avait pas beaucoup dans le pays. À la vérité, il n'y en avait pas du tout.

Lorsque Filippo revint – en se rengorgeant et en se pavanant – avec notre bouteille, Dario, qui venait de repérer la préparation à l'oie, le regarda et se mit à hyperventiler de stupéfaction. (Pauvre Filippo, me dis-je, alors qu'il jouait du tire-bouchon. Il ne sait pas ce qui l'attend.) Le regard de Dario, que Filippo prenait soin d'éviter de croiser, était flamboyant et courroucé. « Par mes couilles, finit-il par articuler d'une voix basse et contenue, qu'est-ce que ce plat fout au menu ? »

Filippo se contenta de jeter un coup d'œil presque indifférent à Dario. « *Che cazzo dicci ?* » (Qu'est-ce que tu dis, tête de nœud ?), lança-t-il sans avoir l'air d'y toucher, enchaînant la série de métaphores génitales qui composent le robuste fond des échanges verbaux entre Toscans de sexe masculin.

« Espèce de grosse tête de bite, répliqua Dario

d'une voix forte. Pourquoi t'as ça à ton menu ? (Il montrait du doigt le carpaccio d'oie.) *Carpaccio di oca ?!!* »

Dario appuya longuement sur le « o » d'*oca* – d'abord doucement, puis de plus en plus fort – en terminant par le son « ca », comme s'il lui remontait un renvoi de nourriture.

« Oca ? répéta-t-il.

— Dario, s'il te plaît, c'est au menu chaque année », dit Filippo.

Alors, en dépit de ses efforts pour feindre l'indifférence, il ne put s'empêcher de regarder par-dessus son épaule, au cas où les convives de l'anniversaire assisteraient à son humiliation. (En fait, les convives en question étaient occupés ailleurs : le vieux couple était en train d'exécuter une sorte de danse giratoire sur une mélodie qui évoquait les Beach Boys en italien.)

« *Oca ?* répéta Dario. *Oooooooohhh-KA !*

— Les habitués seraient déçus de ne pas le voir, tint bon Filippo. (Son restaurant était mentionné dans un guide anglais, ce qui lui procurait une clientèle.) Ils seraient déçus de ne pas voir au menu un de leurs plats préférés.

— Leur plat préféré d'oooooooohh-Ka ! tonna Dario, l'air de n'en pas croire ses oreilles.

— Tu voudrais peut-être y goûter, Dario, proposa Filippo. C'est très bon.

— Filippo, c'est de la cuisine du Frioul. Le Frioul, c'est le nord. Presque la Croatie, prononça Dario, comme s'il s'adressait à un enfant de cinq ans. Tu te prends pour Disneyland ? Il n'y a pas d'oie en Toscane. Tu as une vue panoramique de chez toi. Combien d'oies t'as vues ce soir ? Combien d'oies, dans ta vie de tête de bite, t'as jamais vues ? C'est un plat exotique. Comme la cuisine fusion. Ah ! de la fusion toscane ! (Il jeta la carte par terre.) OooooOOO-Ka !

Filippo ramassa sa carte et la reposa sur la table.

— Dario, s'il te plaît », chuchota-t-il.

Dario la jeta de nouveau par terre.

Filippo la ramassa. Sa diplomatie était rudement mise à l'épreuve. Il avait accueilli le maire à bras ouverts dans son restaurant, mais le maire tenait à lui flanquer une raclée. « Dario, Dario, Dario », dit-il d'une voix suppliante en donnant un coup de carte sur la tête de Dario, un coup de carte affectueux. Comme il s'attendait à une réaction beaucoup plus agressive, Dario cilla des paupières, et Filippo, flairant une brèche, le frappa une deuxième fois ; puis une troisième – plus fort. Après quoi, perdant un peu les pédales, il se mit à le frapper si violemment coup sur coup que Dario dut lever les bras pour se défendre.

Et les hostilités cessèrent : Filippo, en frappant comme un fou sur la tête de Dario avec sa carte, avait réussi à le persuader qu'il déraillait. Tout le monde se détendit – avec un soupir à l'unisson – et Filippo put enfin prendre notre commande : deux kilos et demi de *bistecca* de chez Gabriella. Dario déclara : « Saignante. »

Soulagé, Filippo se pliait au rituel de la prise de commande, comme si nous étions des convives normaux.

« Un *antipasto*, peut-être ? proposa-t-il d'un ton très "restaurateur".

— Non ! répondit Dario, très "Dario". Comme quoi ? *Carpaccio di oca* ? Non !

— Un *primo* ? insista Filippo, qui ne se laissait pas abattre.

— Non !

— Une salade, un peu de verdure.

— Non !

— Allez, Dario, intervint Ann Marie (elle ouvrait la bouche pour la première fois). Si on prenait des épinards.

— Non !

— Dario ?

— Non !

— Dario, j'aimerais des épinards.

— Bon, d'accord. Va pour les épinards. Et du pain. »

Filippo ferma son calepin d'un coup sec et s'en fut d'un bon pas à la cuisine. Dario avisa un flacon noir sur la table. Ce fut le troisième désastre.

« Je n'arrive pas à y croire, déclara Dario, qui déboucha le flacon et se versa un peu de liquide sur la main. Un coup de langue. Du vinaigre balsamique. Ce vinaigre vient de Modène, en Émilie-Romagne, à près de deux cents kilomètres des collines de la Toscane. Filip-PO ! » hurla-t-il, en amplifiant la dernière syllabe de façon exaspérante, comme s'il se trouvait dans sa propre boucherie. Filippo se figea – il était arrivé devant la porte de la cuisine – et pivota lentement sur ses talons. Dario plongea son regard dans le sien, déplaça son bras tendu sur le côté de la table, vinaigre au poing, retourna le flacon et renversa son contenu par terre.

Ann Marie, après son appel aux épinards, se tut. « Qu'est-ce que j'aurais pu dire ? me confiera-t-elle par la suite. Lui demander d'arrêter de faire le con ?

C'est comme ça chaque fois que nous dînons dehors. Ses cris contre le restaurateur ? C'est tellement pénible que je finis par détester sortir au restaurant. »

Dario était un redresseur de torts culinaire, un flic de la gastronomie se fixant pour mission de faire respecter un ordre ancien, hostile à tout changement. Il s'efforçait d'arrêter le temps. Ayant grandi dans une région dont les habitants avaient cessé de se conformer à la coutume, il était déterminé à renouer avec un passé précédant l'époque où l'on avait justement tourné le dos à toutes les traditions. (Du point de vue de l'histoire, ceux qui cherchent à arrêter le temps ne s'en sortent jamais gagnants, même s'ils figurent en bonne place au palmarès des sentimentaux qui-font-tout-de-travers-pour-de-bonnes-raisons.) Pour Dario, la conformité aux usages ancestraux présupposait que la culture d'un pays résidât dans sa langue, sa production artistique *et* sa cuisine – peut-être plus encore dans sa cuisine, puisque les habitudes touchant à la préparation des aliments et à la manière dont on les consomme sont engendrées par le terroir lui-même. Quelle définition peut-on donner de la cuisine toscane ? avais-je un peu plus tôt demandé à Dario, quand nous étions chez lui, et il avait fini par me répondre que la vraie cuisine toscane se retrouvait tout entière dans l'odeur unique de la terre mouillée à ce moment précis – et il pointa le doigt vers le paysage encore détrempé après l'orage de la fin de l'après-midi, vers l'herbe qui scintillait sous le soleil. « L'odeur de la terre, ici, après la pluie », dit-il. (Ce qui au bout du compte n'éclairait pas tellement ma lanterne : la cuisine toscane, c'est de la boue ?)

Le dernier désastre fut la viande. Un steak de trois centimètres d'épaisseur nageant dans une flaque de sang. Dario commença par le découper avec le canif qu'il avait toujours sur lui et à nous en distribuer des tranches, puis, de plus en plus impatient, il déchira carrément un morceau directement dans le plat, le piqua du bout de son couteau, le fourra dans sa bouche et entreprit de nous rejouer le numéro de la monstrueuse mastication toute en dents dont il nous avait gratifié en début de soirée.

« Cette viande n'est pas bonne, dit-il, après avoir respiré un grand coup. (Il mastiqua encore un moment, piqua un autre morceau à l'aide de son couteau et ajouta :) Elle est même dégueulasse. »

C'était la première fois qu'il goûtait à un steak de chez Gabriella. Une femme boucher, ce qui n'est pas courant (fille, petite-fille, arrière-petite-fille, etc. d'une famille de bouchers), dont la boutique donne sur la place de Greve. C'était sur cette place que se tenait avant le grand marché de la région, et en particulier la foire aux bestiaux, d'où la forme particulière de sa disposition architecturale : elle est étroite à ses deux extrémités. Les *chianine* entraient par le haut – exposées, évaluées, vendues – et sortaient par le bas, où, après avoir connu leur heure de gloire, elles étaient équarries. La place est aujourd'hui envahie par les touristes, qui sont les principaux clients de Gabriella. La soixantaine, une chevelure étrangement blond platine (ou plutôt blond framboise), des lunettes aux verres en cul de bouteille et un sarrau de boucher qui ressemble à un pyjama. La dernière fois que je me trouvais dans sa boucherie, elle avait sur le billot devant elle un poulet éventré, toutes entrailles dehors, et fourrait des bouts de saucisses crues dans la bouche de malheureux Bavarois écœurés en glapissant dans un sabir italo-germanique. (« *Molto gut !* »)

Dario piqua encore un autre morceau au bout de son couteau. « Tu vas toucher ton palais avec ta langue, me dit-il. Tu le sens ? C'est comme s'il était recouvert de cire. »

J'obtempérai, et en effet – mon palais était tapissé d'une mince couche de gras. L'aurais-je remarqué s'il ne me l'avait pas dit ? Je continuai à frotter mon palais avec ma langue. Je voulais me pénétrer de la sensation de viscosité et aussi de quelque chose d'autre – quoi exactement ? un goût ? –, quand, tout d'un coup, jaillit du fin fond de ma mémoire un souvenir d'enfance. Une association déconcertante, qui surgit dans mon esprit avec une force ingouvernable ; comme dans une scène de film, j'étais assis, petit garçon, à la table de la cuisine, mon père à ma droite, ma mère en face de moi. D'où sortait donc cette image ? Je continuai à frotter. C'était bel et bien le contact de cette matière lisse et glissante : je mangeais un steak, acheté par ma mère dans un supermarché de banlieue, et qui me laissait dans la bouche cette même sensation de gras. Ce steak avait eu un côté festif. C'était peut-être bien mon premier, sans doute mon père avait eu l'impression d'être assez en fonds pour nous payer de la viande rouge. Je me rappelle l'avoir mangé en me disant : C'est donc ça un steak ?

Dario prit une nouvelle bouchée, mastiqua ; pause. Ses joues se gonflèrent légèrement, comme sous l'effet d'un coup de poing interne : il essayait d'identifier ce qu'il y avait à la source de cette production de gras visqueux. « Il ne devrait jamais rester du gras dans ta bouche, pensa-t-il tout haut. S'il y en a, c'est que l'animal a été mal nourri, sans doute engraissé de céréales bon marché. » (Voilà donc quel était le lien avec le souvenir de mon premier steak – le bœuf américain est engraissé aux céréales, ce qui donne à sa viande une qualité particulière.) Dario piqua encore un morceau. Il mangeait passionnément. « Cette viande va rester longtemps dans ton estomac. » Il mangea un morceau, rien que pour s'assurer qu'il mettrait un temps fou à digérer. « Le secret de la viande est dans son gras, reprit-il. Quand le gras est bon, tu peux manger deux kilos de steak et tu n'auras pas l'impression d'avoir trop mangé. Mais avec ce gras-ci, c'est tout le contraire, même si tu n'as pas le ventre plein. Et ça va te poursuivre toute la nuit. Là, dit-il en montrant la partie supérieur de son estomac. Comme si t'avais avalé une pierre. » Il poussa un grognement, mangea, grogna, mangea, jusqu'à ce qu'il ne reste plus rien dans le plat.

Il était à présent minuit passé et grand temps de rentrer se coucher.

En retrouvant la voiture, Dario déclara d'un ton solennel à mon adresse : « Un boucher ne dort jamais. Un boucher passe ses journées à vivre de la chair et ses nuits à vivre dans la chair. Un vrai boucher est un adepte du charnel. »

En italien, la viande se dit *carne.* Le même mot signifie aussi « la chair ». (Dans les Écritures, le verbe se fait chair, ou viande, *carne.*) *Carne,* chair, charnel, sexe, viande, peau, manger, pécher, et le nom de Dieu ou, dans le cas de Dario déclamateur de Dante, le nom du diable : c'était là l'occasion d'une suite sans fin d'associations.

Dario poursuivit : « Tu appartiens désormais à la confrérie charnelle des bouchers. Tu apprends à travailler la *chair* comme un boucher. Tu dois par conséquent faire l'amour comme un boucher. Tu dois passer le reste de la nuit à exécuter le ténébreux acte de chair. Puis tu te lèveras aux petites heures avant l'aube, imprégné de l'odeur de la chair, et tu déchargeras la *chair* du camion, comme un boucher. »

Je restai sans voix. Mon patron était en train de me dire que, pour bien faire mon travail, je devais rentrer chez moi et accomplir l'acte sexuel. Nous avions déjà derrière nous une longue journée où la *chair* avait joué un grand rôle. Le camion de livraison arrivait dans quelques heures. Il me semblait peu probable qu'il me reste assez d'énergie pour consommer encore plus de chair, faire l'amour « à la boucher » à ma femme jusqu'au matin et me pointer au boulot aux aurores sans avoir fermé l'œil de la nuit. Peut-être n'avais-je finalement pas la santé pour être boucher. Je fis néanmoins de mon mieux. Il n'était pas question de trahir la « confrérie ».

23

En me déclarant membre de la confrérie des bouchers, Dario faisait allusion à mes récents progrès. Après avoir réussi à le convaincre que j'étais en mesure de confectionner des saucisses, je m'étais retrouvé à la tête d'une semaine de commandes et n'avais pas déçu son attente.

Jamais de sa vie, me dit Dario, il n'avait vu quelqu'un devenir si vite expert dans l'art de préparer des saucisses entièrement à la main. « Tu es un boucher dans l'âme, ajouta-t-il. Dans ta famille, il y a sûrement eu des bouchers. Tu as la boucherie dans le sang. »

C'était agréable à entendre, d'autant qu'à partir de ce moment, je reçus le statut d'apprenti boucher, mais j'avais des doutes sur la part de l'hérédité dans mes progrès. Dario avait toujours refusé de prendre au sérieux mon séjour dans la cuisine du Babbo. Pourtant j'avais quand même pas mal de bouteille maintenant dans le domaine de la cuisine professionnelle, et – ce que je n'avais pas le cœur d'avouer à Dario, parce que la théorie de la-boucherie-dans-le-sang me plaisait beaucoup – j'avais suivi un séminaire de charcuterie d'une journée à l'université de

New York. Bon, d'accord : NYU n'est pas une boucherie-charcuterie toscane (et qu'est-ce que je n'ai pas entendu au journal où je travaillais à l'époque quand j'ai débarqué un matin en puant la graisse de porc), mais j'y avais acquis quelques rudiments.

Peu importe, je gravissais un échelon ; le lendemain matin, une fois la viande déchargée, Dario me tendit son couteau et, parce que l'heure était grave, un gant en acier pour me protéger la main, celui-là même dont il s'était servi quand il avait commencé, il y a plus de vingt-cinq ans. (Un gant gigantesque. J'aurais pu y passer ma tête – plus une moufle en cotte de mailles qu'un gant – et il m'était absolument impossible de découper quoi que ce soit affublé de cet engin.) Ma tâche, sous la férule du Maestro, consistait à désosser des pièces de porc destinées à l'*arista*. *Arista* est un mot grec qui veut dire « parfait, excellent » et, d'après la légende colportée dans le pays, cette préparation aurait été servie pour la première fois lors du concile de Florence de 1439, le grand concile œcuménique qui vit le ralliement de l'Église grecque à la papauté : à la fin du banquet, les prélats grecs s'estimèrent si bien nourris que, pour montrer combien ils étaient contents, ils entonnèrent en chœur : « *Arista, arista, arista.* » Existait-il un chant pareil ? Depuis, j'ai retrouvé la première mention de l'*arista* dans la littérature – dans un récit écrit par Franco Sacchetti en 1400, soit près de quarante ans avant le fameux banquet, ce qui atténue la portée poétique du cri du cœur italo-grec. Bon, mais quelle que soit son origine, l'*arista* figure souvent au menu des restaurants toscans des temps modernes. D'après ce que j'ai pu voir, il n'y a pas deux plats semblables portant ce nom, même s'il s'agit en général d'un morceau de choix farci aux aromates, que les Italiens appellent parfois carré de porc (comme on dit carré d'agneau).

L'*arista* de Dario ne comprenait pas seulement un train de côtes de porc, mais aussi presque la moitié de la bête, la longe et la poitrine tout entières, désossées et roulées avec un assortiment extravagant d'herbes et d'aromates : ail, thym, pollen de fenouil, poivre, romarin et sel marin. Le principe consiste à les appliquer en couches successives de plus en plus épaisses, de sorte que le poivre masque la viande de noir, le romarin de vert, puis le sel marin, moulu en deux fois, d'une neige immaculée, comme après un blizzard sous cloche de verre. Elle est cuite ensuite à feu ardent pendant quatre heures, et sortie du four dans un grésillement sonore, alors que la graisse fondue forme des bulles qui crèvent sur la lèchefrite en exhalant un nuage de fumée noir et âcre dont émerge finalement un objet brillant, laqué, magnifique (et marron, cela va sans dire). Une fois que vous l'avez découpée, elle présente un assortiment de morceaux différents : le carré, moelleux et tendre comme du steak ; l'estomac qui rappelle le goût du bacon ; et tout l'entre-deux. Mais cet aliment est tout sauf avenant, car il stimule vos papilles tous azimuts – une seule tranche peut être à la fois brûlée et tendre, caramélisée et salée, maigre et grasse, avec des notes soutenues de romarin et de fenouil – et vous ne pouvez pas en manger beaucoup. Quelques bouchées, et la longueur en bouche aura épuisé votre endurance gastronomique.

Voilà le mets que j'étais chargé de préparer, et à six heures quinze du matin, j'étais planté devant les deux quartiers avant de la carcasse d'un porc fendu dans le sens de la longueur, couteau au poing, sans gant de cotte de mailles... sur la ligne de départ. Le Maestro allait me montrer comment désosser la première moitié ; je désosserais la seconde. Il me prit mon couteau et commença par me dire quelque chose comme « *Guarda !* (Regarde !) *Così* (Tu fais comme ça). *Così* (Tu fais comme ci). Tu coupes ces machins-là – *tagliale* – un par un. Tu détaches la chair qui adhère aux os de l'échine avec la pointe de ton couteau, et *basta !* »

Et il me tendit mon couteau.

« Bon, dis-je en maniant la lame dans les airs comme au kung-fu. Je fais comme ci, je fais comme ça, je détache la chair des os de l'échine. Et basta ! » (Je racontais n'importe quoi, évidemment, car je ne savais même pas par où attaquer.)

La première chose que je fis, ce fut *ceci.* « Ceci » revenait à détacher la viande qui adhérait à un côté de l'épine dorsale, en hissant le quartier sur le côté – la carcasse est lourde et plutôt glissante – de manière à positionner l'échine au sommet. Pourquoi ? Aucune idée. Mais le Maestro m'avait dit que c'était comme ça. Alors je m'exécutais.

Ensuite : je fis *cela.* « Cela » semblait avoir pour objectif de détacher un morceau de viande rectangulaire, attaché à ce qui devait être l'épaule du sieur cochon. (L'épaule ? Le cou ? La tête ? Chercher à savoir à quelle fonction vitale était relié chaque morceau constituait une devinette d'un genre un peu spécial. Si je réfléchissais trop, je risquais d'attraper la nausée ; ou, pire, de craquer et de devenir végétarien. Si je ne réfléchissais pas assez et m'interdisais d'établir un lien entre la bête entre mes mains et ses cousins encore en vie, comme ceux que je voyais trottiner dans la cour des fermes, il me manquerait une information essentielle. Ma solution : considérer la boucherie comme un travail de mécanicien. Ici, voilà l'essieu. Là, l'arbre de transmission. Ainsi j'adoptais une approche honnête, mais pas trop intime – démystifiant l'animal tout en le respectant –, qui me permettait de tolérer le fait de me trouver le nez dessus, ou plutôt dedans, en train de le découper. Aujourd'hui, en y repensant, je suis bien obligé de m'avouer que j'ai toujours été infichu de comprendre comment fonctionne une voiture.)

Après quoi : je découpai *ça.* « Ça », c'étaient les côtes. Pour prélever une côte, il faut en détacher un côté de la pointe du couteau, en suivant bien le bord de l'os, sans oublier un instant que la moindre parcelle de chair, c'est de la viande, et qu'il ne faut jamais, au grand jamais, gâcher un gramme de cette précieuse matière. Si d'aventure il vous arrivait de lever les yeux au moment où quelqu'un entrait dans la boucherie, et que votre couteau laissé à lui-même vacillait un instant, laissant échapper un minuscule bout de filet, vous étiez mal. (Pas à cause du manque à gagner ; mais du gaspillage : cet animal avait été élevé, nourri, lavé, soigné, engraissé, abattu, transporté et à présent il se trouvait à la découpe, de sorte que si au débouché de cette longue chaîne ayant fait appel à des trésors de discipline et d'application, vous vous permettiez un instant d'inattention – *Cazzo !* Maintenant un morceau de l'animal est inutilisable ! Comment avez-vous pu commettre un crime pareil ? *Non va bene !*) Puis, vous découpez l'autre côté de la côte – de nouveau en la serrant de si près que le blanc de l'os apparaît sous la lame de votre couteau. Vous la détachez de manière à pouvoir la tirer vers vous par son extrémité, tout en taillant les tissus par en dessous – vous tirez et taillez, tirez et taillez.

Enfin, je réussis à extraire complètement l'os. Ma première leçon de boucherie sans couteau. Je me servis de mes doigts – le long des fibres externes du muscle – et de la gravité : voilà donc pourquoi il fallait hisser le porc sur son flanc, pour qu'à force de pousser, tirer, frapper la carcasse, l'épine dorsale se détache presque toute seule. Puis : *basta !* Je consultai ma montre. Huit heures. La moitié d'un cochon m'avait pris une heure et quarante-cinq minutes. J'en avais encore douze à désosser.

Le Maestro vint inspecter mon travail. « Tu vois ce morceau, me dit-il, en se penchant par-dessus mon épaule.

— Ce morceau-ci ? dis-je, en montrant du doigt le rectangle de chair rose comme un steak.

— Oui. Celui-ci. C'est ce que l'animal a de meilleur.

— Ce morceau, acquiesçai-je, pour bien lui montrer que j'avais compris.

Non seulement que j'avais compris, mais aussi que je me rendais compte de l'importance de notre dialogue. J'étais en train d'être instruit dans l'art de préparer la viande par rien moins que le Maestro en personne.

— Exactement, dit-il. Ce morceau. Il est succulent.

— Ce soit être *le carré*, fis-je remarquer, en prenant mon meilleur accent français.

Je ne voulais pas faire mon intéressant ; je voulais juste lui montrer que je ne m'étais pas lancé dans cette entreprise sans réflexion préalable.

— Bravo. Oui, c'est vrai. Certaines personnes lui donnent son nom français.

— Merci, opinai-je.

— En italien, on l'appelle la *lonza.*

Je répétai le mot après lui et de nouveau remerciai le Maestro.

— C'est aussi le morceau le plus tendre, continua-t-il.

— Je vois.

— Comme c'est un morceau très précis, il est aussi très cher. Et tu l'as coupé en deux.

— Oh, merde ! J'ai fait ça ! Putain ! m'écriai-je en anglais.

Puis, me rappelant que je me trouvais en Italie, j'ajoutai (en italien) :

— J'ai fait une erreur, alors ?

— Oui, une grosse erreur. Ce morceau, là, dit-il en montrant les deux morceaux, doit être cuisiné entier. *Hai capito ?* (Tu comprends ?) Mais toi, tu l'as coupé en deux. *Non va bene.*

— Je ne recommencerai plus, lui promis-je, m'efforçant de le rassurer.

— Bravo », prononça-t-il avant de se remettre à sa propre tâche, laquelle consistait à découper un très gros jambon.

Le lendemain, le 10 mai, je retournai à New York – je devais rentrer pour une raison précise. Ma femme et moi séjournions à Panzano depuis près d'un mois. Mais j'avais été accepté comme apprenti boucher. J'étais l'élève du Maestro lui-même. Comment est-ce que j'aurais pu arrêter maintenant ?

24

De retour chez moi, je me mis en quête d'un cochon.

J'avais un ami au marché fermier qui tenait un stand intitulé « Violet Hill Farm », où il vendait des poulets, des lapins et des cochons. Les cochons de Paul étaient des cochons de lait. Je ne voulais pas de cochon de lait. Je voulais un vrai cochon : un gros. Je souhaitais mettre en application ce que j'avais appris en Italie.

Paul pouvait-il me procurer un cochon ?

Eh bien, oui, sans doute. Son voisin avait de belles truies en parfaite santé, et si je lui en commandais une, vivante, l'animal ne serait pas obligé de subir l'inspection du département de l'Agriculture. Ceci – le transit de la bête de la porcherie à l'assiette en grillant l'arrêt USDA – était considéré comme une bonne chose. La logique rustique qui prévaut dans l'élevage peut sembler curieusement contradictoire : toute intervention d'une quelconque agence gouvernementale est tenue pour nuisible, même si l'agence en question a été fondée justement pour vous empêcher de tomber malade et de mourir, ce qui ne paraît pourtant pas a priori une mauvaise initiative. À Panzano, par exemple, une épicerie vendait sous le manteau des *uova proibiti*, des œufs interdits parce qu'ils étaient pondus dans des basses-cours de grands-mères qui n'étaient jamais inspectées par les services sanitaires européens. J'en achetai, ils étaient délicieux, même si j'avoue ne pas savoir si leur succulence résidait dans leur saveur ou leur coquille épargnée par le tampon bureaucratique.

Dans mon cas, l'inspection de l'USDA n'était pas nécessaire, pour la bonne raison que j'achetais un cochon vivant au voisin de Paul – comme si je me procurais un chat ou un chien – plutôt qu'un porc, un animal mort, à un boucher. Sauf que, lorsque nous sommes allés le chercher, Jessica et moi, nous l'avons trouvé mort, archimort, emballé dans du film plastique transparent et étalé sur la banquette arrière de la voiture de Paul : c'était une bête de taille moyenne, pesant dans les cent douze kilos, complète, avec pieds, jambons, petite queue en tire-bouchon, tête, plus (dans la cavité, me précisa Paul) les poumons, le cœur et le foie.

Le plus dur, ce fut de le transporter jusque chez nous, dans notre appartement. Le film plastique transparent m'assurait que tout le monde sur le marché était au courant de mon emplette. Ce n'était pas exactement le tout-venant du cabas de la ménagère. Même pas la trouvaille d'un produit d'exception. Beaucoup de gens me regardèrent de travers, un peu comme si j'étais un criminel. Ma patience a des limites, et j'avoue avoir été tenté de laisser notre porc emballé, appuyé à l'étal qui vend du germe de blé issu de l'agriculture biologique (« Ça vous dérange si on vous le laisse le temps de terminer nos courses ? »). Mais une dame debout devant me toisa en croisant les bras sur la poitrine, l'air très désapprobateur.

Je circulais en scooter. La place le jour du marché est piétonnière, les voitures y sont interdites, et si je n'avais pas eu de scooter, je me demande bien ce que j'aurais fait. La bête jetée sur mon épaule, je serais rentré à pied ? J'aurais hélé un taxi ? Quel soulagement de pouvoir sangler ma bête sur le porte-bagages, sabots pendouillant de part et d'autre de la roue avant, paire d'oreilles sous le guidon, ma femme derrière moi. Tous les trois, en équilibre instable, nous avons roulé cahin-caha. Je me garai devant notre immeuble, déchargeai non sans mal la bête et m'approchai de la porte d'entrée d'un pas chancelant, en la serrant dans mes bras et en me demandant si je n'étais pas hors la loi ? Est-ce que j'avais le droit d'entrer dans l'immeuble ?

Le portier, Gary Miro, italo-américain et fier de l'être, m'accueillit avec l'enthousiasme d'un homme qui aime son bifteck, et nous voilà tous à bord de l'ascenseur. Mais avant que la porte ne se referme, un hic surgit sous la forme d'un banquier de Wall Street en tenue décontractée du samedi matin lequel banquier nous avait suivis depuis la rue.

« Gary, est-ce raisonnable, une personne de plus ? » Je chancelais. Cent douze kilos, cela correspond au poids d'un homme massif. En outre, des choses avaient bougé pendant le trajet, et du sang s'accumulait dans une poche de l'emballage plastique.

Une chaleur estivale baignait la cabine de l'ascenseur. Devant, face à la porte, il y avait le portier et le banquier de Wall Street, et derrière eux, ma femme, moi et le porc. Le banquier se retourna. Je ne sais pas pourquoi. Peut-être avait-il humé une odeur, quoique celle-ci, compte tenu de ce que c'était, ne fût pas si mauvaise que cela. Il avisa ce que je tenais dans mes bras. Ses yeux opérèrent un rapide inventaire des détails apparents sous la couche de plastique, et quand la porte se rouvrit, il sortit d'un pas beaucoup plus précipité que d'habitude.

« Vous avez entendu le bruit qu'il a fait ? » me demanda le portier, avec la mine réjouie et sadique du mangeur de viande. Je flippais. Moi qui me sentais déjà un peu penaud au marché, voilà que j'avais donné à mon voisin l'envie de vomir.

Je déposai mon porc sur la table du petit déjeuner, vidai le réfrigérateur et nettoyai à fond les plans de travail. J'aiguisai mon nouveau couteau à désosser – court, mince et rigide. (Le Maestro s'était moqué de la longue lame souple que j'avais apportée de New York – « *Che cazzo fai con questo ?* » Qu'est-ce que tu vas foutre de ça ?) Je songeais alors au problème que posait la présence d'un cochon sous mon toit. Je n'avais pas fait exprès de choquer mon voisin. Je ne le connaissais pas bien, mais pressentais, à juste titre d'ailleurs, comme il me le fut confirmé par la suite, qu'il était un amateur de viande. Le paradoxe est bien connu. Mon cochon lui proposait la version élémentaire de ce qu'il mangeait depuis toujours. D'où pour moi la confirmation d'une vérité que je répugnais à reconnaître : les gens ne veulent pas savoir ce que c'est que la viande. Pour mon voisin (et mes amis et moi-même, du moins pendant la plus grande partie de ma vie), la viande n'est pas de la viande : c'est une abstraction. Les gens ne font pas le rapport avec l'animal quand ils prononcent le mot ; ils pensent à l'élément d'un repas. (« Ce soir, j'ai envie d'un cheeseburger ! »)

Je ne faisais pas de prosélytisme. Je n'avais jamais cherché à servir la cause de la viande. Je ne possédais pas l'intolérance de Dario, qui bannissait les végétariens de sa boucherie en leur disant de disparaître de sa vue. À mon sens, les végétariens font partie des rares personnes qui accordent une pensée à la viande – au moins ils savent de quoi il s'agit. Je pense que les gens devraient être lucides sur ce qu'ils mangent. Après tout, au marché fermier, vous entendez des discussions sur les engrais, les terreaux biologiques et la quantité d'espace pour courir dont un poulet doit bénéficier pour être classé poulet-qui-court. Ne serait-il pas logique de connaître aussi de quoi est faite votre assiette de viande ? C'était à cette question que je comptais m'efforcer de répondre. J'avais rapporté chez moi un animal tué il y a peu, un animal en meilleure santé, plus frais, mieux élevé que ce que j'aurais pu trouver dans les magasins, et, en le découpant et en le préparant, j'espérais redécouvrir un savoir-faire d'autrefois. Un projet forcément positif. Mais en attendant, je souffrais.

Il fallait me mettre au travail.

Je commençai par opérer une incision en demi-cercle autour des hanches afin de détacher les quartiers arrière – les jambons ou *proscuitti*. Ce mot qualifie tout à la fois les membres de l'animal et les préparations bouchères, les jambons crus affinés ou fumés, succulents, que vous apercevez suspendus au plafond de votre charcuterie. Je n'allais pas m'essayer à sécher mes jambons – une entreprise longue et ritualisée qui, comme le *culatello* de Miriam, est réservée au mois de janvier – mais je comptais les accommoder à la manière de Dario, ce que dans ma tête j'appelais « le porc estival de Dario ». Dario avait appris cette recette d'un vieux *contadino*, lequel l'avait cueillie de la bouche de son père sur le lit de mort de ce dernier. Le père avait ordonné au fils de la transmettre à quelqu'un de la boucherie Cecchini : pas à Dario, évidemment, il n'était pas encore né, mais sans doute au père de Dario. Le *contadino* ne savait pas trop pourquoi cela lui avait pris si longtemps, à part qu'il venait rarement à Panzano et qu'il ne savait pas conduire. Mais il était content d'avoir exaucé le dernier vœu de son père et remis une préparation traditionnelle du Chianti entre les mains appropriées, avant qu'elle ne tombe dans l'oubli.

La recette n'était en réalité qu'une manière élégante d'« incinérer » une pièce de viande (et tout ce qui venait avec) sans y mettre le feu. D'abord, vous taillez vos jambons pour obtenir ce que Marco Pierre White appelle « les coussins ». Le Maestro m'avait initié à cette découpe et montré comment on suit un morceau avec son couteau jusqu'à l'os puis la façon dont on l'attrape en se servant cette fois de ses doigts et de la force de gravité, et en tirant très fort entre les deux peaux. Il en résulta un bol entier – une douzaine de morceaux de porc.

Ensuite, il fallait les saumurer. Pour la saumure, je versai un sac de gros sel dans une bassine, j'ajoutai de l'eau et je remuai jusqu'à ce que le sel soit à moitié dissous. Au bout d'un jour ou deux, vous sortez vos morceaux, vous les immergez dans une casserole de vin blanc, vous les faites bouillir pendant quelques heures et vous les laissez refroidir toute la nuit. Au matin, ils sont cuits et vous pouvez les conserver dans de l'huile d'olive. Les morceaux, à moitié salés par le saumurage, parfumés par le vin et à présent baignant dans l'huile, se conservent un an.

Je sais maintenant que cette méthode a été mise au point pour ne pas gâcher la viande dont le *contadino* n'a pas pu s'occuper pendant la saison chaude. En général, vous ne tuez pas le cochon l'été, à moins qu'il n'y ait un problème. Dario avait un jour laissé échapper que le *contadino* utilisait cette recette quand il avait un cochon malade. Voilà bien le type d'information qu'un boucher n'a pas tellement envie de divulguer à ses clients : Tiens, essayez donc ça, un morceau de porc malade que j'ai matraqué. De toute façon, peu importait ce que Dario avait dit ou n'avait pas dit, pendant plusieurs années, personne n'en a acheté. Qui veut du gras (du porc) dans du gras (l'huile) ? Mais en fait, la viande elle-même est maigre, avec une texture qui rappelle celle du poisson. Aussi, dans un moment d'illumination marketing, Dario le rebaptisa *tonno* (thon) *del Chianti*. Aujourd'hui, c'est le plat qui a le plus de succès dans sa boucherie. En 2001, l'Union européenne l'a reconnu comme un mets typique de la région, et, lui collant une désignation officielle, a recommandé que la recette soit préservée à titre de capital historique de la culture toscane. Je l'aime accompagné de haricots, de persil, de citron et d'huile d'olive – comme le thon.

Le deuxième jour, j'attaquai les quartiers avant, je découpai les épaules et m'employai à les désosser. Ce sont les héros délaissés de Mario, des pièces coriaces, sans saveur et bonnes à braiser (comprenez, bonnes à rien d'autre qu'à être braisées), mais pour ma part j'allais les transformer en saucisses.

Lorsque je me livrais à cette préparation dans la boucherie, les gens venaient souvent manger la chair à saucisse crue, à même le bol, pendant que je travaillais, ce qui – je ne sais pas pourquoi, peut-être parce que je suis un peu vieux jeu sur les bords – me semblait déplacé. Cela dit, ce geste était symptomatique d'une attitude vis-à-vis de la bonne viande, quand on avait la chance de pouvoir s'en procurer : le produit doit être servi le plus nature possible. La boucherie se conformait au déroulé de la recette (si tant est qu'elle existât vraiment, puisque les proportions se calculaient au jugé) qui indiquait trois parts de viande pour une de gras, la savoureuse couverture graisseuse du dos, le tout haché menu, plus de l'ail, du poivre et du sel : et voilà ! Vous mélangiez tout cela jusqu'à obtenir une purée rosâtre mousseuse, dont vous remplissiez un cylindre qui s'appelle un poussoir et ressemble à une cartouche de fusil géante. À un bout, il y a un bec verseur : c'est cette extrémité que vous glissez dans l'enveloppe, six ou sept mètres d'intestin de porc, que doit farcir votre mixture. L'opération consistant à insérer l'embout dans le boyau – un peu comme si vous essayiez de poser un préservatif à un serpent africain – nécessitait l'exécution d'un geste de la main que tout le monde connaît, et, hélas, je fus, comme il fallait s'y attendre, la cible de bien des blagues toscanes (qui me plongèrent dans des songeries freudiennes sur l'interprétation des formes d'humour propres à tel ou tel pays).

Les saucisses toscanes sont de plus petite taille que leurs cousines américaines, et chacune est séparée des autres, en chapelet, par un beau nœud de ficelle – entrecroisez vos brins et serrez, et encore une fois, entrecroisez vos brins et serrez, en une belle et molle cadence. À la boucherie, je confectionnais les saucisses dans la pièce d'en bas, et les visiteurs descendaient me regarder travailler. « Aaaah ! s'exclamaient-ils. C'est donc comme ça qu'on les fabrique. » Un homme chuchota d'une voix émue : « C'est comme ça que mon grand-père les faisait. » Parfois, les visiteurs avaient envie de bavarder, un moment épineux (comment pouvais-je bavarder ? Il aurait suffi que j'ouvre la bouche pour me trahir) que je réussissais à traverser sans encombre en limitant mes répliques à des onomatopées.

« *Salsicce ?* se débrouillait toujours pour demander quelqu'un, une personne qui n'hésitait pas à enfoncer les portes ouvertes.

— *Sì*, répondais-je avec conviction, dans ce que je pensais être une bonne imitation de l'accent chantant de Panzano, un concentré de notes dont les gens du pays étaient capables de farcir un petit mot d'une syllabe comme "*Sì*".

— *Di maiale ?* (Du porc ?), me demandait-on ensuite, avec une ténacité tautologique.

— *Sì* », répondais-je de nouveau, d'un ton impatient cette fois, pour qu'ils comprennent que j'étais très occupé.

Un jour, je me suis emmêlé les pinceaux. « Quelles fines herbes utilisez-vous ? » s'enquit un visiteur.

Je fus pris de panique. C'était le genre de question que j'évitais coûte que coûte. « *Sì !* » dis-je absurdement. Je ne pouvais pas supporter l'idée qu'il pût se rendre compte de la supercherie et découvrir derrière le charme romantique, l'histoire ancestrale, l'authenticité d'un aliment préparé à la main, un Américain déguisé en fabricant de saucisses.

Mon porc était désormais privé de ses jambes, mais il me restait encore un morceau à couper, entre les épaules, que je comptais bien manger pour mon dîner, le troisième jour. Cela correspondait à la chair insérée dans les quatre premières côtes, les basses côtes collier. En italien, on appelle ce morceau la *coppa* ou *capocollo* – *capo* signifiant « tête » et *collo* « cou » ; le *capocollo* commence au sommet du cou. Une fois séché et vieilli, il donne ce *salumi* maigre qui avait été servi aux convives du banquet de Nashville. La préparation étant associée au nom de Bologne, on la rencontrait rarement en Toscane, où le collier est normalement vendu frais, non séché, et tranché en côtelettes. Quand la pièce est rôtie en entier, elle porte encore un autre nom : la *rosticiana*, un pur délice. J'en ai fait cuire une fois, avec les manches, dans un four très chaud pendant environ trente-cinq minutes, ce qui m'a permis de méditer sur la brièveté du passage entre le cru et le cuit.

Le quatrième jour, je me lançai dans la confection de l'*arista.* Je sciai la poitrine en deux, désossai chaque quartier suivant les instructions du Maestro, et ajoutai les ingrédients dans l'ordre prôné par Dario : l'ail, le thym, le pollen de fenouil (que j'avais caché dans ma valise ; tous les autres en importaient clandestinement – pourquoi pas moi ?), la couche noire de poivre, la couche verte de romarin, et la tempête de neige. Je roulai le tout comme une bûche de Noël géante, incisai la peau pour permettre à la viande de donner sa graisse, bridai et laissai le morceau dans le four jusqu'à obtenir un beau croustillant noir et fumant.

Le cinquième jour, je préparai un *ragù* – pour un régiment. Ce cochon se révélait payant à souhait.

Le sixième, je cuisinai du fromage de tête, en laissant pocher la tête jusqu'à ce que les bouts de chair se détachent des os et se mettent facilement en forme grâce à la gélatine que ces derniers produisent.

Le septième, je contemplai les poumons, tenté par une recette lue dans Apicius, qui recommande de les laisser macérer toute une nuit dans du lait, puis de remplir chaque cavité de deux œufs et de miel (quand on y pense, c'est simple comme bonjour, non ?), et ensuite de les refermer et de les plonger dans l'eau bouillante jusqu'à ce qu'ils remontent à la surface comme des jouets de bain. Il ne précise pas à quel moment on peut estimer que le mou est cuit, mais je suppose que comme l'on en a deux exemplaires à sa disposition, si le premier n'est pas assez cuit, on peut toujours laisser le second un peu plus longtemps dans la marmite. En fin de compte, je me dégonflai. Ce fut dur de les jeter. Cela me semblait un fichu gâchis – pourquoi acheter un cochon entier si vous allez jeter le mou ? – mais d'un autre côté, j'avais déjà passé un temps fou sur cet animal. C'était le septième jour. J'avais besoin de repos.

Nous avons beaucoup mangé de porc. D'après mes calculs, mon cochon du marché fermier a rempli quatre cent cinquante assiettes, pour moins de cinquante cents l'assiette. Mais la leçon à tirer n'est pas que l'intérêt de cette opération est économique, mais qu'il réside dans la diversité et l'abondance de la viande : et même, je l'admets, une surabondance, car ma femme et moi nous rendîmes rapidement compte que nous étions à la tête d'une énorme quantité de porc. Nous l'avons dévoré, depuis le groin (entré dans la composition des saucisses) jusqu'à la queue (ajoutée au *ragù*). Et nous en avions par-dessus la tête du porc. Il fallait de toute urgence que je retourne en Italie. Car il était temps d'apprendre le bœuf.

Boucher toscan

Il est important que les enfants arrêtent leur propre choix quant à ce qu'ils ont envie et n'ont pas envie de manger, aussi bien du point de vue de la moralité que de celui du goût. Notre responsabilité, en tant que parents, doit être de nous assurer qu'ils détiennent toute l'information dont ils ont besoin pour décider. Nous éviterons de leur transmettre nos propres inhibitions. J'ai toujours pris soin quand il y a du bœuf à dîner, par exemple, de dire à mes enfants qu'ils sont en train de manger une vache. Il n'y a pas de mal à cela, tant que l'animal a vécu une bonne vie saine et a été abattu avec humanité. La qualité de la viande dépend directement de la qualité de l'existence menée par l'animal. Après tout, l'évolution nous a voulus carnivores, tout à la fois dans notre façon de nous nourrir et dans les procédés que nous utilisons pour préparer nos aliments.

Malheureusement, la guerre des prix conduite par les supermarchés a provoqué une chute des prix en général, et en particulier de ceux de la viande. Mais arrêtons-nous une minute pour réfléchir : comment est-ce possible ? La valeur des terrains et le coût de la main-d'œuvre n'arrêtent pas de grimper. L'inflation court toujours. Comment se fait-il que la viande et la volaille soient de moins en moins chères ?

Heston Blumenthal, *Family Food*

25

Le Maestro m'accueillit le premier matin en disant : « Te voilà donc revenu pour reprendre ton cours sur la cuisse. » Bien sûr que j'étais revenu. En voilà une question !

Dario, bizarrement, s'attendait à me revoir. Qu'est-ce qui t'a pris si longtemps ? me demanda-t-il.

Comment avait-il deviné ?

Il me raconta alors l'histoire d'un type du New Jersey. Cet homme avait séjourné à San Gimignano, la ville « *delle Belle Tori* » (des belles tours), à environ une heure de Panzano, pour apprendre à faire le pain. À la fin de son séjour, il boucla ses valises et se rendit à l'aéroport de Pise pour rentrer aux États-Unis. Mais il ne pouvait pas partir. Une force supérieure à la sienne l'empêchait de franchir la passerelle d'embarquement. Aussi avait-il déchiré son billet. « Il a passé vingt-deux ans ici. C'est un très bon boulanger, déclara Dario de sa voix impérieuse, style c'est-Dieu-qui-vous-parle. Toi aussi, tu peux déchirer ton billet. » (Ma femme, à mes côtés, se trémoussa : elle savait que je n'avais même pas acheté de billet de retour.)

Sans que je m'en aperçoive, ma mission avait

changé. Quand je m'étais lancé dans cette entreprise – mon excursion dans le monde souterrain de la cuisine professionnelle –, je n'avais été qu'un visiteur. Un touriste, et comme beaucoup de touristes, je m'étais impliqué à fond, pour la simple raison que dans mon esprit le voyage aurait une fin. Au Babbo, j'avais l'impression de mieux supporter les humiliations que les autres parce que ma vraie vie était ailleurs. Maintenant, j'étais plus dubitatif : l'excursion avait-elle duré trop longtemps ? Mario ayant déclaré un jour que pour apprendre correctement une cuisine, il fallait y rester un an et travailler pendant les quatre saisons, je m'étais dit : Chiche ! Je suis donc resté au Babbo de janvier 2002 à mars 2003 (moins le temps que me prenait mon emploi de bureau à l'époque où j'en avais encore un). À entendre Mario, pour cuisiner à l'italienne, il faut commencer par apprendre la langue et par travailler en Italie, et je me suis dit : Chiche ! Et comme si cela ne suffisait pas, je me fourrai dans la tête de recevoir une version abrégée de l'éducation culinaire de Mario : connaître-l'homme-à-travers-ses-maîtres. D'où mes visites à Marco Pierre White (le premier professeur de Mario) et les semaines passées auprès de Betta et de Gianni (les professeurs de *pasta* de Mario). Certes Mario n'avait jamais été l'apprenti de Dario Cecchini, mais son père, si : si ce n'est toi, c'est donc ton père.

J'avais franchi le Rubicon. Je me trouvais désormais de l'autre côté. J'avais cessé d'être un écrivain racontant ses expériences en cuisine. Je faisais partie de la famille. Si cette évolution s'était imposée comme une évidence aux yeux de mes proches – ma femme, cet ange de patience, avait depuis longtemps repéré chez moi les symptômes d'un mal connu sous le nom d'obsession (idées obsédantes, absence de perspective, impossibilité de se retenir de dépasser les limites) –, pour ma part je n'en avais pas eu conscience, même le jour où je m'étais réveillé à New York, décidé à retourner à Panzano. Avais-je besoin d'y retourner ? Bien sûr que non. Mais je n'arrivais pas à me sortir de la tête l'aphorisme de Mario, appuyé par la condamnation prononcée à l'encontre de Nick quand ce dernier avait cédé au mal du pays lors de son séjour à Milan : il ne faut pas laisser passer une occasion d'apprendre quand elle se présente. Dario Cecchini m'avait confié un couteau. Il avait demandé au Maestro, son propre maestro, de m'enseigner l'art de préparer la viande. Comment pouvais-je m'arrêter là ?

Alors, oui, Maestro, me voici de retour pour reprendre votre cours sur comment parer une cuisse.

Il s'agissait d'une cuisse de bœuf, et l'acquisition de ce savoir-faire était indispensable à toute personne qui voulait prétendre au titre de boucher toscan. Le dernier jour de mon premier séjour, juste avant mon départ pour New York, je m'étais soumis à un galop d'essai, le Maestro à mes côtés, pour ne réussir qu'à produire un beau gâchis. Peu importait : le Maestro, d'une patience à toute épreuve, était persuadé que nous avions des semaines devant nous. Je n'avais pas soufflé mot de mon intention de rentrer chez moi, et lorsque je lui annonçai mon départ, il ne comprit pas tout de suite ce que je lui disais.

« Qu'est-ce que ce tu me chantes là ? Comment peux-tu partir maintenant, quand tu as besoin de t'exercer à parer les cuisses ? » Il hocha la tête de consternation. Quant à moi, j'avais l'impression de lui avoir joué un tour de cochon : en *faisant semblant* d'être un boucher toscan – alors qu'au fond je n'étais qu'un touriste –, j'avais menti au Maestro pour l'obliger à me dispenser un cours sur la cuisse.

J'endossai un tablier, retournai au travail et pris part à une petite scène qui me semble à présent symbolique. Une famille nippone entra dans la boucherie, pendue aux basques de la mère, une femme pleine d'enthousiasme et parlant anglais (« *Oh, my god is that Dario Cecchini ? Is this real Chianti in my glass ?* » – Oh, mon Dieu, est-ce Dario Cecchini ? Est-ce du vrai chianti que j'ai dans mon verre ?) Ils prirent de nombreuses photos. Puis ils descendirent et me photographièrent, couteau au poing, dans mon grand tablier ensanglanté. J'étais passé de l'autre côté, définitivement. Je n'étais plus un touriste. J'étais une attraction.

J'envisageais mes études de la façon suivante : pendant ma première session à la boucherie, j'avais appris un certain nombre de choses, mais ma matière principale avait été « le porc ». Maintenant, lors de cette deuxième session plus exigeante (je me considérais à l'école de boucherie), j'allais parfaire mes connaissances « en vache ». Le porc, c'était facile ; la vache, plus compliqué. Le porc, c'était très italien ; vous trouvez des tas de gens calés « en porc ». Mais rares sont ceux qui savent grand-chose sur la vache. La vache, c'est une spécialité toscane, au point que l'on ne saurait être véritablement de Panzano si l'on ne possède pas dans cette discipline un solide bagage.

Giovanni Manetti nous expliqua cela, à ma

femme et moi, un jour que nous étions passés visiter sa propriété vinicole – le vaste domaine de Fontodi dans la conca d'oro, des hectares et des hectares de vignes, à présent alourdies de grappes violettes turgescentes –, prévenus cependant par sa sœur cadette Giovanna (une amie de ma femme qui, supportant mal l'oisiveté, avait fait la connaissance des neuf cents habitants de Panzano) qu'il pourrait en profiter pour nous en mettre plein la vue avec ses vaches. Les vaches, quatre jeunes et blanches *chianine* surnommées « les filles », avaient été achetées sur un coup de tête (Giovanni était toujours dans la phase de redécouverte passionnée de ses racines) et logeaient dans une étable au fond de la vallée. Pour un Italien, aucune image n'est plus évocatrice du Chianti que celle d'une *chianina*. Le mot même « Chianti » y est comme incrusté. Et tous les clichés sur ce terroir sont condensés dans sa bovine silhouette : l'authenticité rustique des maisons en pierre, des plats de bœuf, de la vie paysanne. Malheureusement, on n'en voit plus guère de nos jours. À vrai dire, à part celles de Giovanni, je n'en ai vu aucune. Giovanni, en tenant absolument à élever « les filles », s'était attelé à une lourde tâche (« Je sais que je suis fou, tout Panzano se fiche de moi ») : sauvegarder l'héritage ancestrale de l'invasion touristique, des routes goudronnées et de l'électricité, en réintroduisant sur cette terre le célèbre bovin qui l'avait jadis labourée.

« Elles sont de constitution fragile, déclara Giovanni, le regard perdu dans la pénombre de l'étable, le front appuyé à une planche de bois. Il paraît qu'elles attrapent facilement des rhumes. »

Je les regardai attentivement. Elles ne m'avaient

pas l'air du tout fragiles. C'étaient des géantes, en fait je n'avais jamais vu des vaches aussi grandes.

« *Ecco le gambe !* (Regardez ces jambes !) Si longues, si gracieuses, si joliment galbées. Des jambes de top model. » Il soupira.

J'examinai leurs jambes. Rien à voir avec des jambes de top model ! Des pattes de vache. Bon, c'est vrai, c'étaient des vaches pas comme les autres. Toutes blanches et très grandes. Elles étaient aussi plus minces que la moyenne, et pas aussi larges. La vache de base a plutôt la forme d'un tonneau. Celle-là – si vous plissiez les yeux – vous semblait tenir dans un rectangle : il n'y avait pas grand-chose entre les épaules, mais beaucoup plus (vraiment beaucoup plus) de haut en bas.

C'est alors que j'eus la vision d'une *bistecca fiorentina* – la hauteur, l'étroitesse de l'échine. Je ne sais pas comment c'est arrivé : sans doute un effet secondaire de mes activités à la boucherie. Mais une fois que je visualisai le steak dans la bête, je ne vis plus que lui. Une *fiorentina* se présente comme un triangle – une version gigantesque et plus géométrique de la côte de bœuf. Je compris soudain comment il fallait s'y prendre pour dépiécer cette viande : vous tranchez l'épine dorsale de l'animal (il est livré déjà fendu à la boucherie) qui constitue la base du triangle. La chair se trouve dans les deux muscles qui s'y rattachent de part et d'autre, correspondant au contre-filet (que vous retrouvez d'ailleurs dans votre propre dos) et au filet, qui longe la colonne vertébrale à l'intérieur du contre-filet. Une *bistecca fiorentina* est un objet de toute beauté.

Je fis remarquer tout haut que « les filles » promettaient de nous fournir en œuvres d'art. Une plaisanterie qui fit tiquer Giovanni.

« Nous ne mangeons pas ces bêtes. Elles sont réservées à l'amour. » Son idée, au cas où, sur un nouveau coup de tête, il achèterait un taureau (il finit par nous avouer qu'il reluquait un jeune lauréat de concours), était de faire de ces demoiselles des génitrices. La première génération de leur progéniture serait à leur tour génitrice, jusqu'à l'émergence d'un troupeau assez conséquent pour qu'on songe à en abattre quelques têtes pour la boucherie.

Giovanni resta à contempler ses bêtes d'un air rêveur. Ce qui était étonnant, c'était que cet homme avait tout d'un mondain – un mondain comme il y en a beaucoup. Dans les cercles viticoles, il était une célébrité : avisé, habile avec les journalistes, disert, très à l'aise dans ce milieu où chacun soigne son image. Beau mec, cheveux noirs et traits réguliers, élégance méticuleuse, d'une courtoisie irréprochable, il était travaillé par les habituelles préoccupations narcissiques : il s'inquiétait pour son poids (inutilement) ; il faisait des effets de cheveux ; s'il avait habité en ville, il aurait appartenu à un club de gym. Bref, pas du tout le genre d'individu dont on s'attend à ce qu'il tombe amoureux d'une vache.

« Un Toscan, ça aime le bœuf, nous expliqua-t-il. Dans toutes les familles, on en raffole, on sait où s'en procurer du bon, et on entretient un boucher qui est pour nous comme un frère. » Vous ne trouverez pas de recette de *tortellini* parmi les trésors culinaires des Manetti ; à la place, vous apprécierez leur connaissance des différents morceaux du bœuf – les joues, la langue, l'épaule, l'estomac, la poitrine, le jarret, la queue –, même si le plus précieux restera toujours la *bistecca.* « La *bistecca* nous nourrit spirituellement, déclara Giovanni. C'est un des trois éléments – les deux autres étant le pain et le vin rouge de sangiovese – qui transforment votre repas en expérience presque mystique. » (Du mauvais pain, du bon vin, une viande superbe – une heureuse trinité dont les restaurants du Chianti proposent chacun une version différente : sans jamais beaucoup de légumes, bien sûr, mais j'avais admis que les Toscans ne les aiment guère, ils grandissent sans doute sans entendre leurs parents leur seriner de manger leurs légumes ; leur mère leur a sans doute dit : « Mange ton bœuf. ») « Le bœuf parle à votre âme, conclut Giovanni. Je ne vois pas comme l'expliquer sinon. C'est inscrit dans notre ADN, cette envie – ce besoin – de bœuf. C'est ce qui fait de nous des Toscans. »

C'était plutôt osé – cette idée que le bœuf est la *soul food* de la Toscane – mais bon, je voulais bien en convenir, même si j'avais de mon côté creusé la question, inspiré par les écrits et l'analyse futée d'un médiéviste du nom de Giovanni Rebora. Il se basait sur le fait évident, mais rarement reconnu, que, jusqu'à une époque récente, il y avait eu abondance de viande : depuis la nuit des temps, jusqu'à l'utilisation du caoutchouc, du plastique et du fréon comme agent de refroidissement, la viande fut consommée par l'espèce humaine dans des quantités qui nous semblent, à nous, excessives. En outre, elle était bon marché. S'il y en avait tant, c'est que les animaux de la ferme étaient, en cet âge préplastique, indispensables à la fabrication d'un grand nombre de choses outre les repas : les ceintures, les souliers, les casques et autres accessoires imposés par les grandes armées européennes. Les autres sources de la demande – la laine exigée par l'industrie textile anglaise, mettons, ou la peau de chèvre à partir de laquelle les Espagnols fabriquaient leurs outres à vin – pouvaient primer sur l'alimentaire : si vous deviez combattre de nouveau les Autrichiens, que vous aviez besoin de selles de toute urgence pour équiper votre cavalerie et que vous étiez disposé à payer ce qu'il fallait pour vous procurer des peaux, soyez sûr qu'après cette opération il y avait beaucoup de viande sur le marché. Cela s'appelle la théorie de « la demande dominante ». Ce qui me plaisait surtout dans cette analyse, c'était que je m'expliquais enfin ce qui m'avait toujours paru davantage qu'une simple coïncidence : Florence, la capitale historique de la maroquinerie, se trouve à une trentaine de kilomètres seulement de Panzano, au cœur de la plus importante région d'élevage bovin d'Italie. Même aujourd'hui, les guides touristiques florentins poussent leurs ouailles à acheter des chaussures en cuir et à commander du bifteck, sans que personne songe à établir un lien entre les deux. Maintenant, j'avais compris. D'après la théorie de la demande dominante, une *chianina* était prisée pour de nombreuses qualités, dont sa force, un bienfait pour celui qui doit labourer à flanc de coteaux, et la chose même, qui selon Giovanni la rendait si belle : sa grande taille, et donc sa capacité à fournir des peaux plus conséquentes que les autres races.

Tout en dévisageant Giovanni, je cherchais un moyen de lui communiquer ma théorie. Mais mes paroles restèrent coincées dans ma gorge. Vous ne dites pas à un rêveur à l'âme romantique que tout s'explique par l'économie – surtout lorsque ce rêveur vous reçoit chez lui. Au fond, il a probablement raison : l'économie n'est peut-être pas le grand manitou. Elle pourrait être elle-même une métaphore, une justification pseudo-scientique d'une manifestation beaucoup plus mystérieuse, cette entité cachée, ténébreuse, que Giovanni appelait l'âme toscane. Au bout du compte, dans la balance, la théorie économique se révélait fausse, un point c'est tout. Il valait mieux que je me taise. De toute façon, je l'avais abandonnée. Je remerciai Giovanni et lui dis que grâce à lui je comprenais beaucoup mieux le Chianti.

Le Maestro commença par les noms.

« Ceci est très précieux », m'expliqua-t-il, manifestement ravi, en extrayant de l'épaisseur d'une cuisse une petite pièce de vingt centimètres de long, aux extrémités fuselées. Alors que je me tenais debout à côté de lui, je ne réussis pas à repérer d'où il l'avait sortie exactement et inspectai la cuisse afin de voir si je ne pouvais pas trouver tout seul. Naturellement, cela me fut impossible. À l'époque, je me disais que l'animal était semblable à un puzzle et que je finirais par localiser l'emplacement laissé vacant par la pièce manquante. (C'est encore ma façon de voir, et je ne sais toujours pas pourquoi je fus incapable de le découvrir ce jour-là, à part le fait que la cuisse était grande, complexe et peut-être aussi un peu effrayante.)

Le Maestro brandit la pièce. Elle ne présentait ni graisse ni aponévrose et son grain était veiné comme celui d'un morceau de bois. Je la touchai. Une chair douce. Pour un peu, je l'aurais prise pour du filet, sauf que je savais qu'il n'y pas de filet dans la cuisse.

« C'est un de mes morceaux préférés, déclara le Maestro. On l'appelle le *campanello.* »

Je répétai après lui et en pris bonne note dans mon cahier.

« C'est un morceau très tendre. Si tendre que tu peux le manger cru – avec du citron et de l'huile d'olive. Mais, ajouta le Maestro en levant son immense index, l'huile d'olive doit être de premier choix. Tu comprends ? L'huile d'olive est essentielle. »

Comme il s'apprêtait à me décrire les autres qualités du *campanello*, il se tut, se fendit d'un large sourire et leva une autre pièce de la cuisse. « Aah ! Voilà aussi quelque chose de spécial. » C'était un plus gros morceau. Il ôta la couverture graisseuse. Un cylindre rosâtre de quarante-cinq centimètres de long, un seul muscle, au grain de viande homogène.

« Ceci est le *girello.* Tu peux faire des tas de choses avec le *girello.* Ce n'est pas un morceau aussi tendre – le tissu musculaire est plus compact –, mais c'est quand même excellent, dit-il, en me regardant d'un air joyeux. Ici, dans le Chianti, on le cuit entier dans de l'huile d'olive, piqué d'ail et on le sert saignant avec des petits pois. En Ombrie, on le mange avec des fèves. » Rien qu'à la façon dont il énonçait ces distinctions – au caractère impérieux de ces dernières – je savais que j'étais à Panzano. Je n'ai jamais mangé un *girello* avec des fèves.

Le Maestro retourna la cuisse, tout en maniant le couteau par petites touches, en cadence, jusqu'à ce qu'il eût « levé » une troisième pièce, plus grosse que les autres. « La *sottofesa* », annonça-t-il. *Fesa* signifie « fessier » et *sotto* « sous ». Le morceau sous la fesse. Un muscle massif, qui avait bien travaillé, comme on pouvait le supposer. Un cul de vache, c'est quand même quelque chose.

« Il y a des bouchers qui la détaillent en steaks, fit observer le Maestro avec un hochement de tête désapprobateur. *Non va bene.* Elle est trop dure. » Aux yeux du Maestro, faire passer un morceau du cul de la vache pour une viande à griller revenait à escroquer le client. « Je préfère la braiser dans l'huile d'olive, la tomate et le romarin. Ce qu'on appelle le *stracotto.* » *Cotto* signifie « cuit », *stra* est une particule intensive – finalement, des indications qui correspondent au bœuf braisé.

Ce soir-là, je rentrai chez moi plus riche de trois nouveaux mots – *campanello*, *girello* et *sottofesa* : un morceau très tendre, un moins tendre et un pas tendre du tout. Non, ce n'est pas tout à fait vrai. Je suis rentré chez moi avec trente nouveaux mots, mais ces trois-là étaient les seuls accessibles à mon entendement, et je tenais à en savoir davantage sur eux.

Ils demeurèrent introuvables dans mon dictionnaire italien-anglais. Je feuilletai l'ouvrage de Pellegrino Artusi, *La scienza in cucina e l'arte di mangiar bene*, où je suis tombé sur une occurrence de *girello* mais sur aucune des deux autres. Le lendemain matin, à la boucherie, je consultai d'autres bouquins, dont quelques traductions. De nouveau, je trouvai seulement *girello*, à plusieurs reprises même, mais accompagné à chaque fois d'une définition distincte. Dans l'édition américaine, le *girello* était désigné comme un « *rump roast* » (un bifteck de croupe). Dans un autre livre, c'était différent, mais les morceaux, bien que tous levés dans le quartier arrière de la vache, ne ressemblaient en rien à ce que j'avais vu de mes yeux entre les mains du Maestro. C'étaient plutôt des morceaux complexes qui nécessitaient un rôtissage à feu très doux pour devenir comestibles. Celui du Maestro était une pièce de coupe simple, dont la cuisson s'avérait uniforme et rapide.

Cette découverte provoqua chez moi une modeste illumination. Jusqu'ici, j'avais cru qu'il existait un lexique universel des coupes de viande (après tout, une jambe est une jambe est une jambe), lequel, comme dans n'importe quel domaine, pouvait être traduit d'une langue à l'autre. Cette illusion, je m'en rendais compte à présent, avait été entretenue par ces diagrammes de carcasses fendues en deux, le genre que vous trouvez dans les livres de cuisine qui vous précisent à quoi correspond tel ou tel morceau en France, en Angleterre et en Amérique. Les premières leçons du Maestro me démontrèrent qu'une vache ne tolérait pas cette normalisation. Un jour, en voulant vérifier l'orthographe d'un mot, j'ouvris une encyclopédie culinaire italienne de la bibliothèque de Dario et découvris (sous *bovino*) non pas trois ou quatre diagrammes, mais des pages et des pages d'illustrations, trente en tout, dont aucune en français ou en anglais, classées par région, chacune ayant en général ses propres désignations et ses découpes particulières. Le diagramme de la Toscane avait de quoi vous donner le tournis. Chaque bout de tissu musculaire semblait identifié. La cuisse était un dédale, un peu comme la carte aérienne d'une impénétrable cité médiévale, comportant autant de noms qu'on pouvait en caser sur la feuille : il eût fallu une dimension de plus. Je compris alors pourquoi il n'existait pas de traduction établie pour *girello*, *campanello* et *sottofesa* : parce que, en dehors de la péninsule italienne, ces pièces n'existaient pas. En dehors de la Toscane même, elles étaient rares. Je me rappelai mes recherches sur les *short ribs* et mon étonnement lorsque je constatais que mon boucher de New York utilisait des désignations qui n'avaient rien à voir avec celles d'un boucher d'Édimbourg ou de Paris. Mais en réalité, je n'avais compris que la moitié de l'histoire : chaque pays – en Italie, chaque région, et parfois même, chaque ville – applique une méthode unique quand il veut dépiécer une carcasse d'animal et la présenter sous forme de viande comestible. J'en arrivais enfin à la conclusion suivante : il n'existe pas de langue de boucherie universelle ; on touche là à l'intraduisible.

Cela me donna un choc. Qui, dans ce cas, allait comprendre ce que je racontais ?

Dans l'ensemble, ce que j'appris auprès du Maestro me fut transmis sur le mode indirect. C'était dans l'air : comme l'odeur de la bonne viande, qui en dégage très peu, mais un très peu qui vous donne envie d'en manger, même crue. Je prenais souvent une pièce coupée par le Maestro, une de ses préférées, pour la lever jusqu'à mon nez. Sachant que les bêtes s'étaient nourries d'herbe, je m'attendais à humer quelque chose qui me rappellerait un terrain de foot après qu'on a tondu le gazon, au lieu de quoi je me mis à rêver d'un rôti de bœuf : une information inutile (comme de renifler une fleur en se demandant ce qu'elle sent et se dire : « Oui ! Ça y est ! Ça sent la fleur ! »), sauf que dans mon cas, cette association me mit l'eau à la bouche. De la bonne viande crue m'évoquait un succulent plat cuit. La couleur était tout aussi révélatrice : plus rosée que rouge (là encore, je précise inutilement que le rose est signe de bonne santé). Il arrivait parfois, rarement, que l'animal ait été malade ou blessé. L'un avec une épaule cassée ; l'autre avec un nerf coincé ; et l'un d'eux était hélas mort dans d'atroces souffrances. La viande alors était plus rouge que rosée – empoisonnée par l'adrénaline ou la douleur.

D'après Dario, le savoir le plus précieux que lui eût transmis le Maestro concernait son aptitude à juger de la qualité d'une viande : c'était son talent, au Maestro, cette facilité avec laquelle il reconnaissait ce qui était bon. Bien sûr, je souhaitais acquérir un peu de ce talent et j'avais pris l'habitude d'apporter au Maestro des échantillons de viande à évaluer, des restes que j'emportais après un dîner au restaurant ou des morceaux achetés chez d'autres bouchers. Le Maestro s'irritait beaucoup, mais son avis était toujours lumineux. « C'est très dur de juger de la qualité d'une viande qui a été cuite, protestait-il, tout en mâchant d'un air méditatif ce que je venais de lui donner. Quand elle est crue, ajouta-t-il d'un ton plaintif, tu en apprends plus sur l'animal. Tu peux savoir comment il a été élevé, ce qu'il mangeait, et à quoi sa vie a ressemblé. » Il soupirait – la viande cuite le rendait grognon – puis diagnostiquait : c'était une viande d'origine française, ou bien on l'avait laissée vieillir trop longtemps, ou bien encore la bête avait eu un régime peu diversifié, sans doute à base de céréales.

Un jour, je lui apportai un morceau qui ne pouvait à mon avis qu'être succulent – la moitié d'une *bistecca* de *chianina*. Je m'étais régalé de l'autre moitié la veille au soir. Je la déballai avec une gravité solennelle et la tendis au Maestro. Il mastiqua un moment. Il était très concentré et semblait analyser la texture de la viande en en frottant les fibres contre son palais avec la langue. Puis son visage s'éclaira.

« Tu t'es fait avoir. Ce n'est pas de la *chianina.* Il mastiqua encore un peu. Mais ce n'est pas mauvais. Une bête de la Maremme, de celles qui broutent près des plages, une *maremmana.* » Comme la *chianina,* la *maremmana* est une vache blanche, mais elle n'est pas aussi grande ni aussi lunatique : une bête solide équipée de grandes cornes, comme celles des westerns. J'en avais aperçu de petits troupeaux dans les champs au bord de la mer.

Le maniement du couteau occupa les leçons suivantes. J'en avais appris déjà assez long au Babbo, mais ce que m'enseigna le Maestro était d'un niveau supérieur – un peu comme une branche de la métaphysique.

Le geste le plus intéressant du point de vue philosophique est celui que j'appelle « la caresse de la pointe », qui consiste à se servir d'un couteau comme d'un pinceau : ignorez la lame, concentrez-vous sur sa pointe. Cette technique est utile pour dépiécer les gros muscles. On « brosse » par de minuscules gestes la membrane claire, presque liquide, qui sépare et maintient les masses musculaires. C'est alors que, sans effort, presque par miracle, ces muscles se détachent les uns des autres. Du moins, c'est le principe.

« Plus léger ! me disait le Maestro, penché par-dessus mon épaule. Le couteau ne doit pas être serré, ne force surtout pas, il doit se frayer un passage tout seul le long du grain de la viande. » Il se transformait en un Maestro zen. « Un peu d'élégance ! Le couteau doit travailler tout seul. C'est lui qui trouve, pas toi. Ta main a disparu dans le couteau. »

Bien ! acquiesçai-je avant de répéter après lui : « Ma main a disparu. » Mais à part moi, je me disais : Qu'est-ce que c'est que cette histoire ? Ma main est toujours là. Je transpirais à grosses gouttes quand je sentais le Maestro dans mon dos, qui d'ailleurs me faisait très mal au niveau des lombaires, tellement j'étais tendu à force de chercher à préserver ma main de toutes ces mauvaises vibrations, car ce n'était pas bon pour elle, pauvre chérie, n'est-ce pas ? « Relax, main, lui murmurai-je en guise d'encouragement. N'oublie pas que c'est ton jour de congé. Tu te la coules douce, aujourd'hui. C'est ce truc pointu qui fait le boulot. »

Il y avait aussi « le coup de poignard », beaucoup plus agressif, qui vous donnait l'allure du méchant dans un vieux film muet ; vous leviez le couteau au-dessus de votre tête pour le plonger dans la viande. Une technique très efficace quand vous vouliez détacher un morceau qui adhérait avec ténacité à l'os. Je l'avais déjà expérimentée en confectionnant l'*arista*, le couteau levé à la Jack-l'Éventreur, pour racler les côtes jusqu'au blanc de l'os. Mais là, il ne s'agissait plus d'un cochon, mais d'une vache ; et une vache, c'est beaucoup plus gros, donc différent. Mettons que vous ayez entrepris de dépiécer un quartier arrière. Vous avez pratiqué la caresse de la pointe, et deux superbes pièces se sont détachées comme d'elles-mêmes, révélant un os gigantesque, un os préhistorique, le fémur, auquel deux muscles se cramponnent encore de toutes leurs fibres, attachés par une membrane épaisse. Pour détacher ces muscles, vous devez arriver sous cette membrane (y planter votre couteau !) et une fois en position, arracher la couche de nerfs et de tendons. Un geste d'une violence inouïe, qui faisait reculer les spectateurs quand il y en avait.

« N'aie pas peur du couteau, commanda le Maestro. Tu ne dois pas te permettre d'hésiter. Tu ne fais qu'un avec ton couteau : à l'attaque ! »

Je fis de mon mieux, mais ce n'était pas commode. À un moment, le couteau était un pinceau, que je ne sentais même pas, puisque je n'avais plus de main ; à un autre, le couteau devenait une arme sanguinaire que je brandissais de toutes mes forces.

Il y avait aussi « la lame d'argent » censée détacher la « peau d'argent ». (Bon, d'accord, je sais que certaines de ces expressions sont idiotes, mais personne n'a été fichu de trouver les termes techniques adéquats. À la vérité, la plupart du temps, je suis perdu. Un jour, j'écrivis à un de mes amis, Pete de Bolla, qui est fils de boucher, en pensant qu'il comprendrait ma douleur si je lui avouais que, souvent, quand je m'active à sculpter la chair au cœur d'une cuisse, je ne sais plus où je suis. Ces mots me servent donc à m'orienter, comme des points de repère sur une carte.) La peau d'argent est une cloison brillante, blanche et immangeable qui peut gâcher la plus belle pièce de viande. Si vous ne savez pas de quoi je parle, pensez-y la prochaine fois que vous achèterez chez votre boucher un morceau de choix et que, rentré chez vous, vous constaterez qu'il contient une membrane argentée que vous ne parvenez pas à retirer : ce n'est pas du gras, ni un tendon, et cela ne va pas améliorer le goût de votre mets. Le truc consiste à glisser votre lame sous cette membrane et à la faire glisser jusqu'en bas. Si vous êtes le Maestro, la peau d'argent s'enlèvera d'une seule pièce, laissant la viande rose et belle. Si vous êtes moi, elle s'enlèvera par petits bouts, dix-huit nœuds de ficelle, et vous aurez de la chance si votre viande est encore entière. La difficulté tient à la texture de cette membrane : une fois que vous avez vu combien elle est coriace – c'est comme du plastique, vous ne pouvez même pas la percer avec la pointe de votre couteau –, vous êtes prêt à aborder la technique suivante : l'épluchage-émincage.

Je ne sais pas pourquoi j'eus tellement de mal à apprendre à éplucher la viande, mais j'y passai des heures, je regardais faire le Maestro comme si j'étais au cinéma, dans l'espoir d'imprégner si bien mes neurones de ses gestes que je serais ensuite capable de les imiter sans même y penser. Je m'exerçai sur des bas morceaux – ce qui reste après que vous avez épluché vos pièces nobles – à perfectionner des petits coups latéraux avec le côté de la lame, *flic-flic-clac*, qui permettent de dégager toutes les cochonneries. Pendant ma première semaine, comme il fallait s'y attendre, le *clac* final massacra la viande et la première phalange de l'index de ma main inactive, dont j'avais tendance à oublier la présence et qui s'ensanglanta à toute allure. C'était la même phalange que j'avais lacérée dans la cuisine de prépa du Babbo en cherchant les sot-l'y-laisse dans des carcasses de canard. On aurait pu penser que la mésaventure m'avait servi de leçon.

Cette technique, l'épluchage-émincage, est réservée aux morceaux dont l'aspect esthétique importe peu ou pas du tout. Elle avait été utilisée par Marco Pierre White, chez son patron boucher à Harrogate, le jour où il avait été prié de rassembler les bas morceaux et de confectionner un pâté en croûte. Et par Dario quand il préparait des terrines ou des *ragù*, l'un d'eux intitulé *peposo*, désormais mon plat préféré pour l'hiver ; il mijote tellement longtemps que si vous jetiez une basket dans la marmite, cela passerait inaperçu.

Le *peposo* est un traditionnel jarret de bœuf en daube, et comme toujours en Italie, personne n'est d'accord sur l'histoire de ses origines. Certains disent que c'est un plat de Versilia, sur la côte nord de la Toscane, quoique cette recette-là – comprenant des légumes coupés en petits morceaux à la française, les aromates habituels (romarin, thym, laurier), un bouillon et même un pied de cochon – ressemble plus à du bœuf bourguignon qu'à un mets quelconque de Panzano. Dans cette bourgade, les gens pensent qu'il vient d'Impruneta, sur la route de Florence, où les fours à tuiles de la famille de Giovanni Manetti ronflent depuis sept siècles. On dit en effet que des marmites de *peposo* étaient mises à mijoter sur les mêmes feux qui cuisaient la terre. Dario est prêt à jurer qu'il a été inventé au XVe siècle, par l'architecte Filippo Brunelleschi, pour nourrir les artisans employés de nuit à la construction du fameux dôme de la cathédrale Santa Maria del Fiore, preuve supplémentaire de son génie, puisqu'il aurait non seulement exécuté le premier très grand dôme mais aussi le premier *peposo*.

Outre le bœuf, ce plat nécessitait quatre ingrédients – du poivre, de l'ail, du sel et une bouteille de chianti – et un déroulé simplissime : tout mettre dans une cocotte, enfourner la cocotte le soir avant de vous coucher, sortir la cocotte du four en vous levant le matin. Le bœuf cuit dans le vin rouge a le don d'ubiquité, chaque pays d'Europe en tient une version, mais vous n'en trouverez nulle part ailleurs de plus élémentaire. Il vous sera utile en revanche de savoir ce qui n'entre *pas* dans sa composition : des légumes parfumant le ragoût (ni carottes, ni céleri en branches, ni oignon), du bouillon, des herbes aromatiques. Il n'y a pas d'eau. Il n'y a pas de gras – même pas sous la forme d'huile d'olive. Il n'y a pas d'intensificateur de goût, comme le bacon, la *pancetta* ou des olives. Il n'y a pas de zeste d'orange. Il n'y a pas de brunissage préalable de la viande. Ce mets se résume à cinq ingrédients flanqués dans une cocotte et mijotés toute la nuit. (D'où son intitulé : *peposo notturno* – au poivre nocturne.)

Le secret réside dans la découpe de la pièce, le jarret, que vous préparez en mettant à profit toutes les techniques enseignées par le Maestro : la caresse de la pointe, pour lever les principaux muscles ; le coup de poignard, pour détacher le fémur ; la lame d'argent, afin d'éliminer les parties dures et noueuses ; et l'épluchage-éminçage, qui permet de réduire les cloisons conjonctives. Chez moi, je cuis deux jarrets à la fois et mets quatre cuillerées à soupe débordantes de poivre concassé. (Dario en met plus, mais son *peposo* est tellement poivré qu'il fait pleurer Teresa.) J'ajoute à cela une cuillerée à soupe de sel marin, plus une tête d'ail, je commence à four chaud brûlant, puis je le baisse à quatre-vingt-dix degrés. Au bout de deux heures, la viande est cuite. Au bout de quatre, elle a acquis l'élasticité sous la dent désirée. Au cours des huit heures qui suivent, la couleur s'assombrit et les plus petits morceaux fondent pour former une sauce épaisse, jusqu'au moment où on ne sait plus si on a affaire à du liquide ou à du solide, c'est alors que vous avez votre *peposo.* Il exhale une odeur de vin, de viande maigre et de poivre. Vous le servez avec du pain de campagne blanc et un verre de vin rouge, de préférence celui que vous avez versé dans la cocotte – une fois encore, la trinité de l'âme toscane selon Giovanni Manetti : le bœuf, le pain, le vin. Son goût est une révélation : il semble impossible qu'un mets aussi long en bouche puisse être fabriqué à partir de si peu de chose. En le mangeant, je me surprends à prononcer des mots comme « propre », « naturel » ou « sain » – alors qu'aucun de ces adjectifs n'est jamais utilisé pour décrire la saveur de la viande. J'ai aussi vérifié la justesse d'un lieu commun entendu des centaine de fois mais à propos duquel j'avais toujours nourri des doutes : les morceaux les plus goûteux sont ceux qui ont le plus de muscle, à condition de savoir les accommoder.

26

Au contact du Maestro je respirais une tranquillité jusque-là inconnue de moi : une patience, un sens de l'ordre, des rapports stables avec un monde qui était là depuis longtemps et sur lequel on pouvait compter. C'était nouveau pour moi. C'était aussi très différent de ce qui se passait ailleurs dans la boucherie. Même au meilleur de sa forme, Dario n'était pas l'être le plus serein que la planète ait jamais porté. (« C'est mon drame, j'ai trop de passion, je ne sais pas la contenir. ») À mon retour, en effet, je le trouvai plus instable que jamais. Ann Marie et lui s'étaient séparés, et Dario oscillait entre un abattement morose et un état d'euphorie qui le rendait capable de tout et n'importe quoi. Il paraissait avoir le cœur brisé. Un peu plus tard, il ressemblait à un amoureux transi. Sans doute les deux étaient-ils vrais. À l'aube, avant la livraison de la viande, il s'asseyait sur le trottoir et récitait des poèmes. Et lorsque, finalement, il intégrait la boucherie, c'était pour chanter des chansons d'Elvis. Chaque nouvelle journée commençait avec *Love Me Tender*. En fait, de très nombreux *Love me Tender*, avant qu'il ne consente à passer à *It's Now or Never*.

« La mélancolie », énonçait le Maestro sans autre explication.

Voir Dario dans cet état, ce n'était pas drôle pour les clients. Un jour, il voulut leur montrer ses cors, en particulier celui muni de plusieurs pistons qui sonnait les trois notes des véhicules d'urgence italiens. La dernière fois qu'il en avait joué, c'était lors d'une visite à Grossetto, dans le sud de la Toscane, où il était allé rendre visite à un ami, Simon (une B.A. de Dario, un homme d'âge mûr avec l'âge mental d'un enfant qui habitait un foyer pour cas sociaux). Après le déjeuner, Dario emmena Simon sur la place principale, et en se passant à tour de rôle le cor, ils s'amusèrent à produire des bruits de sirène, jusqu'à ce que la police, la vraie, vînt leur demander de cesser ces enfantillages.

Dario soufflait dans son instrument. Le son était si puissant, si strident, que pris de panique j'hésitai à décamper illico. Dario avait les yeux qui brillaient. Probablement l'effet d'un abus de vin rouge au « repas du personnel ». Il y avait une bouteille de Jack Daniel's sur une étagère. Il en avala quelques bonnes lampées et sortit dans la rue.

Panzano était une bourgade de trop petite taille pour justifier une présence policière, Dario eut beau souffler dans son cor, personne ne vint l'arrêter. De sorte qu'il ne s'arrêta pas. Les gens surgirent des maisons, affolés par ce subit tintamarre. Dario souffla de plus belle et but encore un peu de Jack Daniel's, sans remarquer la présence d'un homme qui cherchait à attirer son attention. Un type dans les soixante ans – pantalon de flanelle, veste assortie, chaussures en cuir, moustache, bonnes manières. Mais Dario ne voyait rien ni personne. Son excitation le rendait sans doute aveugle. Il soufflait, il buvait du Jack Daniel's, il soufflait.

« S'il vous plaît, finit par dire l'homme, en se plantant pile devant Dario. Vous êtes Dario Cecchini, n'est-ce pas ? Si je puis me permettre de me présenter ? Je suis venu de Monaco en voiture pour vous rencontrer. »

Monaco... Une longue route !

Dario hocha la tête d'un air vague et but une gorgée de bourbon.

« Vous êtes très célèbre. Savez-vous qu'il y a eu un grand article sur vous dans le *Figaro ?*

Dario haussa les épaules.

— C'est possible, dit-il en se détournant légèrement.

Le type ne bougea pas d'un pouce. Dario souffla, but, s'essuya la bouche sur sa manche.

— D'après le *Figaro*, vous êtes le meilleur, insista le type. Le meilleur boucher du monde. C'est pourquoi j'ai pris ma voiture... Pour rencontrer le meilleur boucher du monde. »

Dario laissa retomber son bras qui tenait l'instrument et dévisagea le type avec des yeux ronds comme des billes, comme s'il avait du mal à faire le point. Puis il éclata de rire. « Ha ! Ha ! Ha ! » Un rire de pirate, à quelques centimètres du visage du type. « Ha ! Ha ! Ha ! Ha ! Ha ! Ha ! » Il se tourna vers moi et dit : « Je suis un cauchemar ! » Il se tourna de nouveau vers le type et souffla dans son cor.

Le type, déçu, battit en retraite et repartit à sa voiture.

Un autre jour, un samedi, alors qu'il y avait foule dans la boucherie, Dario servit une femme qui achetait pour la première fois de la *bistecca.* Et la voilà qui lui demande si la viande est bonne.

« *E' buona* ? s'exclama Dario d'une voix vibrante d'indignation. *Non lo so. Proviamo.* » (Je ne sais pas – voyons voir.) Il prit une bouchée – la viande crue qu'achetait la dame – la mastiqua avec un sérieux exagéré, déglutit, puis déclara : « Oui, elle est bonne. » Il l'emballa et rendit à la dame sa monnaie. La dame, consternée, prit son paquet sous le bras et s'en alla en courant. La suite de l'histoire, c'est que plusieurs personnes demandèrent à Dario s'il pouvait goûter aussi à leur bifteck – comme si les empreintes de ses dents étaient une sorte d'autographe. « S'il vous plaît, le supplia un client. C'est pour mon épouse. »

Les bons jours, ce genre de petite scène était réjouissante. Mais il pouvait survenir des tensions terribles. À deux reprises, je crus qu'il allait y avoir de la bagarre. « Non ! Non ! Et non ! hurla une fois Dario à l'adresse d'une cliente qui souhaitait un morceau de viande plus petit que celui proposé. Ce que vous achetez, c'est ce que vous voyez ; si ça ne vous plaît pas, on ne vous retient pas. Vous êtes sur mon territoire. Vous n'êtes pas la bienvenue. En fait, vous devriez partir. Au revoir. » Je dus me pincer pour me rappeler que j'étais dans un magasin d'alimentation. Même à New York (jadis une ville réputée pour le caractère désagréable de ses habitants, lesquels sont aujourd'hui rongés d'une impatience chronique), je n'avais jamais vu ça. À New York, n'importe quel commerçant, aussi blasé soit-il, prétendra toujours se conformer à la règle selon laquelle le client est roi. Dario pratiquait pour sa part une philosophie beaucoup plus brutale, qui ne fait pas de quartier, selon laquelle le client est le roi des cons.

Un jour, je contemplais l'étalage de Dario (« Ce que vous achetez, c'est ce que vous voyez »), quand je m'aperçus qu'il ne comprenait pas de côtelettes d'agneau. Il n'y avait pas non plus de volaille, même pas un poulet. Il n'y avait pas de viande à braiser. Il n'y avait ni sanglier, ni lapin, ni lièvre, alors que la Toscane est renommée pour son gibier. Pour la première fois, je vis que la plupart des pièces que vous vous attendez à voir chez un boucher brillaient par leur absence. Je ne sais pas pourquoi j'avais mis autant de temps à le remarquer, sauf que (comme je l'avais appris au Babbo avec la polenta) il faut parfois rester longtemps dans un même lieu pour que la taie tombe de vos yeux.

Ce que je voyais à présent, c'était ce que Dario appelait « *le mie opere* » (mes œuvres), une expression prétentieuse au point d'en être embarrassante. Toutefois c'était bien de cela qu'il s'agissait : le boucher et ses œuvres. Je me rappelle m'être fait tirer les oreilles le jour où j'ai suggéré que la boucherie était une entreprise commerciale – une proposition qui a priori ne paraissait pourtant pas bien méchante. Voici comment je l'avais formulée : « Qu'arrivera-t-il le jour où Dario mourra ? » Que n'avais-je pas dit ?! Mon intention n'était pas d'envisager la mort de Dario. Je voulais seulement soulever une question purement théorique : on juge de la bonne santé d'une entreprise commerciale, du moins aux États-Unis, si elle tourne aussi bien quand celui ou celle qui la dirige n'est pas là.

La colère de Dario explosa. « De quoi tu me

parles ? J'ai pas un bon *bizzzness.* J'ai un *bizzzness* de merde. Je m'en contrefous du *bizzzness.* » Plutôt que de prononcer l'italien *commercio,* Dario préférait écorcher l'anglais et introduire dans sa langue ce mot étranger corrupteur, qui lui faisait siffler les consonnes fricatives, comme s'il allait me les cracher à la figure. « Je suis pas Mario Batali, dit-il en gonflant sur le "B" de Batali comme un airbag. Le marketing me dégoûte. Je suis un artisan. Je travaille de mes mains. Je prends mes modèles à la Renaissance. La *bodega.* L'atelier de l'artiste. Giotto. Raphaël. Michel-Ange. Ce sont eux qui m'inspirent. Tu crois que j'en ai quelque chose à foutre, du *bizzzness ?* »

Je peux vous dire que j'ai dégusté tous les morceaux préparés par Dario et que sa viande est vraiment excellente. Je n'en ai jamais mangé de meilleure. Mais elle n'est pas pour autant une œuvre de Michel-Ange. C'est un repas. Vous la mangez ; elle n'est plus là.

Toutefois, alors que je me tenais devant son étalage, les yeux subitement dessillés, je devais bien admettre que cette nourriture était d'une certaine façon sous-tendue par une finalité artistique. Chaque aliment constituait à lui seul une création. Quelques-uns nécessitaient une préparation longue et complexe, comme la *mostarda* aux poivrons rouges, qui prenait une journée entière de travail, ou le « sushi » de bœuf (une viande crue avec de « la très bonne huile d'olive »), qui prenait une matinée, ou « le thon toscan », qui prenait près d'une semaine. Mais chacun était au sens propre une « œuvre », même ceux qui avaient l'air simplissimes.

Il n'y avait ni jambon ni longe de porc, par

exemple, mais vous pouviez toujours acheter une côte de porc. Pourquoi ? Parce qu'elle était couverte de pollen de fenouil. (La côte de porc – *non ;* la côte de porc détournée au profit de l'expression intense des collines de la Toscane, à partir d'un mélange traditionnel mais désormais rarement exécuté – *oui.*) Vous ne trouviez pas de gigot, mais à Pâques, vous pouviez acheter une épaule de très jeune agneau – délicate, d'un rose pâle comme une fleur, désossée et farcie de romarin et de pecorino, le fromage de chèvre de la région : « le lait de la mère avec la chair de l'enfant », un mariage qui semblait violer le code tacite des mangeurs de viande, mais qui, d'après Dario, datait de l'Antiquité romaine. (Des morceaux d'agneau classiques – *non ;* des morceaux délaissés associés à un ingrédient spécial, suivant une recette ancienne – *oui.*) En Italie du nord, vous voyez des *polpettone* partout : c'est une roulade de viande hachée rôtie au four, confectionnée à partir d'une pièce de bœuf grasse. La version de Dario était différente. Il prenait du jarret (de nouveau), haché menu, le mélangeait à de l'oignon rouge, de l'ail, un œuf, et roulait le tout pour former un énorme ballon : vraiment gigantesque ! Pourquoi ? Un jour, alors que je préparais ce mets avec Dario, je l'entendis marmonner : « C'est une recette de famille, oui, une recette de famille, et il faut que ça ait l'air d'un pain de viande comme à la maison. » Il avait une vision, celle d'un repas familial servi en fin de semaine : le moment où vous mangiez votre *polpettone*, pour la simple raison qu'en Toscane le pain étant cuit en début de semaine, on devait attendre quelques jours pour récupérer les restes. Outre le jarret, l'ingrédient principal de ce plat est en effet du pain rassis : beaucoup de pain rassis, émietté, écrasé, comprimé, pressé, giflé, frappé, cogné dans la boule de viande, jusqu'à ce que les miettes la masquent entièrement d'une croûte épaisse. Le résultat, une fois sorti du four, a l'allure d'une miche de pain de campagne : rond, brun, croustillant. (Le *polpetonne* conventionnel – *non ;* un œuf de dinosaure mutant qui évoque la campagne – *oui.*)

Dario fut réveillé un jour en pleine nuit par une crise d'angoisse : son message restait incompris. Il faisait froid à trois heures du matin, et la pleine lune inondait sa chambre d'une lumière glaciale. Il se leva comme s'il obéissait à une injonction et prit la plume. « Je ne suis pas un écrivain, mais il faut que les gens comprennent certaines choses. » Il dressa une liste de ses vingt œuvres les plus importantes et rédigea sur chacune un feuillet. Il intitula l'ensemble le *Breviaro*, le bréviaire. « Il doit être assez petit pour se glisser dans la poche arrière de votre pantalon. » Dario ne sait pas taper à la machine ; ses lettres sont dactylographiées par Miriam (« une poétesse à la retraite », autre cas social de Dario, c'est elle qui est payée pour lire à haute voix le journal à la boucherie) ; et lorsque Miriam eut terminé son travail, elle m'en offrit une copie. Comme il fallait s'y attendre, son texte était tendancieux : dédicacé au Maestro (« qui m'a appris à apprécier la qualité de la viande et... a fait de moi un homme »), il commence par une déclaration de principes (« Je suis un artisan ! ») et se termine par une promesse au lecteur qui dégustera ses plats de viande (« Votre vie s'améliorera »).

Ce n'est pas un recueil de recettes, il décrit les mets seulement épisodiquement. Il s'agit plutôt d'un plaidoyer, sur le mode apologique, expliquant pourquoi chacun de ses plats est tellement important. D'un style parfois un peu trop fleuri (le sel aromatisé, « ce parfum du Chianti », exprime par ses arômes capiteux « les racines de notre terroir » et « l'amour qui meut le soleil et les étoiles »). Certaines de ses vignettes présentent cependant une touche plus personnelle (le *polpettone* se confectionne « au rythme du pain » – une évocation élégante du train-train des tâches liées au four à pain dans les villages – et le premier qu'il mangea fut celui de sa tante Tosca). Sa prose est souvent marquée par une audace conforme à son tempérament : au cas où vous auriez du mal à supporter la facture effrontément carnassière de son jarret braisé (l'os est remplacé par de la moelle et mijoté dans une cocotte d'échalotes caramélisées), Dario sanctifie ce mets en l'arrosant de *vin santo* – le vin sucré « sacré » de la Toscane. En fait, ce n'est pas un descriptif de ce que l'on peut trouver dans sa boucherie que Dario a écrit, mais un guide. Un guide à l'usage des étrangers, des néophytes venus à Panzano croyant rencontrer un boucher.

Je me demandai si je n'avais pas eu un aperçu du secret de Dario. Au fond, il n'avait pas envie d'être un boucher, mais puisqu'il était obligé d'en être un – pour des raisons patrimoniales ou familiales, ou tout simplement parce qu'il n'avait pas le choix –, alors il serait différent de tous les autres bouchers. La boucherie était pour lui une vocation, non un commerce – il était artisan, non ouvrier – et ses « œuvres » nous parlaient de l'histoire et de l'âme toscanes, et seulement un tout petit peu de gastronomie. D'une certaine façon, il créait en réaction à un chagrin qui le mettait au supplice, et ces « œuvres » étaient son seul moyen de garder le contact, physiquement (ses mains géantes), avec ceux qui n'étaient plus là. Il ne voulait pas – sans pouvoir dire pourquoi – qu'en entrant dans son magasin le visiteur voie un boucher, mais un artiste, dont le thème était le deuil.

Quand je pense à Panzano, je vois un village de pères défunts. Au début, je me les figurais semblables à des spectres – des Hamlets seniors se levant de leur tombeau, et poussant leurs fils à jurer qu'ils les vengeraient ou poursuivraient la tâche laissée par eux inachevée. Et, comme Hamlet junior, je n'arrivais pas à décider si ces spectres étaient des bons ou des méchants. Mais au bout de six mois, je ne cherchais plus à savoir distinguer le bon de la brute, tant ils me tapaient sur les nerfs : ces patriarches autoritaires qui refusaient d'accepter leur état de trépassés. Foutez le camp, bande de vieux épouvantails. Restez donc dans vos tombeaux et laissez votre progéniture vivre en paix.

Dario fut celui qui me les présenta. Leur existence me fut confirmée par Giovanni Manetti qui, ayant repris le flambeau de la quête paternelle, avait fini, pour renouer avec les traditions ancestrales du Chianti, par acheter son taureau. Pendant deux semaines, Panzano ne parla plus que de ça.

« Tu sais quoi ? Giovanni a acheté son taureau !

— Dis-moi, ça va pas être triste pour lui (force coups de coude et clins d'œil) avec ses quatre épouses.

— Il arrive la semaine prochaine.

— Non, demain.

— T'es pas un peu cinglé ? Giovanni est à New York. Le taureau n'arrivera pas quand il est pas là. »

Giovanni était parti vendre son vin outre-Atlantique. Dario était parti lui aussi, en Vénétie, à une conférence où il devait promouvoir sa viande. Les deux hommes auraient dû être amis, après tout ils étaient l'un comme l'autre dévoués à la cause des coutumes ancestrales de Panzano, au cœur desquelles se trouvaient le vin et la viande rouges, me confièrent-ils séparément. Tous les deux m'étaient très sympathiques. Mais voilà, ils ne s'entendaient pas. Ils ne venaient pas du même milieu. Giovanni était le fils d'un homme qui cultivait l'orgueil de son nom et de son arbre généalogique. Dario était celui d'un homme qui cultivait l'orgueil d'un savoir-faire transmis de père en fils, de génération en génération. Mais la vraie pomme de discorde, c'était une question d'honneur, à propos d'une histoire d'amour, sur fond de spectres paternels : l'idylle entre la plus jeune sœur de Giovanni, Giovanna, et le fils du Maestro, Enrico.

Enrico, trente ans, dégingandé, cheveux noirs, le portrait de son père en jeune homme, un nez fort, le sourire facile, des yeux bruns expressifs, malicieux, une voix de baryton si profonde qu'on aurait cru qu'il jouait la comédie ; les mêmes intonations et le même phrasé que son père, ainsi que les attitudes, comme cette habitude de se pencher un peu en arrière pour appuyer une parole, tout en joignant ses longs doigts (oui, lui aussi). Enrico fabriquait « la très bonne huile d'olive » de Dario. Il élevait aussi le *vin santo* dont Dario aspergeait ses jarrets de bœuf. Et il était expert dans la taille des arbres – cette science méticuleuse nécessaire à celui qui veut manipuler la nature –, ce qui lui avait valu d'être engagé, sept ans plus tôt, par Dino Manetti, pour travailler dans ses vignes. Il avait à cette occasion rencontré Giovanna. En tombant amoureux l'un de l'autre, ils transgressaient une frontière dont, dans la plupart de nos sociétés modernes, personne n'a plus rien à faire. L'ennui, c'est que le père de Giovanna n'était apparemment pas de cet avis, et lorsqu'il découvrit leur liaison, il ne fut pas content du tout. D'après Dario, Enrico fut mis à la porte, Giovanna en demeure de ne plus jamais le revoir, et comme tous les rejetons des pères de Panzano, *elle obéit.* (Giovanna, pour sa part, affirme qu'Enrico est parti de son plein gré et que ce qui s'était passé entre eux se réduisait, à la réflexion, à une toquade de jeunesse – elle avait dix-neuf ans, et comme beaucoup de jeunes des collines, elle avait été préservée des usages du monde.) N'empêche, l'éloignement brutal d'Enrico, quelles qu'en fussent les véritables circonstances (il était quant à lui persuadé d'avoir été viré), était un fait avéré et connu de tous – aux yeux de Dario, ni plus ni moins une gifle ; un cinglant comment-oses-tu-espèce-de-bouseux ? Indigné de l'outrage fait à son père spirituel (« Quoi ? Un fils du Maestro, de *mon* Maestro, n'est pas assez bien pour une Manetti ? »), Dario avait été fou de rage, et n'a d'ailleurs pas décoléré depuis. À la mort de Dino Manetti, Dario refusa tout net d'aller aux funérailles, auxquelles assista une foule de plusieurs centaines de personnes (le vieux était aimé par tous les autres habitants de cette planète). De la part de Dario, c'était un geste contestataire, pour défendre une cause qu'il était le seul à comprendre, puisque un peu plus tard le même jour, il se rendit au cimetière pour l'inhumation, une cérémonie qui se déroula dans la plus stricte intimité, ce qui représentait une distinction de taille : malgré la colère qui le tenaillait, Dario ne pouvait pas ne pas dire un dernier adieu au vieux. À Panzano, la mort du père est encore le drame le plus déterminant dans la vie d'un homme. Dario prétend que ses condoléances, que Giovanni reçut d'un air reconnaissant, étaient les premières paroles qu'il lui adressait depuis dix ans.

Vers la fin de l'été, sur la place du village, ma femme et moi avons assisté à une scène de retrouvailles entre Dario et Giovanni. D'après Dario, leur deuxième rencontre en dix ans ; Giovanni, pour sa part, ne s'était même pas rendu compte qu'ils ne se parlaient plus, ce qui était peut-être vrai : il arrivait que les colères de Dario soient extrêmement rentrées. Cela se passa à l'occasion de la « fête du vin » qui a lieu chaque année durant la première semaine de septembre, au moment des vendanges ; les dix-huit viticulteurs de Panzano (en général des fils et filles de patriarches récemment disparus) montent leurs tréteaux et proposent des dégustations. Dario, qui était contre l'élevage du vin en fûts de chêne, boycottait en général cette foire, mais en l'occurrence, le nouvel amour de sa vie, qui s'appelait Kim, avait très envie d'y assister. Ils débarquèrent tous les deux très tard, Dario dans ses habits de fête, une chemise flottante en lin, un gilet de cowboy en cuir et un pantalon à rayures rouge vif. Giovanni, vêtu d'un costume en soie bleu marine, chemise bleu pâle, cravate et chaussures anglaises, rentrait du dîner des vignerons, un autre rituel des vendanges, et marquait une halte au stand des Fontodi. Dario en le voyant fondit sur lui.

« *Eccolo !* tonna-t-il d'une voix de stentor dont la puissance pétrifia les gens autour de lui. Mais qui je vois là ? »

Giovani le salua en inclinant le buste.

Dario le salua de même.

Ainsi, finalement, ils sont amis, conclus-je un peu vite, avant de m'apercevoir que c'était le genre de démonstration d'amitié que l'on prodigue justement quand l'amitié n'est pas au rendez-vous. Campés chacun à cinq mètres l'un de l'autre, ils évitaient d'avoir à se serrer la main. Un ange passa pendant qu'ils cherchaient quelque chose à se dire, quelque chose de gentil et qui ne tirait pas à conséquence, afin de ne pas faire *brutta figura.*

Dario s'inclina une deuxième fois et se racla la gorge.

Giovanni s'inclina, lui aussi.

Dario eut un grand sourire.

Giovanni rompit le silence en lançant d'un ton désinvolte qu'il avait vu la viande de Dario au menu de Dai Caino, où il avait dîné « la semaine dernière seulement » ! Les restaurants qui se fournissent chez Dario affichent la provenance de leur viande ; Da Caino était le célèbre établissement du sud de la Toscane dont la porte m'était restée fermée quand j'avais souhaité apprendre à fabriquer des pâtes fraîches.

Dario répliqua : « C'est vrai. Da Caino se fournit chez moi », puis il salua Giovanni de nouveau, comme pour le remercier de son compliment. (Ils pratiquaient tous les deux une ironie au second ou au troisième degré : Giovanni n'avait pas explicitement dit qu'il avait mangé la viande de Dario, et de toute façon, il n'était pas nécessaire qu'il se farcisse des heures et des heures de route pour l'apprécier, à l'étalage ou dans son assiette ; la boucherie se trouvait au coin de la rue. Mais voilà, Giovanni n'achetait pas sa viande chez Dario ; il était client de l'autre boucherie, celle que tenaient Filippo et *son* père.)

Les deux hommes restèrent là à se regarder en chiens de faïence – Dario fredonnait-il ? –, entourés de gens qui, craignant que la rencontre ne dégénère en un horrible spectacle, attendaient en retenant leur souffle. Je comptais parmi ce public de voyeurs. J'avais mon appareil photo dans ma poche. Cette rencontre avait une qualité dramatique qui ne se représenterait pas, et je voulais la fixer sur la pellicule. Mais comment les prendre ? Ils se tenaient si éloignés l'un de l'autre que mon objectif ne les cadrait pas tous les deux dans la même image. D'un autre côté, je n'osais pas leur demander de se rapprocher. Je n'avais même pas le courage de les prier de ne pas bouger (Giovanni piétinait sur place), et je finis par laisser tomber. Le simple geste de sortir mon appareil risquait de provoquer un événement regrettable, une catastrophe peut-être – Jupiter me réduisant en cendres d'un coup d'éclair, par exemple. Puis, tout à coup, ils se séparèrent.

« Bien, fit Dario.

— Bien », fit Giovanni.

Dario pivota sur ses talons et s'éloigna à grandes enjambées en sens contraire, Kim trottinant derrière lui. Giovanni se détourna aussi et s'en fut dans la direction opposée. Ni l'un ni l'autre, me sembla-t-il, ne savaient où leurs pas les menaient. Avaient-ils oublié où ils allaient au moment où ils étaient tombés nez à nez ? Ils se séparèrent si vite, simultanément, que leurs deux dos restèrent un moment dans mon champ visuel. Et c'est alors que je la vis – cette chose accrochée à la nuque de Dario. Et Giovanni en avait une aussi. Je donnai un coup de coude à ma femme et lui montrai la chose du doigt ; elle approuva d'un murmure, mais m'avoua qu'elle n'était pas sûre d'avoir bien vu. « Mais regarde donc, insistai-je. Giovanni ne sait pas que c'est là. » Sa silhouette s'éloigna dans la pénombre crépusculaire au-delà de la frontière tracée par les lumières de la foire, mais il avait l'air tellement préoccupé (par les vendanges et des problèmes à régler, ou bien par sa rencontre avec Dario, ou bien encore par le regret de ne pas avoir commandé de steak au Da Caino) qu'il paraissait ne pas s'apercevoir de la présence de cette chose – une hideuse figurine de vieillard ratatiné, qui se cramponnait de tous ses os pointus à la peau de son cou.

27

L'arrivée du taureau de Giovanni – car, finalement, il débarqua bel et bien, un mercredi, jour de fermeture de la boucherie, ce qui nous donna le loisir, à ma femme et moi, de compter parmi les spectateurs – se révéla être la scène la plus édifiante à laquelle il m'avait été donné d'assister depuis très longtemps. Personne n'était prêt à l'accueillir. Je soupçonne que, dans le fond, les gens n'ont cru à son existence qu'au moment où ils ont posé les yeux sur lui.

La bête se livrait à un petit fox-trot bovin, trois pas en avant, trois pas en arrière, dans le camion à bestiaux, pendant qu'alentour les employés du domaine couraient dans tous les sens. Quelques-uns s'employaient à planter des piquets – il fallait une barrière, c'était urgent : sans barrière, pas de pré, et personne n'avait envie de voir un taureau géant blanc errer en liberté dans la vallée. On était aussi en train de construire une mangeoire, les échos de coups de marteau fébriles nous parvenaient de l'autre côté de la colline, tandis que s'activaient une demi-douzaine de menuisiers. Les quatre épouses du taureau devaient également déménager : on ne pouvait pas les laisser dans le pré où elles broutaient en compagnie d'une autre race, française celle-là, qui dans la région porte le nom de *la rossa*. Mais les employés, vignerons et vendangeurs, n'avaient aucune idée de comment persuader une vache de bouger.

Somme toute, il y avait fort à faire, ce que le conducteur du camion n'était pas d'humeur à admettre. « C'est pas croyable ! Vous saviez que je venais, non ? » (Lui aussi avait quelque chose d'un monstre. Il ressemblait à un gros crapaud – une tête de forme ovoïde, pas de cou et un ventre gonflé de batracien qui se prépare à coasser – et portait un T-shirt de la taille d'une tente militaire, sans doute parce qu'aucun autre vêtement n'était assez ample pour couvrir sa corpulence. Jusqu'à ce jour, je n'avais pas réfléchi à ce que pouvait bien être le genre d'individu qui embrasse la profession de livreur de taureaux, mais si je l'avais fait, je suis convaincu que j'aurais imaginé quelqu'un comme cet homme.)

Le problème numéro un, ce fut les quatre épouses du taureau. Elles n'étaient pas du tout coopératives. Les employés les houspillèrent, poussèrent des cris de cow-boy, en les pourchassant avec des bâtons. Mais elles, tout ce qu'elles savaient faire, c'était paniquer. Elles galopaient, sautaient, s'esquivaient : on aurait dit une nouvelle race d'antilopes blanches. J'avais du mal à me rappeler que j'avais devant moi des animaux dociles et placides. Jusqu'ici, le mouvement le plus vif que je leur avais vu esquisser, c'était la rumination.

« Vous croyez que vous allez m'emmerder longtemps comme ça ? glapit le crapaud. Je reviendrai demain matin. »

Un employé défit sa ceinture et, en la faisant tournoyer au-dessus de sa tête, fonça sur les quatre vaches, qui, voyant le danger se rapprocher, se ruèrent dans quatre directions différentes. Il y avait à présent une vache à chaque coin du pré. Deux des employés baissèrent les bras. Ils s'appuyèrent de l'épaule à un piquet, chemise noire de sueur, poitrine haletante. Une vache se tenait non loin ; elle les surveillait du coin de l'œil.

J'ignore ce qui les avait poussés à prendre l'initiative de déménager les vaches. Beppe était officiellement le responsable de l'opération. Beppe était l'édenté de la place du village – celui dont l'accent était à couper au couteau et qui avait grandi au *borgo* Fontodi. Lorsque Giovanni avait décidé de se lancer dans l'élevage de *chianine*, il avait fait savoir qu'il avait besoin d'un bouvier. « Tout le monde a sauté dessus, me raconta-t-il, mais je n'avais qu'une seule place à offrir. Alors je leur ai demandé de choisir eux-mêmes parmi eux le plus qualifié. » Avoir des bêtes, se consacrer au soin du bétail, tous les Toscans de sexe masculin vous diront que c'est ce qui compte dans la vie, mais aucun n'a jamais mis en pratique ce principe. De tous les hommes du village, Beppe était en fait le seul à avoir dans ce domaine une certaine expérience. Et bien entendu, en embauchant Beppe, Giovanni avait bouclé la boucle.

Beppe était assis sur une souche. Les employés l'avaient énervé. À l'arrivée du taureau, dans l'euphorie du moment, ils avaient tous accourus, comme des figurants dans un western.

« Ils y connaissent quoi ? demanda Beppe. Des vignerons. Ils savent ce que c'est que la terre. Mais il savent rien sur les animaux. Beppe connaît les animaux. Tu peux pas obliger un animal à faire ce qu'il a pas envie de faire. »

Le crapaud hurla : « Je vais flanquer le taureau avec elles. Ça, ça les fera sortir de leur trou ! » Il rit de bon cœur, un rire qui fit onduler le devant de son immense T-shirt, comme si une vague était passée dessous. Puis il dirigea ses pas vers le hayon. « Attention, je vais le lâcher !

— Un peu de patience ! s'écria un des ouvriers.

— De la patience ? répéta le chauffeur, et il cracha. Me cause pas de patience, toi ! Je pourrais écrire un bouquin sur la patience, et vous seriez dans le premier chapitre, bande de cons. »

Il s'avança vers le flanc du camion en balançant son ventre et donna du poing dans les lattes. Le taureau cessa sa petite danse et se mit à gratter le plancher du sabot. Pourquoi cherchait-il à énerver une bête pareille, alors qu'il s'apprêtait à la libérer ?

« Je peux plus le retenir. Cet animal est fou, il est dangereux. »

Beppe gloussa. « Ce taureau va mener la belle vie. » Il lorgna sans vergogne sur les cuisses de ma femme. (« J'ai *peut-être* eu tort de mettre un short », me dirait-elle plus tard.) « Quatre femmes, qu'il va avoir ce soir. »

Les uns après les autres, les vignerons s'avouèrent vaincus. Alors, comme s'il n'avait attendu que cet aveu de défaite, Beppe traîna des pieds jusqu'à une cabane, versa du grain et ensuite guida les vaches, en leur parlant doucement et en leur présentant de la nourriture, hors de l'enclos, dans le pré voisin.

« *Finalmente* », dit le chauffeur en ouvrant le hayon de son camion.

Le taureau était une bête puissante. Mais sa tête,

sa tête paraissait si jeune. Nous l'avons tous regardé avec des yeux ronds. Un adolescent – un énorme ado très musclé. Plus grand que « les filles », il avait des muscles saillants, surtout autour des épaules, et un arrière-train profilé, une caricature de virilité. Ma femme et moi étions cachés derrière un rocher au cas où il s'aviserait de nous charger. Nous avions été rejoints par les vignerons, qui s'étaient rassemblés derrière nous, nous prenant sans doute pour des boucliers vivants.

« Il est magnifique, dit une voix.

— Une bête mythique.

— Il sait ce qu'il a à faire. Soit il s'exécute soit – un vigneron fit le geste de se trancher le cou – il retourne au bercail. Il connaît son boulot. »

Je suis persuadé au contraire que le taureau ignorait ce qu'on voulait de lui. Il semblait préoccupé par des questions plus élémentaires, comme par exemple : que faisait-il ici, à l'arrière de ce camion, devant un public pressé de le voir copuler avec des vaches qu'il ne connaissait même pas ? Il regarda à gauche, il regarda à droite, à gauche. Il gratta le plancher de son sabot, il émit un ronflement sonore. Il avait l'air de vouloir jouer les taureaux. Puis son regard se posa sur « les filles », et il cessa son manège, descendit la rampe d'un pas dansant et trotta jusqu'à elles, comme s'il retrouvait des copines après une longue absence. En moins d'une minute – et qui sait ? peut-être sur-le-champ – il assuma son statut de taureau, poussa « les filles » de côté et se planta devant elles. Après quoi, il mena son petit troupeau procéder à un tour d'inspection de leur nouveau territoire.

Pendant l'heure qui suivit, les spectateurs restèrent rivés sur place, suspendus aux mouvements du taureau, dans l'espoir de le voir s'exécuter. Mais ce dernier ne semblait pas avoir compris les clauses de son contrat. On retint son souffle quand une vache s'intéressa de près à ses organes génitaux et poussa sa tête entre ses jambes.

« Elle est prête, murmura un vigneron.

— *Toro* – qu'est-ce que t'attends ?

— Quatre femmes. Que diable ! *Veramente !* Qu'est-ce que tu peux rêver de mieux ? »

Mais le taureau n'en avait cure. De temps à autre, il marquait une halte dans ses déambulations, et la vache, toujours la même, profitant de l'aubaine, s'empressait de baisser la tête pour lui donner un coup de langue. Quant au taureau, il n'aurait pas pu manifester plus d'indifférence. Cette langue aimable sur ses testicules aurait tout aussi bien pu être une mouche.

Le taureau était en réalité aussi exotique aux yeux des habitants de Panzano qu'aux miens, et pendant quelque temps, on ne parla plus que de cela : s'est-il exécuté ? A-t-il besoin d'un mode d'emploi ? Serait-il pédé ? Le seul endroit où on n'entendait pas parler de lui, c'était chez Dario. Cela n'avait rien d'inhabituel. La boucherie était une sorte de pays éloigné au cœur de la bourgade, régi par des lois et un souverain qui lui étaient propres (à l'instar du Vatican, si on veut bien imaginer le Vatican comme une grande boucherie). Mais cette histoire de taureau – ah ! les *chianine* ! l'âme de la Toscane ! – me rappelle un autre problème épineux : quelque chose que j'ai eu du mal à avaler et même à entendre, puisqu'il me fallut des semaines et de nombreuses leçons du

Maestro pour comprendre de quoi il retournait. Depuis cette découverte, je me demande sous quel angle je devrais la présenter pour en démontrer la portée. Bien, mais comme je n'ai trouvé aucune solution, je dois me résoudre à dire la vérité toute nue : la viande que vend Dario Cecchini – le boucher le plus célèbre d'Italie, sans doute le Toscan vivant le plus célèbre du monde – est espagnole.

Aucun boucher, je tiens à le préciser, ne se charge de tuer lui-même les animaux, ce qui ne tombe pas forcément sous le sens, surtout en Italie, où le mot *macellaio* est un dérivé de *macello*, celui qui abat. La tâche du boucher consiste à dépiécer la cuisse, avec tout ce que cela implique, et, dans le Chianti, cette cuisse, pendant mille ou deux mille ans, provenait d'une vache qui broutait l'herbe du village : vous l'aperceviez dans les champs chaque jour en rentrant chez vous. Eh bien, la cuisse de chez Dario provenait d'une vache espagnole, élevée à des centaines de kilomètres, dans une petite ferme de la Costa Brava, et elle était livrée dans un camion frigorifique qui quittait l'Espagne tous les jeudis pour arriver le lendemain à Panzano, avant que les habitants ne se lèvent, à l'exception du personnel dévoué du café La Curva, qui ouvrait à six heures et préparait un cappuccino à Dario, au Maestro et à moi, une fois que nous avions déchargé. Un moment, je me demandai si ça n'était pas justement la raison pour laquelle la livraison s'effectuait de si bon matin : ainsi personne ne voyait la plaque d'immatriculation espagnole du camion.

Mes soupçons s'éveillèrent le jour où, désossant un porc, je remarquai un tampon sur son ventre : *Hecho en España*. Bizarre, me dis-je. Je déposai mes morceaux désossés devant Dario et le regardai préparer l'*arista.* Avant de la rouler à la manière d'une bûche, Dario en inspecta la surface afin d'éliminer les dernières irrégularités, dont le *Hecho en España,* qu'il trancha d'un coup de couteau. Dissimulation de preuve ?

J'avais tort. Dario ne songerait jamais à cacher d'où vient sa viande. Posez-lui la question, il vous le dira. Ce qui ne signifie pas qu'il le clame sur tous les toits.

« *Vieni di DOVE ?* » demande une voix, dont le timbre monte dans un crescendo de stupéfaction.

C'est la première réplique d'un dialogue que l'on entend souvent à la boucherie. Un homme – entre deux âges, salarié, éduqué, cherchant à maintenir le lien ténu entre gastronomie, culture et identité nationale – a passé de longues heures sur les routes, une carte de la Toscane déployée sur le siège du passager, il a réussi à garer sa voiture, il a interrogé les vieux de la place qui lui ont indiqué le chemin de la boucherie, il est entré dans la susdite boucherie. Il s'immobilise sur le seuil et prend quelques instants pour s'imprégner de l'atmosphère : la vitrine, le souci esthétique dans la présentation, la musique à tue-tête. (Ce peut être n'importe quel air, quoique, vers la fin de mon séjour, enfin – « Ouf ! » s'exclama le jeune Riccardo – ce ne fût plus Elvis. Dario retourna à Mozart, et en particulier à *Don Giovanni.* Aussi chaque matin écoutions-nous l'air du catalogue, où Leporello énumère les conquêtes de son patron. « Plus gai », se contenta de commenter le Maestro sans autre explication.) L'homme s'avance ensuite vers le comptoir et hurle ces mots qui lui vaudront le bannissement : « *Una bistecca di chianina, per favore !* »

Dario baisse le volume.

Non, il ne peut pas donner à cet homme une *bistecca di chianina*, répond-il (d'une voix monocorde, ennuyée, oppressée ; les paupières lourdes), parce qu'il n'a pas de *chianina* à vendre.

« Ah bon, dit l'homme. Quel genre de vache vendez-vous ? »

Dario joue cartes sur table. Si l'homme est curieux de nature, il dira : « Ah, vraiment, comme c'est intéressant. » Une petite phrase toute bête, que j'ai personnellement entendu prononcer par deux personnes, lesquelles furent illico récompensées par un bifteck, nonobstant l'énonciation de son origine. S'il est plus conformiste que curieux, il dira : « Ah, vraiment, mais pourquoi ? » Il n'aura pas de bifteck, mais il sera autorisé à en commander un. En revanche, ça tourne au vinaigre quand le visiteur, aussi teintées de romantisme que soient ses idées, se révèle intolérant, persuadé que les choses doivent être d'une certaine manière et pas d'une autre. Un homme pourvu d'une telle mentalité posera immanquablement la question (« Votre viande vient d'OÙ ? »), même si son inflexion est plus déclarative qu'interrogative. Car cette question sous-entend : « J'ai sacrifié un temps précieux pour venir jusqu'ici par de mauvaises routes, dans ce village loin de tout, et maintenant que je suis ici au milieu de vous autres gens de la terre et que je touche enfin du doigt les vraies richesses, vous m'annoncez que j'aurais tout aussi bien pu aller à Barcelone ? »

L'homme est sur le point d'être prié de quitter les lieux, mais avant de le laisser reprendre la route du retour, où il aura le temps de ruminer sur « Où va l'Italie ? », il s'entendra dire que la boucherie ne vend pas de *chianina* pour la bonne raison que la *chianina* ne vaut plus rien. Ce n'est rien moins qu'un sermon – tout le monde l'a bien compris – débité à toute allure, sur un ton du style tenez-le-vous-pour-dit. « La *chianina* ne vaut rien parce qu'elle n'est plus rien. C'est un nom. Prada est un nom. Versace est un nom. Armani est un nom. *Chianina* est un nom. Si j'en vendais, ce qui n'est pas mon cas, je vendrais un nom. Est-ce que je gagnerais de l'argent en vendant un nom ? Bien sûr que oui. Mais le bizzzness ne m'intéresse pas. Les noms ne m'intéressent pas. La viande m'intéresse. C'est pourquoi je vends de la viande, pas des noms. En plus, termine Dario, dans une conclusion en forme de pirouette, je ne crois pas à la pureté des races. Vous, de toute évidence, vous croyez à la pureté des races. Hitler aussi. Mais Hitler, de mon point de vue, avait tort. » La vache légendaire est désormais une vache aryenne nazie, et l'homme, un fasciste et un traître à la cause nationale italienne. Arrivé à ce point, l'homme est prié de prendre la porte.

De toutes les tensions qui pouvaient surgir à la boucherie entre la clientèle et le patron, suscitant parfois coups de gueule et coups de sang, la question de la *chianina* se révéla la plus conflictuelle. Rien qu'à regarder Dario à ces moments-là – les traits du visage durcis, la tête affaissée avant la prise de parole, la lassitude d'avoir à faire passer le même message à chaque fois –, je savais que, dans le secret de son âme, il rêvait de pouvoir proposer de la viande qui provenait d'animaux élevés dans la région. Il détestait son rôle de démolisseur de mythe, alors qu'il en était lui-même habité et avait conscience de son empire, dont il n'est facile pour personne de se dégager. Après tout, cet homme qui avait parcouru les routes de Toscane pour goûter les saveurs de la terre, il y croyait si fort qu'il était comme aveuglé : il ne s'était pas rendu compte qu'aucune vache ne peuplait le paysage qu'il avait traversé pour venir jusqu'à Panzano (et tout en maudissant Dario sur le chemin du retour, il ne s'en apercevrait pas non plus dans l'autre sens). Un jour que je me trouvais à Porretta pour une de mes leçons de *tortellini*, lorsque je fis observer en passant à Gianni que le bœuf de Dario était espagnol, il se cramponna à la table – un geste expressif, on aurait vraiment cru que la terre s'était mise à trembler – et me coupa la parole, en se déclarant horrifié : « Voilà ma dernière illusion envolée ! »

J'allai consulter le Maestro dans l'espoir d'obtenir une explication.

« Dans les années 1970, me dit-il, les *chianine* donnaient de la bonne viande. Elles avaient la saveur des collines et de l'air pur. Elles avaient beaucoup d'herbe à manger, des hectares de pâturage pour elles toutes seules, et, parce qu'elles étaient aussi des bêtes de somme, elles étaient tout en muscles. Leur viande était ferme et propre. Il fallait parfois deux semaines pour l'attendrir. » Le Maestro faisait allusion au procédé qui consistait à attendrir la viande en la laissant rassir ou faisander. J'avais pris l'habitude d'observer le phénomène dans la chambre froide : chaque jour, la chair que je palpais était plus souple au contact de mes doigts. « Aujourd'hui, les *chianine* sont privées de collines, parce que les collines sont couvertes de vignobles. Les *chianine* n'exercent plus leurs muscles, parce que les tracteurs cultivent la vigne. Et au lieu d'herbe, elles sont nourries de céréales, de grains et même de protéines animales : du *mush.* » Il se servait d'un mot anglais, une onomatopée imbattable pour suggérer de la bouillie ou de la pulpe. « Elles mangent du *mush.* Elles ont un goût de *mush.* Et leur viande dès l'abattage se défait comme du *mush. La chianina, da sfugiere !* » À éviter !

À la boucherie, le Maestro était l'aîné de tout le monde, mais il avait l'ingénuité d'un homme encore très jeune – on ne lui attribuait aucune arrière-pensée. Il ne faisait pas de militantisme ni de polémique. Jamais de discours contre Hitler ou le marketing. « Je n'ai pas d'ennemis, déclara-t-il lors d'un "repas du personnel", à la suite d'une insinuation au sujet de la rupture brutale entre son fils Enrico et Giovanna Manetti. Je n'en veux à personne. » En sorte que tout jugement tombant des lèvres du Maestro semblait irrévocable, et du jour où je l'entendis dire que la viande de *chianina* n'était plus mangeable, je cessai d'en chercher désespérément. « Tu dois toujours écouter le Maestro quand il parle, me confia Dario, parce qu'il ne parle pas beaucoup. Six, peut-être huit phrases par mois. Mais ses phrases pèsent de tout le poids de sa pensée. » (J'avais assez de bon sens pour écouter le Maestro, mais je ne sais pas d'où Dario sortait ce taciturne et viril six-à-huit-phrases-par-mois. Je soupçonnai en fait que Dario et le Maestro ne passaient plus guère de temps ensemble, sauf à cinq heures du matin, en attendant le camion frigorifique d'Espagne : et à cette heure-là, moi aussi, j'aurais du mal à articuler plus de six à huit phrases par mois.)

« Dans ma jeunesse, il y avait une seule sorte de *prosciutto*, me dit un jour le Maestro. On le faisait en hiver, à la main, et on le laissait vieillir deux ans. Il dégageait une odeur sucrée. Un parfum profond. Inimitable. Affiner un *prosciutto* est une entreprise subtile. Trop chaud, et le processus ne démarrera jamais. La viande va pourrir. Trop sec, la viande est fichue. Il faut qu'il fasse humide mais frais. (*Umido ma freddo*). L'été, c'est trop chaud. L'hiver – c'est la saison où l'on prépare les *salumi*. Ton *prosciutto*. Ta *soppressata*. Tes saucisses. »

Le Maestro me rappela subitement Miriam – je ne sais pas pourquoi je n'avais pas encore établi de lien entre eux – et sa façon d'insister sur le fait que le *culatello* ne se préparait qu'en janvier, parce que c'était la saison. L'un comme l'autre prônaient que les-vieilles-méthodes-sont-les-meilleures-parce-qu'elles-sont-de-la-vieille-école.

« Dans ma jeunesse, continua le Maestro, les supermarchés n'existaient pas. Maintenant, il y en a plein. Ils peuvent vendre plus de *prosciutti* que l'on peut en produire. Alors ils en ont inventé un genre nouveau. En plus du *prosciutto* qui a vieilli deux ans, tu peux maintenant en acheter un meilleur marché, vieilli un an, et un autre encore meilleur marché, vieilli six mois, et un autre encore meilleur marché, vieilli trois mois. On les fabrique à toutes les époques de l'année, dans des usines. La vérité vraie, c'est qu'il n'y a qu'un seul genre de *prosciutto*, et celui-là est fait l'hiver, à la main, et pas dans une usine, et il est vieilli deux ans. Ces nouvelles variétés ne valent rien. Ils ne sentent pas bon. Ils sont dégueulasses. »

Le triste tableau que le Maestro me brossait là

était celui de l'évolution de l'élevage de bovins depuis la Seconde Guerre mondiale aussi bien en Italie, que dans toute l'Europe et aux États-Unis. Pour ma part, je ne sais pas s'il faut jeter la pierre aux supermarchés – ils offrent une cible facile, comme la presse à scandale, et n'existeraient pas si les gens n'en voulaient pas. Cela dit, quelque chose, d'une façon ou d'une autre (appelons ça le XXe siècle), a très mal tourné, presque partout, comme si de grandes étendues de la planète, subitement frappées d'une inexplicable amnésie gastronomique, avaient oublié que ce qui est vendu sous le terme de « viande de bœuf » est aussi bien du bœuf, du taureau que de la vache, et que ces animaux, comme tous les animaux, ont besoin d'être bien traités.

« Tout le monde en Italie aime le steak, me dit le Maestro, et les supermarchés peuvent en vendre plus qu'ils ne peuvent s'en procurer. Tu vois où le bât blesse. » À entendre le Maestro, les supermarchés n'étant pas capables, comme pour le *prosciutto*, d'inventer des nouveaux genres de steaks, en encouragèrent la production industrielle en grosses quantités : beaucoup plus de steaks, à des prix beaucoup plus bas ; et ce qui reste de la bête, le cinquième quartier, est vendu à profit. « Je ne sais qui a eu l'idée de donner aux ruminants de la *farina di pesce* (farine de poisson). C'est pas cher et riche en protéines, les vaches ont engraissé. Mais la viande avait un goût de poisson. Ensuite, ils ont introduit dans leurs aliments des farines animales fabriquées à partir des os et des abats de leurs propres congénères. La viande n'avait plus le goût de poisson, mais ça n'allait pas quand même. » Ce cannibalisme high-tech eut des conséquences désastreuses : l'encéphalopathie spongiforme bovine, plus connue sous le nom de maladie de la vache folle. « Et maintenant, eh bien... » soupira le Maestro en laissant sa phrase en suspens. Je m'attendais presque à ce qu'il m'annonce qu'il était devenu végétarien.

« Tu comprends pourquoi Dario ne vend pas de *chianina.* La race, c'est pas ce qui compte. Cette viande espagnole, elle vient d'une race blanche espagnole. C'est pas une *chianina.* Mais ça ne fait rien. Ça pourrait aussi bien être une vache américaine ou française. C'est pas la race qui compte, c'est la méthode d'élevage. »

La viande espagnole était produite dans une petite exploitation agricole tout ce qu'il y a de plus primitif, au milieu des champs, tenue par une famille de cultivateurs qui n'envisageait pas d'agrandir leur domaine, à moins que papa gagne au loto et achète la montagne entière. Ces gens savaient ce qu'ils pouvaient tirer et ce qu'ils ne pouvaient pas tirer de leurs terres. Dans le monde selon le Maestro, ce qui compte avant tout, c'est de connaître ses limites. Les plus grands producteurs de viande, pour lui, sont de modestes éleveurs, vieux jeu et d'esprit conservateur.

« La Namibie fait du très bon bœuf », déclara-t-il un jour.

La Namibie ! me dis-je, sidéré. Faut-il que j'aille jusque là-bas pour manger un bon steak ?

« La Yougoslavie aussi. »

Un autre jour, ce fut le tour de l'Argentine. « Du très, très bon bœuf. Sans doute le meilleur du monde. Il a le goût des grands espaces, des herbes hautes, des collines sauvages. En Argentine, c'est là que tu trouveras la viande qu'on mangeait en

Toscane il y a trente ans. » Il laissa son couteau en suspens et pointa vers moi son très long index. « Billy – il préférait m'appeler par mon diminutif, jugeant que cela sonnait plus italien – il faut que tu ailles en Argentine. Pour le bœuf. » Il marqua une pause pour mieux savourer le souvenir de la viande grillée sur un feu de camp. « Et quand tu seras là-bas, tu mangeras aussi de la très bonne chèvre. »

Et je notai dans mon carnet, *Ne pas oublier – en Argentine, manger de la chèvre.*

Tous les endroits évoqués par le Maestro étaient loin de tout, rustiques, pas modernes pour deux sous, sauf un seul : le Danemark. « Je ne sais pas pourquoi, m'avoua le Maestro, mais au Danemark, on mange de la très bonne viande. »

« Peu importe la race, l'élevage fait tout » – ce slogan était le mot de passe de la boucherie.

28

Un vendredi de septembre, je grimpai à pied jusqu'à la plus vieille église de Panzano, La Pieve di San Leolino. Cela faisait près de sept mois que je séjournais à Panzano, et je ne l'avais pas encore visitée. Bâtie au sommet d'une haute colline, elle offrait avec son cimetière le plus beau point de vue de la région. Son architecture avait quelque chose d'un puzzle : construite au Xe siècle, détruite peu après (la vallée servit de champ de bataille pendant la guerre entre Florence et Sienne), reconstruite au début du XIIe, elle se présentait un peu comme un panaché d'architecture romane : une bâtisse carrée, avec des ajouts anciens de bric et de broc, le tout penchant dangereusement. Pour simplifier cette généalogie, une pierre avait été mise au jour à deux pas, un vestige gravé sur son pourtour d'un texte étrusque indéchiffrable, remontant au Ve siècle avant Jésus-Christ. Par conséquent, cela faisait un bon bout de temps que les gens montaient ici pour admirer la vue.

À en croire Dario, la vallée compte parmi les plus vieilles terres cultivées de la planète. Sur les traces des Étrusques, les Romains s'installèrent (et construisirent un grenier en forme de tour, que l'on peut encore voir, afin de conserver le fourrage) ; quelques centaines d'années plus tard, les Romains furent chassés par les Lombards, ces soi-disant barbares venus du Nord, qui se convertirent finalement au catholicisme vers l'an 700. Au cours de tous ces siècles, les habitants changèrent, mais pas la vallée ; chaque envahisseur prenant la succession de son prédécesseur poursuivait la culture de la terre avec les mêmes bonnes vieilles méthodes en usage depuis l'invention de la houe. On trouve la trace de ces méthodes dans une lettre écrite au XIIIe siècle par Luca di Matteo, propriétaire terrien, au lendemain de la dévastation semée dans la vallée par les troupes siennoises. Les soldats ayant brûlé cabanes et maisons (*chapane e chase*, dans le vieil italien de di Matteo), tué vaches et bétail (*perduti buoi e bestiame*), personne n'aurait de grain et de fourrage pendant un an (*un anno senza richore grano e biade*). La lettre est aussi révélatrice par ce qu'elle passe sous silence. Alors qu'il est question de terre brûlée, aucune allusion n'est faite aux oliviers, à la vigne, au blé, qui figuraient pourtant sûrement dans le paysage. Après l'église et la maison, ce qui comptait, c'était les vaches (*buoi*) et le fourrage (*biade*) pour les nourrir. Dario avait peut-être raison à propos de l'antiquité de la culture dans la vallée, mais si culture il y avait, elle était surtout destinée à l'élevage du bétail. Les vaches étaient hôtesses des lieux depuis aussi longtemps que les hommes.

De là-haut, je voyais le petit troupeau de Giovanni. Le jeune taureau ne s'était révélé ni pédé ni ignorant. Juste timide. « Un amant de la nuit, me dit Beppe, quand je tombai sur lui sur la place. Il s'est fait mal à l'épaule. » Beppe appuya ces paroles d'un roulement des hanches typique du langage corporel universel. Le taureau s'était cassé la figure alors qu'il était à moitié monté sur une vache, mais seulement après avoir accompli son devoir. Ses quatre épouses avaient dit au revoir à leurs menstrues. Giovanni avait réussi, les *chianine* allaient de nouveau brouter l'herbe des collines du Chianti. Ce qui me mena à une drôle de constatation. Tandis que l'histoire nous apprend qu'il n'y a pas de retour en arrière possible, j'avais l'impression d'être entouré de gens qui consacraient toute leur énergie à remonter le temps.

C'était le premier jour de l'automne, et la chaleur était de retour. Les vendangeurs revenaient des vignes pour le déjeuner, ils n'y retourneraient pas ensuite. Lorsque les raisins sont trop chauds, cela risque de déséquilibrer la vinification, aussi préfère-t-on attendre les températures plus fraîches du matin pour les cueillir. Giovanni marchait devant les coupeurs, la plus grande partie du sangiovese avait été ramassée. Des ouvriers étaient en train de charger les caisses dans un petit camion, en prenant soin de les recouvrir de glaçons afin d'empêcher le fruit de se transformer en compote. Pour Giovanni, « la grappe » était aussi une composante essentielle de son identité toscane, et d'en tirer du vin l'enracinait dans le Chianti historique. « Tout le monde sait que le sangiovese était déjà le cépage des Romains, me dit-il un jour. C'est dans l'étymologie : *sangue*, sang, et Jupiter. Mais beaucoup de gens pensent que ce ne sont pas les Romains qui l'ont introduit. Il était là bien avant eux. » Au même titre que l'élevage des bovins, le soin apporté aux vignes sangiovese s'inscrivait, aux yeux de Giovanni, parmi ces gestes ancestraux repris à chaque fois par les nouveaux occupants : depuis que la vallée est habitée par l'homme, celui-ci s'abreuve d'un ersatz du sang des dieux.

À un bout de la vallée s'étendait le domaine du castello dei Rampolla. Des grains plus petits, de couleur plus foncée, d'un cépage du Bordelais planté par Alceo, autre patriarche spectral, quoique de là où je me trouvais je n'aie vu aucune différence avec les autres. Je voyais seulement des bandes symétriques de feuillage vert qui se dévidaient jusqu'en haut de la colline et entre lesquelles avançaient lentement des silhouettes fourbues au dos voûté. Ma femme et moi avions récemment été reçus par la fille d'Alceo, Maurizia – toute en minceur, une beauté évanescente, la quarantaine bien sonnée, aussi bohémienne d'allure dans son ample robe à fleurs que rigoureuse d'esprit, vivant avec son frère dans le castello plein de courants d'air. En général, elle éconduisait les visiteurs et ne sortait que rarement, même pour promouvoir son propre vin qu'elle buvait « seulement de temps en temps, quand je suis à Florence, peut-être », prétendant préférer son bouquet de bordeaux que son goût en bouche. « Chez nous, à table, nous avoua-t-elle, nous préférions le lait. » Contrairement à tous les autres vignerons du Chianti, elle ne se plaignait pas des canicules estivales (ses raisins seraient ou ne seraient pas) car les rigueurs climatiques l'indifféraient (« Laissons la nature faire son travail »). Elle vendangeait suivant les phases de la lune, à moins que certaines configurations célestes ne s'y opposent, et condamnait toute pratique qui lui paraissait trop résolument moderne : comme l'usage du réfrigérateur, de la climatisation, de la ventilation recyclée, même si, une nuit, ma femme et moi aurions pu jurer, en regardant le castello depuis l'autre côté de la vallée, qu'il y brillait des lumières électriques. À la fin de notre visite, Maurizia nous emmena dans la célèbre cave du domaine où depuis plus de mille ans, le vin achève sa fermentation. Ce lieu, construit vers l'an 900, remontait à la même époque que l'église.

J'ai une théorie, une théorie qui, à mon avis, est mise en application de nos jours dans la vallée. J'en ai eu l'idée en parlant avec Enrico, le fils du Maestro. Enrico faisait parfois un saut à la boucherie, mais je n'avais jamais eu de vraie conversation avec lui avant ce jour de fête à Montaperti, non loin de Sienne, où l'on célébrait l'anniversaire de la grande bataille remportée par les Siennois le 4 septembre 1260. Jusqu'à l'avènement des armes à feu, ce conflit fut considéré comme la guerre ayant fait les plus terribles ravages. Dix mille Florentins y furent tués à l'arme blanche ; un par un, ne manque pas de préciser Dario, avec cette passion des couteaux que seul peut avoir un boucher. Dario était l'invité d'honneur. Au programme, beaucoup de Dante, récité par Dario dans son style tout à la fois sulfureux et vaudevillesque, sous un tonnerre d'applaudissements. Il fallut aussi supporter d'écouter une espèce de complainte gueularde au style vaguement troubadour. Le vociférateur, qui était de Pistoia, feignait d'improviser au fur et à mesure : deux vers rimés et « spontanés », suivis de deux vers rimés, puis de deux vers reprenant la première rime. Quelque chose comme :

J'suis un vieillard très emmerdant,
Je l'sais à vous voir serrer les dents,
Qu'y puis-je ? Faut bien que j'm'exprime,
Et tant pis si ma chanson vous déprime,
C'est pas comme si je vous jouais un truc trépidant,
Car j'suis qu'un vieux pochtron pédant !

Je crus que cette soirée n'en finirait jamais. Un des rares souvenirs que j'en garde est un bref échange avec Enrico à propos de son huile d'olive. Je voulais savoir pourquoi elle était si bonne.

« Il y a deux raisons, me répondit Enrico. *Quand* je cueille et *ce que* je cueille. Rien d'autre. »

Enrico commence sa cueillette en septembre, quand le bon sens vous conseillerait de laisser vos arbres tranquilles. En septembre, les olives sont vertes et dures. La plupart des gens les cueillent fin novembre et en décembre. Soit : « Dix à douze semaines plus tard, et les olives sont gonflées de jus. Plus vous avez de jus, plus vous embouteillerez d'huile et plus vous vous remplirez les poches, dit Enrico. Mais pour moi, l'olive est boursouflée. Elle a trop de pulpe, elle est gorgée d'eau. » Le fruit est comme du *mush*, dit-il en employant le mot anglais, tout comme son père. « L'huile est aqueuse. Vous avez le volume, oui, mais pas l'intensité. Pour moi, l'intensité, c'est tout. Pour moi, moins il y en a, plus il y en a. Mon huile est très, très intense. »

Enrico est à la tête de mille arbres, mais il n'en récolte que la moitié. « Les autres sont trop jeunes. » Il vend les olives de ces arbres trop jeunes ou les laisse pourrir sous l'arbre, mais d'après ses intonations, on comprend que seul un mollusque attardé, un sous-homme, en tout cas pas un vrai Toscan, tirerait de l'huile d'un jeune arbre. « Je ne fabrique pas de l'huile pour faire de l'argent », déclara Enrico.

(Je pense qu'à ce stade, je dois interrompre le fil de mon récit pour admettre que les conversations de ce type commençaient à me devenir familières. Je cite Enrico comme s'il était un être humain tout à fait normal. Mais de temps à autre, alors que j'acquiesçais courtoisement, silencieux, attentif et patient, à l'expression de sentiments semblables – comme « J'en ai rien à foutre, du bizzzness » ou bien « Je m'en fous si le mauvais temps détruit mes raisins » ou bien encore « J'abats tout ce travail rien que pour sentir une odeur » –, j'appuyais sur un bouton « Pause » virtuel, comme je viens de le faire maintenant, et je m'avouais à moi-même que ce que mon cerveau était en train d'enregistrer n'avait rien de normal. Il m'arrivait, en me ménageant ces bulles de réflexion, de me demander ce qui pouvait bien transformer les habitants de cette vallée en poètes planants ? On ne leur avait pas donné assez de légumes quand ils étaient petits ? Trop de protéines ? J'avais envie de hurler : Dis donc, Enrico ! T'aimes pas les vacances dans les îles et les écrans plats ? T'aimes pas le luxe ?)

L'huile d'olive d'Enrico, je peux vous le dire, est très bonne, mais il existe de nombreuses autres très bonnes huiles d'olive, fabriquées par d'autres artistes zinzin qui ne s'intéressent pas à l'argent, obsédés par la quête d'une odeur, regardant par-dessus leur épaule pour s'assurer qu'ils sont bien les premiers à cueillir les fruits verts au goût âcre afin d'extraire des plus vieux arbres une minuscule dose de jus d'une intensité maximale. Ce liquide visqueux, vert doré, qui résulte du broyage de ces fruits-cailloux est à des années-lumière des autres huiles d'olive qu'il m'a été donné de goûter, et ceux qui le produisent jurent, tout chauvins qu'ils sont, que ce nectar ne quitte pas le territoire italien.

À mon avis, ces huiles sont dotées des mêmes qualités que les bons vins de la région (et il y en a beaucoup – dans le Chianti, ça n'est pas facile d'aller se coucher sobre). La meilleure cuvée de Giovanni (son flacianello, du nom du village romain à côté de la vieille église) est issue de vignes anciennes, noueuses, aux troncs épais, qui ne produisent presque rien. Comme les vieux oliviers, ces vieilles vignes sont moins productives, mais le vin qu'on en tire est d'une plus grande intensité de saveur (encore et toujours l'intensité) que celui des vignes plus jeunes. La *riserva* de Giovanni a beau être excellente, je pense que l'huile est un bienfait plus précieux. Contrairement à un bon cru, une bonne huile ne se bonifie pas avec l'âge. Elle est la plus aromatique à la sortie du pressoir. Ensuite, de minute en minute, son bouquet s'évente, jusqu'à disparaître tout à fait : aussi éphémère que les saisons.

Ma théorie, c'est celle du « petit ». « Petit » est désormais l'air que je siffle : la mise en musique de toutes les phrases que j'ai entendues, telles celle-ci, du Maestro, « c'est pas la race qui compte, c'est la méthode d'élevage », ou celle d'Enrico, « moins il y en a, plus il y en a ». Ma théorie des pratiques alimentaires pèche, je dois avouer, par son manque de subtilité. *Small food* – bien. *Big food* – mal. À mon sens, les mots employés pour parler de l'alimentation moderne ne sont pas tout à fait justes, ou du moins ne correspondent pas à la façon de raisonner que j'ai acquise dans cette vallée en Italie. Ils font en général partie du champ lexical de la rapidité : le *fast food* est la ruine de la civilisation ; le *slow food* sera son salut (c'est aussi le signe de ralliement d'un mouvement international qui porte ce nom, Slow Food, dont le siège est à Bra, en Italie du nord). Vous mesurez l'attrait exercé par cette métaphore. Mais celle-ci occulte un problème fondamental, qui n'a presque rien à voir avec la rapidité, et tout à voir avec la taille. La restauration rapide n'a pas ruiné notre civilisation. Le mal avait déjà gagné l'ensemble du système dès l'instant où l'on s'est mis à traiter les denrées comme des objets inanimés – comme n'importe quel autre produit –, susceptibles d'être fabriqués en quantités croissantes afin de satisfaire la demande du marché. Dès lors, les rôles des deux principaux protagonistes (ceux qui produisent et ceux qui consomment les aliments) ont été intervertis. Avant, le producteur (le type qui connaissait ses vaches, ou la femme qui préparait son *culatello* seulement en janvier, ou le vieux jeune homme qui récoltait ses olives en septembre) déterminait la quantité disponible et son mode de fabrication. Après, ce pouvoir est passé entre les mains du consommateur. Le Maestro fait retomber la faute sur les supermarchés, mais ces derniers ne sont qu'un symptôme. (Ou, pour reprendre à mon compte une philosophie très répandue : le monde a changé quand le système de production alimentaire a accepté le fait que le client avait raison, alors que, c'est bien connu, le client a en général... mettons qu'il n'a pas toujours raison.) Ce qui s'est passé dans l'alimentation a touché tous les autres aspects de la vie moderne, souvent avec des résultats positifs. J'aime les vacances dans les îles tropicales et les écrans de télévision plats, comme je n'ai rien à dire contre la mondialisation, sauf sur un point : le traitement infligé à ce qui se mange.

Les œufs pleins d'eau que Gianni a dû acheter parce qu'il avait piqué un somme après le déjeuner : *big food*. Les œufs de mamie vendus sous le manteau aux fidèles clients à Panzano : *small food*. Le porc que j'ai rapporté chez moi sur mon scooter : *small food*, même si j'en ai tiré des quantités tellement industrielles de nourriture que nous n'avons pas pu tout manger. Un jambon issu d'un cochon nourri avec des farines et qui a passé son existence en batterie dans une cage où il ne peut ni bouger ni se retourner (chaque jambon identique à l'autre, comme s'il sortait d'une chaîne industrielle) : *big food*. La soi-disant ricotta du supermarché : *big food*, n'y touchez pas. La ricotta de chez Lou di Palo dans Little Italy à Manhattan – meilleur marché que le machin de supermarché ; mais parce que Lou est dans l'arrière-boutique en train de la préparer et non au comptoir pour vous servir, il vous faut patienter une heure pour en avoir : *small food*. (À New York, il y a quand même quelques commerçants pas pressés pour qui le client est juste un client et subsidiairement le roi des cons.) En fait, le fromage de Lou est tout à la fois du *small food* et du *slow food* ; d'une lenteur extrême. Mais il fait partie des exceptions.

Les Italiens ont un mot, *casalinga*, qui signifie « fait maison », mais qu'ils utilisent souvent dans le sens « fait à la main ». Cette expression colle parfaitement avec ma théorie. (Quand un aliment est fabriqué manuellement, c'est une denrée rare et donc précieuse : *small food*. Quand un aliment sort d'une usine et se vend en vastes quantités pour une somme modique : *big food*.) Toutes les préparations que j'ai appris à exécuter en Italie sont faites à la main et m'ont obligé à me servir des miennes d'une autre manière. J'ai dû les entraîner à étaler la pâte, à manier le couteau pour dépiécer une cuisse de bœuf, confectionner des saucisses, ou du *lardo* ou du *polpettone*. Certaines techniques exigeaient que mes mains rapetissent, comme celles de Betta. D'autres, qu'elles grossissent, comme celles du Maestro. Les mains, disaient Dario, c'est tout ! Les cuisiniers s'en servent pour exprimer leur âme d'artiste. Ils s'en servent pour accommoder des plats que les autres consommeront à l'aide de leurs propres mains. Par l'intermédiaire de ses mains, Dario me transmet ce qu'il a appris de son père. Grâce à ses mains, Betta me met en contact avec ses vieilles tantes. Les mains de la mère de Miriam, celles de ses grands-mères. Les mains du grand-père de Dario, celles de l'arrière-grand-père qu'il n'a pas connu, sauf indirectement, à travers ce savoir-faire qui a échoué entre les siennes.

Miriam, ne trouvant plus de *pastina* pour abaisser la pâte, a cessé de faire des pâtes fraîches. Lorsque sa fille lui succédera, reprendra-t-elle le long et mince rouleau à *pasta* ? En Toscane, comme il est devenu impossible de se procurer de la bonne viande sur place, Dario et le Maestro se sont débrouillés pour se fournir auprès d'une petite exploitation agricole où est préservée cette intensité des saveurs qui était celle de la viande de leur jeunesse. Combien de temps la mémoire des sens persistera-t-elle ? Le Maestro va mourir un jour. Dario va mourir un jour. Un jour, moi aussi, je vais mourir. Et cette mémoire-là mourra avec nous. Le « fait à la main » en matière de gastronomie est un acte de défiance qui s'oppose en tout point à notre modernité. Cherchez-en ; dégustez-le ; il est parti. Pendant des milliers d'années c'était là, et à présent, c'est aussi éphémère que les saisons.

J'avais marché jusqu'à la vieille église parce que je me savais sur le départ. J'en avais sans doute appris assez, même si je n'avais pas trouvé de mots pour le dire jusqu'au moment où j'entrai dans la boucherie pour la dernière fois. Dario étant devenu pour moi comme un frère, les adieux promettaient d'être déchirants. Et le Maestro ?

Je pris une résolution : je donnerais au Maestro mon fusil – cet objet sur lequel vous affûtez votre couteau. Un cadeau en forme de blague. Le Maestro aiguise son couteau cinq cents fois par jour. Ce geste rythme ses journées. Son couteau a un fil fou. Mais son fusil est raplapla, et il a pris l'habitude de se servir du mien : il ne m'avait rien demandé, il l'avait pris, un point c'est tout. Je m'étais senti flatté. Allez savoir pourquoi ? Peut-être parce que c'était une preuve de confiance : bon, tu merdes de tous les côtés, mais on va s'en sortir.

« Maestro, tenez, pour vos couteaux. » Je poussai vers lui la tige d'acier.

Il la contempla longuement. Lorsqu'il leva les yeux, ses paupières étaient bordées de larmes. Je bégayai pathétiquement, en me disant : Comment est-ce que je vais leur dire au revoir ? Je ne vais jamais pouvoir partir.

Puis il explosa. « Non ! » s'exclama-t-il. L'injonction était familière. Je l'avais entendu tellement de fois. « Non. Je ne peux pas accepter ce cadeau. Ce ne serait pas correct. » Il ouvrit son tiroir à couteaux. « Il restera là, dit-il, jusqu'à ton retour. »

(C'est comme cela qu'on réussit à partir : en ne disant jamais adieu.)

Et j'appris aussi : à revenir. Je revins l'année suivante et l'année d'après. J'espère y retourner chaque année (après tout, je n'aurais peut-être jamais l'occasion d'en apprendre autant), jusqu'à ce qu'il n'y ait plus personne pour m'accueillir.

Un dîner avec Mario

Pour bien écrire sur la gastronomie, il faut avant tout être doté d'un solide appétit. Sinon, impossible d'accumuler, dans le laps de temps imparti, assez de matériaux pour avoir quelque chose d'intéressant à dire. Mais chaque jour apportant deux et seulement deux occasions de travailler sur le terrain, attention de ne pas les gâcher en cherchant à absorber moins de cholestérol. Elles sont aussi indispensables qu'au boxeur les heures passées à courir. (J'ai lu que feu le gourmet professionnel français Maurice Curnonsky consommait un seul repas par jour – le dîner. Mais c'était sur la fin de sa vie, et par ailleurs j'ai toujours eu des doutes à propos de sa notoriété ; tant de médiocres mots d'esprit lui sont attribués qu'il n'a pas pu consacrer beaucoup de temps à manger.) Un solide appétit aguerrit le mangeur.

A.J. Liebing, *Between Meals : An Appetite for Paris*, 1962

New York, août 1998. L'article du *New York Times* attribuant au Babbo ses trois étoiles et signé par son critique gastronomique, Ruth Reichl, était une variation sur le thème : enfin, un restaurant qui ose prendre des risques. Le service y était décrit comme attentif mais excentrique. Ruth Reichl s'y déclarait charmée par la façon dont Joe enlevait les miettes sur la table, à l'aide d'une cuillère, selon lui la méthode employée en Italie, avec ce commentaire : « Je trouve ça beau. » La liste des vins se révélait strictement italienne. Mario était cité pour avoir dit à propos d'un vin inconnu qu'il conseillait : « Goûtez-le, et s'il ne vous plaît pas, je le boirai moi-même. » Le menu, toujours d'après l'article, était « bourré de plats que les Américains ne sont pas censés aimer » (Reichl énumérait : fromage de tête, pieuvre, joues de bœuf, langue d'agneau, ris de veau). Son préféré s'avérait un plat « épicé, roboratif », le *Two Minute Calamari, Sicilian Lifeguard Style.* « Lorsque j'en mange, j'ai toujours l'impression de me retrouver sur une plage de Sicile balayée par les vents », écrivait Reichl – notez la touche élégante de l'adverbe exprimant l'idée de fréquence : la journaliste non seulement avait savouré sa cuisine, mais elle était aussi déjà une habituée.

Elle avait également constitué une cible. Quand Ruth Reichl s'était présentée, la consigne était qu'elle ne devait surtout pas se douter du soin accordé aux préparatifs de sa venue. Jusqu'à la publication de son papier, en effet, le deuxième étage du restaurant resta fermé ; le bar n'accepta pas plus de six personnes ; le nombre maximum de tables fut limité à onze ; et, à la fin de la soirée, on n'avait fait que cinquante couverts. (Aujourd'hui, le Babbo en abat jusqu'à trois cent cinquante.) Pour la servir, Reichl devait avoir le meilleur chef de rang, assisté de trois serveurs et serveuses. Même l'ambiance sonore s'articulait autour de ses préférences supputées en matière musicale – lors de sa première visite, une sélection de morceaux de Bob Marley pour lequel, d'après ce qu'avait entendu dire Mario, elle avait un faible – ou bien d'une compilation d'arias d'opéra conçue pour dégager une ambiance languide (à mille lieues de ce que vous entendez aujourd'hui, un pot-pourri des albums des années de fac de Mario, de Moby, des Jayhawks, de Squeeze, R.E.M. et des Stones du début, destiné à bercer les seules oreilles du chef et maître des lieux, pendant qu'il se jette du vin blanc derrière la cravate, cette musique à pleins tubes étant censée montrer qu'il est ici chez lui et qu'il écoute ce qu'il veut).

Les stratégies mises en place en vue de la visite de Reichl me rappellent celles d'un entraîneur avant un match important. Elles engendrèrent un semblant de sérénité en salle et une véritable sérénité en cuisine. Les plats qui lui étaient destinés étaient-ils spéciaux, eux aussi ? On ne saurait le dire, mais il est certain que leur préparation s'effectua dans une ambiance plus calme que celle du coup de feu habituel. Elisa se souvient qu'il régnait alors dans le restaurant (elle était responsable des entrées) une atmosphère de répétitions avant une première – En attendant Ruth. Joe, à l'office, surveillait le service. Mario, en cuisine, chuchotait les commandes et inspectait chaque assiette avant qu'on ne la conduise en salle. Même Andy était au piano, à la rôtisserie, et il ne fut autorisé à reprendre un rythme endiablé qu'*après* l'article de Reichl.

Ruth Reichl vint cinq fois manger au Babbo et dégusta tous les plats au menu. Le *New York Times* pousse ses critiques à cultiver l'anonymat. Reichl, dont les cheveux étaient noirs, avait, de notoriété publique, la manie de se présenter sous une perruque blonde, et pour rien au monde elle n'aurait réservé une table à son nom. Mais dans la réalité, un critique gastronomique, au bout d'une poignée d'articles seulement, est vite repéré par les gens qui se préoccupent de ces choses-là. Mario fut à chaque fois informé longtemps à l'avance de sa visite.

L'importance attachée à cet article semble aujourd'hui quelque peu démesurée, mais elle était symptomatique des ambitions du jeune restaurant : Mario et Joe tenaient à ces trois étoiles. (Avant l'ouverture d'Otto, ils s'imposèrent un drill comparable ; ils misaient alors sur un modeste « deux étoiles », étoiles qui leur furent attribuées à juste titre, des lauriers plus qu'honorables pour une pizzeria.) Déconcerté par ces histoires – les stratagèmes, les préparations clandestines –, je demandai à Mario si, sachant qu'un critique était présent en salle, il servait une cuisine meilleure qu'à l'accoutumée. Le principe directeur de l'art culinaire ne résidait-il pas justement dans la persistance – un plat est un plat est un plat ?

« Crois-moi, me répondit-il, quand on le sait, ça change beaucoup de choses. »

Ruth Reichl quitta le *New York Times* en 1999 et fut remplacée par William Grimes, qui demeura cinq ans au journal. (Grimes accorda ses deux étoiles à Otto.) Au moment de son investiture, Mario se mit dans la tête que le Babbo allait être réévalué. Cette inquiétude des critiques était explicite dans le premier ordre que je reçus lors de mon premier jour de travail. Ensuite Mario n'en avait jamais plus parlé. Cette fois-là, Frankie en fit une véritable ritournelle, une ritournelle paranoïaque (sur l'air de Bande-de-cons-vous-voulez-vraiment-que-le-Babbo-perde-ses-trois-étoiles-putain-et-me-faire-virer). Au départ de Grimes, le poste fut occupé par Amanda Hesser, une journaliste gastronomique de premier ordre et, semblait-il, une sympathisante de l'approche Batali-Bastianich. J'ignorais qu'il existait une méthodologie unificatrice, mais Mario en professait une : « Elle nous *aime* », me dit-il un jour, en parlant de son enthousiasme pour Lupa, leur trattoria d'inspiration romaine qui se trouvait non loin du Babbo, sous-entendu si elle aime Lupa, elle aimera forcément tout le reste. Mais Hesser ne garda pas la place longtemps, qui resta vacante cinq mois de plus.

À l'époque, je m'estimais heureux de m'être affilié de manière informelle au monde de la restauration, puisque cela me permettait d'avoir un aperçu de ce que cette épreuve représentait pour ses protagonistes : ils se livraient sans cesse à toutes sortes de suppositions, lesquelles étaient motivées par un légitime souci économique. New York n'est pas comme la majorité des grandes villes européennes qui possèdent souvent plusieurs quotidiens de qualité se faisant concurrence, le genre de presse qui fait connaître les bons restaurants. New York n'en a qu'un, le *Times*, et ses critiques, dans l'esprit d'un bon nombre de restaurateurs, font la pluie et le beau temps. Non que ceux-ci redoutent le favoritisme ; seulement un jugement a quelque chose d'imprévisible et parfois d'arbitraire, et ses conséquences peuvent être radicales : si vous vous ramassez, peu importe pour quelle raison, votre chiffre d'affaires en souffrira, et, si vous survivez au massacre, vous n'aurez peut-être pas d'autre occasion de faire vos preuves.

Un samedi soir du mois de juin, alors que j'avais rendez-vous avec Mario pour dîner, il annula à la dernière minute. Il venait d'apprendre que le *New York Times* avait enfin remplacé Grimes. Le nouveau critique, Frank Bruni, ancien correspondant du journal à Rome, avait mangé plusieurs fois au Babbo au cours du mois précédent (*Putain de bordel de merde !*) sans que personne s'en émeuve, sauf la dernière fois, où il avait été finalement repéré. Il allait inaugurer ses nouvelles fonctions par un article sur le Babbo. Ce coup-ci, un critique avait vraiment réussi à déguster la cuisine du Babbo dans le plus complet anonymat. Mario annulait notre dîner dans l'espoir que Bruni reviendrait. Il n'en fit rien. Cela ne lui était pas nécessaire. Le papier était déjà pondu : il paraîtrait le mercredi suivant.

Il devait y avoir une avant-première sur une chaîne locale d'informations : la coutume voulait que le critique donne lecture de son article sur New York One à neuf heures du soir la veille de sa publication (dans la pénombre, pour préserver son anonymat). L'après-midi avant la diffusion, ma femme, passant devant le Babbo, aperçut John Mainieri, au milieu d'un groupe de serveurs, tirant furieusement sur une cigarette (John Mainieri ne fumait pas), la chemise trempée de sueur. « Reviens ce soir, lui dit-il. Tu verras tout de suite si c'est les rires ou les larmes, parce que c'est notre avenir qui est en jeu. »

« Comment ça va ? répéta après moi Mario. Je te le dirai demain. Ça pourrait nous couler pour l'année. »

Ma femme et moi passâmes la soirée au restaurant, à supporter la tension générée par le compte à rebours et les remises en question. Martin Gobbee, le serveur qui s'était occupé de Frank Bruni lors de ses trois derniers repas au Babbo, se remémorait tout haut le détail de ce qui s'était passé ces soirs-là. Un autre serveur avoua qu'il venait d'acheter un appartement à Brooklyn (« Je me suis collé un énorme crédit sur le dos ! »). La femme du sommelier, David Lynch, attendait un enfant (« On pensait que notre situation, c'était du solide »). Mario n'était pas là.

Leur peur était double. D'abord, ils redoutaient le critique. La seule chose qu'ils savaient de lui, c'était qu'il avait vécu à Rome. Le dénommé Bruni connaissait la cuisine italienne. Le Babbo serait dès lors jugé non seulement en comparaison avec les autres établissements new-yorkais, mais aussi avec ceux du vieux pays. Aucun autre critique gastronomique du Babbo n'avait jamais été équipé de cette connaissance.

Ensuite, ils redoutaient Frankie.

Frankie avait encore du mal à s'adapter, ce qui n'avait rien de surprenant, étant donné que la brigade avait démissionné au complet ou presque. En attendant, il avait viré le nouveau sous-chef et en avait engagé un autre. Puis, sans crier gare, Abelardo fut promu de la prépa aux pâtes, le poste le plus difficile de la cuisine. Mario était désormais obligé de venir au Babbo tous les soirs. Pour tout arranger, des bruits emprunts de médisance circulaient. Un habitué du Babbo, un écrivain qui faisait à l'occasion des piges gastronomiques, avait mal mangé un soir – « l'agneau était trop cuit et le pigeon cru » – et raconté à tellement de gens son histoire de viande ou trop cuite ou trop crue (« Est-ce que c'est parce qu'Andy n'est plus là ? ») que cela devint la rengaine à la mode, une rengaine qui arrivait régulièrement aux oreilles de Joe et de Mario. On craignait que ces cancans ne provoquent une réévaluation, ce qui était absurde puisqu'elle était déjà en marche. « Voilà ce qui arrive avec les habitués, me dit Joe, conscient que rien n'arrêterait le bouche à oreille. Ils s'autodétruisent. Ils attendent trop de nous. Ils oublient que nous tenons un commerce. Ils ne sont jamais contents. Ça finit toujours mal avec eux. » Je n'avais jamais vu Joe aussi furibond.

Récemment, j'ai contacté Frank Bruni. J'avais quelques questions bateau à lui poser – sur l'italianité de la cuisine du Babbo et les comparaisons qu'il était susceptible d'établir avec ce qu'il avait dégusté en Italie –, mais celles qui m'intéressaient vraiment m'étaient dictées par une curiosité bien plus malsaine : se rendait-il compte qu'il avait semé la panique ? Se doutait-il qu'il incarnait ce qui terrifiait le plus tout le monde, une réévaluation, pile à un moment où la cuisine était sens dessus dessous ? Mario avait été présent à chaque visite de Bruni : trouvait-il cela normal ?

Bruni admit avoir été étonné que personne n'ait compris qu'il venait dîner en qualité de critique, surtout qu'il avait eu le même serveur trois fois de suite. Non, il n'avait pas trouvé la qualité irrégulière, ni l'ambiance agitée au-delà (très au-delà) de la normale. Et non, il n'avait pas choisi le Babbo pour son italianité, quoique, en effet, il se soit surpris à comparer sa cuisine à ce qu'il avait mangé à Rome. (« Le Babbo est trop sophistiqué pour être authentiquement italien. La cuisine italienne est simple. Le Babbo n'est pas simple. L'Italie est un point de départ. ») Et surtout, il était stupéfait d'apprendre que quiconque ait pu être inquiet. Il m'expliqua qu'avant d'accepter ce poste, il s'était mis en quête des meilleures tables de la ville. Après avoir fait le tour des restaurants de New York, il s'était demandé où il s'était régalé le plus. « Ce papier était mon premier, et je tenais à ce qu'il ait pour thème le plaisir de la table à New York. Rien de scientifique là-dedans. J'aime beaucoup le Babbo, voilà tout. Il garde une ligne de succulence que je me réjouissais de décrire. »

L'article fut un hit. Mario arriva, un peu après neuf heures et demie, avec une photocopie agrandie (le texte était paru sur un site web). « Parmi les restaurants qui font danser la gigue à mon estomac, écrivait Bruni, le Babbo se classe dans les premiers. C'est pourquoi il mérite un nouvel article, six ans après son ouverture et l'octroi de ses trois étoiles par Ruth Reichl. » Bruni confirmait que le Babbo conservait ses étoiles, en ajoutant qu'il aimerait bien pouvoir lui en donner une quatrième. Aujourd'hui, précisait-il, il y avait cinq quatre étoiles *New York Times*, tous français. Y avait-il une raison pour exclure les Italiens de ce palmarès ? « Pourquoi pas le Babbo ? »

« À cela, il y a une réponse, révélatrice, qui tient en un mot : la musique. Le soir de ma première visite au Babbo, ce qui tonnait – oui, je dis bien tonner comme le tonnerre –, c'était du rock plutôt hard. Bucatini with the Black Crowes ? ("Leur deuxième album !" nous a informés avec fierté le serveur.) Linguine au Led Zeppelin ? »

C'était la critique parfaite : la cuisine était si bonne qu'elle aurait pu être française ; la cuisine était si bonne qu'elle aurait pu recevoir la plus haute distinction ; mais, au final, l'endroit était trop rock'n'roll, un rebelle sans quatrième étoile.

C'était aussi un juste retour des choses pour Frankie. En entrant dans la cuisine, je le trouvai adossé au passe, plongé dans la lecture de la photocopie géante. Cela faisait six mois qu'il dirigeait la brigade. Il avait grossi (le beurre) et perdu des cheveux (ses boucles italo-américaines cédant peu à peu la place à la calvitie d'un homme plus mûr, et plus sage). Je ne l'avais jamais vu aussi calme. Depuis que je l'avais rencontré, il se préparait pour ce grand jour – le jour où un critique commanderait à dîner et jugerait son art culinaire. Ce jour-là était arrivé, et Frankie s'en tirait avec les honneurs : il était à la tête d'un quatre étoiles, moins une à cause des goûts musicaux du patron. À la réflexion, si Mario n'avait pas été là, à se faire du mauvais sang pour la cuisine de Frankie, la musique n'aurait pas été aussi forte

– seul Mario la mettait à plein volume, de sorte que la clientèle n'avait plus qu'à écouter. Était-il possible que Frankie, livré à lui-même, réussisse à décrocher la quatrième étoile ? Frankie gloussa de rire. « Je suis content », me dit-il. On se donna l'accolade. Que puis-je ajouter ? Que c'est une tête de nœud, mais une tête de nœud bourrée de talents, même si je ne comprendrai jamais le processus pédagogique compliqué qui fait, par exemple, que Mario a tant appris auprès de Marco Pierre White, entre autres à ne pas lui ressembler, puis a formé la génération suivante, en particulier Frankie, qui a tant appris auprès de Mario, entre autres à ressembler à Marco Pierre White.

Je m'attardai, savourant la réussite de Frankie, ce moment qui-n'arrive-qu'une-fois-dans-une-vie, l'apogée après des années dans des cuisines surchauffées, les heures d'apprentissage, de perfectionnement, de mémorisation, jusqu'au point où c'est bon, vous avez assez appris. L'histoire de Mario me revint à l'esprit – il avait survécu au pub londonien, aux humiliations en Italie, au fiasco du Rocco. Cela prend longtemps. Cela avait pris longtemps à Andy. Et maintenant, c'était au tour de Frankie : Frankie cartonnait.

29

« Et si tu ouvrais ton propre restaurant ? me demanda Mario. Mettons un petit resto en Italie, peut-être en Toscane. Italien pour les Italiens. Quelques couverts. Ouvert seulement le week-end. Authentique de A à Z. Jessica en salle, toi au piano. Ou bien, dit-il (marquant une pause, théâtral), tu pourrais bidouiller un truc ici. (Il remua les sourcils :) On a les moyens... »

Un proposition ridicule, mais que je reçus cependant comme un éloge flatteur de mes progrès. Je ne m'étais pas douté de leur étendue avant de m'asseoir avec Mario et de bavarder avec lui du *girello*, de tout ce qu'on pouvait tirer de la *sottofesa*, et des miracles produits à partir d'un simple jarret. Dans mon esprit, toute personne ayant séjourné quelque temps en Italie était censée connaître tout cela par cœur. Je ne m'étais pas aperçu que les Italiens eux-mêmes n'en étaient pas toujours instruits.

« Arrête ! me dit Mario. Je sais pas de quoi tu parles. »

Waouh ! Dans ce domaine précis, j'en savais plus long que Mario. L'apprenti était devenu un disciple, lequel était devenu un – un quoi ? Quelque chose :

au bas mot, l'élève du Maestro, de Dario, de Betta. (C'est seulement en y repensant aujourd'hui que je me rappelle une des leçons les plus importantes de la boucherie : une fois de retour chez moi, je verrais que personne ne comprendrait rien à ce que je raconte.) Cela dit, en dépit du bon sens, je suivis la ligne imaginaire tracée pour moi par Mario, et me figurai en train d'exécuter une cuisine authentiquement italienne et authentiquement simple. Est-ce que ce « simple » serait bien reçu à New York ? Et si j'ouvrais une *macelleria ?* Je me représentai la vitrine, les heures d'ouverture excentriques, les heures passées à apprendre Dante par cœur : *Nel mezzo del cammin di nostra vita.* Au mitan de ma vie, de nouveau.

Cela se passa pendant un dîner de debriefing – reporté par Mario (à cause de Bruni) à une date post-bruniesque. Mario n'avait plus sa démarche chaloupée de mec chargé à bloc en testostérone, elle était chargée de quelque chose d'autre : peut-être bien d'omnipotence. La soirée avait commencé sur le trottoir où Mario a ses habitudes ; il téléphone aux serveurs depuis son portable pour qu'on lui garde son verre de blanc au frais. Il était sorti en traversant la salle presque au pas de course, happé par les clients jusqu'au pas de la porte. (« Kathleen Turner vient de m'embrasser sur la bouche », annonça-t-il d'une voix essoufflée, ayant été arrêté dans sa fuite par l'actrice, qui, plutôt que de l'embrasser sur la joue, l'avait gratifié d'un baiser avec la langue. « Je déteste quand elles font ça, surtout devant leur mari, qui me regarde en plus. ») Mario avait dans les mains deux bouteilles de vin blanc, qui furent vidées si vite que je ne me souviens même pas de les avoir bues. (« Dis donc, Lynchy, dit-il dans son portable au sommelier, apporte-nous deux autres bouteilles avec tes deux plus belles putes mexicaines. ») Une fois ces deux-là englouties, nous voilà partis pour le Lupa, non sans avoir auparavant envoyé trois flics à l'Otto. Ils avaient bavardé avec nous à l'entrée du restaurant, nous observant d'un œil goguenard perdre lentement mais sûrement la faculté de les voir net. « Dis, Amanda, articula Mario dans son portable, à l'adresse du manager, donne-leur la table du coin et jette l'addition aux oubliettes. »

Au Lupa, nous prîmes un vernacchia di San Gimignano et trente-cinq plats différents, la plupart composés sur-le-champ par le chef génial du restaurant, Mark Ladner – un festin qui, avant mon séjour en Italie, m'aurait paru excessif, mais qui à présent me semblait parfaitement raisonnable : après tout, comparé au *pranzo* de Scappi comptant 1347 mets, qu'est-ce que c'était que trente-cinq petits plats ? Il y avait des machins fumés, des machins frits et des machins de légumes, dont des fleurs de courgette farcies, plongées dans un bain d'huile d'olive et de beurre bouillants, mélange qui, à en croire le chef, donnait une texture plus intéressante que l'huile d'arachide normale, un détail qui me fascina au point de le noter dans mon carnet, persuadé qu'au saut du lit je me précipiterais au marché en quête de fleurs de courgette. (En l'occurrence, ma matinée me passa sous le nez.)

Nous étions passés au rouge, avec deux bouteilles de flacianello, la cuvée de Giovanni Manetti, celle-là même qui est tirée des vignobles que je contemplai du parvis de l'église à Panzano. Après ces deux-là, nous pouvions nous dire qu'une demi-caisse de pinard nous contemplait du haut de notre ivrognerie, alors que la demi-caisse suivante se profilait dans un flou artistique. Quand les pâtes se matérialisèrent sous mon nez (je n'avais pas compris que les trente-cinq plats étaient des entrées), mes notes devinrent moins fiables. D'après ce que j'ai écrit, il défila huit plats de pâtes, mais ce que j'ai écrit est apparemment inachevé : « ail des bois, miettes, spaghetti, femme » (à quel moment ma femme a-t-elle débarqué ?), suivi d'une instruction de Mario dont elle fut la bénéficiaire – « Tu manges tes pâtes ou je te frotte les nibards avec cette crevette » –, ce que je trouve curieux car je ne me rappelle pas avoir mangé de crevettes. À ce stade, nous avions, d'après mes calculs, dégusté quarante-trois plats, quoique, pour être honnête, je doive préciser que les parts étaient toutes petites. Le plat principal fit son apparition. Et encore du vin (d'après mes notes, du bricco dell'Uccellone. Trois bouteilles, ce qui fit grimper notre score à dix, un résultat mitigé par la présence d'un troisième buveur, ma femme – si tant est qu'elle buvait vraiment. Si tant est qu'elle ait vraiment été là). Je me souviens d'un ragoût au porc et queue de bœuf et de beaucoup de bruits à l'apparition d'un espadon. « Ah, oui, il est magnifique ! s'exclama Mario. Mais seulement voilà, c'est un poisson. Un truc qui vit sous la mer. Qui a envie de bouffer du poisson ? » Après ça, qui sait ce qui s'est passé ? Pour commencer, mes notes sont écrites à l'envers (ce qui n'est jamais bon signe), et que signifie cette remarque – « Et si on poussait un peu plus loin le bouchon ? » Ou celle-ci lancée par Mario à la serveuse : « C'est pas juste que je sois le seul à profiter de la vue. Pour le dessert, vous vous voulez bien enlever votre haut pour mes amis ? » (Elle a une de ces veines de bosser pour ce type !) Ou bien : « À deux heures et demie, prévoyez la visite de l'exterminateur. » Pour désinfecter quoi ? le restaurant ou nous ? Le plus terrifiant, ce fut quand nous nous levâmes pour aller boire ailleurs (Mario avait très soif) ; il se tourna vers moi et s'enquit : Alors, on se fait un petit resto ?

Ce fut dans mon esprit comme un trait de lumière ; non, je ne voulais pas ouvrir de restaurant.

Ce n'était déjà pas ce que je voulais au départ. J'aspirais seulement à acquérir un savoir-faire, un point c'est tout. Je ne souhaitais pas être un chef : seulement un cuisinier. Maintenant, grâce à mes séjours en Italie, je comprenais pourquoi. Pendant des millénaires, les gens avaient su préparer leurs aliments. Ils vivaient en harmonie avec des bêtes dont ils savaient se servir à bon escient, ils cuisinaient au diapason des saisons et avaient assimilé des notions d'astronomie utiles à l'agriculteur. Concernant la confection des mets, ils préservaient les traditions, se les transmettaient de génération en génération et finissaient par considérer ces habitudes ancestrales comme l'expression de l'âme de leur lignage. Aujourd'hui, les gens ont perdu ce savoir-là, même s'il paraît tomber sous le sens, et les seules personnes qui le possèdent encore en font leur métier – ce sont les chefs. Mais moi, ce que je voulais, ce n'était pas en faire mon métier ; seulement devenir un être humain plus complet.

Il me restait encore une étape. Je ne pensais pas que Mario comprendrait. Depuis plus d'un an à présent, l'histoire de Caterina de' Medici me trottait dans la tête.

Je l'avais entendue un nombre incalculable de fois à la boucherie, et également, quand j'y pense, ailleurs ; Gianni, par exemple, à Porretta, la répétait aussi volontiers que Dario. La fille bien-aimée de la famille la plus cotée de Toscane franchit les Alpes pour devenir reine de France et divulgue les secrets culinaires de son pays natal. Ainsi se termine la gastronomie italienne ; ainsi débute la française. En dehors de la Toscane, bien sûr, personne n'y croit. Dans un chapitre dédié à la « mythologie culinaire », l'*Oxford Companion to Food* classe cette histoire parmi les fables les plus stupides et explique que les historiens ont amplement démontré son absurdité, entre autres en déclarant que Caterina n'avait jamais eu l'intention de devenir reine, seulement princesse. Et à l'époque, elle n'avait que quatorze ans ; alors, qu'est-ce qu'elle pouvait bien connaître à la cuisine ? En plus, elle n'a sans doute pas franchi les Alpes, mais pris le bateau pour Marseille (donc pas de caravane de chevaux chargés de bonne chère) et elle a été ensuite tenue dix années en disgrâce (dix années de stérilité). De toute façon, l'art culinaire français n'a émergé qu'un siècle plus tard à tout le moins, longtemps donc après sa mort.

Il faut bien admettre que ces arguments sont convaincants, si ce n'est par leur nombre, mais cela signifie-t-il que l'on a inventé toute cette histoire ? Bon, c'est vrai, les Toscans prêtent à Caterina trop de pouvoir, mais comment le leur reprocher ? Ce sont des Toscans, non ? D'un autre côté, serait-ce la première fois que ceux de nos historiens contemporains qui se sont créé une niche dans la déconstruction des mythes seraient allés trop loin ?

La reine, comme nous le savons, n'a pas eu la vie facile. Elle donne naissance à son premier enfant à l'âge de près de trente ans (presque une vieille dame, selon les critères du XVIe siècle) puis, y ayant sans doute pris goût, enfante cinq fois coup sur coup. Le roi se révèle n'être qu'un salaud, coureur de jupon, affectionnant le port de l'armure (il meurt au cours d'un tournoi, quand la reine, à présent Catherine, a quarante ans). Le pays est au bord de la guerre civile (catholiques contre protestants) et personne n'a la tête à se demander ce qu'il y a pour le déjeuner. Mais l'épisode le plus révélateur de la vie gastronomique de Catherine de Médicis a lieu dans les années 1560, alors qu'elle n'a plus quatorze ans depuis longtemps et accuse plutôt une bonne quarantaine, ayant en outre enterré son bon à rien d'époux pour devenir la femme la plus puissante de France. Afin de préserver, en ces temps de dissensions religieuses, l'unité du royaume et l'autorité du monarque (et assurer les règnes de ses trois fils), elle se lance, en qualité de régente, dans une extraordinaire opération. Escortée de huit mille chevaux, soldats et courtisans, et du maître queux de la cour de France, avec à son service une immense brigade de cuistots, bouchers, gâte-sauces et serviteurs, elle s'embarque pour une tournée culinaire qui, pendant deux ans, va multiplier aux quatre coins du pays banquets, festivités et divertissements, dans une sorte de road show de la Renaissance. Elle cherche à solidariser ses sujets d'une manière que les Italiens ne renieraient pas : en leur offrant de bonnes choses à manger.

Où en Europe, ailleurs qu'en France, en ces années 1560, préparait-on des banquets aussi somptueux et élaborés, avec autant de mets au menu ? Ni en Angleterre ni en Allemagne, en tout cas. Quoiqu'il me revienne en mémoire un *pranzo* comprenant huit services, soit 1347 mets différents, préparé par nul autre que Bartolomeo Scappi. Ce repas n'est pas daté – ce qui augmente sa force rhétorique dans l'édition de 1570 de l'*Œuvre* –, mais on suppose qu'il a eu lieu au cours de la décennie précédente. Un pareil festin, ou quelque chose d'approchant, servit sans aucun doute de modèle au road show de Catherine de Médicis.

Mais ne nous égarons pas. Je ne suis pas convaincu que cette souveraine ait enseigné la cuisine aux Français, même si son influence a sûrement été déterminante. Au XVIe siècle, on s'accordait pour reconnaître que la cuisine italienne jouissait d'une renaissance prolongée – un peu à la façon d'un spectacle secondaire à l'épanouissement de la Renaissance elle-même. En 1505, le récit de Platine sur Maestro Martino connut un succès fou dans sa traduction française. Dix ans plus tard, Giovanni Rosselli retrouva le manuscrit écrit de la main du Maestro (celui que Platine avait plagié), prétendit qu'il était de la sienne et le publia sous le titre de *Epulario :* ouvrage, lui aussi, aussitôt traduit. Les papes en Avignon employaient des cuisiniers italiens, tout comme le beau-père de Catherine. Rabelais avait déjà relaté ses trois voyages dans la péninsule ; Montaigne était prêt à s'embarquer pour l'Italie. Catherine a-t-elle, à elle toute seule, révolutionné la cuisine française ? Non. Mais elle s'est trouvée au confluent de tendances déjà largement amorcées à l'époque où on lui fit franchir les Alpes (ou les eaux de la Méditerranée).

Ce n'était pas le moment d'ouvrir un restaurant. Lorsque je repensais à ce que j'avais appris en Italie – l'*arista* du XVe siècle, les terrines et les *ragù* des Médicis, la cuisse, les raviolis Renaissance, les recettes de Martino –, je constatais que je savais désormais cuisiner selon une tradition (je l'appellerai la tradition florentine-toscane-Renaissance tardive), mais jusqu'à un certain point : celui où Caterina devenue Catherine traversa les Alpes (ou les eaux méditerranéennes) pour arriver en France.

Je ne suis pas prêt, dis-je à Mario. J'ai encore tant de choses à apprendre, et l'occasion ne se représentera peut-être jamais plus. Je veux suivre les pas de Catherine de Médicis. Si je dois comprendre à fond la cuisine italienne, il me faut à présent franchir les Alpes et m'initier à l'étape suivante. Il faut que j'aille en France.

Bibliographie et remerciements

Pour le premier usage du mot *pasta* chez Cagliari, en 1351, je me suis référé à la traduction américaine de l'ouvrage de Silvano Serventi et Françoise Sabban, *Les Pâtes* (Actes Sud). Quant à la première description de la polenta au maïs en Italie, je la tiens de *La Cuisine italienne : Histoire d'une culture*, d'Alberto Capatti et Massimo Montanari (Seuil). Dans ce dernier livre, j'ai aussi trouvé l'autobiographie d'Antonio Latini. Je dois la théorie de la demande dominante à *La civiltà della forchetta* de Giovanni Rebora.

Outre ces textes fondamentaux, j'ai consulté les ouvrages suivants : *On Food and Cooking : The Science and Lore of the Kitchen*, d'Harold McGee ; *De l'honnête volupté*, de Platine et *De l'art culinaire*, d'Apicius dans leur traduction anglaise. J'ajouterai à cette liste les textes italiens suivants : *Arte della Cucina*, d'Emilio Faccioli (1966), l'édition en fac-similé de l'ouvrage d'Antonio Latini, *Lo scalco alla moderna, ovvero l'arte di ben disporre i conviti del 1694* ; *Ne pomodoro ne pasta, 150 piatti napoletani del seicento*, édité par Claudio Novelli (2003) ; et le fac-similé de l'édition de 1570 de l'*Opera dell'arte del cucinare*, de Bartolomeo Scappi (2002).

Je suis reconnaissant aux conseils et commentaires de ceux qui ont lu mon manuscrit : Leyla Aker, Jessica

Green, Austin Kelley, Cressida Leyshon, David Remnick, Andrew Wylie et mes deux éditeurs, Dan Franklin à Londres et Sonny Mehta à New York.

Ce livre n'aurait pas vu le jour, sous quelque forme que ce soit, sans l'appui, l'indulgence, les encouragements, les directives et l'amitié de Mario Batali. Pour lui exprimer ma gratitude proprement, il me faudrait remplir un deuxième tome.

Table

Réalisation : Graphic Hainaut à Condé-sur-l'Escaut
Impression : Bussière à Saint-Amand-Montrond
Dépôt légal : mai 2007
N° d'édition : 1878 – N° d'impression : 071369/1

Imprimé en France